闫 雨◎著

网络黑恶势力犯罪理论研究

WANGLUO HEI'E SHILI
FANZUI LILUN YANJIU

中国政法大学出版社

2024·北京

声　明　1. 版权所有，侵权必究。

2. 如有缺页、倒装问题，由出版社负责退换。

图书在版编目（CIP）数据

网络黑恶势力犯罪理论研究 / 闫雨著. -- 北京 : 中国政法大学出版社，2024.10.
ISBN 978-7-5764-1848-4

Ⅰ. D924.364

中国国家版本馆CIP数据核字第20249Z3E11号

出 版 者	中国政法大学出版社
地　　址	北京市海淀区西土城路25号
邮寄地址	北京 100088 信箱 8034 分箱　邮编 100088
网　　址	http://www.cuplpress.com（网络实名：中国政法大学出版社）
电　　话	010-58908285(总编室) 58908433（编辑部）58908334(邮购部)
承　印	固安华明印业有限公司
开　本	720mm×960 mm　1/16
印　张	18
字　数	300 千字
版　次	2024 年 10 月第 1 版
印　次	2024 年 10 月第 1 次印刷
定　价	82.00 元

序

当今世界，以云计算、物联网、大数据、人工智能等为代表的信息技术在改变人们生活的同时，也带来了新的问题和挑战。其中，各种形式的信息网络犯罪愈演愈烈，对国家安全、社会稳定和人民群众合法权益造成严重威胁。特别是近年来，传统的黑恶势力犯罪逐渐向网络蔓延，也出现了线下和线上相互融合、相互支撑的发展态势。网络黑恶势力犯罪兼具网络犯罪和黑恶势力犯罪的双重属性，其网络化不仅使黑恶势力犯罪在犯罪模式、组织特征、行为方式等方面发生了较大变化，而且网络黑恶势力组织在侵犯传统犯罪涉及法益的基础上还侵犯了互联网秩序，其危害后果甚至已经超过了传统黑恶势力犯罪。正因如此，信息网络已经成为当下扫黑除恶常态化的重要战场。网络黑恶势力犯罪依靠科技飞速发展和大数据时代的技术优势，具有更强的隐蔽性和鲜明的技术性特征，相较于传统线下犯罪既有在网络空间进化的一面，也有传统犯罪现象在网络空间中发生严重变异的一面。这种"进化"和"异化"不仅对传统的犯罪理论产生挑战，而且也对黑恶势力犯罪的准确认定和治理带来了极大的干扰，无法回应社会公众对网络黑恶势力犯罪惩治的关注与期待。有鉴于此，闫雨副教授以"网络黑恶势力犯罪"为研究对象，围绕网络黑恶势力犯罪理论应对和网络黑恶势力犯罪中高发犯罪的制裁问题展开深入探讨，具有非常强烈的现实意义和理论价值，作为刑法学界首部全面、系统研究网络黑恶势力犯罪的专著，本书具有如下特点：

一是研究颇具全面性、系统性与协同性。本书围绕网络黑恶势力犯罪展开讨论，全书兼顾法教义学与实践法学两种研究范式，以典型案例入手分析网络黑恶势力犯罪爆发的原因、趋势及司法治理现状，对网络黑恶势力犯罪组织的定性、网络黑恶势力犯罪帮助行为异化与平台责任的划定及其与共犯理论的关系等刑法理论问题进行探讨，在此基础上提出网络黑恶势力犯罪中的高发、关联犯罪的制裁思路。纵观全书，成果结构完整、逻辑清晰、内容丰富、文献翔实、数据及案例真实可靠、引注规范，反映了作者坚实的刑事法律理论基础和相当的科研能力。

二是坚持实践导向，突出问题性思考。本书各个章节的内容都力求做到理论研究与实践内容兼顾。立足于我国司法实践，从实践中典型案例入手，在我国立法和司法解释的基础上，直面网络黑恶势力犯罪在我国司法实践中的具体问题，并提出颇具创新性的观点。比如，基于"规范的客观解释论"立场并以法教义学的方法重新诠释甚至重塑网络黑恶势力犯罪相关刑法条文和相关规范性文件规定的实质内涵，结合网络异化对黑恶势力的组织特征、"软暴力"以及非法控制特征等进行重新解读，尝试解决信息网络条件下黑恶势力犯罪异化带来的司法问题，确立并明确网络黑恶势力的认定标准。以上观点虽然不缺乏进一步探讨的空间，但是其探索性、创新性值得肯定。

三是积极创新，具备显著的探索精神。该书作为刑法学界首部系统研究网络黑恶势力犯罪的理论著作，似乎属于刑法学研究领域中一个"小众"的主题。但是小众不意味着不值得研究，也可能就会填补研究空白。比如，作者提出的将积极预防性刑法观与谦抑性刑法观进行教义学的调适，以消极预防性刑法观平衡网络黑恶势力犯罪的惩治和治理边界，实现从"限定的界定"向"妥当的界定"转变。又如，依据规范的客观解释论，对网络黑恶势力组织特征的认定宜采取实质判断。这些思考都体现了作者难能可贵的创新精神与能力。

当然，本书亦存在可供深入探讨之处。该书选取司法实践作为切入点，系统地归纳与分析了网络黑恶势力犯罪在实践中若干具有代表性的问题，于问题性思考层面取得了较为显著的成就。然而，在体系性构建与思考方面，仍有待进一步的完善与提升。针对网络"黑公关"、"套路贷"、网络开设赌场等网络黑恶势力犯罪的常见表现形式，未来可持续进行深入思考，形成一系列更为系统的研究成果。

闫雨副教授曾在北京师范大学刑事法律科学研究院攻读法学博士学位，我作为其博士生导师，见证了她在科研方面的进步与收获。近年来，闫雨的名字不断出现在《中国法学》《广东社会科学》《暨南学报》等核心期刊上，其围绕"刑法事后自动恢复制度构建"与"网络黑恶势力犯罪"的持续性研究与思考，已经初步形成了自己的研究领域与学术标签。我期望闫雨副教授能够将本书作为其学术研究的新起点，持续深入地探索刑法理论与司法实践的融合之道，为我国法治建设的发展贡献自己的力量。

是为序。

储槐植[*]
2024年10月于北京

---

[*] 储槐植：(1933-)，男，江苏省武进县人，北京大学法学院教授、博士生导师；北京师范大学刑事法律科学研究院特聘教授、博士生导师；中国刑法学研究会顾问；全国杰出资深法学家。

前　言

随着移动互联技术的发展和智能终端的普及，越来越多的传统犯罪利用信息网络来实施，黑恶势力犯罪也不例外。传统的黑恶势力犯罪与网络犯罪不断融合，形成的网络黑恶势力犯罪成为困扰刑法理论和司法实践的难题。本书以网络黑恶势力犯罪的概念界定为切入点，全面系统地分析网络黑恶势力犯罪的实践发展和理论演变，研究的特色可以概括为"二元化"。一是研究思路层面的"二元化"，宏观思路与微观思路并行。本书在对网络黑恶势力犯罪的概念界定、发展脉络、刑法理念、条文解释目标、条文关键词解读、技术帮助行为涉及的共犯理论等宏观基础问题进行研究的同时，兼顾对网络"黑公关"犯罪、网络"套路贷"犯罪、网络开设赌场犯罪等网络黑恶势力组织经常实施的犯罪进行解析。二是研究内容层面的"二元化"，理论研究与应用研究兼顾。本书以网络黑恶势力犯罪理论研究为主题，在探讨网络黑恶势力犯罪理论的同时，对高发犯罪的制裁思路展开反证理论研究。各个章节的内容都力求做到理论研究与实践内容兼顾。

第一，按照类型化思维工具，网络黑恶势力犯罪的概念界定应在明确有组织犯罪概念、黑社会性质组织概念与恶势力组织概念的基础上，结合网络犯罪的概念进行提炼。网络黑社会性质组织犯罪，是指黑社会性质组织实施的一切具有网络因素的行为的总称。包括但不限于行为人通过掌握的网络技术对一定领域形成非法控制，强迫他人满足组织的非法要求；或者通过操纵网络舆论对网络秩序形成非法控制，强迫他人满足组织的非法要求；或者以网络作为犯罪工具，对一定领域形成非法控制，以此获取不正当利益的一系列犯罪行为。相应地，网络恶势力犯罪，是指恶势力组织实施的一切具有网络因素的犯罪行为的总称。包括但不限于通过掌握的网络技术强迫他人满足组织的非法要求；或者通过网络舆论攻击，强迫他人满足组织的非法要求；或者将网络作为犯罪工具，借以多次实施违法犯罪活动，对他人造成威胁态势，以此获取不正当利益的一系列犯罪行为。两者的本质区别仅为是否在一定领域形成非法控制。在网络黑恶势力犯罪概念已然明确的基础上，应依据网络的代际发展理清网络黑恶势力犯罪的更新脉络，进而思索应对策略。为防止网络黑恶势力犯罪研究走向"零散化"与"片面化"，应对网络黑恶势力犯罪的刑法理念转向加以探讨，将积极预防性刑法观与谦抑性刑法观进行教义学的调适，以消极预防性刑法观平衡网络黑恶势力犯罪的惩治和治理，实现从"限定的界定"向"妥当的界定"转变。与此同时，应采取适应性刑法模式并注重条文内容实质的适应性，以此实现对网络黑恶势力犯罪的有效治理。

第二，各国惩治有组织犯罪的经验教训表明，准确把握犯罪的事实状况是科学预防和惩治犯罪的基本前提。网络的代际演进是网络黑恶势力犯罪不断扩张的内在原因，而当黑恶势力犯罪与网络因素相结合或者完全进入网络空间后，其呈现出不同于传统黑恶势力犯罪的特点：组织具有隐蔽性的优势，犯罪具有成本低的优势以及犯罪扩张存在"规模效益"优势，这些特点成为网络黑恶势力犯罪存在的外层动力。与传统黑恶势力犯罪相比，网络黑恶势力犯罪更具破坏性，犯罪隐蔽性更强，查处难度更大。作为网络犯罪的下位概念，网络黑恶势力犯罪的属性不能简单归结为"进化"或者"异化"。从我国网络黑恶势力犯罪的司法实践情况看，网络黑恶势力犯罪既有相较于传统犯罪"进化"的表现，同时也存在基于网络空间特殊性"异化"的状态，由此引发对网络黑恶势力犯罪"犯罪组织"定性的争议；网络黑恶势力犯罪中"犯罪"行为被分割的情况下，组织行为、教唆行为和帮助行为难以被评价为犯罪，成为惩治和预防网络黑恶势力犯罪需要面对的问题。

第三，在传统黑恶势力犯罪的罪状表述中，基于公众的可预测性及立法技术的要求，设置了一系列的刑法术语，诸如"组织特征""行为特征""非法控制特征"等，这些涉及犯罪组织定性的罪状描述可谓条文中的"关键词"，对划分黑与恶具有决定性意义，是确定罪与非罪、此罪与彼罪的基本依据，对其进行与时俱进的解释成为传统黑恶势力犯罪罪名延伸至网络的前提。

网络黑恶势力犯罪面临着与传统黑恶势力犯罪不同的刑法解释场景，解释的目标以及解释的态度应当成为比解释方法与解释技巧更为基础性的命题。针对网络黑恶势力犯罪，应该避免过度适用扩大化的客观解释论，过度适用的后果是很容易造成将普通的网络犯罪划入网络黑恶势力犯罪的范围。应以规范的客观解释论重新塑造网络黑恶势力犯罪相关条文的关键词。规范的客观解释论旨在以客观解释为主导，以刑法条文具体规范约束客观解释论，在刑法确定性与刑法灵活性之间探求刑法条文适应性的最大涵盖范围。依据规范的客观解释论，对网络黑恶势力组织特征的认定宜采取实质判断。在网络黑恶势力犯罪非法控制特征认定方面，依据司法解释可以得出，仅造成网络空间秩序混乱或者主要造成网络空间秩序混乱符合非法控制特征的要求。鉴于网络黑恶势力犯罪手段多采取滋扰型"软暴力"的现实，针对"软暴力"的认定，宜作体系化思考，在结合主观特征、客观特征与心理强制特征的基础上进行综合判断，并坚守滋扰型"软暴力"只有在黑恶势力实施的情况下，才具有严重的社会危害性和刑罚可罚性的政策调控底线。

第四，技术帮助行为具体包括帮助网络犯罪活动的行为以及拒不履行信息网络安全义务的行为。与传统犯罪帮助行为处于辅助地位不同，网络黑恶势力犯罪技术帮助行为承载着全新的特性，成为网络黑恶势力犯罪能否实施的关键性因素，对传统的共犯理论造成了不小的冲击甚至是颠覆，表现为传统共犯理论面临片面共犯理论的冲突，传统共犯与正犯理论的冲突以及共犯处罚根据论面临反思等问题。针对网络犯罪的"单向双轨三核"的制裁思路在应对网络黑恶势力犯罪技术帮助行为方面存在忽视主犯化特征，罪名体系存在适用盲区以及帮助行为评价错位等不足，应正视网络黑恶势力犯罪技术帮助行为主犯化的现实，通过严密刑事制裁的法网，构建技术帮助行为刑法评价体系等，实现对网络黑恶势力犯罪技术帮助行为的有效规制。

第五，网络"黑公关"犯罪、网络"套路贷"犯罪以及网络开设赌场犯罪是网络黑恶势力组织实施的常见犯罪行为，网络因素的介入导致用于制裁这些犯罪行为的刑法罪名体系和刑法干预半径需要重新思索。网络"黑公关"行为被黑恶势力组织利用就形成了言论操控型的"网络黑社会"或者言论攻击型的"网络恶势力"。实践中，多数网络"黑公关"制造谣言的行为被定性为寻衅滋事罪，司法实践对"口袋罪"的偏好，导致实践无法充分启发刑事立法完善惩治网络黑恶势力犯罪的法律体系。选择"口袋罪"的深层次原因在于，司法机关在黑恶势力组织定性的判断上过于强调形式标准而忽视实质，无法对部分网络黑恶势力组织作出正确定性。对网络"黑公关"组织本身性质的判断应采取实质标准来认定组织特征，考虑非法控制特征"区域"时，应将网络空间纳入区域的范围，对组织本身作出正确的定性后，再针对其造谣的对象确定相应的罪名，这样能够压缩"口袋罪"适用的空间，确定适用的法治边界。除网络"黑公关"犯罪以外，非法放贷也逐渐成为各国有组织犯罪攫取财富的重要手段。在我国，将民间借贷作为合法外衣的网络"套路贷"成为部分黑恶势力犯罪组织攫取经济利益的主要手段。实践中，"套路贷"这一非刑法概念发挥着重要作用，大有成为新的刑法概念的趋势。"套路贷"并非一个刑法概念，也并非具体犯罪的犯罪构成，不能作为指引司法工作人员判断具体案件的大前提。在判断网络"套路贷"行为的性质时，应当将刑法的规定作为定罪的唯一法律依据。实践中，网络开设赌场同样是网络黑恶势力犯罪"以黑养黑"的主要手段。网络赌场因网络技术的介入具有独特的属性，导致司法解释在网络赌场和现实空间赌场的界定方面存在冲突。从行为侵犯法益以及行为社会危害性的角度出发，网络开设赌场与现实空间开设赌场的犯罪不存在本质区别，应当在统一赌资计算标准、统一虚拟物品价值认定标准的基础上给予同等评价。鉴于技术帮助行为在网络开设赌场犯罪中起到主要作用，展开对网络开设赌场的源头性打击和限制十分必要。

总之，本书试图在法教义学与实践法学两种研究范式中保持某种平衡。研究特点在于：其一，注意采用动态的视角探究网络黑恶势力犯罪的演变和实质。其二，在注重网络黑恶势力犯罪刑法理论的宏大构建的同时，兼顾网络黑恶势力犯罪制裁思路的探索，反证理论的合理性与适用性。其三，超越单纯的理论探索和纯粹的应对研究，尝试对网络黑恶势力犯罪这一领域的问题作出符合司法实践的深度诠释。其四，践行刑事一体化的研究思路，将相关学科的知识纳入网络黑恶势力犯罪的研究中，力求研究结论准确。

目 录

引 言 ··· 001

第一章　网络黑恶势力犯罪的发展趋势与刑法理念 ············· 007
第一节　类型化思维视域下网络黑恶势力犯罪概念界定 ········· 007
第二节　网络黑恶势力犯罪的发展趋势 ······························ 023
第三节　网络黑恶势力犯罪的刑法理念 ······························ 033

第二章　网络黑恶势力犯罪实证考察与认定障碍 ················ 050
第一节　网络黑恶势力犯罪的爆发原因 ······························ 051
第二节　网络黑恶势力犯罪的属性与特点 ··························· 059
第三节　网络黑恶势力犯罪的危害 ····································· 065
第四节　网络黑恶势力犯罪引发的刑法评价争议 ·················· 071

第三章　网络黑恶势力犯罪关键词解读 ······························ 082
第一节　网络黑恶势力犯罪关键词的解释立场 ····················· 082
第二节　"组织特征"的争议与解读 ··································· 105
第三节　"软暴力"的争议与解读 ······································ 116
第四节　"非法控制特征"的争议与解读 ···························· 144

第四章　网络黑恶势力犯罪技术帮助行为的刑法应对 ·········· 158
第一节　网络黑恶势力犯罪技术帮助行为的刑法反应体系 ······ 158

  第二节 网络黑恶势力犯罪技术帮助行为对刑法理论的冲击……………164

  第三节 网络黑恶势力犯罪技术帮助行为刑法应对之不足……………173

  第四节 网络黑恶势力犯罪技术帮助行为刑法规制的完善……………184

第五章 网络黑恶势力犯罪中高发犯罪的制裁思路……………196

  第一节 网络"黑公关"犯罪的制裁思路……………………………196

  第二节 网络"套路贷"犯罪的制裁思路…………………………214

  第三节 网络开设赌场犯罪的制裁思路…………………………………235

结 语 网络黑恶势力犯罪视域下刑法扩张的教义学反思………256

参考文献………………………………………………………………260

后 记………………………………………………………………276

引 言

习近平总书记指出，没有网络安全就没有国家安全。党的十九大报告提出，建立网络综合治理体系，营造清朗的网络空间。党的二十大报告强调，加快建设网络强国、数字中国；健全网络综合治理体系，推动形成良好网络生态；强化网络安全保障体系建设，对新时代网络强国建设、网络法治工作提出新任务新要求。在当前信息社会的背景下，虚拟空间和现实空间紧密交织，网络和网络空间成为人类社会的重要组成部分。网络在给我们的工作和生活带来便利的同时，作为"副产品"的网络犯罪也愈演愈烈，成为世界各国亟待解决的问题。网络犯罪并不是一个传统的刑法学或者犯罪学的概念，而是随着网络技术的应用而产生，并随着网络技术的不断发展而演变，主要类型包括但不限于"工具型"、"对象型"以及"空间型"网络犯罪。网络犯罪以惊人的速度发展着，短时间就侵入了大部分的传统犯罪领域，对传统的刑法理论形成了全面的冲击。时至今日，网络犯罪研究早已从刑法学研究的新兴领域转变为热门领域。在众多的研究成果中，我国学者对网络犯罪的研究多从宏观层面展开，缺乏对具体网络犯罪行为的关注，而司法实践面临的案件永远是具体而明确的。

任何犯罪行为都会损害人民群众的获得感、安全感和幸福感。习近平总书记在2019年1月中央政法委工作会议上就扫黑除恶专项斗争的深入开展作出重要指示："黑恶势力是社会毒瘤，严重破坏社会经济秩序，侵蚀党的执政根基。要咬定三年为期目标不放松，分阶段、分领域地完善策略方法、调整主攻方向，保持强大攻势。要紧盯涉黑涉恶重大案件、黑恶势力经济基础、背后'关系网''保护伞'不放，在打防并举、标本兼治上下真功夫、细功夫，确保取得实效、长效。"[1]三年的扫黑除恶专项斗争取得突出性成绩之

---

[1]《习近平出席中央政法工作会议并发表重要讲话》，载 http://www.xinhuanet.com/politics/leaders/2019-01/16/c_1123999899.htm，最后访问日期：2019年1月16日。

后，中共中央办公厅、国务院办公厅于2021年5月发布《关于常态化开展扫黑除恶斗争巩固专项斗争成果的意见》，对常态化开展扫黑除恶斗争作出安排部署。党的二十大报告再次强调，应"推进扫黑除恶常态化，依法严惩群众反映强烈的各类违法犯罪活动"。黑恶势力犯罪与一般的个人犯罪、共同犯罪相比，社会危害性更为严重。实践中黑恶势力组织多采取威胁、暴力、"软暴力"手段为非作恶，侵犯人民群众的合法权益，严重威胁人民群众的安全感，是人民群众深恶痛绝的顽疾。在信息化飞速发展的今天，部分黑恶势力开始将网络作为犯罪工具，甚至逐步由现实空间转入虚拟空间，网络黑恶势力犯罪呈现高发态势。据统计，从2019年11月到2020年12月，全国公安机关共侦破利用信息网络实施黑恶势力犯罪团伙1759个，抓获犯罪嫌疑人1.7万名，查扣涉案资产299.5亿元。[1]网络黑恶势力犯罪已然成为扫黑除恶专项斗争中需要解决的主要问题之一。网络黑恶势力犯罪兼具传统犯罪、网络犯罪与黑恶势力犯罪的三重特点，网络因素的加入导致网络黑恶势力犯罪在组织形式、行为手段等方面与传统黑恶势力犯罪存在诸多差异，给司法机关在打击和预防黑恶势力犯罪上提出了新的挑战。对此，刑法学界却鲜少有研究成果可供参考。因此呈现出尴尬的局面：一方面，网络黑恶势力犯罪的手段不断翻新、案件层出不穷；另一方面，刑法对网络黑恶势力犯罪的回应捉襟见肘，象征性立法执法不足使刑法功能不彰，实践中司法机关的机械性释法共同导致了在网络黑恶势力犯罪的定性上争议不断。

面对网络黑恶势力犯罪的汹涌浪潮，刑事法律体系的应对要归结于两种选择：立法更新与司法努力。人类从农业时代发展到工业时代，法律规则也由此发生了巨大的变化，信息时代的来临引发新的刑事立法更新。未来，网络黑恶势力犯罪领域的立法更新将是刑法更新的主要内容之一，但是在立法尚未修改的前提下，司法努力同样是应对网络黑恶势力犯罪的有效手段。一方面，刑事法律不宜频繁修改和变动。确定性的需求是哲学一直追寻的目标，[2]法学思想从未脱离哲学思想的影响，确定性的寻求也一直是法学的显著倾向。对于大部分网络犯罪而言，仍然要在原有刑事法律体系和规制的基础上，结

---

[1] 参见《公安部：公安机关打掉利用信息网络实施黑恶势力犯罪团伙1759个，查扣涉案资产299.5亿元》，载 https://china.huanqiu.com/article/41EOPrig7Vr，最后访问日期：2021年1月12日。

[2] 参见张世英：《天人之际——中西哲学的困惑与选择》，人民出版社1995年版，第168页。

合具体的网络犯罪的特征，对现有的立法和司法进行逐步调整。既不能忽视网络黑恶势力犯罪所具有的全新的网络特征，也不能强行割裂网络黑恶势力犯罪与传统黑恶势力犯罪的内在联系。另一方面，应对网络黑恶势力犯罪，司法层面也存在巨大的能量释放空间。以司法举措为主完善网络黑恶势力犯罪的刑事制裁体系并不是一种短期的权宜之计，而是包括司法解释在内的一系列司法努力的价值体现。网络发展疾速而多变，刑法需要解决的问题也随之增多，面对瞬息万变的网络，刑法需要及时回应，但是又要保持审慎的态度。在网络黑恶势力犯罪"别树一帜"，而以传统社会作为背景制定的现行刑法在惩治上稍显吃力的情况下，刑法需要依据时代的变化作出调整，制定符合信息时代的法律规制，这是必要而紧迫的。但是，需要理性面对的问题是：受立法的程序和时间的桎梏，立法永远不可能追上犯罪的步伐，网络黑恶势力犯罪发展、变化的速度快于刑事立法的频率是今后的常态。传统刑事立法与网络黑恶势力犯罪不对称的现象日益凸显，网络黑恶势力组织在组织特征、非法控制特征以及行为特征等方面均被网络化甚至被网络异化，网络黑恶势力组织实施的违法犯罪活动网络色彩十分明显，应将目光在法律与事实之间往返流转，遵照事物的发展规律，理解和解释法律规则的外延和内涵，在合理的范围内将新型犯罪纳入刑法评价的半径。即从司法实践中总结经验，发现法律并通过规范予以阐述，对现有刑法条文中的"关键词"在合理范围内作出扩大解释，对传统刑法理论在结合时代特征的基础上进行合理地发展，将网络黑恶势力犯罪划入现行刑法中予以评价是一种既传统又有效的路径。在这一过程中，抽象的刑法条文内容将被丰富并符合时代的要求。

网络社会不仅再构了独立的犯罪行为，也再构了犯罪的参与行为。不同于传统社会的阶层模式，网络社会是基于节点互联构建的趋于扁平的社会模式。在网络社会中，传统刑法中的共同行为不再以共同的组织行为为基础，而是本着各自不同的目的，基于各自的立场，"分散式"地参与其中，呈现出"组织形态无形化"的形态。网络黑恶势力犯罪的技术帮助行为在这一方面体现得尤为明显。与其他网络犯罪一样，网络黑恶势力犯罪的形成离不开网络技术的支持。在网络社会，行为与意思的共同性不再是必要条件，各主体之间的独立性日趋明显，进而导致经典的共同犯罪理论面临前所未有的障碍：传统的共同犯罪以正犯行为为指向，以意思联络作为其主观罪过确立的基础，中心化结构特征明显。然而，在网络黑恶势力犯罪的情境下，技术帮助行为往往并不指向参与体系的整体，仅指向获利或自身其他目的。作为下游犯罪的技术帮助行为对网络黑恶势力犯罪这一上游犯罪既无行为参与，双方之间也不存在意思联络，呈现从"主体间"到"单方间"的去中心化的结构，因此共犯理论面临前所未有的冲击。多数学者试图基于修正共犯的视角解决网络黑恶势力犯罪技术帮助行为的归责问题，但是修正的共犯理论与技术帮助行为的独立性格格不入。也有少部分学者试图通过正犯理论予以回应，但是遇到了与修正共犯同样的问题，即无法对技术帮助行为的参与性给出合理的解释。我国的共犯制度以"主体间"共同关系为核心范畴，为所有的参与行为设定了"统括式"处罚条件；以"主从关系"作为确定参与犯处罚的根本原则，导致我国刑法共犯理论对片面共犯根本性的排斥，在网络共犯的情况下，共犯制度处罚的漏洞被进一步放大。网络黑恶势力犯罪的技术帮助行为与传统共犯中的帮助行为相比存在本质上的区别，按照帮助犯处以刑罚无法体现其独立性，而按照正犯处以刑罚又忽略了其参与性。单向的思维结构对网络犯罪的帮助行为的立法和司法实践起到了绝对的作用，而网络黑恶势力犯罪技术帮助行为兼具"独立性"与"参与性"，因此，以"独立化""主犯化"的双向思维模式为指导，完善网络黑恶势力犯罪技术帮助行为的刑法规制具有合理性与可行性。

  网络的广泛运用导致了黑恶势力犯罪组织实施的犯罪行为出现了异化。网络"黑公关"、网络"套路贷"以及网络开设赌场成为网络黑恶势力组织实施的常见高发犯罪，这些犯罪的特殊性在于无法脱离网络空间而存在。网络空间作为一个信息化的虚拟场所，给包括网络黑恶势力犯罪在内的所有网络犯罪行为打上了信息化的虚拟烙印，导致网络黑恶势力犯罪在行为方式等方面发生了异化。不过，现行刑法仍可以对网络黑恶势力组织实施的相关犯罪行为作出合理评价。定罪并非一个标准的三段论的推理过程，但是定罪均是从法律规范这一大前提到案件事实这一小前提，进而得出案件定性结论的过程。司法工作人员在对具体案件定性时，同样是从法律规范到具体案件，对二者进行分析、比较、权衡的过程。按照这一思路，对于网络"黑公关"、网络"套路贷"以及网络开设赌场的行为，现行刑法规范能够予以规制，不过网络因素的融入使得用于制裁相关行为的刑法罪名体系和刑法的干预半径必须重新思索。

总之,刑法条文是正义文字的表达,但是并不意味着透过刑法条文的文字就能够发现蕴藏于后的所有真实含义。无论基于客观解释论的立场,还是秉承主观解释论的态度,都不是以单纯的文字含义来揭示刑法条文文字的真实表达。日本刑法典颁布迄今已经上百年,在这百年之中,无数法学学者、检察官、法官进行了无数次的刑法解释,在刑法没有失效的情况下,这种解释活动仍将继续。无论是探寻条文背后的立法者原意,还是揭示刑法条文本身的含义,都不需要花费如此长的时间。现行刑法之所以被不断解释,根本原因是文字的含义随着时代的变化发生了改变,条文的含义在事实中不断形成又不断变化。[1]社会生活才是发现正义的领域,制定刑法条文背后的真实含义不仅存在于文字本身,也存在于社会生活的具体事例中。网络黑恶势力犯罪所涉及的法条的解释结论,同样是在相对特定的时代、针对相对特定的事实作出的解释。时代在变化,网络黑恶势力犯罪这一特定事实也会发生改变,规制网络黑恶势力犯罪的法律同样会出现新的解释结论。"最终的、权威性的解释的追求都是不切实际、不符合时代发展规律的妄想,都会造成过早吞噬文本生命的局面。"[2]现实社会总是处于不断地变化与发展之中,很多变动是立法时根本无法预测的。[3]刑法在永久变动的社会中需要不断满足社会变化的新需求,刑法研究者在面对社会变化发展中产生的新的社会生活事实时,应秉承正义的理念,在认为有必要的情况下反复推敲刑法规范条文背后的真实含义,崭新的社会生活事实成为推动刑法条文真实含义探寻的最大动因。

互联网使人们生活的模式发生了翻天覆地的改变,便利成为互联网带给生活的最大福利,但是人们也不得不面对随之而来的网络风险与网络犯罪。时代背景的转变是历史不可阻挡的洪流,网络黑恶势力犯罪的出现对于法律体系的冲击和挑战难以避免,而法学的使命是在时代转型期,在纷繁复杂的

---

[1] 参见[法]基佐:《欧洲文明史:自罗马帝国败落起到法国革命》,程洪逵、沅芷译,商务印书馆1998年版,第7页。

[2] [英]韦恩·莫里森:《法理学:从古希腊到后现代》,李桂林等译,武汉大学出版社2003年版,第555页。

[3] 参见[德]Ingeborg Puppe:《法学思维小学堂:法律人的6堂思维训练课》,蔡圣伟译,北京大学出版社2011年版,第91页。

社会实践中抽象出问题的法律本质。加强对网络黑恶势力犯罪的刑法理论研究，避免网络黑恶势力犯罪成为扫黑除恶中的"真空"地带，实现网络黑恶势力犯罪与传统黑恶势力犯罪同案同判，努力让人民群众在每一个案件中感受到公平正义是每一个法律人为之努力的方向。法律诞生以来，社会总是处在不断地变化与发展之中，但是并非每一代学者都能够经历巨大的时代变迁所带来的刑法理论的革新以及刑法规范的挑战，这既是时代对于刑法学的挑战，也是身处这个时代的学者的幸运。我们生逢其时，我们重任在肩！

第一章

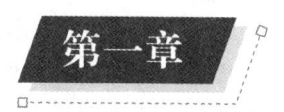

网络黑恶势力犯罪的发展趋势与刑法理念

> 法律,就像一个旅行者,必须准备翌日的旅程
> ——本杰明·N. 卡多佐

随着信息技术的不断发展,社会也随之迎来了深刻的变革。网络的出现在不断改变着信息传递模式的同时,也改变着人们的生活方式和社会的运转方式,我们已然生活在一个充斥着信息与数据的数字化社会。与此同时,作为网络时代的"副产品"——传统犯罪[1]逐渐呈现出网络化的趋势并随着互联网的代际转型不断更新,黑恶势力犯罪也不例外。网络黑恶势力犯罪的出现直接导致犯罪现实、司法需求与理论研究、立法投放之间的刑法阶梯被完全打乱。鉴于此,网络黑恶势力犯罪的理论应对与制裁思路成为扫黑除恶常态化治理中亟待解决的问题。

第一节 类型化思维视域下网络黑恶势力犯罪概念界定

法律的基本作用之一乃是使人类为数众多、种类纷繁、各不相同的行为与关系达致某种合理程度的秩序,并颁布一些规范某些行为或行动的规则或者标准。为能成功完成这一任务,法律制度就必须形成一些有助于对社会生活中多种多样的现象与事件进行分类的专门性观念和概念。这样,它就为统

---

[1] 传统犯罪,是指信息时代之前存在的各种犯罪行为,其犯罪对象、犯罪工具以及犯罪空间均不包括网络因素。

一地调整或者处理相同或基本相似的现象奠定了基础。[1]如果对法律现象没有清晰的概念描述,那么法律研究也就丧失了原本的意义。[2]这表明,一个法律概念的界定并不是一种可有可无的文字游戏,而是一项理论研究的前提和基础。

概念是对事物的高度概括,概括建立在对事物本质属性的提炼上。质言之,本质属性的文字体现就是概念。人们在认识事物的时候概念是必不可少的工具。[3]美国人类学家 E. 霍贝尔教授对此作出过精辟的论述:"概念的价值就在于:任何一个学科新的领域的研究都是从使用合适的文字创设概念开始的……新的事实与新的思想,总是在创造新的词汇"。[4]在法学领域的研究中,理想的情况是在尽可能的限度内创造词汇和总结概念。毛泽东从认识论的角度出发,对概念性质作出了界定:"概念已经脱离了事物的现象这一层次,不是事物现象的各个片面,也不是事物外部的联系,而是事物的本质、全体与内部联系。概念……不但是数量上的差别,而且有了性质上的差别"。[5]毛泽东将"概念"视为跨越了实践阶段感性认识的理性认识和规律总结,并且认为概念是进一步判断和推理以得出论理认识、结论的前提和基础。在学理上,概念是一切研究的起点。一个概念是对研究事物特定内涵和外延的高度概括,具体的内涵和外延实质上是对一个具体事物质的规定性。这种质的规定性,实际上明确了该事物的特定范畴,明确了研究的对象。因此,对具体事物概念展开研究与对具体事物的本身展开研究具有同等重要的理论价值。[6]从哲学角度看,概念的界定是对事物本质反映的思维模式。不过,概念并非凭空产生的事物,而是在客观事物的基础上对事物本质提炼总结的思维反映形式。[7]纷纭复杂的世界形态中,事物的范畴浩瀚而宏大,事物基础上发轫的概念,需要借助特定的思维工具予以提炼,类型化思维正是这个工具。人们总是在

---

[1] 参见〔美〕E·博登海默:《法理学:法律哲学与法律方法》,邓正来译,中国政法大学出版社 1998 年版,第 501 页。

[2] 参见〔德〕伯恩·魏德士:《法理学》,丁小春、吴越译,法律出版社 2003 年版,第 93 页。

[3] 参见费孝通:《乡土中国》,生活·读书·新知三联书店 1985 年版,第 3 页。

[4] 参见〔美〕E. 霍贝尔:《原始人的法》,严存生等译,贵州人民出版社 1992 年版,第 17 页。

[5] 参见《毛泽东选集》(第一卷),人民出版社 1991 年版,第 285 页。

[6] 参见刘作翔:《法律文化理论》,商务印书馆 1999 年版,第 17 页。

[7] 参见金炳华主编:《马克思主义哲学大辞典》,上海辞书出版社 2003 年版,第 581~582 页。

对客观世界进行认识和认知，总结和提炼事物之间的共性，这些共性被抽象成类型，再以名称表达出来，这个代表类型的词汇就成为概念。概念由内涵与外延组成，成为区别不同事物的根本依据。

法教义学的实质是概念法学，概念本质上属于类型的一种。概念与类型之间相互依存，概念建立在类型的基础上，类型没有抽象为概念则缺乏说服力。在刑法的体系性思考中，类型性的思考方法也许最为重要。[1]当人们借助抽象、普遍的概念及其逻辑体系都不足以清晰明白地把握生活现象或者某种意义脉络时，首先想到的是求助"类型"（Type）的思维方式，[2]因为类型是相对具体的，介乎于一般与特殊之间，是两者之间的中间高度，以普遍性的方式存在于事物中，当代很多学科都使用这种思维方式。刑事法学和犯罪学的研究正是以类型化思维为前提，得以发展并走向发达。[3]网络黑恶势力犯罪概念的刑法学化是网络黑恶势力犯罪法教义学理论体系化的出发点，是研究和判断一切网络黑恶势力犯罪问题的关键起点。在互联网技术与社会科学的交叉研究中，"网络+学术用语"往往用来表示某一特定的正在被关注的时代主题。在传统的"犯罪"或者"具体犯罪"的术语前插入"网络"一词，就形成了一个新的法律概念。[4]一方面，网络黑恶势力犯罪作为一种严重危害社会的行为，与毒品犯罪、恐怖主义犯罪等一样，是一个实证性、对策性的犯罪学或者刑事政策学概念。另一方面，作为司法解释的正式用语，网络黑恶势力犯罪已然成为刑法学意义上的正式概念而需要加以明确。按照类型化思维工具而言，黑恶势力犯罪是有组织犯罪的重要组成部分。以黑恶势力犯罪是否具备网络要素为依据，可以将其划分为"传统的黑恶势力犯罪"和"网络黑恶势力犯罪"两种类型，其中，网络黑恶势力犯罪属于网络犯罪的范畴，由网络黑社会性质组织犯罪与网络恶势力组织犯罪组成。鉴于此，网络黑恶势力犯罪的概念界定应在明确有组织犯罪概念、黑社会性质组织概念与恶势力组织概念的基础上，结合网络犯罪的概念进行提炼。

---

[1] 参见陈兴良：《教义刑法学》，中国人民大学出版社2014年版，第19~20页。
[2] 参见［德］卡尔·拉伦茨：《法学方法论》，黄家镇译，商务印书馆2020年版，第577页。
[3] 参见［德］阿图尔·考夫曼：《法律哲学》，刘幸义等译，法律出版社2011年版，第190~191页。
[4] 参见刘艳红：《网络犯罪的法教义学研究》，中国人民大学出版社2021年版，第90页。

一、有组织犯罪概念之厘清

网络黑恶势力犯罪概念的界定需要建立在有组织犯罪概念明晰的基础上，因此有必要对有组织犯罪的概念进行全面的研究。

（一）国外关于有组织犯罪的概念界定

20世纪晚期以来，有组织犯罪快速发展壮大，其社会危害性引起了各国的广泛关注，迄今为止，有组织犯罪也是现代国家面临的最为棘手的犯罪。有组织犯罪原为犯罪学术语，英文统一表达为"Organized Crime"，目前世界范围内并未形成能够被普遍接受的有组织犯罪概念。不过，尽管之前各国关于有组织犯罪的概念界定千差万别，然而随着历史的发展，各国在有组织犯罪的界定上趋同：一是世界各国关于有组织犯罪的概念界定趋于一致；二是各国在有组织犯罪概念的界定上经历了从狭义描述到广义表达的过程。对有组织犯罪的概念采取广义的界定是多数国家和地区的选择。[1]

联合国关于有组织犯罪概念的界定主要体现在《联合国打击跨国有组织犯罪公约》（以下简称《公约》）中。《公约》第2条规定："'有组织犯罪集团'是指由三人或多人所组成的、在一定时期内存在的、为了实施一项或多项严重犯罪或根据本公约确立的犯罪以直接或间接获得金钱或其它物质利益而一致行动的有组织结构的集团。""有组织结构的集团"是指并非为了立即实施一项犯罪而随意组成的集团。《公约》对"有组织结构的集团"在成员的职责和连续性方面没限制，也不要求组织结构的完善性。这一界定明显是基于广义的角度，旨在规范各种形式的有组织犯罪。有学者认为，该《公约》对有组织犯罪的界定过于简单，没有结合跨国有组织犯罪的政治背景和经济现实，不利于对有组织犯罪的现象形成正确的理解。对此，笔者持否定观点。目前除了等级结构分明的传统型有组织犯罪，大量形式多样、结构松散的新型有组织犯罪的存在也是客观事实，对有组织犯罪采取广义的界定，能够涵盖多种形态的有组织犯罪，这一规定模式源于美国以及部分欧洲国家的建议，反映了美国等国在有组织犯罪概念界定上的经验与教训，符合有组织犯罪发展的客观事实。

---

[1] 参见赵赤：《域外有组织犯罪概念界定之考探》，载《甘肃政法学院学报》2013年第4期。

美国现行成文法中并未对有组织犯罪进行界定，学界和实务部门也没有对此形成统一的意见。但是，美国对有组织犯罪概念的界定由狭义向广义的转变是明显的趋势。20世纪20年代末至80年代初，当有组织犯罪成为美国社会的突出问题后，各界展开了对有组织犯罪概念的讨论。这一时期，狭义的有组织犯罪概念在立法和执法中占据主导地位。1968年美国通过了惩治有组织犯罪的第一部成文法律《综合犯罪控制和街道安全法》，这也是美国迄今为止唯一一部对有组织犯罪概念进行界定的成文法。该法将有组织犯罪界定为从事提供非法商品和服务的具有高度组织化、纪律明确的犯罪集团成员所实施的非法活动，包括但不限于赌博、卖淫、放高利贷、贩毒等由犯罪集团实施的非法活动。这一规定强调组织的结构严密与纪律性，狭义界定的色彩明显。执法层面，这一时期美国将有组织犯罪与意大利裔黑手党组织等同视之，这种狭隘、片面的观念在相当程度上阻碍了美国反有组织犯罪的效果。随着实证研究的发展，在总结实践经验的基础上，美国各界逐渐认识到狭义的有组织犯罪概念界定存在的深刻危害，从20世纪80年代开始，美国在有组织犯罪概念的界定上逐步向广义迈进。在执法层面，美国政府于1983年设立了"总统有组织犯罪委员会"（President's Commission on Organized Crime），该委员会在1986年以报告的形式总结了有组织犯罪的特征，即犯罪组织稳定、成员之间存在分工、手段带有暴力性、基于获取利益或者权力的目的。按照这一定义，一般的街头犯罪集团也被纳入有组织犯罪中。上述规定对组织结构以及行为人的身份都没有作出严格的限制，属于明显的广义概念。在学术研究方面，随着研究的深入以及实践经验的积累，美国学界在对有组织犯罪概念采取广义的界定方面达成了基本共识。提出诸如"有组织犯罪是扎根于美国社会和经济价值的反常方面的固有机制"[1]"有组织犯罪是意图通过非法活动获得经济利益进而形成组织起来的商业企业"[2]等观点，虽然上述观点在有组织犯罪的概念上表述不同，但是均蕴含着对有关有组织犯罪的广义特征的内在认识。

20世纪末，欧盟（EU）开始关注有组织犯罪问题。为规范各成员国打击

---

[1] 储槐植、江溯：《美国刑法》，北京大学出版社2012年版，第152页。

[2] [美] D.斯坦利·艾兹恩、杜格·A.蒂默：《犯罪学》，谢正权等译，群众出版社1989年版，第63页。转引自应培礼主编：《犯罪学通论》，法律出版社2022年版，第408页。

有组织犯罪的行动，1998年欧盟提出了有组织犯罪的概念，即二人以上为了实施应受4年以上刑罚处罚的犯罪而组成的持续性的、具有结构性质的犯罪组织，该组织成立旨在获取物质利益或者为了实施犯罪抑或为了实现不适当地影响公共机构运作的目的。2001年欧盟委员会联合欧洲刑事警察组织（Europol）共同发布了报告，在前述有组织犯罪概念的基础上细化了有组织犯罪的11项特征，其中包含4个必备特征，另外7个特征只需符合其中2个就能够被认定为有组织犯罪。4个必备特征为：①组织成员2人以上；②组织的存在具有一定的持续性；③涉嫌实施严重的犯罪行为；④获取权力和物质利益是犯罪的根本目的。另外7个选择性特征是：①成员承担一定的角色或者义务；②组织有一定的管理方式和组织纪律；③手段为暴力或者恐吓；④以行贿方式影响政治、传媒、法律实施、司法或者经济；⑤采取经营或者类似的商务运行机制；⑥从事洗钱活动；⑦实施跨国犯罪。从上述规定可以看出，欧盟在有组织犯罪的界定上采取了广义的概念，兼顾了组织多样性的司法现实，并未对组织的等级结构和形式作出规定，符合有组织犯罪的发展现实。此外，英国、德国在有组织犯罪概念上同样采取了广义的界定。20世纪90年代，英国国家层面开始关注有组织犯罪问题。作为典型的判例法国家，英国成文法中未对有组织犯罪作出规定。现行有组织犯罪概念由"国家犯罪情报局"（National Crime Intelligence Service，NCIS）提出，即有组织犯罪是为了获取非法产品、实施犯罪而建立的至少由3人组成的秘密组织或者貌似合法的秘密组织所实施的严重犯罪。可见，英国在有组织犯罪概念的界定中并未对组织结构形式提出较高的要求，属于广义的有组织犯罪概念。德国关于有组织犯罪的立法完成于20世纪90年代。在有组织犯罪的概念上，德国采取了由政府机构（内务和司法部长联席会议发布）发挥主导作用的"半官方定义方式"。在20世纪80年代德国就摒弃了狭义的以黑手党为参照的传统有组织犯罪概念，提出有组织犯罪是采用非法企业模式实施的，以获取利润和权力为目的的有预谋的犯罪行为。有组织犯罪具备成员之间基于任务进行分工；使用暴力或者恐吓方法；利用商业或者类似业务的组织实施；对政治、公共管理、司法、商业等施加影响四个方面的特征。[1]此外，意大利、韩国以及

---

[1]［德］汉斯·约阿希姆·施奈德：《犯罪学》，吴鑫涛、马君玉译，中国人民公安大学出版社1990年版，第44页。

我国台湾地区等对有组织犯罪同样采取了广义的界定。

少数国家在有组织犯罪的概念界定上采取了传统的狭义概念，典型的如俄罗斯、印度等国。俄罗斯刑法并没有使用有组织犯罪的表述，而是将共同犯罪区分为犯罪团伙、有预谋的犯罪团伙、有组织的犯罪集团和黑社会组织四种不同形态。因立法并未明确四种形态之间的界限，所以遭到了俄罗斯学界的广泛批评。俄罗斯学者开始尝试对有组织犯罪的概念作出诠释，主要存在"系统说"、"现象说"、"规模性说"、"组织说"、"组织活动说"以及"组织+活动说"6种观点。[1]上述观点中，"系统说"与"现象说"从狭义的角度对有组织犯罪进行了界定，而"组织说"、"组织活动说"以及"组织+活动说"是相对广义的有组织犯罪概念。可见，俄罗斯学界的通说与其立法不同，采取了广义的有组织犯罪概念。与俄罗斯立法相同，印度在联邦法律中没有对有组织犯罪进行规定。但是，与俄罗斯学界普遍采取的广义界定方式不同，印度学界的通说倾向狭义的有组织犯罪概念，比如，坚持将"保护伞"视为有组织犯罪的必备特征。总之，如何界定有组织犯罪是构建法律框架、侦查和起诉以及学术研究的基础，关乎国家之间是否和如何提供法律协助。[2]对有组织犯罪及其危害程度的认识也决定了国家的政策和措施，而政策和措施的选择决定了有组织犯罪的打击效果。国际社会的经验与教训表明：在有组织犯罪的概念上采取狭义的界定不利于打击日益严重且形式各异的有组织犯罪，难以满足严厉惩治此类犯罪的需要。

(二) 我国有组织犯罪概念的演变与界定

1. 我国有组织犯罪正式界定的发展演变

关于有组织犯罪相关概念的正式界定先后经历了地方性法规中的概念界定、

---

[1] "系统说"认为，有组织犯罪本质上是犯罪人之间的紧密结合及有组织犯罪组合的产生和运行。"现象说"即有组织犯罪是在不良的社会经济和军事政治条件下产生的社会现象，通过严格的等级体系对抗占统治地位的社会关系。"规模性说"是指有组织犯罪是具有高度社会危害性的社会病理现象，表现为稳定的犯罪组织不断和相对大规模地在生产和运行。"组织说"认为，组织性是有组织犯罪特有的与其他犯罪区分的标志。"组织活动说"指出，有组织犯罪是具有一定数量的社会成员实施的社会活动。"组织+活动说"包含有组织犯罪集团的成立、运行以及有组织犯罪集团实施的活动。参见崔嫚：《俄罗斯有组织犯罪研究》，知识产权出版社2022年版，第2~6页。

[2] See James O. Finckenauer, "Problems of Definition：What is Organized Crime?", *Trends in Organized Crime*, Vol. 8, No. 3., 2005, p. 68.

国家行政机关中的概念界定、刑法中的概念界定、最高人民法院司法解释中的概念界定、全国人大常委会立法解释中的概念界定、专门法中的概念界定六个阶段。地方性法规对有组织犯罪的概念界定始于广东省，1989年深圳市公安局、深圳市人民检察院、深圳市中级人民法院以及深圳市司法局共同发布的《关于处理黑社会组织成员及带黑社会性质的违法犯罪团伙成员的若干政策界限（试行）》中，将有组织犯罪界定为黑社会组织与黑社会性质组织，并明确了两者之间的界限。[1]在20世纪80年代的"严打"斗争中，国家行政机关将有组织犯罪界定为"带有黑社会性质的流氓团伙"。全国性规定始见于1994年中央政法委发布的《各地应当注意研究当前农村黑恶势力现象》的通知，在文件中对"有组织犯罪"使用了"黑恶势力"的表述。[2]"黑社会性质"的概念首次出现则是在1996年公安部召开的电视电话会议中。[3]1997年修订《中华人民共和国刑法》（以下简称《刑法》）时，组织、领导、参加黑社会性质组织罪被纳入《刑法》中，不过，当时《刑法》并未明确黑社会性质组织的构成标准，司法实践中难以对具体案件作出规范的认定。所以在2000年12月，最高人民法院通过司法解释的方式首次明确了黑社会性质组织的认定标准，但是仍未平息适用中的争议。比如，"保护伞"是否应作为黑社会性质组织的必备条件成为争论的焦点。为统一认识、正确适用法律，2002年4月，第九届全国人大常委会第二十七次会议通过了《全国人民代表大会常务委员会关于〈中华人民共和国刑法〉第二百九十四条第一款的解释》，以立法解释的方式明确了黑社会性质组织的四个特征。2011年5月施行的《中华人民共和国刑法修正案（八）》（以下简称《刑法修正案（八）》）将上述立法解释纳入《刑法》的规定中。黑社会性质组织的滋生、发展、壮大往往需要经历一定的过程，为避免黑社会性质组织形成之后对社会秩序、经济秩序和人民群众的生命财产安全造成较大的危害，我国在对有组织犯罪的打击上采取"打早打小"的刑事政策。公安、司法机关在执法实践和有关政策性文件中，对尚未达到黑社会性质组织标准，但具有一定组织性与危害

---

〔1〕参见赵赤：《中外惩治有组织犯罪比较研究》，中国政法大学出版社2017年版，第268页。

〔2〕参见卢锋、徐程江：《黑恶势力犯罪案件问题研究》，载http://www.zjxinchang.jcy.gov.cn/lltj/202003/t20200331_2803458.shtml，最后访问日期：2024年12月1日。

〔3〕参见赵赤：《中外惩治有组织犯罪比较研究》，中国政法大学出版社2017年版，第267页。

性的犯罪组织，使用了"恶势力""恶势力组织"等称谓，不过对"恶势力""恶势力组织"等概念并未予以明确。2018年1月全国范围内为期三年的扫黑除恶专项斗争开始，最高人民法院、最高人民检察院、公安部、司法部制定的《关于办理黑恶势力犯罪案件若干问题的指导意见》（以下简称《黑恶势力犯罪指导意见》）中对"恶势力""恶势力犯罪集团"的概念予以明确。在扫黑除恶专项斗争胜利结束后，党中央进一步作出了开展常态化扫黑除恶斗争，巩固专项斗争成果的决定部署。为保障常态化扫黑除恶斗争的法治化与规范化，贯彻习近平总书记加快完善中国特色社会主义法律体系，以良法促进发展、保障善治的要求，基于专项斗争和常态化扫黑除恶积累的行之有效的工作机制和经验，2021年12月24日，第十三届全国人大常委会第三十二次会议审议通过了《中华人民共和国反有组织犯罪法》（以下简称《反有组织犯罪法》）。《反有组织犯罪法》中使用了"恶势力组织"的表述，并将恶势力组织界定为："经常纠集在一起，以暴力、威胁或者其他手段，在一定区域或者行业领域内多次实施违法犯罪活动，为非作恶，欺压群众，扰乱社会秩序、经济秩序，造成较为恶劣的社会影响，但尚未形成黑社会性质组织的犯罪组织。"至此，我国有组织犯罪的概念经历了从最初的"黑恶势力"、"黑社会组织"以及"带有黑社会性质的流氓团伙"等多种表述共存到统一为"黑社会性质组织"与"恶势力"的过程。

2. 本课题对有组织犯罪概念的界定

黑恶势力犯罪是典型的有组织犯罪，我国很多学者在研究黑恶势力犯罪相关问题时往往将"有组织犯罪"与"黑恶势力犯罪"混用。[1]由此产生的问题是，有组织犯罪与黑恶势力犯罪是否为一种含义的两种表达？刑法学界对有组织犯罪的定义存在不同的界定。比较有代表性的观点有，主张依据有组织犯罪的特征对概念进行界定的"基本特征定义说"与"本质特征定义说"以及主张按照外延的大小对有组织犯罪进行界定的"广义说""狭义说"以及"最狭义说"。"基本特征定义说"主张，应围绕有组织犯罪的目的、组织的结构、组织的活动方式、组织的变化发展以及社会危害性等界定有组织犯罪的定义。"本质特征定义说"则认为，应当围绕有组织犯罪的内涵，即其

---

[1] 参见王良顺：《惩治有组织犯罪的基本原则与立法实现路径——以反有组织犯罪法立法为背景》，载《中国刑事法杂志》2021年第6期。

本质特征对有组织犯罪的概念加以明确。有组织犯罪在本质上属于共同犯罪，是共同犯罪人组成的为实施犯罪活动而建立的相对固定的群体。"基本特征定义说"和"本质特征定义说"显然仅描述了有组织犯罪的特征，均未明确有组织犯罪的内涵和外延，虽然在特征的描述中对有组织犯罪的内涵和外延有所涉及，但是特征显然不能代替内涵和外延。[1]"广义说"认为，有组织犯罪是共同犯罪人为多次实施某一种或者数种犯罪而结合在一起的较为固定的组织，实践中比较常见的有黑社会性质组织、恐怖活动组织、邪教组织、传销组织等形式。"广义说"明显是基于犯罪学角度对有组织犯罪进行的界定。"狭义说"亦称"集团犯罪说"，该说认为有组织犯罪是故意犯罪者基于经济利益，对犯罪组织体进行实际的操控或者直接指挥、参与组织体的犯罪活动。故意犯罪者之所以能够实现操控、指挥与参与，是基于组织结构的严密和组织成员的相对稳定。[2]"狭义说"显然是将有组织犯罪等同于集团性犯罪，有组织犯罪的外延被人为地缩小。"最狭义说"则指出，有组织犯罪是故意犯罪操纵者操控或者直接指挥、参与的犯罪分子的有机结合体，仅指黑社会性质组织。这显然是基于刑法规定的角度对有组织犯罪作出的定义。

综上，结合我国刑事立法对有组织犯罪界定的发展演变以及刑事司法实践情况，笔者基本认可"最狭义说"的观点。不过，《反有组织犯罪法》的通过实质上对我国刑法有组织犯罪作出了修改，将"恶势力"这一长期伴随着黑社会性质组织的半正式制度升格为正式制度，实际上构建了惩治黑社会性质组织犯罪与恶势力组织犯罪相互衔接的全新的刑事责任体系，刑法学意义上的有组织犯罪的范围由此发生变化，包含组织、领导、参加黑社会性质组织犯罪、黑社会性质组织所实施的具体犯罪以及恶势力组织实施的刑法规定的犯罪。作为黑恶势力犯罪中的具体类型，网络黑恶势力犯罪自然属于有组织犯罪的范畴。

二、黑社会性质组织与恶势力组织之概念界分

黑社会性质组织是我国法律明文规定的概念，而从"打黑除恶"到"扫黑除恶"一直伴随黑社会性质组织的恶势力，立法和司法解释长时间未明确

---

〔1〕 参见应培礼主编：《犯罪学通论》，法律出版社2022年版，第409页。
〔2〕 参见康树华、魏新文主编：《有组织犯罪透视》，北京大学出版社2001年版，第4页。

其概念，直至2009年最高人民法院、最高人民检察院、公安部在联合发布的《办理黑社会性质组织犯罪案件座谈会纪要》中首次对恶势力组织进行了专门的规定。基于"打早打小"的刑事政策，该司法解释将恶势力组织限定为黑社会性质组织的雏形并定位为犯罪团伙，但是实践中审判机关将恶势力组织纳入犯罪集团的倾向明显。2018年1月，最高人民法院、最高人民检察院、公安部、司法部联合发布的《黑恶势力犯罪指导意见》中，以描述恶势力组织常见表现形式的方式对恶势力组织的范围进行了界定，即"经常纠集在一起，以暴力、威胁或者其他手段，在一定区域或者行业内多次实施违法犯罪活动，为非作恶，欺压百姓，扰乱经济、社会秩序，造成较为恶劣的社会影响，但尚未形成黑社会性质组织的违法犯罪组织"。根据我国刑法的规定，犯罪组织与犯罪集团是同一含义的不同表述，据此，《黑恶势力犯罪指导意见》似乎是将恶势力定位为犯罪集团。不过，《黑恶势力犯罪指导意见》同时又规定了恶势力犯罪集团的成立条件，按照这一规定，恶势力犯罪与恶势力集团犯罪又是存在区别的不同层次的犯罪。鉴于此，《黑恶势力犯罪指导意见》并不是对恶势力组织的专门规定，准确地说，是恶势力组织概念在法律上的定型，对于恶势力概念的发展具有重要意义。[1]2019年2月28日，最高人民法院、最高人民检察院、公安部、司法部颁布了《关于办理恶势力刑事案件若干问题的意见》（以下简称《恶势力意见》）具体规定了办理恶势力组织案件的实体和程序问题。《恶势力意见》沿用了《黑恶势力犯罪指导意见》的规定，将恶势力组织界定为违法犯罪组织，并具体划分为结伙犯罪和犯罪集团。按照刑法关于共同犯罪的规定，犯罪集团属于犯罪组织，结伙犯罪并不具有组织特征，在性质上属于一般共同犯罪。鉴于此，上述司法解释对恶势力的界定与刑法立法之间存在矛盾。2021年12月24日通过的《反有组织犯罪法》将恶势力改称为恶势力组织，旨在将司法规范中广义的恶势力严格限制在恶势力犯罪集团的范围，避免在扫黑除恶常态化背景下将一般犯罪集团不当划入恶势力的犯罪圈。不过，《反有组织犯罪法》对恶势力组织沿用了司法解释描述性的界定方式，并未从实质层面对恶势力组织的概念予以明确。概念不明至少存在两个弊端：第一，如何区分实施犯罪行为的组织到底是黑

---

[1] 参见陈兴良：《恶势力犯罪研究》，载《中国刑事法杂志》2019年第4期。

社会性质组织还是恶势力组织。根据《刑法》以及相关司法解释的规定，对黑社会性质组织犯罪的惩治严于恶势力组织犯罪，单纯参加黑社会性质组织的行为就构成犯罪，显然组织属性评价的准确与否是关乎公正司法的重要问题。第二，如何将没有列举的犯罪行为纳入包含的范围内。换言之，如何判定没有列举的犯罪行为与列举的犯罪行为具有相当的严重性和风险。[1]

刑法学界对恶势力组织概念界定的探讨从未停止，比较有代表性的观点有以下两种。第一种观点认为，恶势力组织犯罪可以进一步明确表述为"流氓恶势力犯罪"。由于现行刑法已经将流氓罪进行了分解，所以"流氓恶势力犯罪"包括但不限于已经分解的聚众斗殴罪、寻衅滋事罪、强制猥亵罪，如果触犯其他诸如故意杀人罪、抢劫罪等犯罪时，按照相应犯罪处理即可。[2]第二种观点认为，恶势力组织与黑社会性质组织一脉相承，属于该组织的雏形阶段，所以恶势力组织的概念应以黑社会性质组织的概念为标准，逐一降格黑社会性质组织的四个法律特征。持此论点的学者内部也存在不同意见。比如有学者提出，相比黑社会性质组织，恶势力组织在组织性方面相对松散。[3]还有学者认为，恶势力组织与黑社会性质组织的根本区别在于恶势力组织不具有组织性的特征，犯罪目的较之黑社会性质组织也不明确。[4]上述观点均存在商榷的空间。第一种观点与《黑恶势力犯罪指导意见》等规定相同，采取单纯列举犯罪组织经常实施的行为试图界定恶势力组织的概念，但是这种方式并不能剖析恶势力组织的本质属性。第二种观点则是通过将黑社会性质组织的特征逐一降格的方式界定恶势力组织的概念，同样存在降格多少的疑问，是逐一降格还是单纯剔除黑社会性质组织的某个特征？基于何种标准和理由？其实，黑社会性质组织与恶势力组织本质的区别在于侧重点不同。黑社会性质组织的侧重点是"社会"，也就是更加强调其对一定区域和行业的垄断。"黑"作为黑社会性质组织的另一个特征，说明该组织是能够与主流社会

---

[1] 参见王强军：《知恶方能除恶："恶势力"合理界定问题研究》，载《法商研究》2019年第2期。

[2] 参见胡敏、万富海：《有组织犯罪、带黑社会性质的团伙犯罪和流氓恶势力犯罪的特征及其认定》，载《华东政法学院学报》2001年第5期。

[3] 参见周光权：《黑社会性质组织非法控制特征的认定——兼及黑社会性质组织与恶势力团伙的区分》，载《中国刑事法杂志》2018年第3期。

[4] 参见李旭东、汪力：《地方恶势力犯罪的若干问题探析》，载《现代法学》1998年第1期。

相对抗的组织,通过非法手段来形成一种非法的社会秩序,确定组织的内部规则和运行机制,最终实现非法控制。[1]作为我国最高形态的有组织犯罪,黑社会性质组织犯罪的组成形式也并非一成不变,为逃避司法机关的侦查和打击,目前多以注册公司等方式存在,试图以合法外衣掩盖非法本质,对行业的控制手段也由最初的暴力向"软暴力"转变,这也是部分学者将有组织犯罪概念外延限缩在企业或者公司范围内的原因。与黑社会性质组织的侧重点不同,恶势力组织的重点显然在于"势力"。"势力"与"社会"不同,尚不具备非法控制的社会属性。作为尚未形成黑社会性质组织的犯罪组织,恶势力组织属于向黑社会性质组织进阶的阶段,所以实践中的恶势力犯罪往往采用显性暴力来彰显自己的恶,与黑社会性质组织多身披合法外衣不同,恶势力大多不对自己的犯罪行为加以掩饰,秉承"丛林法则",所涉及的罪名大多是带有暴力性质的罪名。笔者以"恶势力"作为关键词,通过北大法宝检索2014年1月1日至2018年7月10日的判决书共计91份,罪名涉及寻衅滋事罪、绑架罪、抢夺罪、故意杀人罪、抢劫罪、强迫交易罪等。其中以寻衅滋事罪最多,为45份,且未单独出现以行贿罪等非暴力罪名单独定性的案件。除此以外,在行为特征方面,黑社会性质组织与恶势力组织均可以采取暴力、胁迫或者其他手段实施犯罪,两者在犯罪手段上不具有显著区别。组织特征同样不能将黑与恶区分开来,特别是在网络社会的背景下,人数的多寡与形成非法控制或者重大影响之间并不具有必然联系。黑与恶在经济特征方面同样不存在差异,无论是黑社会性质组织还是恶势力组织最终都是为了攫取经济利益以维系组织的存在和谋求超常规的经济收益。

综上,所谓恶势力组织,是以暴力、胁迫或者其他手段多次实施违法犯罪活动,在一定行业或者区域内对他人形成威胁态势,尚未形成黑社会性质组织的犯罪组织。

三、网络黑恶势力犯罪之概念界定

(一) 网络黑恶势力犯罪概念确定的基础

国际社会惩治有组织犯罪的经验教训表明,对有组织犯罪的概念采取广

---

[1] 参见魏东:《"涉黑犯罪"重要争议问题研讨》,载《政法论坛》2019年第3期。

义的界定是有效惩治有组织犯罪的观念基础,是全面认识有组织犯罪社会危害性的内在要求,符合有组织犯罪产生和发展的规律,也是落实惩治有组织犯罪刑事政策的必然要求,所以广义的有组织犯罪概念成为大多数国家的选择。

第一,犯罪的本质在于其社会危害性即对法益的侵害。对有组织犯罪从广义的角度加以界定,符合有组织犯罪社会危害性的内在要求。以美国为例,该国在有组织犯罪的概念上经历了从狭义到广义的界定过程。20世纪70年代以前,基于"异族阴谋理论",美国将打击有组织犯罪的重点放在了外国移民身上,尤其关注由意大利裔组成的犯罪组织,这一狭隘的认定导致美国在打击有组织犯罪上立法和执法的掣肘。随着对有组织犯罪细致的调查和实证研究的展开,对有组织犯罪社会危害性的认识趋于全面,美国对有组织犯罪的概念转向广义的界定,由此推动了反有组织犯罪的法治建设。

第二,作为一种社会现象,有组织犯罪的产生和发展有规律可循。犯罪现象的产生是由一定的社会经济结构决定的,是人类社会经济结构发展到一定历史阶段的产物,因此,犯罪的产生、发展和变化与社会的发展关系极为密切,随着社会的变化而发生改变。相关研究表明,我国各地经济发展的不平衡性造成了东部、中部和西部有组织犯罪呈现不同的样态。在经济欠发达地区,街头流氓暴力团伙型等低级形态的有组织犯罪大量存在,而在经济发达地区企业化形态的有组织犯罪大量存在。总体而言,我国的有组织犯罪逐渐由最初的"暴力寄生型"向"黑色经济型"乃至"形式合法型"发展。[1]国外学者同样重视研究有组织犯罪的发展形态。美国学者卢萨针对有组织犯罪对国家的影响将有组织犯罪分为三个发展阶段,第一个阶段是"掠夺阶段"(predatory stage),第二个阶段为"寄生阶段"(parasitic stage),第三个阶段为"共生阶段"(symbiotic stage)。[2]上述中外学者的研究结论当然不乏探讨的空间,但是在打击有组织犯罪方面,基于其发展趋势和规律作出合适的应对这一研究的逻辑起点值得肯定。20世纪90年代后,联合国、欧盟等纷纷在立法或者执法措施中采取广义的有组织犯罪概念,旨在将各种形式的有组织

---

[1] 参见刘传稿、张莎白:《黑社会性质组织的经济模式刍议》,载《科技与企业》2012年第15期。

[2] See Alan Wright, *Organised Crime*, Willan, 2005, p.54.

犯罪纳入打击范围。

第三，确立有组织犯罪的广义概念，有利于"打早打小"刑事政策的落实。事物的发展都是循序渐进的，黑恶势力组织也不是短时间内可以形成的，这是我国打击黑社会性质组织的同时也注重打击恶势力组织的根本原因，因此在打击有组织犯罪上"打早打小"的刑事政策被多次强调。各国同样注重从源头上打击有组织犯罪，表现为通过立法或者执法措施降低有组织犯罪的入罪门槛。以意大利为例，作为"黑手党"的发源地，意大利最初将有组织犯罪与"黑手党"画等号。20世纪60年代以后，意大利政府基于对有组织犯罪社会危害性的深刻认识，修正了刑法中"黑手党型"有组织犯罪的概念，将有组织犯罪定义为3人以上组成的，以直接或间接实现对经济活动、许可、批准或公共合同和服务的经营与控制，或者为了使自己或他人获得不正当利益，利用集团所拥有的恐吓力量以及攻守同盟实施犯罪的犯罪集团。意大利政府较早接受了广义的有组织犯罪概念并由此完善了法律和司法体系。[1]

第四，对有组织犯罪采取广义的概念是基于国际社会惩治有组织犯罪的经验与教训。以日本为例，日本1991年通过的《暴力团对策法》采取狭义的有组织犯罪概念，在形式特征方面对有组织犯罪进行了较多的限制，难以承担有效遏制日本暴力团的重任。1999年日本通过了三部打击有组织犯罪的法律，其中《打击有组织犯罪及控制犯罪所得法》将有组织犯罪的范围予以扩大，指出有组织犯罪是由一定成员构成的，基于共同的目标建立的全部或者部分程度上具有等级结构的长期性组织。虽然与美国相比略显保守，但是日本的有组织犯罪概念也在逐渐走向广义的界定。

对比中外法律规定可知，我国对有组织犯罪的界定既有优点，也存在不足。优点在于：我国立法和司法很早就认识到有组织犯罪的危害，比较关注低端的犯罪组织向高端犯罪组织发展演变的规律，即在有组织犯罪的立法和司法实践中既关注黑社会性质组织犯罪，也注意对恶势力犯罪的惩治。不足之处在于：未能全面深刻认识有组织犯罪的特殊危害，对有组织犯罪的认识停留在传统狭义的层面，表现为对黑社会性质组织等规定了较为严格的入罪门槛，使我国有组织犯罪的犯罪圈明显小于其他国家，为了应对新型的有组

---

〔1〕 Jay S. Albanese, et al., *Organized Crime: World Perspectives*, Prentice Hall, 2002, p. 86.

织犯罪而不得不长期依赖司法解释，导致对部分新型的黑恶势力犯罪的治理出现了"形成期不能打，成熟期难打"的局面。综合考虑我国社会、经济、文化状况等背景因素，结合黑恶势力犯罪的现实情况，黑恶势力犯罪的入罪门槛似乎也不应当高于多数国家。鉴于此，对我国现行的有组织犯罪的相关概念，比如对网络黑恶势力犯罪等的界定上宜采取广义的方式，这也符合我国有组织犯罪发展的客观现实。

（二）网络黑恶势力犯罪概念的厘清

何谓网络黑恶势力犯罪，刑法学界存在两种观点：第一种观点认为，网络黑恶势力犯罪是传统黑恶势力犯罪手段的升级，以攻击他人网站相威胁，从而变相收取保护费的黑客团体。[1]第二种观点将网络黑恶势力犯罪限缩在网络空间，提出网络黑恶势力犯罪是传统黑恶势力犯罪在网络空间的异化，通过有组织规模的网民，利用掌握的网络技术针对特定对象实施网络攻击，或者以网络攻击作为威胁，以实现攫取非法经济利益等目的，在具备一定规模后会对某些行业形成非法控制和垄断的组织。[2]这两种观点显然没有考虑到网络犯罪的发展脉络，将网络黑恶势力犯罪进行了狭义的界定，人为缩小了犯罪成立的范围，极大地限制了惩治网络黑恶势力犯罪法律体系的一体化构建。并且上述观点没有从实质层面给出网络黑恶势力犯罪的定义，无法应对网络黑恶势力犯罪形式的变化。笔者不揣谫陋，对"网络黑恶势力犯罪"这一亟待明确的概念，拟以犯罪分类为基础，在类型化思维的视域下重新思考。作为网络犯罪中的一种类型，网络黑恶势力犯罪概念界定应当在网络犯罪定义的基础上作出。网络犯罪的定义已然随着计算机犯罪、传统犯罪行为的网络化和传统犯罪行为的网络异化而得以明确。网络犯罪是指将网络作为被害（犯罪）对象、网络作为犯罪工具或者在网络空间实施的犯罪行为的总称。作为网络犯罪具体类型的黑恶势力犯罪就理应界定为网络黑恶势力犯罪，黑恶势力将网络作为犯罪对象，将网络作为犯罪工具或者将犯罪行为移入"网络空间"，由此出现的犯罪行为类型，网络黑恶势力犯罪又可以详细划分为网络黑社会性质组织犯罪与网络恶势力犯罪两种犯罪形态，这是网络黑恶

---

[1] 参见孙景仙、安永勇：《网络犯罪研究》，知识产权出版社2006年版，第3页。

[2] 参见皮勇：《论网络恐怖活动犯罪及对策》，载杜邈编著：《恐怖主义犯罪专题整理》，中国人民大学出版社2008年版，第182页。

势力犯罪概念的形式界定。在明确形式概念的基础上，有必要透过现象对网络黑恶势力犯罪的概念作出实质归纳。网络黑恶势力犯罪本质上属于黑恶势力犯罪，但并非传统黑恶势力犯罪在网络上的简单复制，之所以被称为网络黑恶势力犯罪，正是其与传统黑恶势力犯罪的性质能够等同视之，但由于网络要素的加入，对其界定显然不能照搬传统黑恶势力犯罪的概念。鉴于此，应以传统黑恶势力犯罪的概念为基础，充分考虑其依凭网络高科技的特点，结合网络黑恶势力犯罪产生和发展的趋势，对网络黑社会性质犯罪与网络恶势力犯罪的概念采取广义的界定。

综上，网络黑社会性质组织犯罪，是指黑社会性质组织实施的一切具有网络因素的行为的总称。包括但不限于行为人通过掌握的网络技术对一定领域形成非法控制，强迫他人满足组织的非法要求，即"对象型"网络黑社会性质组织犯罪，典型的如网络技术敲诈型犯罪；或者操纵控制网络舆论对网络秩序形成非法控制，强迫他人满足组织的非法要求，即"空间型"网络黑社会性质组织犯罪，典型的如网络"黑公关"犯罪；或者将网络作为犯罪工具，对一定领域形成非法控制，即"工具型"网络黑社会性质组织犯罪，典型的如网络"套路贷"犯罪，以此获取不正当利益的一系列犯罪行为。相应地，网络恶势力犯罪，是指恶势力组织实施的一切具有网络因素的犯罪行为的总称。包括但不限于通过掌握的网络技术强迫他人满足组织的非法要求；或者通过网络舆论攻击，强迫他人满足组织的非法要求；或者将网络作为工具，借以多次实施违法犯罪活动，对他人造成威胁态势，以此获取不正当利益的一系列犯罪行为。与网络黑社会性质组织犯罪的分类相同，网络恶势力犯罪存在"对象型""空间型"与"工具型"三种类型。网络因素的介入使网络黑与恶的组织特征等法律特征被弱化乃至同化，两者的本质区别仅为是否在一定领域形成非法控制。

第二节　网络黑恶势力犯罪的发展趋势

互联网的发展是一把"双刃剑"，网络在对传统的制度体系形成全面冲击和改造的同时，网络犯罪也迅速在全球范围内蔓延。自我国1986年破获第一起计算机犯罪开始，网络犯罪增长速度惊人，截至2021年，我国网络犯罪的数量已经占据所有犯罪总数的三分之一，成为名副其实的第一大犯罪种类。[1]当今社会，网络犯罪已经成为一个无法回避的科技之痛，每一次网络技术的变革都会出现相应的网络犯罪。网络犯罪从最初的"计算机犯罪"发展到目前的"网络犯罪"，其发展轨迹与网络技术的发展轨迹相一致，先后出现了三种犯罪形态：①作为"犯罪对象"的网络犯罪；②作为"犯罪工具"的网络犯罪；③作为"犯罪空间"的网络犯罪。在网络社会背景下，黑恶势力犯罪等传统犯罪开始出现网络化和网络异化，与网络犯罪的发展轨迹相一致，网络黑恶势力犯罪同样存在"对象型""工具型"与"空间型"三种形态。

犯罪并非简单的社会现象，形成犯罪的因素涉及多个方面，在治理上自然需要结合多种社会手段，刑事手段是最为有效和重要的手段。包括我国在内的大部分国家的刑法典制定于20世纪，受限于社会的发展，刑法对网络犯罪缺乏关注，网络犯罪对传统社会背景下确立的刑事立法和形成的刑法理论提出了前所未有的挑战。据统计，2021年我国犯罪数量与2019年基本持平，社会治安持续向好，严重暴力犯罪持续下降的同时网络犯罪却日益增加。常态化扫黑除恶背景下，传统黑恶势力犯罪案件数量呈现大幅度下降趋势，而新型的网络黑恶势力犯罪呈现种类增多的局面。[2]以广州市为例，2019年广州市公安机关共打掉涉黑团伙13个，其中网络黑恶势力犯罪团伙10个，占比76.9%，查封冻结扣押"套路贷"涉案财产11.9亿元。[3]因网络黑恶势力犯罪的发展过于迅速，刑法理论未能及时予以关注，刑事立法与司法在应对网络黑恶势力犯罪上一直处于被动状态，尚未形成科学性、系统性的法律规制体系。在网络迅速发展的社会背景下，网络黑恶势力犯罪在现在以及今后一段时间里将成为黑恶势力犯罪的主要类型，刑法理论、刑事立法与司法应当将主要的目光聚焦在网络黑恶势力犯罪的惩治上。在网络黑恶势力犯罪概念已然明确的基础上，应厘清网络黑恶势力犯罪的更新脉络，进而思索应

---

[1] 参见张军：《最高人民检察院工作报告——2022年3月8日在第十三届全国人民代表大会第五次会议上》，载 https://www.spp.gov.cn/tt/202203/t20220315_549263.shtml，最后访问日期：2022年3月30日。

[2] 参见靳高风等：《2021—2022年中国犯罪形势分析与预测》，载《中国人民公安大学学报（社会科学版）》2022年第2期。

[3] 参见杨可卿：《广州市打击涉黑恶新型犯罪"成绩单"公布》，载 http://gd.mzyfz.com/detail.asp?dfid=2&id=32&id=402458，最后访问日期：2020年1月20日。

对策略。

一、网络的发展与黑恶势力犯罪的更新

互联网的发展过程，实质上就是互联网、大数据、人工智能与实体经济融合发展的过程。伴随着互联网的发展，黑恶势力犯罪的表现形态也不断更新，逐渐与网络的关系更为紧密。

（一）互联网1.0时代：网络作为犯罪对象与黑恶势力犯罪的更新

从世界范围内看，1983年TCP/IP协议成为全球互联网标准协议，全球性终端连接由此开始。[1]1988年第一个主要的互联网蠕虫"莫里斯蠕虫"出现。1988年11月2日，罗伯特·泰潘·莫里斯（Robert Tappan Morris）编写了"莫里斯蠕虫"，通过麻省理工学院（MIT）施放到互联网上，导致大部分地区互联网中断，[2]这是第一次针对互联网的重大的、恶意的攻击。之后随着单机游戏软件在个人电脑等终端上的出现以及适用，个人计算机时代随之到来，与之前的大型计算机形成了并存的局面。[3]这一时期的互联网，"联"是关键词，即通过终端将网民与网络相连，但是网民之间无法连接，网民与网络之间也无法"互动"。我国互联网1.0阶段是从1994年到2000年，以四大门户即网易、腾讯、搜狐、阿里以及搜索引擎百度为主要模式。这一时期互联网的特点是通过网站展示内容，展示的过程静态而单一。用户可将搜索引擎作为入口查找需要的信息，这一阶段的搜索引擎实际上扮演着互联网入口的角色。由此，在互联网1.0时代，个人与系统（网络）之间的冲突成为网络犯罪的唯一形式，网络作为犯罪对象的犯罪由此出现，这是最早出现的网络犯罪，也是网络犯罪的最典型表现形式，也被称为"纯正的网络犯罪"或"纯粹的网络犯罪"。主要表现为采取黑客行为、制造传播病毒等方式攻击、破坏、控制计算机系统，或者获取、篡改、破坏计算机信息，因此在一段时间内，这种犯罪也被称为计算机犯罪。这类犯罪的主要特点是，犯罪的

---

[1] 参见彭兰：《"连接"的引进——互联网进化的基本逻辑》，载《国际新闻界》2013年第12期。

[2] 参见王玮：《莫里斯蠕虫是指什么?》，载http://snxw.com/ztbd/wlanxcz/wlanzs/201809/t20180913_369331.html，最后访问日期：2018年10月8日。

[3] 参见刘军：《网络犯罪治理刑事政策研究》，知识产权出版社2017年版，第13页。

实施需要充分依托信息与通信技术，以计算机和网络系统及其存储、传播的数据信息为对象来实施犯罪。简言之，这类犯罪表现为针对系统实施的犯罪以及通过非法手段获取信息两种形态。为惩治此类犯罪行为，我国在1997年《刑法》中增加了第285条非法侵入计算机信息系统罪和第286条破坏计算机信息系统罪。1997年《刑法》第285条仅规定了非法侵入计算机信息系统罪一个罪名，保护的范围仅限于国家事务、国防科技、尖端科学技术领域的计算机系统。随着个人计算机的出现及普及，一些不法分子利用技术手段非法侵入普通计算机系统，通过窃取用户账号、密码等手段非法操控他人计算机等对网络安全造成严重威胁的行为时有发生。在此背景下，2009年通过的《中华人民共和国刑法修正案（七）》（以下简称《刑法修正案（七）》）对第285条的规定进行了补充，增加规定了非法获取计算机信息系统数据、非法控制计算机信息系统罪，并基于源头打击的目的，将提供黑客工具和程序的行为犯罪化，增加了提供侵入、非法控制计算机信息系统程序、工具罪。不过，不论立法如何扩大犯罪对象的范围，此时的计算机系统或者网络更多的情况下只是犯罪对象，刑法需要完成的工作就是将犯罪对象包容到刑事立法中。2009修正的《刑法》第285条和第286条的条文表述无一例外地对这一时期网络犯罪的行为和对象进行了具体描述，即通过计算机非法操作来实施的，针对计算机信息系统、内存数据、程序的犯罪。

　　这种网络犯罪的出现推动了"对象型"网络黑恶势力犯罪的产生。"对象型"网络黑恶势力犯罪表现为，黑恶势力组织以掌握的网络技术为筹码，强迫被害人满足其非法要求。在司法实践中，行为人通常通过黑客技术攻击他人网站或者采取直接断网等方式，在网络空间中对一定区域和行业形成垄断或者对一定的行业造成威胁态势，这种类型的网络黑恶势力犯罪主要依凭的是网络虚拟空间的高科技手段。典型的案件如2011年重庆警方破获的"骑士小组"案件。"骑士小组"以蔡某、胡某等人为首，通过DDOS攻击方式，攻击的主要对象为"传奇"私服广告发布站，该组织通过掌握的网络技术，阻止使用私服的玩家上线，以此胁迫拿到私服广告发布站的广告代理权，之后通过压低每条广告发布的费用从中赚取差价。该团伙在经营"传奇"私服业务时，对外使用"骑士"的昵称，因而被业内受害人称为"骑士攻击小组"，至案发时该组织已经获利7000万余元。[1]这种技术霸凌行为严重损害了网站运营者的权益，扰乱了网络秩序，且在"技术为大"的网络空间中难以阻挡，这表明网络技术霸凌行为在网络空间中的暴力程度可能并不亚于现实空间中实施的传统暴力。由上述案件可以看出，"对象型"网络黑恶势力犯罪符合"纯正的网络犯罪"的特征，实施该类型的犯罪需要充分依托信息与通信技术，以计算机、网络系统及其存储、传播的数据信息为犯罪对象，在计算机网络尚未出现的年代，"对象型"网络黑恶势力犯罪是不可能存在的。

（二）互联网2.0时代：网络工具化与黑恶势力犯罪的更新

2000年以后，互联网进入以"互"为关键词的2.0时代。与以"联"为主的互联网1.0时代不同，这一时代网民与网民之间、网民与网络之间不再局限于单纯的连接关系，在连接的基础上实现了网民之间、网民与网络之间的互联。精准地"点对点"交流成为互联网2.0时代的本质特征。网络技术的普及改变了网络犯罪类型的数量分布，传统犯罪将网络作为犯罪工具，利用网络所提供的信息与通信技术实施犯罪的模式成为网络犯罪的主流，这一类犯罪的显著特点在计算机与网络出现以前就存在，信息与通信技术的发展对这些原本普通的刑事犯罪的发展起到了助推的作用，其中绝大多数为利用网络实施的诈骗、盗窃、敲诈勒索等侵犯财产法益的犯罪。多份研究报告显示，全球每年因网络诈骗造成的损失超过500亿美元。[2]此类犯罪并未改变传统犯罪的构成要件，所以不需要专门的刑事法律予以规制，只需要按照相应的罪名予以处罚。我国在1997年《刑法》出台时就针对此类网络犯罪规定了相应的条文，即《刑法》第287条，立法的前瞻性在该条文中得到体现。《刑法》第287条规定："利用计算机实施金融诈骗、盗窃、贪污、挪用公款、窃取国家秘密或者其他犯罪的，依照本法有关规定定罪处罚。"从条文内容看，该条文仅是一条注意规定，起到提示或者宣示的作用，是传统犯罪网络化的原则性条文，解决了几乎所有传统犯罪以网络作为犯罪工具的行为定性问题。但是，该条文在最初通过时由于网络犯罪尚处于"纯正的网络犯罪"

---

[1] 参见詹奇玮：《"网络黑社会"的类型划分与规范评价》，赵秉志等主编：《改革开放新时代刑事法治热点聚焦》（下卷），中国人民公安大学出版社2018年版，第885页。

[2] 参见《人工智能时代 网络欺诈已成黑色产业链：全球年损失超500亿美元》，载https://caijing.chinadaily.com.cn/finance/2017-09/21/content_3229904.htm，最后访问日期2022年1月5日。

时代，所以似乎处于可有可无的状态。2000年以后，随着互联网进入2.0时代，网络作为犯罪工具的形式成为网络犯罪的主要类型，占网络犯罪总数的99%，[1]网络作为犯罪对象的犯罪类型退居次要地位。易言之，在互联网2.0时代随着"互"成为互联网的关键词，"纯正的网络犯罪"限于技术的要求在整个网络犯罪中所占比例不高，反而是"非纯正的网络犯罪"由于技术要求不高，加之相关犯罪又与普通民众的生活息息相关，而成为司法实践中打击的重点。《刑法》第287条的地位日益突出，以该条文为准则，2000年12月第九届全国人民代表大会常务委员会第十九次会议通过了《全国人民代表大会常务委员会关于维护互联网安全的决定》，以立法解释的形式确立了对以网络作为犯罪工具的犯罪在定性方面的整体性规制，这一立法解释是对《刑法》第287条的细化。在解决了此类犯罪的定性之后，其定量规制如何搭建成为棘手的现实问题，目前我国主要通过出台司法解释的方式构建网络犯罪的定量标准。

近年来，黑恶势力犯罪同样出现了以网络作为犯罪工具的情况。"工具型"网络黑恶势力犯罪是网络黑恶势力犯罪的主要类型，黑恶势力组织的部分行为网络化趋势明显。比如，在发掘被害人方面，黑恶势力组织逐渐将通过网络吸引招揽被害人与潜在被害人作为主要方式。在广州市某区检察院办理的一起9人涉嫌诈骗的案件中，行为人就是通过微信群发布所谓投资信息，推荐微信好友到某App投资买卖外汇、黄金，利用同伙控制升跌，再在微信平台上对盈利情况进行虚假造势，通过修改盈利图片等方法，营造投资氛围，吸引微信好友参与投资。此外，与传统黑恶势力犯罪相比，"工具型"网络黑恶势力犯罪的犯罪成本小，攫取的利益甚至高于传统黑恶势力犯罪，所以近年来该种犯罪扩张趋势明显。在广州市某区人民检察院提起公诉的淘宝代运营诈骗案中，恶势力组织在一年时间内从深圳扩张到北京再扩张到东北地区，从一间工作室发展成多家具有一定规模的网络公司，从简单的个人合伙迅速演变成层次分明、分工明确的诈骗团伙。可见，传统的黑恶势力犯罪借助网络这一犯罪工具，在组织形式、犯罪扩张速度等方面都发生了巨大的变化。与其他网络犯罪处于传统犯罪网络化的阶段不同，部分"工具型"网络黑恶势力犯罪已经呈现出异化的特点，其中以组织特征的异化最为显著。借助互

---

[1] 参见陈伟、熊波：《网络犯罪的特质性与立法技术——基于"双层社会"形态的考察》，载《大连理工大学学报（社会科学版）》2020年第2期。

联网 2.0 时代的"互"这一特点,各国有组织犯罪的形式都发生了巨大变化,呈现多样化的趋势。在国外,有组织犯罪形式呈现"脸书模式"。虽然我国没有"脸书平台",但是微信、QQ 等公共网络平台发达,借助微信等网络平台,我国网络黑恶势力组织结构也由传统的"金字塔形"的等级结构转为"蜂窝式"或者"网络式"结构,组织特征明显弱化。黑恶势力组织通过公共互联网平台进行联络,组织者、领导者由台前指挥转为幕后,通过互联网发布指令,为逃避侦查打击,指令往往隐晦、模糊,组织成员之间也十分松散,平时不实施犯罪行为时相互之间没有任何联系,即使一起实施犯罪行为时,也往往各司其职,相互之间在现实世界中互不相识,在部分案件中甚至受雇者都不知道受谁的雇佣。鉴于此,2019 年 7 月 23 日,最高人民法院、最高人民检察院、公安部、司法部联合发布了《关于办理利用信息网络实施黑恶势力犯罪刑事案件若干问题的意见》(以下简称《网络黑恶势力犯罪意见》),专门针对"工具型"网络黑恶势力犯罪的定性、案件管辖等作出了明确的规定。这一司法解释细化了《刑法》第 287 条的规定,是对既有的定性规则在某一类具体犯罪上的确认与细化,能够解决部分"工具型"网络黑恶势力犯罪的定性问题。不过遗憾的是,该司法解释对"工具型"网络黑恶势力犯罪行为异化的问题缺乏关注,强调在认定利用信息网络实施违法犯罪活动的黑社会性质组织时,应当依照《刑法》第 294 条第 5 款规定的四个特征进行综合审查判断。而现实情况是,部分"工具型"网络黑社会性质组织犯罪在组织特征等方面因网络的介入已发生异化,其与传统黑恶势力犯罪在组织特征等方面的差别因网络因素的加入而逐渐模糊,这一规定显然与"工具型"网络黑恶势力犯罪的实际情况存在偏差。

(三)互联网 3.0 时代:网络犯罪空间的衍生与黑恶势力犯罪的代际升级

截至 2017 年 12 月,全球连接终端数量突破 290 亿,其中物联网设备达 190 亿。中国移动互联网月度活跃设备总数稳定在 10 亿台以上,App 总数超过 406 万个,移动支付、移动游戏、短视频、移动购物等成为移动互联网红利下的获益者。[1]随着移动互联网的红利逐渐趋于饱和与平稳,时代与技术

---

〔1〕 参见《互联网 3.0 时代来临,家庭互联网风口下的六大热点趋势》,载 https://www.sohu.com/a/254363501_683129,最后访问日期:2019 年 1 月 11 日。

不断地演进，互联网逐步进入3.0时代，开启了互联网的全方位互动。网民的衣食住行等社会各个层面均与互联网高度融合，在现实社会基础上，逐渐形成了一个与之并行的网络空间，现代社会正式步入双层社会时代。网络犯罪也随之发展到第三个阶段，即网络作为"犯罪空间"的犯罪，典型的如在网络空间实施的侮辱、诽谤、侵犯知识产权等犯罪行为。网络作为"犯罪空间"的犯罪明显区别于传统犯罪，此类犯罪所侵犯的法益本身只能发生在网络上，且需要"生活"在此空间的其他主体的"参与"，如信息发布、转发、点评或者互动等才能完成。在互联网3.0时代，网络由单纯的实施犯罪的"路由"或"工具"变为犯罪行为的场地，这一犯罪模式的出现彻底对传统犯罪和犯罪控制模式产生了挑战，引起了刑法理论界和司法实务界的关注。有学者指出，从这个意义上来说，以网络作为"犯罪空间"的犯罪才是真正意义上或者说纯粹意义上的网络犯罪。因为作为"犯罪对象"的网络犯罪实质上是针对计算机等终端或者存储介质实施的，目的是对信息系统或者电子数据进行窃取、篡改或者破坏。作为"犯罪工具"的网络犯罪无非是将网络作为犯罪工具，这种情况下，网络与传统意义上的刀、枪等工具并无区别。所以，唯有发生在网络空间的犯罪才是真正意义上的网络犯罪。[1]不过，一些传统犯罪即使是以网络作为犯罪工具也会因网络的使用而出现异于传统犯罪的一面。比如，网络黑恶势力犯罪，即使犯罪行为没有发生在网络空间，其组织形式往往也因网络的运用而被改变。上述观点与网络犯罪的实际情况不符，会极大地限制惩治网络犯罪法律体系的构建。与此同时，刑事司法也对网络成为犯罪空间的问题给予了足够的关注。2013年9月，《最高人民法院、最高人民检察院关于办理利用信息网络实施诽谤等刑事案件适用法律若干问题的解释》（以下简称《网络诽谤司法解释》）出台，其中第5条第2款规定："编造虚假信息，或者明知是编造的虚假信息，在信息网络上散布，或者组织、指使人员在信息网络上散布，起哄闹事，造成公共秩序严重混乱的，依照刑法第二百九十三条第一款第（四）项的规定，以寻衅滋事罪定罪处罚。"此外，最高人民法院、最高人民检察院在2005年和2010年发布的关于赌博犯罪的司法解释中，均将赌博网站视为刑法中的"赌场"。显然，司法

---

[1] 参见刘军：《网络犯罪治理刑事政策研究》，知识产权出版社2017年版，第30页。

解释已将"网络空间"纳入"公共场所"的范围。

随着互联网进入 3.0 时代，与其他传统犯罪发展趋势相一致，部分黑恶势力犯罪进入网络空间，形成了"空间型"网络黑恶势力犯罪。比如，操控虚假言论的网络"黑公关"的案件。网络"黑公关"是指接受第三方委托或者出于不法目的，利用网络公关平台针对特定人物、事件进行舆论造势，通过有组织地刷帖、点赞、转发等方法迅速获取较高的关注度，从而实现影响或者操控公众对特定人物、事件的评价，扰乱公共秩序。实践中还有行为人通过网络操控言论降低政府公信力、司法公信力，影响法院判决结果的案件。根据新闻报道，一个网络公关公司接受客户委托，收取客户 5 万元后，通过 300 家论坛让 2.2 亿网民知道并关注特定事件，通过策划、组织、炮制"期待当代包青天评判"等矛盾性强的话题进行造势，以制造、控制网络舆论的方式为客户成功影响了法院的判决结果。[1]

二、网络黑恶势力犯罪与传统黑恶势力犯罪的区别

网络黑恶势力犯罪与传统的黑恶势力犯罪存在较大区别，冲击甚至颠覆了传统黑恶势力犯罪的理论。

1. 组织形式方面存在差别。大部分网络黑恶势力犯罪一改传统黑恶势力犯罪帮派化的组织形式，多身披合法外衣，由家族式合伙向产业化、公司化发展，形成了产业化、公司化的运作模式。随着经济的发展和我国经济环境的不断优化和市场管制的日渐宽松，个体经济、私营经济大量涌现，国家鼓励和保护个体、私营经济发展的形势大好。借助这一历史性机遇，越来越多的黑恶势力犯罪组织开始向合法经济领域渗透，表现为公司化、企业化发展。实践中，网络黑恶势力组织多通过注册网络公司等形式以合法化的形象出现，成员之间的联系均通过网络进行，组织成员之间关系松散。如广州市某区人民检察院办理的一桩案件，行为人通过成立网络科技公司的形式，编造、传播、炒作含有国家领导人图片和相关文字的虚假信息，煽动社会热点事件，混淆视听，造成网络公共秩序的混乱。在广州市某区人民检察院办理的另一桩案件中，行为人同样通过成立网络科技公司的方式，以"三打哈网"为平台，

---

[1] 参见王晓易：《央视：网络黑社会操控舆论五万元左右法院判决》，载 http://news.163./tech/article/5QU6ODUG000915BF.html，最后访问日期：2024 年 8 月 12 日。

对外承接短信群发、有偿删帖等业务。由于在组织特征方面与传统的黑社会性质组织存在很大区别，司法实践中在认定组织特征时存在极大争议。[1]可以预见，随着《中华人民共和国公司法》对设立公司的条件要求逐渐简单化，以注册公司、企业等经济实体作为谋取经济利益的工具和掩盖、隐藏违法犯罪实质的网络黑恶势力犯罪会日益增多，披着合法外衣的网络黑恶势力组织向各个领域的渗透、侵入或者操纵因网络因素的加入会进一步加快和加强。[2]

2. 犯罪手段方面存在差别。线上"软暴力"是网络黑恶势力犯罪的主要手段。"软暴力"是与通过有形物理力所实施的传统暴力相对应的暴力形式。传统黑恶势力犯罪手段以暴力为主，而网络黑恶势力犯罪中线上"软暴力"是其犯罪的主要手段。线上"软暴力"主要通过网络、通信工具实施。例如，广州市某区检察院办理的一起44人的寻衅滋事案件中，该团伙组建了催收公司，长期采取电话、短信、微信、"呼死你"软件等方式对被害人实施线上"软暴力"加以威胁。在广州市某区人民检察院办理的另一宗案件中，黑恶势力团伙通过在网络贴吧以及QQ群多次发布不利于某减肥产品公司的言论，并通过他人投诉来威胁该公司支付高额的删帖费。这种线上"软暴力"到底达到何种程度才能够认定足以使他人产生恐惧、恐慌进而形成心理强制，成为理论探讨的热点和司法实践中的难点。

3. 非法控制特征存在不同。非法控制特征亦称危害性特征，是网络黑社会性质组织与恶势力组织区分的关键。"空间型"网络黑恶势力犯罪非法控制特征的认定，需要建立在明确区域和行业的基础上。详言之，"区域"是否包含网络空间，"行业"的范围是否包含非法行业，是认定"空间型"网络黑社会性质组织非法控制特征的关键。针对上述问题，2019年出台的《网络黑恶势力犯罪意见》第4条规定："对通过发布、删除负面或虚假信息，发送侮辱性信息、图片，以及利用信息、电话骚扰等方式，威胁、要挟、恐吓、滋扰他人，实施黑恶势力违法犯罪的，应当准确认定，依法严惩。"第5条第2款重申了2013年9月《网络诽谤司法解释》的规定，将"编造虚假信息，或者明知是编造的虚假信息，在信息网络上散布，或者组织、指使人员在信息

---

[1] 参见《警方破获"三打哈"网站案 起底网络水军黑色产业链》，载 http://media.people.com.cn/n1/2018/0207/c40606-29809606.html，最后访问日期：2018年11月29日。

[2] 参见王利荣：《检视"打黑"对策》，载《法制与社会发展》2014年第3期。

网络上散布，起哄闹事，造成公共秩序严重混乱的"行为认定为寻衅滋事罪。但是《网络黑恶势力犯罪意见》多数条文围绕"工具型"网络黑恶势力犯罪展开，对"空间型"网络黑恶势力犯罪的规制缺乏关注。

第三节 网络黑恶势力犯罪的刑法理念

一、问题的提出

英国当代著名犯罪学家大卫·加兰（David Garland）在对20世纪30年欧美国家的刑事政策走向进行总结的基础上，提出"如果说刑罚——福利制度（Penal-welfare）传达的是20世纪现代主义的骄傲与理想主义，今天的犯罪政策表达的则是较为幽暗而缺乏宽容的信息。"[1]在当今世界范围内，各国刑事政策是否整体性呈现出大卫·加兰所言的"幽暗而缺乏宽容"，可能存在一定的争议，但是在对待有组织犯罪的问题上，大卫·加兰的论断似乎无人会提出反对。在有组织犯罪的惩治上各国均采取了严厉打击的策略，刑事立法的状态异常活跃，一改惩治其他犯罪节制矜持的面容，刑法条文内容的预防性与回应性特征明显，可谓步调一致。我国正处于高速发展的网络时代，网络的发展在有效促进社会发展与变迁的同时，也带来深层次的新问题，犯罪的常规形态随之被打破，网络失范行为的类型和数量呈现明显上升趋势，一些传统犯罪开始借助网络技术走向网络化甚至出现传统犯罪行为的网络异化，黑恶势力犯罪也不例外。面对网络社会对黑恶势力犯罪的再构，包含刑法观与刑法模式的刑法理念的选择成为能否有效惩治网络黑恶势力犯罪的关键。

面对网络黑恶势力犯罪，刑法通过增设新罪名、进行司法解释与发布指导案例的方式予以积极的预防与回应，将网络黑恶势力犯罪行为治理提前化，刑法观呈现积极预防的走向。在刑法模式的选择上，对于网络黑恶势力犯罪沿用了传统的回应性模式，即以修补的方式完善有关网络黑恶势力犯罪的刑法和司法解释。鉴于此，积极预防性刑法观与回应性刑法模式成为治理网络黑恶势力犯罪的重要途径。积极预防性刑法观体现在立法与司法两个层面。

---

[1] David Garland, *The Culture of Control: Crime and Social Order in Contemporary Society*, Oxford University Press, 2001, p.1, p.3, p.199.

立法方面，积极预防性刑法观占据绝对主导地位，主要通过修改传统罪名的方式，不断增加网络黑恶势力犯罪的总容量，推进对网络黑恶势力犯罪刑事法网的严密化与刑罚处罚的严厉性。2011年通过的《刑法修正案（八）》进一步细化了黑社会性质组织成员之间的刑事责任，将组织成员划分为组织者与领导者、积极参加者、一般参加者三个层次，确立了相对应的三档法定刑，并针对有组织犯罪的特点增设了财产刑。针对组织者、领导者将之前的"三年以上十年以下有期徒刑"修改为"七年以上有期徒刑，并处没收财产"；单独设置了对积极参加者的刑罚，即"三年以上十年以下有期徒刑，可以并处罚金或者没收财产"；对于其他参加者则设置了"处三年以下有期徒刑、拘役、管制或者剥夺政治权利，可以并处罚金"的法定刑。刑法针对网络犯罪增加的新罪名对打击网络黑恶势力犯罪同样能够起到积极的作用。比如，网络黑恶势力犯罪技术帮助行为承载着全新的特性，成为网络黑恶势力犯罪能否实施的关键性因素。2015年通过的《中华人民共和国刑法修正案（九）》（以下简称《刑法修正案（九）》）增加了帮助信息网络犯罪活动罪、拒不履行信息网络安全管理义务罪以及非法利用信息网络罪三个具体罪名，可以在一定程度上规制网络黑恶势力犯罪的技术帮助行为。[1]2021年12月24日通过的《反有组织犯罪法》将之前由司法规范规定的"恶势力"纳入其中，这一调整意味着《反有组织犯罪法》将司法规范中广义存在的"恶势力"明确为恶势力犯罪集团，实际上是对《刑法》第294条组织、领导、参加黑社会性质组织罪的扩充，将恶势力这一自"打黑除恶"到"扫黑除恶"一直伴随着黑社会性质组织的半正式制度进行了升格，意味着包含黑社会性质组织犯罪与恶势力组织犯罪的全新的刑事责任体系的构建。[2]网络黑恶势力犯罪相关罪名的修改以及增设带来的是处罚范围的扩大和法定刑的提升，这是立法上积极预防性刑法观的典型表现。司法上，通过司法解释将网络黑恶势力犯罪新的侵害方式纳入相关规定中，积极促进网络黑恶势力司法犯罪化。比如，随着网络黑恶势力犯罪的不断增多，线上"软暴力"逐渐成为网络黑恶

---

[1] 参见闫雨：《网络黑恶势力犯罪技术帮助行为的刑法规制》，载《社会科学家》2021年第6期。

[2] 参见黄京平：《扫黑除恶历史转型的实体法标志——〈反有组织犯罪法〉中刑法规范的定位》，载《江西社会科学》2022年第2期。

势力犯罪的主要手段，为此最高人民法院、最高人民检察院、公安部、司法部于 2019 年 4 月通过了《网络黑恶势力犯罪意见》以及《关于办理实施"软暴力"的刑事案件若干问题的意见》（以下简称《"软暴力"意见》），《网络黑恶势力犯罪意见》首次对网络黑社会性质组织犯罪非法控制特征中"一定区域或者行业"的判断标准予以明确。《"软暴力"意见》则将网络黑恶势力犯罪的常用手段"软暴力"纳入《刑法》第 294 条第 5 款第 3 项"黑社会性质组织行为特征"以及《黑恶势力犯罪指导意见》第 14 条"恶势力"概念中的"其他手段"的范围。以上司法解释的频繁出台表明积极预防性刑法观在网络黑恶势力犯罪的司法实务中同样得到了广泛运用。

　　积极预防性刑法观驱动了回应性刑法模式在网络黑恶势力犯罪领域的运用。回应性刑法模式是刑事立法的传统模式，即对刑法中出现的新问题通过"打补丁"的方式予以规制，表现为对新类型犯罪选择在类似章节相关的罪名之后增设"之一"的条款，将新行为纳入刑法规定或者通过在传统犯罪中增加"新法益"的方式解决犯罪治理规范和制度供给的不足，抑或通过司法解释对刑法条文进行扩大解释，通过扩张犯罪圈的方式积极入罪。在对网络黑恶势力犯罪的惩治上，回应性刑法模式占据了主导位置。随着扫黑除恶的不断深入，黑恶势力组织为了逃避侦查逐渐借助网络实施犯罪行为，网络黑恶势力犯罪成为扫黑除恶深入开展之后黑恶势力犯罪的主要类型。鉴于此，《网络黑恶势力犯罪意见》的司法解释应运而生。随着网络黑恶势力犯罪数量的增多，"软暴力"手段成为网络黑恶势力犯罪的主要甚至唯一手段，《"软暴力"意见》的司法解释随之出台。针对网络黑恶势力犯罪经常实施的网络开设赌场的行为，2005 年 5 月公布的《最高人民法院、最高人民检察院关于办理赌博刑事案件具体应用法律若干问题的解释》（以下简称《赌博犯罪解释》）第 2 条明确将以营利为目的，在计算机网络上建立赌博网站，或者为其担任代理接受投注的行为纳入赌博罪规定的"开设赌场"的处罚范围。2010 年 8 月，最高人民法院、最高人民检察院、公安部《关于办理网络赌博犯罪案件适用法律若干问题的意见》（以下简称《网络赌博犯罪意见》）出台，这是专门惩治网络赌博犯罪的部门规范性文件。该司法解释与意见出台的时间间隔为 5 年，相比传统犯罪司法解释的时间间隔要短。针对跨境网络赌博这种常见的网络黑恶势力犯罪的形式，2020 年底公布的《中华人民共和国刑法修正案（十一）》（以下简称《刑法修正案（十一）》）通过增设组织参与国（境）外赌博罪这一新罪名予以应对。对于网络黑恶势力犯罪的技术帮助行为，主要依靠帮助信息网络犯罪活动罪和拒不履行信息网络安全管理义务罪两个罪名予以规制，这两个罪名是通过《刑法修正案（九）》以"之一"的条文方式作出的回应性规定。

综上，在网络黑恶势力犯罪刑法理念的视域下，积极预防性刑法观与回应性刑法模式处于绝对优势地位且在立法和司法中得以贯彻，但是贯彻并不意味着合理，也不意味着与积极预防性刑法观相对应的谦抑性刑法观在网络黑恶势力犯罪领域应完全退出。诚然，网络黑恶势力犯罪是一种新型的黑恶势力犯罪，采取积极预防性刑法观与回应性刑法模式有一定的合理性，但是不能因此舍弃刑法"最后保障法"的体系地位。积极预防性刑法观与谦抑性刑法观互相对立又相互补充，谦抑性刑法观限制刑罚权的内容可以更好地明确积极预防性刑法观的界限。综合网络黑恶势力犯罪的发展态势和社会危害性程度，在采取积极预防性刑法观推进预防性犯罪化的同时，应在具体的条文上吸收谦抑性刑法观的内容形成消极预防性刑法观，从而划定网络黑恶势力犯罪治理的合法边界。在积极调整网络黑恶势力犯罪积极预防性刑法观的同时，也应调整传统的回应性刑法模式。单纯运用回应性刑法模式无法构建有效的、科学化的针对网络黑恶势力犯罪的立法，在应对网络黑恶势力犯罪变化的过程中极易顾此失彼且有违刑法的稳定性。针对网络黑恶势力犯罪的刑法模式，有必要采取适应性的刑法模式，使刑法条文包括司法解释条文能够适用于现阶段和未来一段时期内网络黑恶势力犯罪的治理，实现打击网络黑恶势力犯罪与维护刑法稳定性之间的恰当平衡。

二、网络黑恶势力犯罪消极预防性刑法观之教义学诠释

刑罚与其严厉不如缓和。在现代文明社会，对刑法的迷信应当在破除之列。[1]刑罚从严厉到宽缓是历史进步与发展的必然结果，刑法谦抑性就成为现代刑法孜孜以求的价值目标。谦抑主义作为刑法的基本理念确立了刑法有限调整与最后手段的地位，成为刑法与其他部门法最本质的区别。不过，随

---

〔1〕 参见陈兴良：《刑法的价值构造》，中国人民大学出版社2006年版，第292页。

着风险社会的到来，预防性刑法逐渐成为刑法学界关注的热点，其与谦抑性的选择也成为网络犯罪特别是网络黑恶势力犯罪刑法观选择的重要命题。我国关于黑恶势力犯罪的刑事立法和刑事司法异常活跃，积极预防性刑法观占据绝对主导地位，谦抑性刑法观在网络黑恶势力犯罪领域受到了积极预防性刑法观的强烈挑战，[1]但是积极预防性刑法观在构建网络黑恶势力犯罪预防体系的同时，助长了过度犯罪化，而过度犯罪化本身对刑法是一种伤害。[2]积极预防性刑法观能够塑造刑法参与治理网络黑恶势力犯罪的基本方式，但是不能明确刑法介入网络黑恶势力犯罪的治理界限，保证刑法在整个法秩序保护中"最后保障法"的定位。鉴于此，在积极预防性刑法观与谦抑性刑法观之间进行教义学的调适，坚持消极预防性刑法观能够平衡网络黑恶势力犯罪的惩治和治理边界。

（一）积极预防性刑法观对谦抑性刑法观之冲击

"刑罚的完善总是……不言而喻，在同样有效的情况下……随着刑罚的宽大程度一起并进。因为不仅宽大的刑罚本身弊端较少，它们也以最符合人的尊严的方式引导着人离开犯罪行为。它们在身体上引起的痛苦愈少，愈少一些恐怖，它们就愈是符合道德；与此相反，巨大的身体苦难在受难者本人身上减少耻辱感，在旁观者身上则减少厌恶感。"[3]作为现代刑法的基本理念，谦抑性刑法观准确指引了刑法的发展方向，合理界定了刑法的适用范围，构建了行之有效的刑法社会保护与人权保障机能的实现途径，在构建现代刑法方面影响深远。所谓谦抑性刑法观，是指基于谦抑理念确立的刑事立法的归纳。在谦抑性刑法观的语境下，在没有其他适当替代方法的情况下，立法者只能将特定的行为作为刑法上的犯罪予以规定。日本学者从辅助原则的角度对谦抑性刑法观展开了论证，提出辅助原则是从宪法比例原则中派生出来的指导性立法原则，其基本内涵是刑法的任务就是辅助其他法律保护相应的法益。在谦抑性刑法观的视域下，刑法的发动应该经济而节俭，不能将所有违

---

[1] 参见夏伟：《网络时代刑法理念转型：从积极预防走向消极预防》，载《比较法研究》2022年第2期。

[2] 参见[丹]努德·哈孔森：《立法者的科学：大卫·休谟与亚当·斯密的自然法理学》，赵立岩译，浙江大学出版社2010年版，第153页。

[3] 参见[德]威廉·冯·洪堡：《论国家的作用》，林荣远、冯兴元译，中国社会科学出版社1998年版，第144页。

法行为作为规制的对象。有关刑法谦抑,通说观点认为,其包含刑法的补充性、片面性以及宽容性,这是谦抑性刑法观的核心内容。[1]对于谦抑性刑法观我国学者也有相应的概括:刑法具有紧缩性、补充性以及经济性的特征,作为行政法的补充法,刑法应以最小的资源投入,实现维持社会必要生存条件的最大刑法效益。[2]总之,谦抑性刑法观强调刑法手段的迫不得已性,作为其他立法的保障手段与最后手段,强调刑法在犯罪立法上的消极面向。

与谦抑性刑法观不同,积极预防性刑法观强调刑法的积极面向,通过积极扩张犯罪圈来维护社会安全。法律的全部条文源于立法目的,立法目的是所有立法活动开展的基础,刑法立法活动也不例外。刑法立法目的无外乎预防和报应,这两种目的论也成为刑事立法活动展开的核心基准。古典刑法立法观认为,犯罪作为行为人实施的理性计算后的行为,是行为人在明知刑法规定的情况下作出的选择,对犯罪行为的处罚应建立在行为人对规范事前认识的基础上,这样造成危害后果的行为才能进入刑法评价的范围,这也成为刑事立法理性思考的边界,而危害后果的现实侵害也就成为确定刑罚的理由和立场。近代以来,在工业革命推动人类社会发展的背景下,人们随之开始面对由此带来的各种风险,计算机病毒、核辐射、环境污染等犯罪率持续攀升,[3]风险刑法理论基于风险的出现,重新解读了自20世纪中期以来人类社会的转型,安全成为与风险相连的刑法节点,排除或者预防危险逐渐成为刑法的基本目的,刑法的价值取向发生了重大的变化,从谦抑性立法逐渐走向预防性立法,突出强调对社会的保护。刑法目的由报应向预防的转变始于冯·李斯特刑事政策思想的形成。在乌尔里希·贝克的《风险社会》一书出版后,风险刑法理论开始出现在刑法研究领域,基于风险社会的背景,形成了以安全防卫为核心的"风险刑法理论"。[4]随后,"敌人刑法""爱的刑法""安全刑法"等出现,共同致力于提高积极预防性刑法观的地位,甚至试图重建以预防为唯一目的的刑法目的论。积极预防性刑法观作为风险社会作用于犯罪治理的刑法理论产生了巨大的影响。以日本为例,在刑法理论层面,事

---

[1] 参见张明楷:《外国刑法纲要》,法律出版社2020年版,第627页。
[2] 参见陈兴良:《刑法的价值构造》,中国人民大学出版社2006年版,第292~355页。
[3] 参见劳东燕:《公共政策与风险社会的刑法》,载《中国社会科学》2007年第3期。
[4] 参见高铭暄、孙道萃:《预防性刑法观及其教义学思考》,载《中国法学》2018年第1期。

前的预防刑法与事后的治理刑法已经成为并存的刑法立法观念。事前预防的刑法观认为，刑法的本质机能在于对法益的保护，其实现的是对社会成员行为的管理。通过刑法规定行为是否违法，作出明确的预告和事前预防，将具有抽象法益侵害或者说危险化无价值的事态事先予以确定。这一立场从本质上分析，接近于规范违法观的行为无价值，指向大政府的刑法观。事后治理刑法观则认为，刑法的本质机能是法益保护，对法益保护应通过具体的法益侵害或者危险化无价值转化来实现。这一立场本质上与结果无价值理论异曲同工，指向小政府的刑法观。[1]随着科学技术的发展，社会制度逐渐向复杂化、多层次化、经济活动的集约化、行业化转变，危险的高度化、积累化以及不可预见性导致了传统的共同体可能丧失管理和控制危险的力量。此外，人际关系日益稀薄，个体的社会成员越发孤独，社会成员渴望安全感、安心感，通过法律消除危险、管理危险乃至对刑事制裁的公共介入也毫不畏惧。[2]鉴于此，刑法领域大量的因法益保护的稀薄化导致的刑罚处罚扩散的法条出现。具体表现为处罚单纯的行为犯的规定；处罚预备、阴谋的规定；处罚抽象的危险犯的规定；未遂视同既遂的规定以及共犯独立处罚的规定。积极预防性刑法观导致刑法逐渐发生了以下五个方面的转变：①从刑事实体法的领域观察，部分行为的刑事问责的起点发生前移，甚至迁移至犯罪行为开展之前；②从刑事程序法领域观察，刑事程序法在预防性监控措施领域不断拓展，法律保障标准被降低，特别权力随之出现；③私人在刑事诉讼开始之前以及刑事诉讼之外的合作义务不断出现；④机构之间以及国家之间作为新型"安全格局"之一部分的行动对象的出现；⑤出于对"推定危险者"减低危险的考虑，在刑法和行政法中导入新的措施，对"推定危险者"的自由进行限制。[3]以意大利为例，意大利晚近刑法的发展呈现预防性刑法不断增多的趋势，刑法调整的重心由对已然造成的侵害科加"处罚"的谦抑性刑法逐渐转变为以"预防"为基础，提前介入，以防止对人民或社会造成实质的损害或者进一步的损

---

[1] 参见劳东燕：《风险社会中的刑法：社会转型与刑法理论的变迁》，北京大学出版社2015年版，第30~31页。

[2] 参见王肃之：《网络犯罪原理》，人民法院出版社2019年版，第14页。

[3] 参见［德］乌尔里希·齐白：《全球风险社会与信息社会中的刑法：二十一世纪刑法模式的转换》，周遵友等译，中国法制出版社2012年版，第198页。

害，大量的预备犯罪实行化的条文出现在刑法典中。[1]此外，在奉行自由主义的英国和美国，晚近刑法里同样呈现由惩罚核心犯罪转向同时惩罚外围犯罪的趋势，风险预防犯（Offences of Risk Prevention）在英美刑法上随之出现并大量存在。

总之，随着科技的不断进步，积极预防性刑法观逐渐渗透进各国刑法，其以预防为导向的刑法思想和法律前置化对谦抑性刑法观产生了巨大冲击，甚至在特定犯罪领域有取代的趋势。有组织犯罪、恐怖主义犯罪、网络犯罪等频发，不知自己何时会成为受害者的不安心理在社会上不断扩散，刑法处罚也随之早期化、严厉化乃至扩大化，刑法修改的次数以及司法解释出现的频率增多，法益保护的抽象化与早期化的现象凸显。

（二）网络黑恶势力犯罪积极预防性刑法观嵌入谦抑性刑法观之教义学调适

思想与理念对于社会以及任何学科的研究和发展都至关重要。以中国近代的发展为例，18世纪末英国曾经想打开中国市场的大门，并派遣使臣马嘎尔尼来到中国朝见乾隆皇帝，乾隆皇帝给他一道谕旨："……大清王朝抚有四海，无奇不有，对奇珍异宝并不看重。你国王这次进贡了各种货物，朕念你一片诚心诚意，就让管事部门收纳了。其实大清王朝德威远泽宇内，千邦万国争着抢着要给我们进贡宝物，各种各样的贵重物品通过水陆渠道云集中国，可谓无所不有。"这就是当时中国的心态。在马嘎尔尼回到英国40多年以后，鸦片战争爆发，中国被迫签订《南京条约》割地赔款，很多人终于感受到中国的体制必须改革，随之戊戌变法出现。虽然戊戌变法很快失败，但是使人们的认识更加深入了一步，认识到仅变革社会体制还远远不够，要解决中国的问题，思想和观念的更新至关重要，于是清末西方的文学和哲学先后进入中国。[2]这一段历史表明了思想、观念以及理念的重要性。

过去十余年，谦抑性刑法观已经深入人心，刑法学界诸多学者在研究刑法问题时，经常将谦抑性刑法观纳入自己的研究领域，随之提出"缩小打击

---

[1] 参见［意］弗朗西斯科·维加诺：《意大利反恐斗争与预备行为犯罪化——一个批判性反思》，吴沈括译，载《法学评论》2015年第5期。

[2] 参见何兆武：《西方哲学精神》，清华大学出版社2002年版，第6页。

面""扩大教育面""刑法不应过分干涉人们的生活""刑罚处罚范围越小越好",乃至预测刑法最终"会随着社会发展到相当程度而不再需要"。[1]显然此种刑法观如果成为人们内心的想法,不再停留在口头表达或者书面文字时,这种刑法观对刑事立法、刑法解释以及刑法适用势必起到指导作用。适用一种具体的刑法观来立法、解释以及适用刑法所起到的是积极作用还是消极作用,起决定作用的当然是刑法观本身的妥当与否。如果从抽象的、宏观的层面来审视谦抑性刑法观,各国刑法学者以及司法实务界人士恐怕都不会提出质疑,不过在网络时代,单纯强调谦抑是否合适值得思考。黑恶势力犯罪因网络因素的介入使积极预防性刑法观与谦抑性刑法观的对立更为凸显,两种刑法观的适用成为惩治此类犯罪所必须解决的基础性问题。以网络黑恶势力组织实施的"套路贷"犯罪为例,通过国家计算机网络应急技术处理协调中心(CNCERT)抽样监测发现,仅2018年,在虚假的"贷款App"上提交各种身份信息的用户人数达到了150万人,大量的被害人被犯罪人收取了各种名义的"担保费""手续费"等,财产遭受到了实质的损害。[2]

关于网络黑恶势力犯罪的刑法观,刑法学界和司法实务界并未展开专门研究,但学界对网络犯罪刑法观的研究并不鲜见,主要存在以下两种观点:第一种观点认为,针对网络犯罪应以积极预防性刑法观重构相关立法。积极预防性刑法观是网络犯罪的专属刑法观,预防与技术成为网络犯罪刑法在立法层面最为突出的知识性标签,网络技术风险和网络社会特有属性成为与之吻合的刑法专属理论。[3]另有学者以德日刑法理论为基础,论证积极预防性刑法观在网络犯罪领域应用的符合性问题,认为从刑法关于网络犯罪的立法发展来看,刑法立法的活性化已经成为不争的事实,主动立法和立法扩张在网络犯罪领域尤为明显,这种立法符合信息网络时代的实践理性。[4]第二种观点指出,针对网络犯罪应坚持传统的谦抑性刑法观。由于我国的传统观点一直强调刑法的谦抑性,"非犯罪化""非刑罚化""刑罚是最后手段"等理

---

[1] 参见张明楷:《外国刑法纲要》,法律出版社2020年版,第6页。
[2] 参见《国家互联网应急中心:我国云平台安全风险较为突出》,载 https://www.gov.cn/xinwen/2019-07/18/content_5410740.htm,最后访问日期:2024年12月1日。
[3] 参见孙道萃:《网络刑法知识转型与立法回应》,载《现代法学》2017年第1期。
[4] 参见梁根林:《传统犯罪网络化:归责障碍、刑法应对与教义限缩》,载《法学》2017年第2期。

念深入人心,所以在网络犯罪的刑法理念上坚持谦抑性刑法观的学者不在少数。比如,有学者以网络的基本价值为立足点,认为网络的核心理念是自主、开放与共享,网络社会的本质是人自由地扩展秩序,网络社会未来发展是不可预测的,网络是虚拟的,网络空间也是一个虚拟的空间,在虚拟空间中所发生的犯罪活动,并不会对公民的现实社会生活产生显著的负面影响。刑法对不可预知的事物保持谦逊与冷静是最好的立场,互联网时代比历史上其他时期都需要谦抑,对于现行刑法批判与解构显然不合时宜,刑法的去工具化乃是治理网络犯罪应有的立场。[1]笔者认为,单纯的谦抑性刑法观与单纯的积极预防性刑法观都不足以应对网络黑恶势力犯罪。网络黑恶势力犯罪与其他传统犯罪的网络化不尽相同,鉴于其严重的社会危害性,针对网络黑恶势力犯罪实施早期法益的保护势在必行;同时惩治网络黑恶势力犯罪也要注意处罚的合理界限。鉴于此,在网络黑恶势力犯罪刑法观的选择上,应将谦抑性刑法观与积极预防性刑法观予以平衡协调,坚持以谦抑刑法观为主导并结合积极预防性刑法观形成消极预防性刑法观。理由如下:

第一,传统的罪刑条款在一定范围内仍可以适用于惩治网络黑恶势力犯罪。换言之,并非所有的网络黑恶势力犯罪行为都不能被现行刑法包容。比如,"工具型"网络黑恶势力犯罪中,大部分犯罪在组织形式等核心特征上仍然延续了传统黑恶势力犯罪的形式,与传统黑恶势力犯罪相比,仅在犯罪工具的运用方面存在区别,完全可以通过刑法理论和解释规则的合理运用,适用传统犯罪的罪刑条款加以认定。

第二,"空间型"网络黑恶势力犯罪等不同于传统黑恶势力犯罪,在对组织本身的性质无法认定的情况下,法律应适时作出必要的调整,在相当的程度上肯定预防的必要性。由于去中心化的影响,阶层式的传统犯罪参与模式向扁平化的网络犯罪参与模式转变,对于形式上松散的网络黑恶势力组织的打击,不能只依赖2017年修正的《刑法》第287条的注意规定,而是要溯源至组织犯罪行为本身。法益保护的早期化在一定程度和一定具体类型的网络黑恶势力犯罪中不可避免,坚持纯粹的谦抑性刑法观显然不能对所有的网络黑恶势力犯罪作出有效回应,此时必须发挥积极预防性刑法观的作用。实际

---

〔1〕 参见徐剑锋:《互联网时代刑法参与观的基本思考》,载《法律科学(西北政法大学学报)》2017年第3期。

上，非犯罪化已经成为历史，当今世界各国的刑法都呈现出犯罪化以及法益保护早期化的倾向。近年来作为修正的、例外的未遂犯、危险犯、预备犯的处罚规定在刑法中不断增加并逐渐成为常态，就说明了这一问题。

第三，谦抑性刑法观仍应作为基本的刑法观予以坚持并发展。学界之前对谦抑性刑法观过多关注其消极的内容，比如"非犯罪化""非刑罚化"等，对于侵犯法益的行为只进行有限的、必要的规制，在网络黑恶势力犯罪方面也是如此。因为在传统的谦抑性刑法观中，常常认为刑法处罚的范围越窄越好，这是对刑法谦抑性的误读。当今社会，网络成为人们工作和生活中不可或缺的工具，网络并非虚拟，网络犯罪侵犯的绝不只是网民的法益，刑法谦抑性的具体内容会随着时代的发展而变化。[1]网络时代的多元价值观造成非正式的社会统治力的减弱，这就不可避免地产生通过扩大刑罚处罚范围以保护法益的倾向。显而易见的是，刑法的处罚范围自然是越合理越好，之所以对某些行为科处刑罚是基于保护全体国民利益角度的考虑，并非"越是限定处罚范围就越增加国民的利益"。[2]对刑法的解释不能只单纯强调限制处罚范围，而应当强调处罚范围的合理与妥当。基于网络黑恶犯罪集团化、规模化以及行为隐蔽化的现实，谦抑性刑法观应将关注点放在积极的面向，即正确解读现行刑事立法的规定，积极面向对组织本身性质的认定。对组织本身进行准确的定性后，再评价其涉嫌的其他犯罪行为，以避免目前实践中因无法对组织、领导、参加行为本身进行定性而不得已过度依附于其他行为进行定罪处罚的司法乱象。积极预防性刑法观确实和网络黑恶势力犯罪之间存在内在的一致性，但是这种刑法观并非仅适用于网络黑恶势力犯罪，其他网络犯罪、恐怖主义犯罪、环境犯罪等同样适用，不应过分强调二者之间的关联性。

综上，积极预防性刑法观与谦抑性刑法观是辩证统一关系。在网络黑恶势力犯罪视域下，积极预防性刑法观并不具有天然的优势与合理性。在以积极预防性刑法观为指导，已经搭建起网络黑恶势力犯罪预防体系的情况下，应认识到不能使刑法在网络黑恶势力犯罪领域一味地扩张。谦抑性刑法观的嵌入能够对网络黑恶势力犯罪的刑法进行理性的限缩，从而形成消极预防性

---

〔1〕 参见张明楷：《网络时代的刑法理念——以刑法的谦抑性为中心》，载《人民检察》2014年第9期。

〔2〕 参见[日]前田雅英：《刑法总论讲义》，曾文科译，北京大学出版社2024年版，第4页。

刑法观，这有助于廓清网络黑恶势力犯罪的刑事法治之路，实现对网络黑恶势力犯罪的"妥当界定"与"妥当处罚"。

三、网络黑恶势力犯罪适应性刑法模式之倡导

我国对网络犯罪的刑事立法和司法沿用传统的回应性刑法模式，对网络黑恶势力犯罪也是如此，这导致司法实践中对部分网络黑恶势力犯罪行为无法及时予以惩治和作出正确定性。在网络高速发展的时代，应以适应性刑法模式指导网络黑恶势力犯罪的刑事立法和刑事司法，推动网络黑恶势力犯罪刑法规制的有效性、科学性。

（一）网络黑恶势力犯罪回应性刑法模式之困境

在网络犯罪问题上，刑法总体上遵循回应性刑法模式，这种"头痛医头、脚痛医脚"的立法修补，无法实现网络犯罪刑事立法体系的完善。[1]网络黑恶势力犯罪是网络犯罪中的一种，我国在惩治网络黑恶势力犯罪上同样选择了回应性刑法模式。

1. 网络黑恶势力犯罪回应性刑法概述

网络黑恶势力犯罪的刑事立法、司法解释与网络犯罪的立法发展不同，并不是伴随着互联网的代际升级而不断变化完善。在扫黑除恶专项斗争中，三种类型的网络黑恶势力犯罪呈规模式出现，所以对网络黑恶势力犯罪的认定和处理集中以司法解释的形式予以规制。其中，"工具型"网络黑恶势力犯罪最为常见，所以司法解释中大多数条文围绕"工具型"网络黑恶势力犯罪进行规定。随着扫黑除恶专项斗争的不断深入，网络黑恶势力犯罪的犯罪人采用"软暴力"作为犯罪主要甚至唯一手段的比例不断上升。面对这一新情况，《"软暴力"意见》明确规定，通过信息网络或者通信工具实施相关行为，在符合"软暴力"定义的情况下，应当认定为"软暴力"。随着网络黑恶势力犯罪数量的增多，出现无法对组织本身的性质作出相应定性的问题，而网络黑恶势力犯罪所具有的长期性、固定性的特点明显超越了共同犯罪的范畴。[2]对此，《网络黑恶势力犯罪意见》明确将利用信息网络实施黑恶势力犯罪的行为

---

〔1〕参见皮勇：《我国网络犯罪刑法立法研究——兼论我国刑法修正案（七）中的网络犯罪立法》，载《河北法学》2009 年第 6 期。

〔2〕参见于冲：《网络黑社会倒逼刑事司法策略》，载《法制日报》2012 年 10 月 13 日，第 7 版。

纳入黑恶势力犯罪的打击范围，并规定了黑恶势力犯罪组织利用网络实施"软暴力"的具体内容。除此以外，明确了"利用信息网络威胁他人，进行强迫交易、情节严重的；利用信息网络威胁、要挟他人，索取公私财物，数额较大，或者多次实施上述行为的；利用信息网络辱骂、恐吓他人，情节恶劣，破坏社会秩序的以及编造虚假信息，或者明知是编造的虚假信息，在信息网络上散布，或者组织、指使人员在信息网络上散布，起哄闹事，造成公共秩序严重混乱的"行为的定性。但是，这些司法解释仅是对以往网络犯罪相关司法解释在特定类型犯罪——网络黑恶势力犯罪领域的重现，不能对所有的网络黑恶势力犯罪特别是"对象型""空间型"网络黑恶势力犯罪作出准确定性。

2. 网络黑恶势力犯罪回应性刑法模式评析

刑法在网络黑恶势力犯罪上的回应性刑法模式更加突出，这种回应性刑法并不是建立在法益变迁的深刻思考之上的，总体上缺乏对犯罪行为变化的必要预见，对犯罪结构的变化缺乏足够的关注，不能从根本上遏制网络黑恶势力犯罪。

第一，回应性刑法模式在应对网络黑恶势力犯罪变迁的过程中极易顾此失彼。"道高一尺、魔高一丈"在网络黑恶势力犯罪上体现得尤其明显。《网络黑恶势力犯罪意见》就是在"工具型"网络黑恶势力犯罪尤为突出的情况下，以"打补丁"的方式作出的回应，但是类似行为会很快脱离具体条文和司法解释的规制范围，司法解释就没有办法再予以规制。这种选择性、应对性的回应性刑法，充分暴露出惩治网络黑恶势力犯罪的刑法模式远未成型，无法对犯罪作出主动回应。在网络黑恶势力犯罪惩治上，司法机关往往也是就事论事，缺乏系统性、科学性以及预见性的长远规划，这一现状与网络黑恶势力犯罪的发展存在脱节。

第二，无法构建科学、体系、有效的网络黑恶势力犯罪立法。随着网络时代的发展，网络已经深入人们生活的各个角落。我国现行《刑法》始修订于1997年，由于当时的黑恶势力犯罪以及相关的高发罪名并不带有网络因素，所以刑法在这些方面几无涉及。在网络黑恶势力犯罪规模性出现的情况下，司法机关不得不采取"打补丁"的方式为网络黑恶势力犯罪的打击寻求法律依据，回应性刑法模式由此占据了主导地位。但是，针对借助移动互联网、大数据、云端等实施黑恶势力犯罪的新情况、新问题，立法和司法缺乏战略性、规划性与长久性考虑已经成为不争的事实。随着网络黑恶势力犯罪数量的增加和犯罪手段的翻新,沿用回应性刑法模式显然难以完成对网络黑恶势力犯罪立法体系的科学构建。

第三,难以有效维持网络黑恶势力犯罪刑法规范的稳定性。在回应性刑法模式下,刑法的稳定性与犯罪变化性之间的矛盾更为突出,立法规定的实效面临新的挑战。针对网络黑恶势力犯罪,鉴于司法解释灵活性的特点,将司法解释作为主要的规制方式虽然不影响刑法的稳定性,但是面对网络黑恶势力犯罪新情况时,司法解释就不得不对现行刑法进行扩大解释,很多情况下突破刑法规定的司法解释也是存在的,实际上这也是对刑法稳定性的挑战。鉴于网络黑恶势力犯罪具有变化发展快的特点,采用回应性刑法模式势必导致刑法规范的频繁修改,刑法规范被司法解释架空的局面极易出现。[1]

(二)网络黑恶势力犯罪适应性刑法模式之选择

在高速发展的网络时代,刑法必须敏感地应对社会结构与社会生活现实的巨大变革。网络黑恶势力犯罪相比传统黑恶势力犯罪已然发生了巨大的变化,立法和司法采取何种刑法模式予以应对,是立法和司法机关需要面对和审慎解决的问题。基于回应性刑法模式在处理网络黑恶势力犯罪方面存在不足,建议采取适应性刑法模式,即以网络黑恶势力犯罪的变迁为脉络,在明晰网络黑恶势力犯罪结构变化的基础上作出考虑与预见,使刑法条文(包括司法解释)能够适应当前特别是未来一段时期网络黑恶势力犯罪的发展变化。大陆法系倾向于以成文法的方式处理法律实践中的重大问题,面对新的问题,刑法势必要作出调整。在刑法调整的情况下,法律的适应性就成为践行法治的永恒主题。罪刑法定原则是刑法的根基,刑法的适应性实质上涉及罪刑法定原则与刑法条文(包括司法解释)调整之间的平衡以及如何维持刑法稳定与谋求刑法适应与发展之间的关系问题。立法作为司法的基础,对于刑法适应性的解决也决定着司法实践处理原则和处理方法的选择。网络黑恶势力犯罪的适应性刑法模式总的原则是从保持刑法确定性的角度出发,以罪刑法定原则为指导,如果通过对刑法条文关键词进行合理解释能够规制各种类型的网络黑恶势力犯罪,立法这一路径就不需要启动。如果适用的解释方法、得出的

---

[1] 参见王肃之:《网络犯罪原理》,人民法院出版社2019年版,第19页。

解释结论不符合罪刑法定原则，就只能采取立法的途径应对网络黑恶势力犯罪，以实现有效打击网络黑恶势力犯罪与维持刑法稳定之间的平衡。[1]

第一，网络黑恶势力犯罪适应性刑法模式具有积极意义。适应性刑法既是回应网络黑恶势力犯罪的应然选择，也是维持刑法确定性的有效途径。在这一刑法模式下，通过立法、司法技术和解释方法的综合运用，使惩治网络黑恶势力犯罪的法律在运行过程中达到各种法律价值之间的合理平衡。适应性刑法模式既能够确保刑法规范本质——确定性的要求，又能够回应社会变化所期待的——适应性的要求，通过自身内部机制满足社会动态发展的需要，惩治复杂多样的网络黑恶势力犯罪。适应性刑法模式在网络黑恶势力犯罪领域既表达着遵循刑法对于原本法益的保护，又表达着对实质正义的追求，将网络黑恶势力犯罪纳入黑恶势力犯罪的犯罪圈予以惩处，同时又将黑社会性质组织犯罪的法律特征在保留的基础上进行合乎社会发展的解释，既能反映出对立法形式的原则性坚持，又意味着依据犯罪形式的变化对形式的超越。适应性刑法模式应用于网络黑恶势力犯罪，意味着对于具体个案更为客观、公正的评价，意味着在犯罪形态发生变化时不满足于拥有一套恒久不变刑法的"明文规定"，而是与时俱进。[2]如果因循守旧，势必导致对部分网络黑恶势力犯罪行为无法定性，放纵这种新型的黑恶势力犯罪。行为的刑事违法性需要事先规定在刑法条文中，这与行为人的过错相适应原则之间似乎是矛盾的：法律是类型化的描述而非具体个案、具体行为人的描述。为调和两者之间的矛盾，现代刑法会为法官留下一定自由裁量空间，这样就形成了一个适应的机制，康德将其描述为刑法上的二律背反。这一机制的功能在于，可以使刑法的多元法律价值达到均衡，使刑法的功能得到协调，使刑法的各种目的被整合到一个充满矛盾但是依然有效的体系之内，这也是适应性刑法的应有之义。网络黑恶势力犯罪的出现改变了传统的黑恶势力犯罪的样态，刑法在考虑已然变化的情况下，适当考虑未来发展而留下适应空间，才能更有效地应对网络黑恶势力犯罪。

---

〔1〕 参见王肃之：《从回应式到前瞻式：网络犯罪刑法立法思路的应然转向——兼评〈刑法修正案（九）〉相关立法规定》，载《河北法学》2016年第8期。

〔2〕 参见周少华：《刑法之适应性——刑事法治的实践逻辑》，法律出版社2012年版，第191页。

第二,网络黑恶势力犯罪适应性刑法模式的具体内容包括:应在结合网络黑恶势力犯罪特点的基础上对黑社会性质组织的法律特征进行合理界定;对组织特征、行为特征、非法控制特征等法律特征作出具有前瞻的适应性立法。比如,现行《刑法》关于组织特征"形成较稳定的犯罪组织,人数较多,有明确的组织者、领导者,骨干成员基本固定"的描述,更多强调了形式的符合性,而网络的介入已经改变了原有犯罪的组成形式,结合立法沿革、保护法益以及法律规范并不能得出立法和司法解释否认组织特征实质侧面的结论。某种程度上,实质的侧面更加能够说明黑恶势力犯罪应受刑罚处罚的依据,即只要各组织成员之间的行动具有组织性,组织的领导者能够实际支配组织成员的活动,能够在实施违法犯罪活动时将组织成员凝聚在一起就应认定符合组织特征。在将来修改刑法时,应考虑对组织特征条文的表述采取实质的描述,以保持刑法条文的稳定性与适应性。对网络黑恶势力犯罪涉及的其他高发罪名的行为主体与范围也应预留适应性空间。总之,在网络黑恶势力犯罪的立法上,刑法应该跳出现象立法的窠臼,透过纷繁复杂的社会现象,提炼出一般类型化的行为,努力为需要入罪的行为寻找最大公约数,寻找刑法条文适应性的合理界限,进而优化网络黑恶势力犯罪的刑法规范体系。

第三,秉承适应性刑法模式需要注重条文本身真正的适应性,避免最终落入象征性立法的桎梏。象征性立法(Symbolishche Gesetzgebung)的概念源于德国以及瑞士学者提出的立法理论分析,其核心点在于立法在何种情况下具有正当性的讨论,一部合理的法律除了形式正当即程序合法的同时,实质正当性也十分重要,作为立法不能只是一份规范的申明。[1]换言之,规范的目的在于影响人们的行为取舍,而非仅帮助大众形成合法意识,如果不能以此立法影响大众行为的取舍,则立法就属于象征性立法的范畴。[2]象征性立法传递的是立法者对社会热点问题特别是新型犯罪的倾向性价值取向,但是很难再发挥其他实质性的规范效果。这种象征性立法形式上似乎符合适应性刑法模式,但是又缺乏对特定时空与社会背景下特定社会问题的实质规制。象征性立法下的法律条文只是一种形式上正义的存在,能够满足社会大众的

---

〔1〕 参见[英]伊丽莎白·费雪:《风险规制与行政宪制主义》,沈岿译,法律出版社2012年版,总序第1页。

〔2〕 参见刘艳红:《网络犯罪的法教义学研究》,中国人民大学出版社2021年版,第4~5页。

普遍期待，刑法的不断修改也宣示着国家对新的社会风险的抵御态度，并逐步将社会所共同认定的风险纳入象征性立法的法规范体系中。随着社会的发展，新型犯罪层出不穷，各国象征性立法的数量也随之增加，此种立法可以在形式上抵御乃至消除可能存在或发生的风险，从而形成象征性立法的逻辑起点。但是象征性立法在服务法益保护方面有所欠缺，并非保障和平共同生活的必要存在，其立法存在的意义仅限于在刑法之外安抚民众以及表达国家自我姿态，并不追求刑罚规范在司法实践中运用的实际效果。[1]

随着全球进入互联网 3.0 时代，网络空间已然成为人类生活的"第二空间"，网络犯罪的数量在全球呈现急剧增加的趋势，导致各国以传统社会为背景制定的法律在应对网络犯罪这一新型犯罪上捉襟见肘，所以各国针对网络犯罪立法的修改和完善逐渐增多，试图通过立法或调整司法来实现对网络犯罪的管控，进而摆脱这种犯罪带来的一系列社会风险，我国也在这方面做出了积极努力。经过反复修改，我国网络犯罪入罪门槛更低，处罚范围不断被扩大。在网络黑恶势力犯罪的领域同样如此，司法机关针对网络黑恶势力犯罪的新特点，通过一系列司法解释试图打击此类新型的黑恶势力犯罪，但是现实中欠缺实质效果是不争的事实。除了"工具型"网络黑恶势力犯罪，司法实践中很少能够对"对象型"以及"空间型"网络黑恶势力犯罪的组织属性作出正确评价。这充分说明网络黑恶势力犯罪的司法解释起到的最大效果是向社会和民众宣示，试图以此达到预防网络黑恶势力犯罪的目的。司法层面上，司法机关对具体案件的判决结果是向民众传达刑法法规有效性的途径，通过对具体个案的判决，使潜在的、有意识实施犯罪行为的行为人产生心理强制进而放弃犯罪。[2]而现实情况是，在网络黑恶势力犯罪相关司法解释公布近四年的时间，"对象型"和"空间型"网络黑恶势力犯罪案件认定的数量并不多，这显然无法向公众传达刑法法规和司法解释条文有效性的信息，对网络黑恶势力犯罪不能起到很好的预防效果。鉴于此，如何采取适应性刑法模式以及如何赋予立法、司法解释条文实质的适应性，是网络黑恶势力犯罪立法和司法需要思考和解决的问题。

---

〔1〕 参见［德］克劳斯·罗克信：《刑法的任务不是法益保护吗？》，樊文译，载陈兴良主编：《刑事法评论·第 19 卷（2006）》，北京大学出版社 2007 年版，第 155 页。

〔2〕 参见黄国瑞：《刑法在风险社会的角色》，辅仁大学 2014 年博士学位论文。

第二章
网络黑恶势力犯罪实证考察与认定障碍

> 病症不同，救治方法也不同；有多少疾病，就有多少药方。
> ——边沁

  网络黑恶势力犯罪是传统黑恶势力犯罪在网络时代的全新形态，已然成为我国黑恶势力犯罪发展的新趋势，同时，网络黑恶势力犯罪数量的急剧上升从整体上提升了黑恶势力犯罪的社会危害性。由于网络黑恶势力犯罪属于新型犯罪，发展又极为迅速，刑事立法以及司法对网络黑恶势力犯罪的法律准备仓促，致使司法实践中对具体个案的评价存在较多的模糊地带和认识误区，如何有效惩治和预防网络黑恶势力犯罪成为网络时代带给司法机关的全新挑战。就一般原理上说，准确把握犯罪的事实状况是科学预防和惩治犯罪的基本前提。"原本意义上的犯罪就是一种行为事实，其后才有对这种行为事实的立法命名和司法认定。法律仅是立法者将某些特定的行为事实进行筛选和评价之后形成的规范表述。"[1]各国惩治有组织犯罪的经验教训表明：准确把握具体类型有组织犯罪的事实危害及其发展规律是有效惩治犯罪的前提和基础，在进行调查研究的基础上形成有组织犯罪的普遍观念，已经成为国际社会的共识。[2]

---

 〔1〕 参见张远煌：《犯罪研究的新视野：从事实、观念再到规范》，法律出版社2010年版，第18页。

 〔2〕 在联合国层面，1994年11月联合国跨国有组织犯罪问题世界部长级会议通过《那不勒斯政治宣言和打击跨国有组织犯罪全球行动计划》，指出国际社会应当对有组织犯罪形成一种普遍接受的观念，以此为基础，形成国家协调意志的打击有组织犯罪的措施。为了加强跨国有组织犯罪的国家立法，每个国家都应重视存在有组织犯罪的国家提供的打击经验、对组织结构的分析和犯罪活动所获得的情报，以获得消除有组织犯罪的有益经验。

第一节　网络黑恶势力犯罪的爆发原因

20世纪90年代，网络黑恶势力犯罪悄然兴起，最初出现在与黑恶势力犯罪关系密切的网络赌博犯罪中。随着扫黑除恶专项斗争的开展，为逃避侦查与打击，黑恶势力组织利用信息网络实施违法犯罪的现象集中出现，比较常见的有"套路贷"、网络"黑公关"等行为，网络黑恶势力犯罪颠覆了人们对黑恶势力犯罪的认知。随着网络的发展和犯罪的更新，网络黑恶势力犯罪日趋复杂和严重。

一、网络黑恶势力犯罪的网络转型深层成因

作为黑恶势力犯罪的一种表现形态，网络黑恶势力的产生同传统的黑恶势力犯罪具有一定的共通性。例如都是为了经济利益。不过这并不能成为揭示传统黑恶势力犯罪向网络黑恶势力犯罪转变的原因。有国外学者针对网络赌博犯罪主张网络赌博的兴起源于通信技术、电子金融技术和赌博全球扩张趋势的结合。[1]实际上，通信技术以及电子金融技术的发展均是网络代际发展的产物，赌博的全球化扩张更是网络赌博犯罪的结果而非成因。这一结论同样适用于网络黑恶势力犯罪，在网络代际发展的大背景下，网络黑恶势力犯罪的产生以及迅速发展与泛滥带有一定的必然性。

（一）网络技术的发展提供了"支持"

技术特征是网络黑恶势力犯罪的显著特征。网络技术是网络黑恶势力形成、发展与泛滥必不可少的条件。以黑恶势力组织实施的网络开设赌场犯罪为例，开设赌场已然成为黑恶势力犯罪"以黑养黑、以黑养恶"的重要手段，呈现实体与虚拟兼具、黑恶势力交织渗透的局面。赌博方式也从传统的麻将、纸牌、赌博机到现在逐渐向网络空间转移，出现网络赌博、微信红包赌博、地下六合彩等新型赌博方式。不过最早的网络赌博并不是现实赌博的网络延伸，而是起源于一家博彩游戏软件开发商——乐天堂公司（Micro Gaming），

---

[1] See Susan W. Brenner, "Cybercrime Metrics: Old Wine, New Bottles?", *Virginia Journal of Lam & Technology*, Vol. 9, 2004, p.5, p.12-13.

该公司开发的逻辑密码以及金融安全软件使网络赌博成为可能。网络黑恶势力犯罪对于网络的依赖可见一斑，其如果脱离了网络技术的支持将步履维艰。网络黑恶势力犯罪的发展壮大必须依托于相关产业的不断升级和完善所带来的技术更新，比如网络通信技术的发展就为网络黑恶势力犯罪的组织发展带来了极大的便利，而电子支付技术为网络黑恶势力在网络开设赌场提供了核心的技术支持。

全球有组织犯罪对于通信技术都十分依赖，我国也不例外。在司法实践中，微信、QQ等聊天工具已经成为网络黑恶势力成员之间联系的主要工具，部分黑恶势力犯罪组织甚至只在线上进行联络，成员之间在现实生活中互不相识的情况十分常见。从安全性角度分析，如果没有安全的通信技术的支撑，网络黑恶势力犯罪就没有办法生存，网络黑恶势力犯罪背后巨大的经济利益就没有实现的可能。从稳定性的角度出发，部分网络黑恶势力犯罪对于网络通信的通畅度要求极高。例如，在黑恶势力开设网络赌场的犯罪中，如果通信不畅，自然没有办法进行犯罪活动。从广泛性视角分析，被害人数量众多、地域性广泛，能够带来更多的财富是网络黑恶势力犯罪相比传统黑恶势力犯罪的特点之一。网络黑恶势力组织往往通过微信群、QQ群覆盖广泛的被害人群体，幕后操控者会将被害人的位置推送给合适的犯罪人。网络的无地域性为网络黑恶势力犯罪提供了巨大的发展空间。此外，网络支付的兴起和发展同样为网络黑恶势力犯罪提供了助力。以黑恶势力通过网络开设赌场为例，电子支付技术的正常运转是犯罪行为完成和发展的关键，假如没有电子支付等电子金融业务，网络赌博就不可能存在。早期的银行汇款虽然也是非现金交易，但是时间周期长以及时效性的问题使得其并不能满足网络开设赌场犯罪对资金流转速度的要求，所以这一时期，黑恶势力组织在网络开设赌场的行为几乎不存在。随着网络银行、微信、支付宝等第三方、第四方支付平台的兴起，电子金融技术进一步发展，电子支付平台虚拟性、实效性兼具，给网络开设赌场提供了可能。比特币等虚拟物品的出现，使网络赌场能够跨越第三方机构直接进行交易活动，更加助长了网络赌场的发展。比如2018年广东茂名警方破获一起通过比特币进行网络赌博的案件，网络赌场的资金流水超过百亿元。这一网络赌场的服务器设置在境外，集赌博、交流、区块链虚拟货币交易于一体，利用"暗网"技术操纵赌博网站，通过比特币、以太坊和莱特币进行交易结算,在攫取巨额经济利益的同时也逃避了有关部门的打击。[1]

(二) 网络社会与现实社会逐渐并行催生网络空间犯罪

现实社会能够在网络上再现,是在网络空间进行黑恶势力犯罪的前提。如前所述,社会从互联网 1.0 时代一直发展到目前的互联网 3.0 时代,与此同时,网络黑恶势力犯罪的变化与网络代际发展可谓步调一致。在互联网 3.0 时代,网络平台在发展中逐步形成,网络社会由此出现,并逐步形成与现实社会并存的"双层社会",社会的结构发生了根本性变化。[2]与此同时,网络在网络犯罪中的地位,也从犯罪对象、犯罪工具迈入网络空间这一全新的场域。在"网络+现实"社会的背景下,传统犯罪几乎都可以发生在网络空间,也可以在现实空间与网络空间互动式发展,目前黑恶势力犯罪呈现出双层空间发展的形态。比如,公安部公布的"虞某云套路贷案件"就是的典型的发生在网络空间的黑恶势力犯罪。以虞某云为首实施"套路贷"的犯罪团伙,自 2017 年 6 月,以网络借贷平台为幌子,通过一系列诸如"放贷快""无担保"等虚假宣传,吸引被害人,在借款时会同时索取被害人手机通讯录等信息,并通过收取各种名义的"砍头息"减少实际放款的数额并肆意制造违约,再要求被害人偿还全款和高额违约金,被害人如果无力偿还,就通过"呼死你"等网络软件滋扰被害人及其亲友,同时合成不实照片等,以各种形式的"软暴力"对被害人进行催收。从 2017 年 6 月到 2018 年 12 月,虞某云"套路贷"犯罪团伙的被害人就达 913 万余人,涉案金额 9 亿余元。[3]通过这一典型案例不难发现,网络黑恶势力犯罪与传统黑恶势力犯罪一脉相承,同时通过借助网络技术具备了传统黑恶势力犯罪所不具备的巨大优势。网络技术的发展使"空间型"网络黑恶势力犯罪迎来了爆发式的增长,开始出现一些完全不同于"工具型""对象型"网络黑恶势力犯罪的犯罪现象,成为部分黑恶势力犯罪行为异化的独有土壤。换言之,部分黑恶势力犯罪离开了网

---

[1] 参见《广东警方破获比特币网络赌球大案 流水资金超百亿》,载 https://tech.cnr.cn/tech-gd/20180712_524298470.shtml,最后访问日期:2018 年 9 月 30 日。

[2] 参见孙道萃:《网络刑法学初论》,中国政法大学出版社 2020 年版,第 6 页。

[3] 参见《江苏泰州虞某云"套路贷"犯罪案件》,载 https://www.thepaper.cn/newsDetail_forward_4335451,最后访问日期:2020 年 4 月 30 日。

络将失去生存空间或者根本不可能爆发出令人关注的危害。典型的如网络"黑公关"犯罪。互联网的快速发展促使电商发展迅速，使其代替传统的食品、汽车等行业，成为网络"黑公关"攫取经济利益的重灾区。网络"黑公关"利用互联网信息发酵快、过滤不及时等特点，逐渐形成一条严密的产业链，通过炮制话题、策划炒作等一系列非法手段，引导舆论方向，肆意传播不实言论，达到攻击对方的目的，以攫取巨额经济利益。在巨大的经济利益面前，由黑恶势力犯罪组织实施的网络"黑公关"案件持续增多。[1]总之，"空间型"网络黑恶势力犯罪从无到有再到发展，与网络技术的发展几乎同步。未来云端技术的发展成为趋势，随着云端技术的发展，人类社会信息化的趋势更为明确，"空间型"网络黑恶势力犯罪中依赖的电子支付等技术环节会日趋完善，网络空间的真实感会更为强烈，届时网络作为黑恶势力犯罪的空间必然进一步扩张。

（三）法律的滞后性导致"犯罪的法律风险"的降低

网络时代的到来和技术的迅速发展使大多数人感到猝不及防，人们开始意识到传统社会已然被网络改变。我们正处于信息时代的起点，信息时代带给我们最大的挑战并非网络技术本身的发展，而是面对互联网变化所带来的负面效益，比如纷繁复杂的网络犯罪，我们尚未作好充分的应对。如前所述，刑法对于网络黑恶势力犯罪的立法以及司法解释存在明显的滞后性，"头痛医头，脚痛医脚"的回应式刑法模式成为立法和司法的薄弱环节。犯罪人之所以会实施黑恶势力犯罪行为，除了可以获取巨大的经济利益，还考虑到了犯罪所要承担的法律风险，这也是我国刑法学者普遍赞同刑法结构或者说刑法的发展方向是"严而不厉"的根本原因。司法实践中，网络黑恶势力犯罪泛滥同法律的滞后性或者说法律的准备不足具有密切的联系，较低的"犯罪法律风险"与较高的"犯罪行为收益"是目前黑恶势力犯罪借助网络的主要动因。典型案例如甘肃酒泉公安侦破的5.30"套路贷"系列案件，该案件中嫌疑人400余人，涉案资金近亿元。犯罪嫌疑人通过设立"互助信贷"等数个网络平台，以"无抵押""无担保"等虚假宣传吸引被害人，进而签订存在

---

〔1〕参见江德斌：《依法严打网络"黑公关"，保障电商健康发展》，载http://www.ce.cn/culture/gd/202005/28/t20200528_34995513.shtml，最后访问日期：2021年5月4日。

"套路"的虚假借款协议,再制造诸如"利息"等费用,不足额放款,之后恶意造成被害人违约,攫取巨额经济利益。如果被害人无力偿还,就会通过发信息、打电话等方式滋扰被害人及其亲友,为逃避打击,其所使用的催债手段均为"软暴力"手段。即使被发现,由于针对网络黑恶势力犯罪的法律准备不足,往往也难以实现罚当其罪。

网络黑恶势力犯罪法律准备不足主要体现在以下几个方面:第一,对于在网络上实施黑恶势力犯罪行为本身的合理法律评价问题。网络黑恶势力组织本身与传统黑恶势力组织在组织特征、行为特征等方面存在差异,呈现出虚拟化、组织结构松散化以及犯罪手段"软暴力"居多的全新特征,而刑事立法和司法对于如何定性网络黑恶势力组织本身存在大量的模糊地带。第二,对于网络黑恶势力犯罪相关技术帮助行为的法律限制和制裁。实践中对为网络黑恶势力犯罪提供服务器、通信接口、网络接入、交易支付技术以及网络平台等技术帮助行为的监管不到位,使网络黑恶势力犯罪等相关犯罪的发展并不受限。第三,对于网络黑恶势力组织实施的部分其他犯罪行为的合理法律评价。比如,对网络黑恶势力组织实施的恶意差评等行为的定性,司法实践中存在诽谤罪、非法经营罪、破坏生产经营罪、损害商业信誉、商品声誉罪等多种意见。第四,网络黑恶势力犯罪的犯罪手段以网络"软暴力"为主,但是关于网络"软暴力"司法解释仅给出了简单的定义,并没有列举具体的形式和认定标准,这给司法机关在认定上造成了障碍。

二、网络黑恶势力犯罪的网络优势外层动力

网络的代际演进是网络黑恶势力犯罪不断扩张的内在原因,而当黑恶势力犯罪与网络因素相结合或者完全进入网络空间后,其呈现出不同于传统黑恶势力犯罪的特征,比如,便于联系、便于隐藏、便于找寻更多的被害人等,这些特征在网络黑恶势力犯罪中得到了集中的体现,成为网络黑恶势力犯罪存在的外层动力。

(一)组织具有隐蔽性的优势

传统有组织犯罪的组织特征形式,在网络代际升级的大环境下发生了变化。在世界范围内,传统有组织犯罪的"教父模式"等级结构被部分组织刻

意回避，借助网络采用"脸书模式"〔1〕的组织结构形式大量出现，与传统的"教父模式"等级结构并存。

传统有组织犯罪的组织形式——"教父模式"要求组织内部存在一个核心人物或灵魂人物，其他成员呈现基本固定或者固定状态，成员人数具有规模性，成员之间存在严格的等级性，组织地域性特征明显。"脸书模式"即网络模式，这种类型的有组织犯罪组织在形式上不拘泥于一种，成员之间的联系大多数在"脸书"（Facebook）或者其他网络平台上进行，甚至将网络平台作为犯罪实施的场域。成员人数比传统有组织犯罪的人数少且成员较为流动以及随意，成员之间呈现平面网状关系。以"脸书模式"为代表的网状犯罪结构按照网络连接方式的不同，可以进一步划分为两种，即"集线式"犯罪网络和"连锁式"犯罪网络。〔2〕"集线式"犯罪网络，是指众多的外围网络终端在一台核心集线器上完成连接，核心集线器上的行为人可以同时向外围网络终端的行为人发出犯罪的计划，提供犯罪指引等。这种情况下，核心成员可以联系到所有的外围成员，不过外围成员之间并不存在任何联系和沟通，犯罪行为自然也不存在交叉。"连锁式"犯罪网络，是指关于犯罪的产品信息或者犯罪的行动方案呈现流水线的模式，通过网络终端传输到任意指定的另一网络终端。与"集线式"犯罪网络不同，"连锁式"犯罪网络在网络终端之间并不存在被识别的中心，没有明确的焦点人物。"脸书模式"与传统的"教父模式"最大的区别在于，其组织的存在没有硬件平台的要求，只要有网络组织就可以存在，组织成员之间就可以进行联系，这给司法机关的打击增加了难度。对于"集线式"犯罪网络，司法机关即使打掉了核心的集线器，外围的网络完全可以在瞬间转向下一个犯罪网络，而"连锁式"犯罪网络即使打掉其中一个环节，那也只是犯罪的一个环节，对于整个有组织犯罪而言并未有根本性触动。总之，网络社会的社会化程度明显，只要是网络用户都可以通过网络获取信息、取得联系，这一点经常被黑恶势力犯罪组织利用，使犯罪组织更为隐蔽。在我国，虽然不存在"脸书平台"，但是微信、QQ等

---

〔1〕参见聂立泽、李佳骏：《网络黑恶势力的刑事法律意涵探析》，载《南都学坛》2023年第6期。

〔2〕参见王永茜：《论黑社会性质组织犯罪的"组织特征"》，载《北京理工大学学报（社会科学版）》2019年第5期。

交流平台同样发达，我国部分黑恶势力犯罪组织开始借助这些社交网络平台，制造组织松散、人员流动的表象，黑社会性质组织的组织特征已经不再明显。与传统的黑恶势力犯罪相比，网络黑恶势力的组织形式更为灵活并呈现新的组织形式，部分黑恶势力犯罪组织将网络服务器地址设在境外，将犯罪行为指向国内，这种地理上的分离不仅表现为一国领域内的跨地区犯罪，还可以轻松实现跨国，从而使传统的属于国内犯罪的黑恶势力犯罪具有了国际化的属性，侦查难度进一步加大。

(二) 犯罪具有成本低的优势

网络将部分现实空间的事物纳入虚拟空间，运行成本随之降低甚至可以忽略，这也大大降低了黑恶势力犯罪的成本。网络黑恶势力犯罪由此产生、发展并逐渐有取代传统黑恶势力犯罪的趋势。网络黑恶势力犯罪对硬件的需求并不高，只要有网络的地方就可以实施犯罪，相比传统的黑恶势力犯罪，网络黑恶势力犯罪在犯罪成本上存在极大的优势。

以黑恶势力组织经常实施的开设赌场犯罪为例，相比传统赌场，网络赌场的成本优势就极为明显。网络赌场主要分为三种类型。第一种是将赌场开设在网络赌博合法化的国家或者地区，但主要吸引我国公民参赌，被害人以我国公民为主。据统计，这类赌博网站只要花费150万元左右的成本就可以建立和运营，这一费用是传统开设赌场费用的十分之一。[1]第二种是在我国境内或者其他国家开设非法网络赌场。犯罪人仅需要支付域名、设备以及网站的设计费用即可，成本在千元至万元人民币不等。相比第一种方式，第二种方式的成本更为低廉，几乎可以忽略不计。[2]比如，"非诚勿扰斗牛群"案件中，被告人吴某、王某、顾某通过微信建立"非诚勿扰斗牛群"，吸引百余名参赌人员加入，再利用"阿拉斗牛"App开房间供"非诚勿扰斗牛群"成员赌博，每个房间成本3元，参赌人员每玩一局需支付房费8元，短短4个月该团伙就获利36万余元。[3]虽然该案件并非黑恶势力犯罪组织实施的网络

---

[1] Terri C. Walker, *The Online Gambling Market Research Handbook*, Terri C. Walker Consulting, Inc., 2003, p.2.

[2] 参见《揭秘网络赌博背后的技术链条：开网络赌场成本不到2万 3到5个月快速换马甲》，载 https://www.sohu.com/a/409319815_233813，最后访问日期：2020年7月26日。

[3] 参见《三人开设网络赌场 成本3元的"小买卖"赚了36万元》，载 https://news.jstv.com/a/20180824/1535102571998.shtml，最后访问日期：2024年8月6日。

开设赌场的犯罪，但是足以说明网络赌博犯罪具有成本低的优势。第三种是在已经建立起来的赌博网站担任代理人，负责招募特定地区的人员参与到赌博中。这种情况下，代理网站的日常维护由开设网络赌场的一方负责和运营，代理人完全不需要支付任何资金作为成本，只要负责挖掘客户即可获得每月百万元的提成。比如，2010年广州花都警方捣毁了一个网络赌球团，该团伙在取得境外合法的赌博公司的代理权之后，大肆发展下线，扩大参赌人员人数，仅2个月的时间，获利就高达140万元。[1]

（三）犯罪扩张存在"规模效益"优势

在网络空间实施黑恶势力犯罪不受地域等因素的限制，相比传统黑恶势力犯罪而言，犯罪成本小，攫取的利益甚至有时高于传统黑恶势力犯罪，所以近年来该种犯罪扩张趋势明显。在公安部挂牌督办的"仪征市特大淘宝代运营诈骗案"中，在不到2年的时间里，犯罪人王某某、段某等人骗取全国各地被害人的财物高达1300余万元，受害人数高达1500余人。这个犯罪组织从简单的个人合伙迅速演变为层次分明、分工明确的诈骗团伙，涉案人数达到80人。[2]

从人数规模上看，传统的黑恶势力犯罪受限于地域因素，被害人人数有限，所获得的非法利益也有限。在很长一段时间内，受制于传统空间，加之我国对黑恶势力犯罪的持续严厉打击，黑恶势力犯罪的规模普遍较小，但是网络空间打破了地域等因素的限制，黑恶势力组织通过网络就可以寻找被害人以及潜在的被害人，被害人人群规模呈现指数级上涨。

从内容规模上看，以网络开设赌场犯罪为例，在黑恶势力犯罪组织开设的网络赌场中，除了对于传统赌博内容的延续，还增加了很多新型的赌博内容，任何赌客都可以针对任何事件进行对赌，赌博内容十分丰富。比如，将股票、外汇等数据变动、微信红包、体育比赛结果作为网络赌博的内容。网络赌博方式较传统方式更加隐蔽，且因赌博方式新颖而受到欢迎。[3]这些显

---

[1] 参见《网络赌球赌徒永远是输家》，载http://news.sina.com.cn/c/2010-06-11/031417640950s.shtml，最后访问日期：2024年11月30日。

[2] 参见《仪征宣判特大"淘宝代运营诈骗案"：1500多人被诈骗1300多万》，载https://www.sohu.com/a/255311236_717301，最后访问日期：2018年9月30日。

[3] 参见《网络赌博利益链调查 形如传销一年投注40亿（图）》，载http://news.enorth.com.cn/system/2010/07/06/004824014.shtml，最后访问日期：2020年3月15日。

然是传统赌博犯罪无法比拟的。

从资金规模上看,传统的黑恶势力组织维持生存的资金以现金为主,资金规模有限,并且由于地域等限制,涉案资金十分有限。在电子支付发达的今天,网络黑恶势力组织摆脱了现金交易的种种限制,资金流转极快,被害人可以随时将自己的全部资产转入犯罪人的账户,只需40秒就可以实现资金流转。以黑恶势力组织实施的网络赌博为例,借助网络的无地域性,目前数百亿规模的网络赌场已经屡见不鲜。其中比较典型的案件有2019年9月广东省公安厅会同广州市公安局破获的大型跨境网络赌博案件,查处冻结涉案赌资1.12亿元。[1]再如,目前网络黑恶势力组织实施的"套路贷"案件,资金规模也是传统的黑恶势力犯罪无法比拟的。典型的有2018年2月浙江省绍兴市公安机关侦破的陈某展"套路贷"犯罪案件。该组织在短短6个月的时间就发展成员60余人,犯罪涉案资金高达968万元。[2]可见相比传统黑恶势力犯罪,网络黑恶势力犯罪在扩张上存在明显的"规模效益"优势。

第二节 网络黑恶势力犯罪的属性与特点

网络黑恶势力犯罪与传统黑恶势力犯罪是否存在本质上的不同,关系到是否需要对刑法进行调整及调整的程度,关系到是否需要对传统刑法理论进行重新的思考和是否需要予以重构。

一、网络黑恶势力犯罪的属性

(一)网络犯罪的属性之争

网络在改变人们生活的同时,也使犯罪行为的形式产生了变化。在网络犯罪是否是与传统犯罪并列的全新的犯罪形式以及其与传统犯罪的关系上,刑法理论界主要存在"进化说"与"异化说"两种观点,在我国,多数学者赞同"异化说"。

---

[1] 参见《广东破获特大跨境网络赌博案,112人被抓,涉案赌资高达26.1亿》,载https://www.sohu.com/a/367577561_641885,最后访问日期:2024年12月1日。

[2] 参见《浙江绍兴"米房""套路贷"犯罪案件》,载https://www.thepaper.cn/newsDetail_forward_4335467,最后访问日期:2019年11月11日。

网络犯罪"异化说"认为，网络构成了全新的社会关系，需要重新思考法律的首要原则。作为与现实空间并列存在的新的社会关系网络，必然引起法律规则的更新，这是自然而然的事。[1]信息网络时代使犯罪对象、犯罪行为、犯罪目的和犯罪结果均发生了网络变异，相比传统犯罪在构成要件、行为样态、危害结果等方面产生了异化，甚至成为传统犯罪新的常态化表现形式。在传统犯罪行为的网络异化逐渐成为犯罪主流模式的情况下，现有刑法规定的跟进与更新成为必然。"异化说"受到的主要质疑是，虽然"异化说"关注到了网络空间的特殊性对传统犯罪的影响，但现实情况是传统法律效力不仅及于国家物理空间，刑法中属人原则的规定显然就突破了疆域的限制，也就意味着传统法律可以穿透网络空间而发挥作用，且各国虽然针对网络犯罪的立法日益增加，但是未见立法者单独创建与现行法律体系并行的网络空间的法律体系。

网络犯罪"进化说"认为，网络犯罪是传统犯罪在网络新环境下的进化。网络时代更加高级的犯罪手段使传统犯罪更容易通过网络来实现，借助网络空间的开放性与扩散性，犯罪的社会危害性也被相应扩大。与网络科技的发展阶段相适应，在传统刑法能够应对的情况下，新的立法自然是不需要的，但在层出不穷的附着专业的科技背景知识的新犯罪导致案件定性出现困难的情况下，就需要发挥刑法解释学的作用，对犯罪认定的原理进行适当的调整。[2]"进化说"受到的最大质疑是，该学说与立法和司法实践情况相悖。网络犯罪的侵害方式开始多样化、虚拟化是不争的事实，传统刑法罪名在应对传统犯罪的网络异化时往往措手不及。知识经济和信息时代对刑法规范的影响是不可逆的，现有的刑法规定至少有一部分并不适合这个时代而需要被修改。[3]

（二）网络黑恶势力犯罪的属性

网络黑恶势力犯罪作为网络犯罪的下位概念，是网络犯罪的具体样态之一。

---

[1] See David R. Johnson, David Post, "Law and Borders: The Rise of Law in Cyberspace", *Stanford Law Review*, Vol. 48, No. 5., 1996, p. 1368. 转引自刘艳红：《网络犯罪的法教义学研究》，中国人民大学出版社2021年版，第109~110页。

[2] 参见陈兴良：《互联网帐号恶意注册黑色产业的刑法思考》，载《清华法学》2019年第6期。

[3] 参见于志强：《我国网络知识产权犯罪制裁体系检视与未来建构》，载《中国法学》2014年第3期。

关于网络黑恶势力犯罪的属性，不能简单归结为"进化"或者"异化"，而是需要根据网络科技的发展程度及其对传统黑恶势力犯罪的颠覆情况加以判断。

从司法实践看，网络黑恶势力犯罪既有相较于传统犯罪"进化"的表现，也存在基于网络空间特殊性"异化"的状态。一方面，常见的"工具型"网络黑恶势力犯罪，大多数表现为黑恶势力组织利用网络平台招募组成人员，或者利用信息网络实施盗窃、诈骗、敲诈勒索等行为，这类黑恶势力犯罪相较于传统黑恶势力犯罪而言，最大的变化在于组织形态、手段发生了改变，而犯罪所侵害的法益、犯罪本质等并未发生变化，传统刑法对这类黑恶势力犯罪完全能够适用，只不过需要对刑法教义学的犯罪认定进行适当调整。[1]另一方面，随着网络技术的不断发展，一些新型的网络黑恶势力犯罪行为随之产生也是不争的事实。典型的如"空间型"网络黑恶势力犯罪中通过雇佣"网络水军"的方式，在网上有组织地删除言论、制造言论、发起语言攻击、控制社会舆论、网络造谣、索要删帖费的行为。"空间型"网络黑恶势力犯罪的特点是犯罪行为只能发生在网络空间，且行为只有通过网络空间才能产生严重的社会危害性。犯罪行为和犯罪结果均因网络的介入而发生了异化，但是犯罪所侵害的法益未发生变化。在并未出现新法益的情况下，立法并不需要增加新的罪名，只需要对刑法条文进行合理的解释即可，这一观点也得到了《网络黑恶势力犯罪意见》的认可。

二、网络黑恶势力犯罪的特点

网络黑恶势力犯罪在属性上具有"进化"的表现，也有"异化"面向，与传统黑恶势力犯罪相比，网络黑恶势力犯罪的部分特征发生了变化。具体表现为：组织依托性的"弱化"、空间依托性的"淡化"与行为方式的"软化"。

（一）网络黑恶势力组织依托性的"弱化"

作为有组织犯罪的类型之一，黑恶势力犯罪活动的组织性是其区别于其他犯罪的主要表现。数字化时代使互联网得到普及的同时，也使黑恶势力犯罪的组织性特征出现了淡化。联合国国际犯罪预防中心的研究显示，有组织

---

[1] 参见王爱鲜、蔡军：《网络黑恶势力犯罪的生成及其认定》，载《中州学刊》2023年第3期。

犯罪集团的结构随着网络等技术因素的加入而出现五种不同类型。第一种是标准型等级结构（Standard hierarchy），这也是传统有组织犯罪的组织结构，存在领导人、清晰的组织结构以及严格的组织纪律，暴力手段是其实施犯罪的核心方式，通常在特定地区形成影响和控制。第二种是区域型等级结构（Regional hierarchy），该组织结构存在一个领导人，组织的指示命令都来自一个中心，地区一级的组织存在一定程度的自治，成员通常具有明显的社会及种族身份，暴力方法是其主要的行为手段。第三种是聚合型等级结构（Clustered hierarchy），在犯罪集团下面存在着多种形式的组织结构，各个组织有各自的头目，各个组织之间存在一定程度的自治，所以核心人物的权威性经常会受到挑战，这种类型的组织在实践中并不常见。第四种是核心型团伙（Core group），核心组织的周围存在一个松散的网络体系，组织成员人数较传统型组织的人数少，成员很少具有某种社会或者种族身份，对内对外没有组织名称。第五种是罪犯联系网络（Criminal network），在这种组织结构下，组织的活动由核心人物决定，组织的网络联系围绕一系列犯罪计划持续存在，犯罪组织不大会引起社会公众的注意。在核心型团伙和罪犯联系网络等级结构中，组织成员的身份不再重视地缘等关系，而是开始关注成员的能力或技术。这五种等级结构反映出组织结构并非一成不变，而是存在多样性的特点。随着社会的发展，网络的普及，组织依托性"弱化"是全球有组织犯罪发展的趋势，我国需要进一步强化对有组织犯罪的组织结构多样性的认识。有组织犯罪多样性的特点对于"扫黑"法治的影响是多方面的，不但会影响黑恶势力组织等概念的界定，还会对黑恶势力犯罪的学术研究乃至立法与执法产生影响。

随着我国扫黑除恶专项斗争的开展，黑恶势力借助网络实施犯罪行为，对组织的依托性进一步降低。主要体现在：第一，组织者、领导者幕后化。与传统黑恶势力犯罪的组织者、领导者直接带头参与犯罪不同，网络黑恶势力犯罪中尤其是其中的网络黑社会性质组织的组织者、领导者已经借助网络逐渐退居幕后指挥，并且为逃避司法机关的打击，在通过网络发出指令时，多以隐晦、模糊的词语对要实施的犯罪进行描述。例如，网络黑恶势力犯罪组织实践中多以成立网络公司为合法外衣，或者依托实体经济存在，其在发布犯罪指令中往往以"从公司利益出发""公司承担相应责任"等这样的中性词汇传递犯罪指令，犯罪行为实施获取非法利益之后，通过工资、奖金等方式将部分犯罪所得发放给参与实施犯罪活动的成员,从而实现对整个组织的幕后操控。这类黑恶势力犯罪的典型特点是,上家、下家与技术人员平时仅存在网上联络,公安机关仅能凭微信号、QQ 号进行监控、查找、确认和抓捕犯罪嫌疑人以及同案犯,给公安机关打击此类犯罪造成了极大困难。第二,组织的一般成员稳定性降低,趋于"市场化"与"临时化"。网络不受地域性的限制,黑恶势力犯罪组织通过网络在短时间内就可以纠集起一个庞大的群体实施黑恶势力犯罪,组织成员之间往往通过互联网联系,在现实生活中互相不认识,只是基于经济利益一起实施犯罪行为。传统黑恶势力犯罪中一般成员相对固定,但是网络黑恶势力组织中往往只有组织者、领导者、骨干成员是相对确定的,一般成员仅在实施犯罪活动时临时雇佣、纠集,一般成员之间互相不认识,有的受雇人员甚至都不知道雇主是谁,这给司法机关增加了打击难度。

可见,网络黑恶势力犯罪打破了传统黑恶势力犯罪"教父模式"结构,互联网节点化的特点作用于黑恶势力犯罪时,直接导致了黑恶势力犯罪组织的"去中心化"。过去的核心人物的绝对领导地位被削弱,网络黑恶势力组织成员之间的关系呈现合作化趋向,实践中多为"一对一""一对多""多对多"的状态。在这种情况下,网络黑恶势力犯罪呈现出弥散化和微型化,"组织化"暴力在网络黑恶势力犯罪中向"个体化"暴力转变的趋势明显,[1]导致网络黑恶势力组织的依托性被"弱化",而个体在网络黑恶势力犯罪中的作用和地位得到提升。典型的如韩国的"N 号房"事件,该组织通过社交平台 Telegram 建立多个秘密聊天房间,将被威胁的女性(包括未成年人)作为性奴役的对象,并在房间内共享非法拍摄的性视频和照片。该组织属于一种共享的分散模式,成员之间没有领导与被领导的隶属关系,根据自己的意愿可以随时退出。

(二)网络黑恶势力犯罪空间依托性的"淡化"

伴随着网络黑恶势力组织依托性的"弱化",网络黑恶势力犯罪对犯罪的场所、犯罪空间的依托也在"淡化"。传统黑恶势力犯罪"称霸一方"的特

---

〔1〕 参见于冲:《有组织犯罪的网络"分割化"及其刑法评价思路转换》,载《政治与法律》2020 年第 12 期。

征在网络黑恶势力犯罪上不再明显，而是转向对特定领域或者行业的非法控制或者造成威胁态势。网络黑恶势力犯罪借助网络虚拟空间实施犯罪更难被察觉，往往是已经出现严重危害结果时犯罪才被发现。典型的如汤某甲等人组织、领导、参加黑社会性质组织案。从2017年开始，汤某甲先后邀王某某等3人注册6家公司，依托公司的形式，通过"任你花"等7个App平台，面向在校大学生及毕业3年以内的群体实施网络"套路贷"，通过App植入窃取公民个人信息功能的子程序，在被害人申请贷款时，非法获取被害人通话记录和手机通讯录等公民个人信息370余万条，用于放贷后的非法催收。在恶意造成被害人债台高筑后，通过拼接被害人淫秽图片、电话、短信轰炸等"软暴力"手段向被害人、被害人父母、亲友以及同学等进行骚扰施压，截至案发累计催收共计1万单，导致20余名被害人自杀、自残等严重后果，在网络空间和现实社会造成重大影响，本案因被害人控告而案发。[1] 该案通过互联网实施，仅2017年9月到2018年7月不到一年的时间，该组织放贷就涉及全国30个省、自治区、直辖市的10 852名被害人，对网络空间和网络贷款行业造成了较大的负面影响。

此外，传统黑恶势力犯罪对物理场所的依托性强，而网络的使用降低了黑恶势力犯罪对传统物理空间的依赖，网络空间成为全新的犯罪场域。以黑恶势力组织经常实施的组织卖淫罪、开设赌场罪为例，传统黑恶势力组织为了确保上述犯罪行为的顺利实施，固定的赌博场所与卖淫场所必不可少，交易也是采取线下交易的方式。随着网络空间的形成，网络黑恶势力犯罪对物理空间的依托性"淡化"，组织者利用网络的无地域性可以招揽多个地方的人参与赌博，可以在多个地方招募卖淫者，并可以安排卖淫者前往不同地点进行卖淫，交易的形式也由传统的线下支付转变为线上交易，这也导致管辖权的冲突，给司法认定造成了困境和难题。

（三）网络黑恶势力犯罪行为方式的"软化"

随着扫黑除恶专项斗争的开展，部分黑恶势力组织为逃避打击而不再采取暴力手段，转而借助网络通过"软暴力"的手段实施犯罪行为。2019年4

---

[1] 参见《最高检发布4件依法惩治涉网络黑恶犯罪典型案例》，载https://www.toutiao.com/article/7182762026303881787/? wid=1733058772407，最后访问日期：2024年12月1日。

月通过的《"软暴力"意见》认可了网络"软暴力"的存在。"软暴力"包括"线上+线下"模式的"软暴力"以及纯线上模式的"软暴力"。"线上+线下"模式的"软暴力"在实践中往往表现为威胁、恐吓、跟踪、谩骂、滋扰等，在这种模式下，暴力手段退居次要位置。纯线上模式的"软暴力"即通过网络实施的"软暴力"，借助网络的非接触性，犯罪人通过网络等方式不与被害人直接接触，而是利用言论操控、利用自己掌握的网络技术敲诈勒索钱财，或者利用微信、QQ、电话等方式对被害人进行滋扰，暴力手段被弃之不用。实践中，网络黑恶势力犯罪主要采取纯线上模式的"软暴力"作为犯罪手段。典型的如赵某等人寻衅滋事案。2015年4月至2019年4月，赵某通过成立公司以及多家关联公司的方式从事网络贷款催收业务，形成了以赵某等人为核心的非法催收恶势力犯罪组织。该恶势力组织在催收过程中，利用信息网络实施"软暴力"，采取合成被害人淫秽图片、群呼、使用轰炸软件发短信等手段，对欠款人及其通讯录中的其他人进行滋扰、辱骂、威胁和恐吓，造成广州市公安局某城区分局及某派出所、随州市某医院及120急救中心等众多单位和个人无法正常工作和生活。仅2017年至2019年，该恶势力组织就获取违法催收服务费1.87亿元，待收服务费1.13亿元。[1]网络黑恶势力犯罪行为方式的"软化"使其中参与人的"犯罪"行为也被分解和"软化"。其各自的行为难以单独成立犯罪，甚至很难纳入违法行为的范畴。在网络黑恶势力犯罪中，整体的犯罪行为被分割为多个独立的违法甚至合法行为，只有对行为整体进行评价时才能准确定性。如前文提到的赵某等人寻衅滋事案中，赵某公司下设催收部等工作部门，催收部下设30余个催收组，雇佣催收员300余人。催收员长期通过群呼、使用轰炸软件发短信等"软暴力"手段滋扰被害人。如果将每个催收行为分解到各个催收员，则很难被认定为犯罪行为。

第三节 网络黑恶势力犯罪的危害

黑恶势力犯罪作为有组织犯罪中的重要类型，与正常的社会秩序相对立，除了对人民群众的人身、财产以及生命安全造成重大威胁，也对社会、国家

---

[1] 参见《轰炸式催款？构成寻衅滋事罪！》，载http://news.sohu.com/a/641003081_120893976，最后访问日期：2023年12月20日。

行政机关、司法机关的活动产生严重危害，反社会性极强。黑恶势力犯罪的存在加剧了社会内部矛盾的紧张度，对国家管理和法律秩序造成严重威胁，如不严厉打击会加剧社会矛盾，严重威胁国家的正常管理，破坏法律秩序，导致公民对政府信赖的下降。[1]作为腐蚀性极强的犯罪类型，黑恶势力犯罪在腐蚀权力的同时，也腐蚀着人类的道德品质和社会秩序，是一种危害对象广泛、危害性较大的犯罪形式。我国刑法基于对黑恶势力犯罪危害性的认识，通过在《刑法》第294条规定组织、领导、参加黑社会性质组织罪予以打击。在扫黑除恶专项斗争期间，多个法律政策文件的发布也促进了反有组织犯罪的法律制度进一步走向完备。2022年5月1日生效的《反有组织犯罪法》是在此前规定的基础上总结实践经验，制定的一部专门的反有组织犯罪的综合性法律，为常态化扫黑除恶斗争提供了更加有力的法治保障，充分显示了我国立法对黑恶势力这种有组织犯罪危害性的认知。《反有组织犯罪法》特别关注到网络黑恶势力犯罪的特殊性，在第23条作出了专门的规定。作为黑恶势力犯罪的具体类型，网络黑恶势力犯罪的社会危害性不言而喻，与传统黑恶势力犯罪相比更具破坏性。网络黑恶势力犯罪的危害性主要体现在以下三个方面。

一、网络黑恶势力犯罪社会危害性和破坏性更大

在牟取经济利益这一终极目标的驱使下，黑恶势力犯罪组织呈现开放性的立体网络系统，在组织形式和犯罪形态方面不断变化。传统黑恶势力犯罪主要依赖组织者、领导者、骨干成员加以维持。随着扫黑除恶专项斗争的不断开展，其固有的传统型层级管理模式运营成本高昂，越来越不利于隐藏，攫取的经济利益也日趋减少。组织者、领导者们日益感到无法在一个较低的管理成本上实现攫取经济利益的目标，于是一种与传统黑恶势力犯罪组织形式、犯罪方式截然不同的黑恶势力犯罪类型——网络黑恶势力犯罪应运而生。与传统黑恶势力相比，这种类型的犯罪因网络因素的介入使得犯罪成本降低，而在侵犯人身权益和财产权益方面的社会危害性和破坏力呈现几何级数增长。

一方面，网络具有不受地域性限制、传播快、发散性强的特点。比如，

---

[1] 参见蔡军：《中国有组织犯罪企业化的刑事治理对策研究》，中国社会科学出版社2021年版，第17页。

部分黑恶势力组织通过成立网络公司的方式，利用互联网引导和操控言论，进行"侮辱""诽谤"，达到利用舆情敲诈财物的目的。这种案件的特点是犯罪成本低，社会危害性大，并且能够迅速获取财富。典型的如江苏某恶势力团伙"网络水军"案。某"网络水军"团伙以"医药观察""医药联盟""医药学术"等名义，通过开办多个自媒体账号，杜撰医药企业负面文章，并通过自媒体账号恶意炒作、提升言论影响力的方式进行敲诈勒索。截至案发，受害的医药企业达30多家，遍布10余个省，短期内涉案金额就高达400余万元。实践中，在日益庞杂的互联网中，商业诋毁行为屡见不鲜，这让黑恶势力犯罪组织嗅到了商机并迅速形成网络"黑公关"等产业链，对企业信誉或个人名誉造成了严重损害。

另一方面，网络使黑恶势力犯罪组织的犯罪投入减少，攫取财富的速度加快，数额增加，这种类型的犯罪在传统黑恶势力犯罪中并不常见。运用网络等科技成果，黑恶势力犯罪竭力拓宽行业领域，实现对经济利益的无尽追求。与传统黑恶势力犯罪不同，网络黑恶势力犯罪向金融领域涉足和渗透的趋势明显。笔者通过中国裁判文书网，随机抽取200份判决书，其中141份涉及金融活动，占比70%以上。金融行业关乎国家经济命脉，对其实施犯罪危害性极大。网络黑恶势力组织一般通过"套路贷"的形式进行金融诈骗，以放贷平台为载体，通过"低利息""无抵押""放贷快"等宣传吸引被害人，再通过"砍头息"、复利等套路恶意造成被害人债台高筑，通过恶意催收短时间内就能实现迅速攫取经济利益的目的。同时借助网络的无地域性，涉案金额大大增加，对金融秩序和公民的人身、财产权益造成了重大侵害。典型的如梁某集资诈骗案。梁某等3人通过微信宣传等方式宣传"美三平台"投资，虚构投资20天即可获利20%的高额利润等事实，欺骗社会上不特定人群投资，犯罪人采取"拆东墙补西墙"的方式，诱骗投资者增加投资数额，部分投资者如果拒绝再次投资，梁某等人会以"封号"等威胁投资者，强迫投资者增加投资数额。截至案发，本案受害者多达1031名，造成经济损失4575余万元，对正常的金融秩序和市场行业造成了重大影响。与此同时，为减少各个网络黑恶势力组织间的经济损耗，犯罪组织之间开始谋求合作，相互分工，圈定活动领域，共享非法经济利益，通过网络迅速获取巨大利益，进而为犯罪组织提供强大的经济支撑，涉足更为广泛的领域进行犯罪活动。这些犯罪组织的犯罪能力和垄断能力越来越强，社会危害性不断加大。例如哥伦比亚，该国的经济就依赖毒品的买卖，从而影响国家的经济和政治生态。再如，俄罗斯的黑帮组织在20世纪90年代快速渗透合法的经济领域，控制了金融、采矿等涉及国家经济命脉的重要行业。[1]

二、网络黑恶势力犯罪隐蔽性强，查处难度加大

通说认为，黑恶势力犯罪的组织性体现在犯罪主体的组织性而非犯罪行为的组织性。简言之，"有组织的犯罪"与"有组织犯罪"并非同等概念。[2]司法实践在判断是否构成黑恶势力犯罪时，犯罪组织的组织性程度是核心的判断依据。然而，网络黑恶势力犯罪往往利用企业这一现代经济组织的主要形式，对传统黑恶势力犯罪的组织结构、行为方式进行更新，有效掩盖了其犯罪的本质，混淆了企业与犯罪组织的界限。同时，网络因素的融入淡化了传统黑恶势力犯罪的等级特征，组织者、领导者不再出现在台前，阻碍了对黑恶势力犯罪的彻底清除，企业化的外衣也使参加者与一般员工的界限模糊，这些变化增加了司法机关发现案件、侦破案件的难度。

1. 案件发现难

第一，网络黑恶势力犯罪往往身披互联网公司或者金融公司的合法外衣，以互联网、金融为卖点，追债多采取"软暴力"手段，犯罪行为极具隐蔽性，难以被发现。在广州某区检察院办理的一宗22人的涉黑案件中，从2013年起，被告人就成立了多家公司，捏造高额回报和由知名保险公司提供担保的虚假事实，向171名投资者非法吸收公众存款3.4亿元，号称"无抵押""快速贷"，向有融资需要的公司、个体工商户非法发放高利贷，还聘请律师规定公司的规章制度，起草放贷文书，并成立党支部，挂靠公司所在街道，营造公司业务合法合规的假象。为追逃债务，该公司招揽一批专业的退伍军人和社会闲散人员担任业务员，并就如何讨债、如何实施"软暴力"进行培训，制定了"能骂不打，能打不伤"等"软暴力"实施规则，非法追债10余起。

第二，被害人报案缺乏主动。相比传统黑恶势力犯罪，网络黑恶势力犯

---

[1] 参见蔡军：《中国有组织犯罪企业化的刑事治理对策研究》，中国社会科学出版社2021年版，第175页。

[2] 参见康树华主编：《比较犯罪学》，北京大学出版社1994年版，第267页。

罪在手段上相对温和，被害人被骗后鉴于网络的虚拟性，认为无法讨回损失，报案不及时，有些被害人与行为人私下交涉后，在收到退款的情况下不再报案，纵容了犯罪分子，或者受到行为人的"软暴力"威胁而不敢报案。例如，广州市某区人民检察院办理的一宗案件中，行为人通过设置套路、引诱、强迫被害人签订合同，设置违约条款和严重的违约责任，通过一系列手段使被害人形成巨大的心理压力而不敢报案。即使被害人及时报案，部分案件也会由于多种现实的因素而无法立案。例如，广州某区人民检察院办理的一宗淘宝代运营案件，超过半数的被害人被骗数额未能达到刑事案件追诉标准。鉴于犯罪手段相比传统黑恶势力犯罪手段更为"温和"，少数被害人是在侦查机关找到其了解情况后才意识到自己上当受骗。

2. 案件侦破难

第一，借助发达的互联网技术，犯罪人通过网络可以足不出户地进行远程指挥和操控。网络空间的特殊性决定了组织成员之间的非接触性，成员之间仅存在网上的纵向联系，在现实世界互相不认识，到案后无法指认同案人，这给公安机关侦破案件造成了极大困难。

第二，互联网具有高科技性，导致证据收集难。与传统证据相比，电子证据具有高科技性及不稳定性的特点，一旦被覆盖或者删除，证据效力就有可能丧失，影响案件顺利办理。随着时间的推移，证据灭失的风险大大增加。网络黑恶势力犯罪分子的反侦查意识不断增强，往往会通过定期或不定期地变换服务器、网址以及网站账户密码等方式逃避侦查。例如，广州某区人民检察院办理的56人涉黑案件中，该组织敛财方式之一就是经营六合彩网络赌博，组织会定期更换网址，特别是发现有同伙被抓后，上家发现下家没有及时将违法所得上交的情况，就会马上更新网址、账号和密码，导致之前的交易记录难以找回。

第三，证据链条完善难。一些网络黑恶势力组织实施的网络"套路贷"案件中，组织者、催收人员、财务人员均在整个案件发展过程中不露面，所以侦查机关无法使用被害人指认等传统手段，指证犯罪的证据往往只是一个微信账号或者电话号码，难以形成完整的证据链条。上述因素的存在，使网络黑恶势力犯罪案件的侦破难度加大。

三、网络黑恶势力犯罪的企业化阻碍了现代企业制度的发展

网络黑恶势力犯罪的企业化是指网络黑恶势力犯罪组织通过成立公司、企业作为犯罪平台的方式,向社会经济生活领域渗透,实施违法犯罪活动。[1]网络黑恶势力犯罪的企业化是网络黑恶势力组织攫取巨额经济利益和向合法经济领域渗透的主要手段,有组织犯罪企业化的趋势在网络时代尤为普遍。以俄罗斯为例,俄罗斯有组织犯罪集团通过贿赂官员的方式将生意渗入合法经济领域,从而在俄罗斯形成"有组织犯罪——腐败——影子经济"三位一体的企业化模式,导致俄罗斯在惩治有组织犯罪上面临难题。[2]在我国,网络黑恶势力犯罪相比传统黑恶势力犯罪企业化的现象更为突出。[3]现代企业制度作为市场经济发展到一定阶段的产物,其建立和有效运行需要一系列客观条件的加持。这些客观条件包括体制环境、市场环境与法治环境。为实现资本积累和扩大,黑恶势力犯罪的组织结构不断变化,竭力渗透各个有利可图的经济领域。实践中,网络黑恶势力组织往往身披企业的合法外衣,伪装自己,逃避侦查,企业化倾向十分突出。通过以暴力程度较低的"软暴力"手段迅速获得财富,严重影响了现存的经济制度和投资环境,扰乱和破坏了社会主义市场经济秩序,损害了相关领域企业的市场形象。网络黑恶势力犯罪企业化加大了司法机关打击的难度,企业化与网络化并存增加了取证难度。随着财富的迅速积累,网络黑恶势力组织向合法经济领域渗透,犯罪所得与合法所得难以区分。

以网络黑恶势力犯罪中高发的"套路贷"犯罪为例,这类犯罪一般以公司、典当行等合法身份隐藏其黑恶势力组织的本质。笔者通过中国裁判文书网随机抽取 200 个网络黑恶势力犯罪实施的"套路贷"案件,其中以公司形式存在的为 154 个,占比超过 77%。在以公司形式存在的 154 个案例中,被定性为黑社会性质组织的有 80 个,其余 74 个被定性为恶势力组织。一方面,

---

[1] 参见蔡军:《我国有组织犯罪刑事规制体系的检视与重构——基于有组织犯罪集团向企业化发展趋势的思考》,载《法商研究》2021 年第 3 期。

[2] 参见庞冬梅:《俄罗斯有组织犯罪的企业化路径及对策研究》,载《上海政法学院学报(法治论丛)》2018 年第 5 期。

[3] 参见张远煌:《关于我国有组织犯罪的概念及发展形态的再思考》,载《人大法律评论》2009 年第 1 期。

网络黑恶势力犯罪企业化严重扰乱了社会主义市场经济秩序。社会主义市场经济秩序是国家通过法律对由市场配置资源的经济运行过程进行调节和实行管理所形成的正常、有序的状态。国家通过制定一系列法律、法规确保社会主义市场经济秩序的稳定。市场经济秩序涉及金融市场、外汇市场、证券市场等各个领域。网络黑恶势力犯罪以互联网公司为外衣，渗入经济领域的行为，导致资源的平衡有序发展被打破，严重破坏了市场对资源进行配置的基础。另一方面，网络黑恶势力犯罪的企业化严重侵蚀了相关行业正常企业的运行和发展空间。网络黑恶势力组织成立公司后，为实现攫取经济利益的目的，会侵害和驱逐同行业的正规企业，使合法正规的企业利润空间被大幅度压缩，甚至导致正规企业在该领域消亡。网络黑恶势力犯罪这种企业化发展模式是用"软暴力"代替正当竞争，用非法限制和控制代替自由流通，与传统黑恶势力相比，其吸金能力大幅度提高，能够迅速完成资金的原始积累，通过扩大经营规模甚至扩张到其他行业领域，继续实施犯罪行为。这在一定程度上导致现代企业生存发展的环境遭到严重破坏，阻碍了现代企业制度的健康发展。

第四节 网络黑恶势力犯罪引发的刑法评价争议

网络社会对人类社会的推动作用显而易见，人们在享受网络虚拟空间打破传统社会时间和空间"物理规则"自由的同时，部分个体也试图借助网络技术和网络的虚拟性来打破传统社会所构建的"法律规则"。黑恶势力犯罪这一传统犯罪在网络因素全面介入以后，犯罪的定性以及涉及的主要犯罪的量化标准都发生了明显的异化，由此引发了刑法评价的争议。具体体现在因组织形式、犯罪空间以及行为方式的网络化引发的对网络黑恶势力犯罪"犯罪组织"的定性争议；网络黑恶势力犯罪中"犯罪"行为被分割的情况下，组织行为、教唆行为和帮助行为难以被评价为犯罪，引发的如何实现罪责刑相适应的思考；网络黑恶势力组织实施的相关犯罪行为因网络因素的介入，引发的对其实施的高发犯罪如网络"黑公关"、网络开设赌场等新型犯罪的定性分歧。

一、网络黑恶势力犯罪的"犯罪组织"认定问题

网络黑恶势力组织定性的准确与否意义重大，基于预备行为实行化，刑法

规定的组织、领导、参加黑社会性质组织罪评价的核心在于"犯罪组织",而非组织所实施的行为。网络因素的加入使黑恶势力犯罪在组织特征与非法控制特征上发生了异化,致使对网络黑恶势力犯罪"犯罪组织"的认定上存在困惑。

(一)组织形式网络化致组织特征认定存在乱象

与传统黑恶势力犯罪相比,网络黑恶势力组织在人数、结构等组织形式方面发生了不小的变化,但多数司法机关固守组织的形式要件,导致在网络黑恶势力犯罪的组织特征认定方面存在分歧。以广东省为例,笔者对前期实证调查的样本进行分析发现,大多数司法机关在判断组织特征时考察组织特征的全部形式要件,并未将借助网络技术或者在网络空间实施犯罪的组织评价为黑恶势力组织。由此引发的思考是:形式要件全部符合组织特征的涉黑涉恶组织只是黑恶势力犯罪中典型的组织形式,在网络高度发达的今天,借助网络或者在网络空间实施黑恶势力犯罪的组织越来越多,组织形式已然发生了变化,呈现略微松散的状态。少部分的司法机关注意到了网络带来的组织特征的变化,从实质特征入手将网络黑社会性质组织纳入黑社会性质组织的范畴中,也有一部分司法机关将这种组织架构松散的网络涉黑组织降格评价为恶势力组织。

形式要件在司法实践中比较容易把握,因为其标准非常直观,也容易操作,但是其另一面就是标准僵化。形式要件一般基于组织的人数和组织结构方面判断是否具备组织特征。在组织人数上,实践中一般以10人作为黑社会性质组织的人数起点,以3人作为恶势力组织的人数起点,但是为何采取10人与3人的标准没有任何依据。诚然,人数的多寡与犯罪行为触及范围以及犯罪结果严重程度之间存在一定的联系,这一点从刑法关于共同犯罪从重处罚的规定就可以得出。不过,人数多寡在网络社会的当下与犯罪行为触及范围和犯罪结果危害程度之间不具有必然关系。在组织结构方面,应将紧密程度作为判断是否符合组织特征的标准。在网络普遍运用的当今社会,黑恶势力组织的组织结构已然发生了异化。基于网络信息传播的特点,网络自身的超时空性使得组织形式并不能影响犯罪的范围以及犯罪的危害结果。网络在弱化黑恶势力组织特征的同时,也将恶势力组织与黑社会性质组织之间的组织差别弱化。网络因素的加入改变了黑恶势力组织的组织形态,以组织形态紧密程度为标准,可以将黑恶势力组织划分为"紧密型结构"、"半紧密型结构"和"松散型结构"三种类型,其中"紧密型结构"是典型的传统黑恶势力组织的表现形式,而黑恶势力组织中的"松散型结构"基本上特指网络黑恶势力组织。[1]网络黑恶势力组织中大多仅组织者、领导者等核心成员固定,实施犯罪时一般成员为随时加入或者临时纠集,基于共同经济利益的驱使,瞬间聚集,行动力随时提升。具体表现为:

第一,网络黑恶势力犯罪中部分犯罪与传统黑恶势力犯罪相当,会在组织内部进行所谓的功能区分,组织的核心人物为了便于隐藏,并不会让其他成员过多知晓其个人的基本信息以及整体的犯罪计划,组织成员之间平时基本处于不联络状态,甚至有部分网络黑恶势力组织在实施犯罪时临时雇佣部分成员。虽然部分司法机关已经注意从实质上审查组织者、领导者以及骨干成员之间是否基本固定,联系的紧密性程度等,但是在黑恶势力组织带有网络因素时是否具备组织特征的问题上仍存在较大分歧。

第二,部分黑恶势力犯罪的高度网络化导致"非中心化"。与传统黑恶势力犯罪相比,网络黑恶势力组织无法布置更为复杂的犯罪活动,并且这种"非中心化"模式也会导致核心的人物无法控制外围实施人员的犯罪行为。为了逃避打击,组织者发布指令时往往使用比较含糊的文字表述,导致实行过限行为极易出现。部分网络黑恶势力犯罪的外围参与人本来就是通过网络接受指令,由于组织结构的松散,这些外围参加者并不受控于高层级的核心人物,在共同犯罪"部分实行、全部责任"的共犯原理下,网络黑恶势力犯罪中哪些属于"超限行为"极易引发争议。

第三,组织形式的"非中心化"与稳定性相排斥,成员之间的关系十分松散,在犯罪时才团结在一起呈现出稳定性,组织形式灵活且易变。相比传统的黑恶势力犯罪,组织核心人物在部分网络黑恶势力犯罪中并不具有绝对的核心地位,在核心行为人组织外围参与人共同实施犯罪活动的过程中,可能出现与其竞争的挑战者,从而导致组织的不稳定,这是目前司法机关在评价网络黑社会性质组织的组织特征时面临的又一难题。

综上,黑恶势力犯罪搭乘网络快速发展的顺风车,经历了由传统黑恶势力犯罪到网络黑恶势力犯罪与传统黑恶势力犯罪并存的变化过程。但是目前

---

[1] 参见王永茜:《论黑社会性质组织犯罪的"组织特征"》,载《北京理工大学学报(社会科学版)》2019年第5期。

司法的格局是，司法实践和司法解释重点关注的仍然是传统的黑恶势力犯罪。由此引发的思考的是：针对组织特征并不十分明显的网络黑恶势力犯罪，传统黑恶势力犯罪与网络黑恶势力犯罪之间在组织特征的认定上是否可以在网络时代实现贯通？

（二）犯罪空间网络化致非法控制特征认定存在困惑

非法控制特征是黑与恶的根本区别，也是黑社会性质组织的核心特征。所谓非法控制特征，是指黑社会性质组织人员以违法犯罪为手段，或者通过国家工作人员形成"保护伞"，在一定的行业或者区域形成非法控制且造成重大影响的效果，对社会经济与社会秩序造成严重的破坏。其中的"区域"范围，法律并没有进行具体的界定，只是具有相对范围的概念，即实际上生活在这一区域的人和行业才是刑法保护的对象。犯罪场域由现实向网络的迁移，直接导致非法控制特征产生异化。[1]

网络黑恶势力犯罪尤其是"空间型"网络黑恶犯罪，能否划入黑恶势力组织的范围，本质上就是明确"区域"是否包含网络空间的问题。2019年出台的《网络黑恶势力犯罪意见》首次对"工具型"网络黑社会性质组织犯罪非法控制特征中"一定区域或者行业"的判断标准予以明确，即应结合危害行为发生地或者危害行业是否集中，同时考虑犯罪嫌疑人、被告人在现实和网络双重空间形成的控制程度和影响程度作出综合性判断。即使危害行为发生地因网络因素的介入较为分散、危害行业并不集中，但如果涉案组织将网络作为实施犯罪的工具，多次反复实施强迫交易、寻衅滋事、敲诈勒索等违法犯罪活动，并且在现实和网络双重空间造成重大影响，严重破坏经济和社会生活秩序的，就符合"在一定区域或者行业内，形成非法控制或者重大影响"的界定。在刑事案件的办理过程中，网络空间作为"区域"或者"场所"也已经达成共识。2012年修订的《公安机关办理刑事案件程序规定》第209条规定："发案地派出所、巡警等部门应当妥善保护犯罪现场和证据，控制犯罪嫌疑人，并立即报告公安机关主管部门。执行勘查的侦查人员接到通知后，应当立即赶赴现场；勘查现场，应当持有刑事犯罪现场勘查证。"在刑

---

［1］参见闫雨：《网络黑恶势力犯罪刑法规制》，载《暨南学报（哲学社会科学版）》2022年第2期。

事侦查学的领域，犯罪现场是指犯罪人业已实施或者正在实施犯罪行为的地点以及遗留有与犯罪相关的工具、物品、痕迹和其他物证的场所。并且刑事侦查学特别明晰了网络犯罪现场的边界，即网络犯罪行为发生的一切时空，既包括犯罪行为实现的地理空间和物理载体，也涵盖犯罪行为实施过程中发出的所有控制信息以及经过的所有网络节点。[1]

虽然非法控制特征中"区域"涵盖网络空间得到了司法解释的认可，但是司法实践中仍然存在乱象。对实践中高发的"工具型"网络黑恶势力犯罪，典型的如利用网络进行催收的"套路贷"案件，绝大多数司法机关认为，此时的网络是犯罪工具的属性，因此对行为的刑法评价并不产生实质影响。特别是在《网络黑恶势力犯罪意见》出台之后，对于这种类型的网络黑恶势力犯罪司法机关基本上能够将其纳入黑恶势力犯罪的范围。不过，在对犯罪组织具体定性的问题上，部分司法机关将其认定为黑社会性质组织，而大多数司法机关偏好于将此类犯罪组织认定为恶势力组织。在对"对象型""空间型"网络黑恶势力犯罪非法控制特征的认定上，司法实践中存在较大分歧，因为这两种网络黑恶势力犯罪是传统黑恶势力犯罪在网络空间的异化，形式上并不完全符合《刑法》第294条关于黑社会性质组织犯罪的规定。司法机关机械释法的结果，是在实践中极少将"对象型""空间型"网络黑恶势力犯罪纳入黑恶势力犯罪的框架予以打击。

二、网络黑恶势力犯罪中的"犯罪"认定争议

网络因素的加入在分割构成要件行为的同时，也分割了罪量要素。"一对多"甚至"多对多"的共犯参与模式在网络黑恶势力犯罪中成为常态。实行行为因未达到犯罪所要求的罪量标准而不构成犯罪，从而排除共犯行为的认定；在实行行为满足犯罪成立条件时，正犯与共犯之间却因缺乏意思联络难以构成共同犯罪。犯罪行为因网络因素的介入发生异化，单纯的滋扰行为是否符合黑恶势力犯罪的行为特征存在争议。网络黑恶势力组织实施的高发犯罪也因网络因素的融合在犯罪定性方面颇具争议。

（一）网络黑恶势力犯罪技术帮助行为的评价争议

传统黑恶势力犯罪根据各犯罪人在犯罪组织及其共同犯罪中所起的作用，

---

[1] 参见向大为、麦永浩：《论犯罪现场及电子物证勘验》，载《信息网络安全》2010年第11期。

即可准确划分刑事责任。随着网络因素的融入，网络黑恶势力犯罪中的帮助行为向技术性转变，表现为"一对多"甚至"多对多"的模式。网络犯罪技术帮助行为，具体指帮助信息网络犯罪活动行为以及拒不履行信息网络安全管理义务的行为。网络黑恶势力犯罪中，网络平台、网络技术成为犯罪能否实施的关键性因素，具有不同于传统帮助行为的全新特征，技术帮助行为在网络黑恶势力犯罪中的地位和作用飙升，部分犯罪中技术帮助行为的社会危害性甚至超越了正犯行为。网络黑恶势力犯罪中技术帮助行为的危害性日益明显，很多情况下，正犯实施的行为仅能够认定为违法行为，技术帮助行为则导致正犯行为危害性的扩大。网络的隐蔽性与无地域性使网络犯罪的帮助者与正犯之间往往不存在犯意沟通，仅表现为片面的帮助行为，所以网络犯罪的帮助者很难被定性为共同犯罪。比如，网络黑恶势力组织实施的网络"黑公关"犯罪往往分工细化，一部分人仅负责发表虚假言论，一部分人负责技术支持，这种行为往往只能认定为民事侵权，使得整个行为只能被定性为违法行为。除了使用非法经营罪等"口袋罪"予以规制，很难对网络"黑公关"行为作出精准评价。[1]

对网络黑恶势力犯罪技术帮助行为的认定，本质上属于正犯未达罪量标准时，共犯应当如何处罚才能保证罪责刑相适应的问题。主要存在"共犯行为正犯化说""最小共犯从属性说""罪量要素与共犯分离说"以及"虚拟共同犯罪说"四种解决方案。[2] "共犯行为正犯化说"即将社会危害性巨大的共犯行为予以单独评价，这在我国的立法和司法解释中并不鲜见。典型的司法解释是，2010年《最高人民法院、最高人民检察院关于办理利用互联网、移动通讯终端、声讯台制作、复制、出版、贩卖、传播淫秽电子信息刑事案件具体应用法律若干问题的解释（二）》（以下简称《传播淫秽电子信息解释（二）》）第5条规定，网站建立者、直接负责的管理者成立传播淫秽物品罪的正犯，不以利用其网站传播淫秽物品的行为人的行为成立犯罪为前提。立法上对帮助信息网络犯罪活动罪的规定也被认为是共犯行为正犯化的体现。

---

[1] 参见于冲：《行政违法、刑事违法的二元划分与一元认定——基于空白罪状要素构成要件化的思考》，载《政法论坛》2019年第5期。

[2] 参见于冲：《有组织犯罪的网络"分割化"及其刑法评价思路转换》，载《政治与法律》2020年第12期。

该种模式受到的质疑是，司法解释的规定过度扩张，与刑法关于共同犯罪的规定不符，与罪刑法定原则相悖。即便在刑事立法上明确共犯行为正犯化，将帮助信息网络犯罪活动罪规定在刑法中，该罪的成立仍以"明知他人利用信息网络实施犯罪"为条件，仍未解决正犯未达罪量标准时共犯的处罚问题。"最小共犯从属性说"是网络犯罪中共犯行为归责的通说。[1]具体含义是：共犯行为的存在必须以正犯行为为前提和基础，无正犯自然无共犯，只要正犯行为单纯地符合构成要件，无需具有违法性和有责性，共犯自然成立。该学说认为帮助信息网络犯罪活动罪是"最小共犯从属性说"的立法典型。帮助信息网络犯罪活动行为能够成为共犯行为是通说观点成立的基础和前提，这需要考察是否存在与其具有共犯关系的正犯行为，即共犯与正犯之间行为的依附关系。该学说同样受到了质疑，即从刑法理论层面以及规定层面出发，帮助信息网络犯罪活动的行为难以符合正犯与共犯之间关系的要求。即便将共同犯罪的成立限定为正犯满足构成要件符合性，同样无法解决正犯未达罪量标准时共犯的处罚。至于"罪量要素与共犯分离说"，是指罪量衡量的是法益侵害的程度，在共犯是否成立的问题上，罪量并非必备要素，只需要考虑行为对法益是否造成了侵害。在网络黑恶势力犯罪技术帮助行为的视域下，即使正犯行为并未达到罪量要求，也不妨碍共同犯罪的成立。该学说受到的质疑是：罪量要素在正犯不法中剥离了缺乏正当理由的论证。"虚拟共同犯罪说"则认为，数个不同的正犯行为基于同一主观犯意支配下的一系列行为类型相同的组织、教唆、帮助行为可以被整合成一个虚拟正犯，从而认定为组织、教唆、帮助行为，罪量要素累加计算即可。[2]该学说同样面临质疑，鉴于网络的虚拟性，网络黑恶势力犯罪的正犯行为面临发现难的现实，对技术帮助行为的整合只能依赖已经发现的正犯，这无疑导致了对技术帮助行为共犯罪量要素认定的偏差。

（二）网络黑恶势力犯罪中"软暴力"的认定争议

《刑法》第294条规定，黑社会性质组织的行为特征要求是"以暴力、威胁或者其他手段，有组织地多次进行违法犯罪活动，为非作恶，欺压、残害

---

〔1〕 参见王昭武：《共犯处罚根据论的反思与修正：新混合惹起说的提出》，载《中国法学》2020年第2期。

〔2〕 参见王华伟：《网络语境中的共同犯罪与罪量要素》，载《中国刑事法杂志》2019年第2期。

群众"。这一描述性规定，形象地勾勒出了传统黑社会性质组织的行为方式。在以往侦破的黑社会性质组织案件中，经常伴随着抢劫、故意杀人等具有较强烈暴力色彩的行为。恶势力组织更是遵循"丛林法则"，暴力犯罪在组织的发展过程中如影随形。随着我国扫黑除恶专项斗争的开展，暴力等手段在黑恶势力犯罪尤其是网络黑恶势力犯罪中占比降低，"软暴力"手段逐渐占据主导地位，甚至出现仅以"软暴力"作为手段的案件。例如，2019年11月中旬，广州警方针对某一起"套路贷"案件展开集中收网行动，在行动中抓获以冯某为首的犯罪嫌疑人共计13人，该团伙通过"以房抵押贷款"展开骗局，实施诈骗案件81宗。该组织在专业培训及金融公司的包装下，将老年人等弱势群体作为诈骗对象，团伙中分工明确，有投资咨询人员，有签订合同人员，有专门参与后续虚假诉讼的人员，有专职负责催讨债务的人员，并且明确讨债的手段仅能使用"软暴力"，截至案发涉案金额近5亿元。[1]

根据《"软暴力"意见》的规定，"软暴力"手段属于2017年《刑法》第294条第5款第3项"黑社会性质组织行为特征"以及《黑恶势力犯罪指导意见》第14条"恶势力"概念中的"其他手段"。虽然司法解释对"软暴力"作出了相应规定，不过并未解决黑恶势力"软暴力"认定面临的所有问题。《"软暴力"意见》对传统"软暴力"手段通过列举的方式进行了详细的规定，但是对利用网络实施的"软暴力"行为仅有原则性规定，这就导致司法实践中对仅存在网络"软暴力"的组织在性质认定上存在争议，而缺乏"硬暴力"作为后盾的网络"软暴力"是否属于"软暴力"，成为判断实施"网络水军"等违法犯罪组织能否被认定为黑恶势力的关键。有观点认为，这种网络"软暴力"在性质上属于单纯滋扰行为，单纯的滋扰行为不属于任何一个具体罪名所规定的行为手段，应当按照《中华人民共和国治安管理处罚法》（以下简称《治安管理处罚法》）的规定进行处罚，即仅存在单纯的网络滋扰型"软暴力"的情况下，不宜认定为"软暴力"构成的犯罪。[2]该观点体现出目前司法实践对网络"软暴力"争议的焦点在于，《治安管理处罚

---

[1] 参见《77套房产！涉案近5亿！广州"套路贷"团伙被抓获》，载https://www.sohu.com/a/381438622_582024，最后访问日期：2020年3月19日。

[2] 参见阮齐林：《刑法该如何规制黑恶势力的滋扰活动——在第五届"刑辩十人"论坛暨第四届蓟门刑辩沙龙上的发言》，载http://news.sqxb.cn/2019/0425/3097.shtml，最后访问日期：2024年8月12日。

法》规制范围内的"软暴力",在"软暴力"的刑事法律意涵和刑事政策的调控下能否认定为"软暴力"犯罪。

其实,司法实务中关于"软暴力"的争议可以归结为一个基础性理论问题,即"软暴力"惩治的法律规定存在的基础是什么。在明确这一问题的前提下,如何看待刑事政策在"软暴力"违法犯罪认定中所起到的作用和调节功能?简言之,如何理解法律规范与政策调节之间的逻辑关系是解决"软暴力"认定的核心。2018年出台的《黑恶势力犯罪指导意见》是司法解释的规范性文件,处于"政策文本"的地位。[1]2019年4月9日施行的《恶势力意见》等4个规范文件,是基于解决司法实践中落实"法律政策"而规定的"法律政策保障措施"。与之相对应的"法律政策的具体标准""法律政策的'空子'""法律政策蕴含的精神""法律政策实现的保障""法律政策的具体适用"的表述方式,凸显法律和政策同时作为案件办理依据的特点。[2]其中《"软暴力"意见》将"软暴力"的违法犯罪的判断建立在刑事政策的监控体系之内,政策性因素在黑恶势力犯罪司法认定上的影响力相比其他刑事案件可谓异常突出。换言之,若无刑事政策影响力的提升或者说刑事政策在扫黑除恶中的作用,仅仅依据现行的法律规范,特别是既定的司法实践适用规则,很难将部分"软暴力"纳入黑恶势力犯罪的手段范围中。在此背景下,司法机关对现实社会中存在的"软暴力"的认定不存在争议,但是对单纯的网络"软暴力"在认定方面存在较大分歧。比如,通过网络实施哄闹,聚众闹事,覆盖率、点击率、转发率多少才算是哄闹、聚众闹事。网络上的侮辱、诽谤到什么程度才构成法律上规定的"足以使他人产生恐惧、恐慌进而形成心理强制"。司法机关对上述问题的认定存在分歧,导致对网络黑恶势力犯罪往往作"升格"或"降格"的处理,违背罪责刑相适应原则。

(三) 网络黑恶势力犯罪中高发犯罪的定性争议

随着黑恶势力犯罪与网络的逐渐融合,网络黑恶势力组织实施的犯罪与

---

[1] 参见卢建平:《软暴力犯罪的现象、特征与惩治对策》,载《中国刑事法杂志》2018年第3期。

[2] 参见《全国扫黑办首次举行新闻发布会——两高两部联合印发四个关于办理扫黑除恶案件的意见》,载http://www.xinhuanet.com/legal/xsk/zhibo/201903/3731217.html,最后访问日期:2019年5月5日。

传统黑恶势力组织实施的犯罪存在较大区别，造成司法机关在部分犯罪行为的定性上产生了分歧。

网络造就了全媒体时代，信息变得无处不在、无人不用。部分网络黑恶势力组织利用网络传播虚假信息，借助网络的巨大传播力实施网络"黑公关"犯罪（犯罪结构如图2-1所示），产生了误导公众、削减民族自信和政府公信、降低生活安全感和宁静感的现实效应，进而导致社会秩序出现混乱的局面。网络"黑公关"案件，一般表现为接受第三方委托或者出于不法目的利用网络公关平台，针对特定人物、事件进行舆论造势，通过有组织地刷帖、点赞、转发等方法迅速获取较高的关注度，从而实现影响或者操控公众对特定人物、事件的评价。

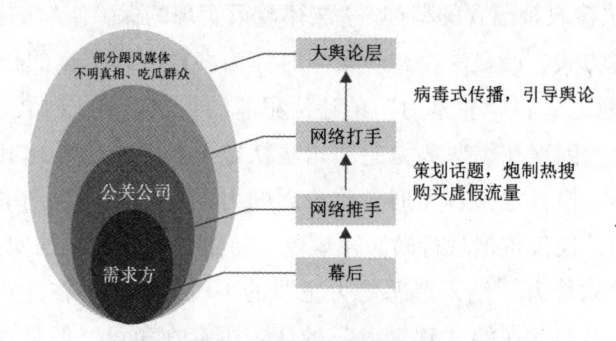

图2-1 网络"黑公关"犯罪结构示意图

传统空间与网络空间在信息产生、传播机制方面存在较大区别，给刑法评价带来巨大的挑战。围绕通过制造、散布虚假信息实施的犯罪行为的定性，各国刑法给出了不同的答案。德国和日本基于重视个人法益保护的立场，将通过制造、散布虚假信息实施的行为限于针对个人法益实施的情形。[1]与德、日不同，我国将通过制造、散布虚假信息实施的行为具体划分为针对公共法益和个人法益实施两种情况，以此为依据设置制裁虚假信息的罪名体系：①谣言针对的对象是特定个人以及商业单位、商品，在裁判上可以根据不同的情形分别认定为诽谤罪、侮辱罪；谣言针对的对象是特定公司、企业信誉或者特定公司、企业的特定产品声誉的行为，认定为损害商业信誉、商品声

---

[1] 参见王肃之：《网络犯罪原理》，人民法院出版社2019年版，第229页。

誉罪。②在针对不特定个人、单位、产品制造特定谣言方面，刑法通过编造、故意传播虚假恐怖信息罪和编造、故意传播虚假信息罪予以规制。③战时造谣惑众罪与战时造谣扰乱军心罪则构建了战时的谣言犯罪罪名的体系。不过，上述罪名体系尚存在真空地带，在受害对象为不特定的个人、单位、产品且制造的谣言并非特定谣言时，无论是发生在现实社会还是在网络空间，刑法均未有合适的罪名予以规制，这就造成了刑法在打击网络造谣行为方面的"短板"。鉴于此，司法机关通过将"秦火火案"[1]定性为寻衅滋事罪试图弥补这一真空地带。虽然这一定性引起诸多争议，但确实为解决司法实践中的"真空地带"提供了思路。随着网络黑恶势力组织实施的网络"黑公关"犯罪行为的增多，关于此类行为的定性再次引发探讨，或者是这种争议在司法实践中一直都存在着，并未因为"以寻衅滋事罪定罪处罚"的倾向性司法解释的出台而停止。对于现实空间中的部分造谣行为以诽谤罪、侮辱罪、损害商业信誉、商品声誉罪，编造、故意传播虚假恐怖信息罪以及编造、故意传播虚假信息罪处理，但是将网络黑恶势力犯罪中涉及的操控虚假言论型的案件一律定性为寻衅滋事罪，是否符合刑法罪刑法定原则值得思考。网络黑恶势力犯罪中的"操控虚假言论型"案件和现实空间中的"操控虚假言论型"犯罪在"操控虚假言论"方面具有同等性质，应当给予同等刑法评价，对危害性相同的行为给予同等评价也是刑法罪责刑相适应原则的本质要求。

---

〔1〕 2012年11月至2013年8月，秦志晖分别使用"淮上秦火火""东土秦火火""江淮秦火火""炎黄秦火火"的新浪微博账户，或捏造事实在信息网络上散布，或篡改不实信息在信息网络上散布，或明知系捏造的事实而在信息网络上散布，引发大量网民对杨某等人的负面评价。相关信息累计被转发达4100余次。在"7·23"甬温线动车事故善后处理期间，秦志晖为了利用热点事件进行自我炒作，提高网络关注度，于2011年8月20日使用"中国秦火火_f92"的新浪微博账户编造并散布虚假信息，称原铁道部向"7·23"甬温线动车事故中外籍遇难旅客支付3000万欧元高额赔偿金。该微博被转发11 000次，评论3300余次，引发大量网民对国家机关公信力的质疑，原铁道部被迫于当夜辟谣。秦志晖的行为对事故善后工作的开展造成了不良影响。法院查明，秦志晖发布的涉案微博内容或无中生有，为其本人捏造、编造；或信息所涉及内容有一定来源，但经秦志晖进行过实质性篡改，以原创的方式发布；或虚假信息虽曾在网络上流传，但已经涉案被害人澄清，秦志晖仍然增添内容在网络上予以散布。法院指出，秦志晖作为网络从业人员，对信息真实性不仅未尽到基本的核实义务，反而一贯捏造、编造虚假事实，足以证明其主观上明知涉案信息的虚假性，客观上也实施了捏造、编造虚假信息的行为。2014年4月17日，北京市朝阳区人民法院以秦志晖犯诽谤罪判处其有期徒刑二年，以秦志晖犯寻衅滋事罪判处其有期徒刑一年六个月，数罪并罚决定执行有期徒刑三年。

第三章

网络黑恶势力犯罪关键词解读

> 法律解释所关注的核心是法律的目的和结构,而非法律的语词。
> ——富勒

在传统黑恶势力犯罪的罪状表述中,基于公众的可预测性理解及立法技术的要求,设置了一系列的刑法术语,诸如"组织特征""行为特征""非法控制特征"等,这些涉及犯罪组织定性的罪状描述可谓条文中的"关键词",对划分黑与恶可能具有决定性意义,是确定罪与非罪、此罪与彼罪的基本依据。对这些关键词作与时俱进的解释成为传统黑恶势力犯罪罪名延伸至网络的第一前提。网络时代,现实与虚拟空间组成了人类活动空间的统一体。尽管如此,现实社会与网络社会在融合的过程中,两者仍保留着自身的属性,这决定了不同空间之间的文字表达需要转换。由于传统黑恶势力犯罪术语的选择和表达形式源于现实社会的用语习惯,相同词语在网络黑恶势力犯罪的视域下存在一定的差异,这一差异就需要对涉及罪名表达的关键词依据一定的立场和方法进行解释,使传统社会背景下制定的法律术语在适用于网络黑恶势力犯罪时能够被社会公众和法律群体接受,实现法律术语在传统黑恶势力犯罪与网络黑恶势力犯罪上的共通,进而在观念上达成共识,实现法律在不同类型黑恶势力犯罪之间的有效贯通。

第一节 网络黑恶势力犯罪关键词的解释立场

相比其他网络犯罪,网络黑恶势力犯罪的立法与解释之间的关系更为微妙。在互联网时代,网络黑恶势力犯罪的跨时空互动性、去中心化、网络节点化等特征更为明显，其变化相比传统黑恶势力犯罪而言更加迅速。自扫黑除恶专项斗争开展以来，针对网络黑恶势力犯罪的司法解释快速出台，解释立场成为其中基础性、决定性的问题。刑法教义学以刑法解释为研究方法，这就决定了刑法教义学奉行释法中心主义，基于动用解释能够继续使用的法律无需修法的立场，而排斥立法中心主义。刑法规范作为刑法教义学的出发点，也是其核心内容，以刑法规范为核心的刑法学，无疑更加强调释法中心主义，只有如此，刑法学才能够成为具有理论内涵和发展的科学，而非立法学。[1]在任何国家，刑法的创制都不是常态，在一部刑法典生效后长达百年以上的情况下，一个刑法学者或许一生也无法见证一次刑法创制（小规模修改除外），刑法的适用却每时每刻发生在司法实践中。[2]一部理想的刑法典标志是"它制定了很久，我们只是通过解释，这个刑法典就依然够用……要做到这一点，不能够像我们现在这样，一部刑法典要把所有犯罪规定下来。如果是采取这种模式，我们这个刑法典永远都不可能是理想的，以后必然要经常改，因为社会发展太快。"[3]目前，我国刑法在网络犯罪刑法规制体系方面的规范已经基本形成，对网络犯罪中具体犯罪类型的研究应当由立法论转向解释论，确保刑法的适应性。在网络黑恶势力犯罪领域，刑法理论必须重新检视刑法条文中的关键词，对网络黑恶势力组织本身的性质作出合法、合理的评价。

一、网络黑恶势力犯罪的解释目标与解释态度

法是通过语词来表达其条文背后的立法精神与目的的。用语言写成的法律，决定了其适用必须经由法官对语言文字的个别化，这一过程就是法律解释。[4]在传统刑法教义学的范畴，解释方法与解释技巧是刑法解释的核心。对于法条为何不能只采取文义解释的问题，日本学者指出，法条用语的目的性在于通过对特定法益的保护来实现对社会秩序的维护，所以法条本身用语的解释

---

　　[1] 参见刘艳红：《网络犯罪的法教义学研究》，中国人民大学出版社2021年版，第37页。

　　[2] 参见陈兴良：《刑法教义学的发展脉络——纪念1997年刑法颁布二十周年》，载《政治与法律》2017年第3期。

　　[3] 张明楷等：《立法、司法与学术——中国刑法二十年回顾与展望》，载《中国法律评论》2017年第5期。

　　[4] 参见［德］伯恩哈德·格罗斯菲尔德：《比较法的力量与弱点》，孙世彦、姚建宗译，清华大学出版社2002年版，第135页。

就显得并不重要，刑法解释的首要任务在于能够准确界定该用语所具有的法律意义，即用语只能在法条以及其他条款的关系中才具有规范性的意义，这也是文理解释与论理解释存在的原因。[1]根据解释方法的不同，刑法解释包含文理与论理两种解释方式。文理解释，顾名思义，是对法条中所涉文字的含义，包括词、概念和术语的内涵，以文理作为解释基础的解释方法。例如，对刑法中"可以""应当"的解释、对刑法分则不同条文中"暴力"的解释、对持枪抢劫中"枪支"的解释等都属于文理解释的范畴。论理解释与文理解释相对，是以立法精神为基础，结合实践中的具体情况，对刑法条文进行合乎逻辑的解释。论理解释存在三种不同的解释形式，依次是扩张解释、限制解释以及当然解释。[2]有学者在此基础上进一步提出了解释方法与解释技巧两分的刑法解释理论框架：解释方法范围内的平义解释、宣言解释、扩大解释等属于解释技巧，解释方法中的文理解释、体系解释、历史解释、比较解释、目的（论）解释等统称为解释理由。[3]在这种解释框架下，对于刑法条文中的特定概念进行解释时，只能采取一种解释技巧，但是可以同时基于多种解释理由。

网络黑恶势力犯罪面临着与传统黑恶势力犯罪不同的刑法解释场景，解释的目标以及解释的态度应当成为比解释方法与解释技巧更为基础的命题。理由在于：对于传统黑恶势力犯罪而言，具体的罪名设计是基于现实空间的背景，所以刑法解释往往涉及的是具体问题，无论是构成特征还是特定行为，刑法解释都是针对具体问题中的"点"。解释的重心在于采取何种解释方式以及哪种解释技巧对条文作出符合文义或者社会发展的解释。对于网络黑恶势力犯罪而言，解释涉及的并非单纯的"点"，而是包含空间在内的场域，刑法解释的重心是现实空间与网络空间关联的问题，所面临的解释问题从"点"到"面"。详言之，网络黑恶势力犯罪所需要面对的解释命题不局限于组织、领导、参加黑社会性质组织罪本身，还同时涉及计算机犯罪、敲诈勒索犯罪、寻衅滋事犯罪等其他罪名。鉴于此，对网络黑恶势力犯罪的解释首先要明确

---

[1] 参见［日］大谷实：《刑法讲义各论》，黎宏译，中国人民大学出版社2008年版，第2页。

[2] 参见《刑法学》编写组编：《刑法学》（上册·总论），高等教育出版社2019年版，第53页。

[3] 参见张明楷：《刑法学》（上），法律出版社2021年版，第40~41页。

解释目标与态度，之后才考虑解释方法与解释技巧，否则非常容易造成解释方向与解释结果的偏离。

(一) 网络黑恶势力犯罪相关条文的解释目标

在刑法解释的目标问题上，存在主观解释论与客观解释论两种立场。[1] 还有学者提出不同的观点，认为刑法解释的目标存在形式解释论与实质解释论之争。在笔者看来，主观解释论与形式解释论是同一意思的不同表达，客观解释论与实质解释论也是如此。主观解释论基于立法原意或者立法本意，所以自然仅能够遵循刑法条文的字面含义来进行解释。客观解释论与之相反，注重法律本身所具有的独立属性，将社会发展作为指引来解释刑法，追求条文内在意涵和目的所在。[2] 采取客观解释论的立场，在解释刑法条文时自然不能只遵循刑法条文的字面含义。换言之，采取主观解释论必然同时认可形式解释论，而采取客观解释论当然只能从实质上对刑法条文展开解释。主观解释论与客观解释论争议的核心是解释条文时立法原意或者立法本意是否需要遵循。主观解释论以立法原意为追求目标，基本逻辑是：立法者制定刑法，自然只有立法者本人清楚地知道刑法条文的本意，刑法解释的过程就是解释立法本意的过程，从这一层面看，立法者解释刑法最为妥当。客观解释论则认为，刑法在颁布之时，就成为一种客观存在的明确的事实，此时的刑法就与立法原意之间拉开了距离，这一距离就成为客观解释的空间和根据。从人权保障的角度出发，刑法应保持相对稳定的状态，但是也需要随着社会的发展进行调整，以保持刑法的生命力。主观解释论在19世纪和20世纪的西方法解释理论界占据支配地位，目前这种解释论遭受到广泛的质疑。因为"立法原意"本身并不十分明确，立法者也并不是孤立的个人。在刑法创设时，已经发生的案件事实才是法律条文构成要件的来源，未曾发生的事实在刑法适用中不可能有所考虑。客观解释论在理论界与实务界占据优势地位，通说中的论理解释方法也是立足于客观解释论展开的。有学者基于客观解释论进一步提出了"激进的客观解释论"，其认为立法者原意只不过是虚构的概念，刑法一经制定与颁布就与立法者无关，如果要按照所谓立法者的原意进行解

---

[1] 参见张明楷：《刑法分则的解释原理》，中国人民大学出版社2011年版，第27页。
[2] 参见董邦俊：《刑法解释基本立场之检视》，载《现代法学》2015年第1期。

释，势必导致普通公民也要按照难以接触到的琐碎的立法资料理解法律规定，这显然是不切实际的。[1]相比传统的客观解释论，该"激进的客观解释论"值得商榷。刑法是成文法，文字是刑法立法精神和目的的表达媒介，解释者需要透过法条中的文字，发掘背后的立法精神与立法目的。[2]作为表达立法目的的唯一载体，文字是解释者发现立法精神与目的的唯一途径，解释者不能随意在法律条文之外找寻主观臆断的立法精神与立法目的，这是客观解释论的核心和解释论者的信条。正如有学者总结的："议会的意图不是根据它的用心来判断，而是根据此用心在制定法中所作的表述来加以判断"。[3]立法者原意并非虚构的概念，它是客观真实存在的，采取客观解释论并不是对立法者立法原意的完全否定，对于立法者原意的理解不能采取机械的方式才是客观解释论对待立法者原意的立场。

  网络时代的来临决定了刑法的一系列概念需要在特定时代的背景下作出合乎时代发展的解释。如寻衅滋事罪中关于"公共场所"是否包含网络空间，网络虚拟财产是否能够成为财产犯罪中的对象等，都是网络时代刑法概念符合时代发展解释的典型。通过总结不难发现，这些传统刑法概念在网络时代的重新解读无一例外都采取了客观解释的解释方法。客观解释论本身既可以对刑法条文进行限缩（出罪）解释，也可以对刑法条文进行扩张（入罪）解释。在网络犯罪领域，客观解释论所表现出的倾向是进行扩张化的入罪解释，不断扩充计算机犯罪、不断扩张传统犯罪要件的覆盖面等正是这种解释倾向的具体体现。针对客观解释论，近年来有学者认为客观解释论在解释网络犯罪时存在缺陷，所以提出了"主观的客观解释论"。这一理论总体上对涉及网络犯罪的条文解释遵循客观解释给予肯定，认为总体上采取客观解释论具有现实性与合理性，不过客观解释论在解释网络犯罪方面还存在一定缺陷。首先，该论者认为客观解释论虽然否认立法者的本意，但是其解释活动是按照立法者的本意展开的，虽然以客观现实为基础，但不可否认其解释过程对于文字等真实含义的探寻过程具有主观色彩，是更为典型的主观解释。其次，

---

  [1]参见陈京春：《信息时代对刑法解释论的究问——ATM机盗窃案和"艳照门"事件引起的法律思考》，载《法律科学（西北政法大学学报）》2008年第6期；[美]E·博登海默：《法理学：法律哲学与法律方法》，邓正来译，中国政法大学出版社1998年版，第516页。

  [2]参见张明楷：《刑法分则的解释原理》，中国人民大学出版社2011年版，第29页。

  [3][英]G.D.詹姆斯：《法律原理》，关贵森等译，中国金融出版社1990年版，第50页。

客观解释论虽然是随着时代的发展进行的解释，但是解释过程中往往会违背立法者的原意，同时也可能违背罪刑法定原则，从而减损刑法的原则性与确定性。最后，客观解释论通常是一种扩大解释。所以，应当以主观性纠正过度客观的客观解释论，以"主观的客观解释论"取代纯粹的客观解释论，探寻刑法条文中词语意思的最大范围，结合立法者立法时的价值倾向，结合社会的发展阶段探寻刑法条文在当今社会中所具有的规范含义。[1]笔者认为，上述观点值得商榷。"立法原意"并非一个明确的概念。从立法者的角度分析，立法原意反映了立法者认知的过程。"对于我来说，我自己是什么只能通过我自己生活的客观化而表现出来。自我认识也是一种解释，它不比其他的解释容易，的确可能比其他的解释更难，因为我只有通过给我自己的生活以符号才能理解我自己，并且这种符号是由他人反馈给我的。所有的自我认识都以符号和作品为中介。"[2]立法是一个多人参与的活动，立法者是多人而非一人，这种情况下即使作出相同的选择意图也是不一致的。哈里·W.琼斯（Harry W. Jones）对此作出过经典的阐述："上下立法两院全体成员对条文中的法律术语作出完全一致的理解，这只能是一种假设。"[3]我国刑法的审议机关是全国人民代表大会及其常务委员会，在审议时代表们对每一条文的理解不可能完全一致，即使全部投赞同票，也是在各自理解的基础上投出的。按照上述学者的观点，我们首先要了解全国人民代表大会及其常务委员会的立法原意，但是这种立法原意如何了解？通过何种方式了解？持"主观的客观解释论"的学者并未给出相应的回答。现代各国立法者鲜少会给出立法解释，就是因为立法原意难以追寻和确定。

综合当前网络犯罪的发展趋势，应对网络犯罪相关概念采取客观解释论，通过扩张解释将网络犯罪划入犯罪圈的立场无可厚非。作为网络犯罪具体类型之一的网络黑恶势力犯罪，对其条文关键词的解释能否运用扩张为导向的刑法客观解释方法就需要具体问题具体分析，不能简单照搬网络犯罪这一大

---

[1] 参见刘艳红：《网络时代刑法客观解释新塑造："主观的客观解释论"》，载《法律科学（西北政法大学学报）》2017年第3期。

[2] [法] 保罗·利科尔：《解释学与人文科学》，陶远华等译，河北人民出版社1987年版，第50页。

[3] [美] E·博登海默：《法理学：法律哲学与法律方法》，邓正来译，中国政法大学出版社1998年版，第558页。

类犯罪的解释立场。针对网络黑恶势力犯罪,应该避免过度适用扩大化的客观解释论,因为过度适用的后果是很容易将普通的网络犯罪划入网络黑恶势力犯罪的范围,扫黑除恶会被不当地扩大化。客观解释论虽能够根据社会现实做到灵活多变,但是也容易违背罪刑法定原则进而导致随意出罪与入罪,因为客观解释因不能避免解释者个人的倾向而充满主观性。在惩治网络黑恶势力犯罪上,我国以司法解释的方式予以规制,透露着国家在解决网络黑恶势力犯罪上的谨慎态度。与此同时,网络黑恶势力犯罪的变化与发展使得主观解释论无法存在。立法者立法参照的是过去发生的案件,而不可能预知未来社会发展变化给刑法适用带来的形形色色的冲击,在立法时并未存在的案件类型,其立法原意自然也是不存在的。而且即使不讨论立法原意是否存在,正如美国联邦最高法院法官斯卡里亚(Antonin Scalia)所言:"在法律解释论问题上,99%的争议不会考虑议会的意图,因为这99%的案件属于非典型的案件的范围,立法者在制定法律时从未考虑过。"[1]我国现行刑法典修订于1997年,正式接入国际互联网是在1994年,所以当时在刑法中规定的非法侵入计算机信息系统罪等针对计算机犯罪的条文在当时已经是立法者预见的极限。随着互联网的代际发展,《刑法修正案(七)》以及《刑法修正案(九)》针对网络犯罪进行了较大幅度的补充与修改。网络黑恶势力犯罪是近几年才出现并被司法实践率先关注到的新的网络犯罪类型,对网络黑恶势力犯罪解释,完全无法按照主观解释的路径来完成。

笔者认为,应以规范的客观解释论重新塑造网络黑恶势力犯罪相关条文的关键词。所谓规范的客观解释论,即在考察立法背景以及立法沿革的基础上,探求刑法规范在现实生活中所具有的规范意义。立法背景以及立法沿革与立法原意不同,反映的是符合社会需要的、需要保护的秩序。探寻立法背景以及立法沿革背后的社会需要和需要保护的秩序当然否定了解释的恣意与专横,这对维护罪刑法定原则而言极为重要,同时也限制了司法适用的擅断并维护了刑法的安定性及可预测性。[2]规范的客观解释论旨在以客观解释为主导,以刑法条文具体规范约束客观解释论,在刑法确定性与灵活性之间探

---

〔1〕 张明楷:《刑法分则的解释原理》,中国人民大学出版社2011年版,第28页。

〔2〕 参见储槐植:《善解罪刑法定》,载中国人民大学刑事法律科学研究中心组织编写:《刑事法学的当代展开(上)》,中国检察出版社2007年版,第144页。

求刑法条文适应性的最大涵盖范围。换言之，在对网络黑恶势力犯罪条文关键词的解释上，应在坚守罪刑法定原则和法治理念的同时，发挥刑法条文适应社会发展变化的能力。

客观解释论应占据主导的理由在于，总体上，遵循客观解释论能够根据网络黑恶势力犯罪的现实变化，对相关问题及时进行契合时代发展的解释，毕竟词语的客观含义不是一成不变的，应随着时代的变迁而变化。具体而言，第一，客观解释论具有现实精神。法律规则需要在现实生活中加以运用，如何紧跟现实生活的变化对法律作出妥当合理的解释，才是其追求的目标。网络黑恶势力犯罪是网络时代产生的新的黑恶势力犯罪的类型，客观解释论的适用可以使现行刑法对有组织犯罪的规定适用于惩治网络黑恶势力犯罪。第二，采取客观解释论有利于探究法的实质要义。法律不应仅注重字面含义，而且应关注精神，所以更多地与实质解释相融合能够缓和概念法学的机械性。对组织、领导、参加黑社会性质组织罪等罪名蕴含的实质精神需要透过文字去探寻，需要深入实质而非现实，关注精神而非文字的字面含义，[1]在深入黑恶势力犯罪社会现实的同时深入对相关立法实质意义的探寻。第三，采取客观解释论有利于实现刑事个案的正义。客观解释论关注现实生活与法条适用的效果，有利于实现网络黑恶势力犯罪个案的公正。网络黑恶势力犯罪本质上属于黑恶势力犯罪，又是网络犯罪的具体类型，与传统黑恶势力犯罪相比具有特殊性，实现对网络黑恶势力犯罪与传统黑恶势力犯罪的同案同判，关注个案判决结论的正义，对于刑法防卫社会具有整体的意义。第四，客观解释论可以让法条文字焕发出新的活力并保持刑法规范的生命力。日本现行刑法典颁布于1907年，后来随着时代的变迁多次修改，但是至今没有颁行新的刑法典。原因在于：学者们在现行刑法的体系下将客观解释论作为解释的目标，充分进行客观解释、目的解释与同时代解释。与此同时，司法工作人员在罪刑法定原则的指导下将刑法的作用发挥到极致。在学者和司法工作人员的共同努力下，颁行于100多年前的日本刑法典依然符合时代发展的需要。当然，客观解释论对社会现实的灵活应变及解释者的主观性往往容易出现随意出罪与入罪的问题，这就需要予以调适。

---

[1] 参见［美］罗斯科·庞德：《法理学》（第一卷），余履雪译，法律出版社2007年版，第338页。

鉴于网络黑恶势力犯罪的具体情况，对其条文关键词进行解读时需要在遵循客观解释论的前提下，结合立法背景以及立法沿革予以调适，以限定其解释边界。立法背景和立法沿革包括法条用语都应成为客观解释论的依据。规范的客观解释论与客观解释论的最大区别在于，能够避免对网络黑恶势力犯罪的相关问题进行纯粹的客观解释有可能出现的，解释结果背离罪刑法定原则的情况。规范的客观解释论从不反对在刑法解释的过程中考察立法背景以及立法沿革，立法背景、立法沿革与立法原意显然不能等同视之。对网络黑恶势力犯罪而言，解释者在进行解释时，不可能不去考察组织、领导、参加黑社会性质组织罪等相关犯罪的立法背景、立法沿革以及法条用语而凭空对刑法条文进行解释。"刑法条文适应性的最大涵盖范围"如何解释即范围如何确定，成为网络黑恶势力犯罪刑法条文解释能否适用"规范的客观解释论"的重要问题。或许这一界定还需要明确立法者对于网络黑恶势力犯罪的治理态度与限度，即对于网络黑恶势力犯罪行为，立法者是持严厉打击的态度还是轻缓的打击态度抑或区分不同犯罪人而采取宽严相济的刑事政策？在此基础上，应结合原立法条文以及立法体系对网络黑恶势力犯罪行为的打击限度进行综合性的判断。

综上，规范的客观解释论能够避免出现对网络黑恶势力犯罪打击范围无限扩大以及违反刑法谦抑性原则的问题。规范的客观解释并非解释者随心所欲的主观解释，而是解释者以新的社会生活事实为前提，秉承正义理念，在需要对刑法条文作出合乎时代要求的解释时，将社会生活的崭新事实与刑法条文相对照并一一对应。刑法谦抑原则的确是刑法的基本原则，但是在具体犯罪类型上要具体分析。针对网络黑恶势力犯罪，目前我国刑法犯罪圈的划定远远不能够满足打击此类犯罪的需要，所以针对网络黑恶势力犯罪当前刑法需要的显然是扩大犯罪圈而非缩小犯罪圈，但是犯罪圈的划定不是没有边界的，立法沿革和背景的考察成为犯罪圈划定边界的标准。规范的客观解释论是刑法规范与现实生活交互作用，从而发现法律含义的过程。刑法分则个罪条文为保持稳定性，是在对纷繁的事实进行抽象和概括的基础上形成的，并不是对具体犯罪行为的描述性规定。犯罪类型固定，但是犯罪界限并不固定。把握犯罪类型边界这一固定核心作出解释是不会超出黑恶势力犯罪这一犯罪类型的边界的。总之，针对网络黑恶势力犯罪刑法条文关键词的解释目标，应坚持"规范的客观解释论"，防止陷入扩张化与入罪化的局面，这也便于形成"刑法谦抑参与其中的网络黑恶势力犯罪治理的合理界限"。

(二) 网络黑恶势力犯罪相关条文的解释态度

关于解释态度，存在严格解释与灵活解释两个既对立又统一的解释态度。对于严格解释而言，基于不同的立场界定就存在不同的概念。关于严格解释的含义，存在概念法学意义上的严格解释、"文本论"的严格解释、"字面论"的严格解释、"原意论"的严格解释以及"有利于被告"意义的严格解释。一般认为，刑法上的严格解释会否认刑法的创造性，因为严格解释主张法解释的功能仅限于探求立法者明示或者可推知的意思。事实上，严格解释这一表述并非特别准确，严格解释所蕴含的实质理念是对罪刑法定原则的遵守，以罪刑法定原则作为解释的边界。[1]在法国刑法中，刑法严格解释以立法的形式明文规定在该国刑法的第11-4条款中，在规定严格解释的同时赋予了法官自由裁量的权力，即法官在适用刑法时不必局限于立法者立法时设定的各种情形的范围，只要现在发生的情形能够纳入条文规定的范围，法官就可以对具体犯罪的具体情形进行扩张，即使这种情形并没有规定在条文之中。[2]"在法国，法官不喜欢让人感觉到自己在创造法律规则。当然，实践中法官的确在创造；法官的职能不是也不可能是机械地适用那些众所周知的和已经确定的规则。"[3]法国刑法中规定的"刑法应严格解释之"的条文不过是对解释刑法应当在罪刑法定原则的框架下进行的再次强调，这意味着罪刑法定原则在解释刑法时起界限作用。英国学者W.I.詹宁斯持同样的观点，确实，从刑法的角度分析，法治本质上是法律面前平等观念和警察权合理限度严格限定观念的综合。从这个意义上来说，19世纪关于自由主义的格言"法无明文规定不为罪"就可以准确表达。在W.I.詹宁斯看来，这句罪刑法定原则的经典表述至少存在以下四方面内容：第一，犯罪的种类并非随心所欲地确定，而是由或多或少固化了的一般规则作为确定的标准；第二，表明行为人受到

---

[1] 参见［美］劳伦斯·索伦:《法理词汇:法学院学生的工具箱》，王凌皞译，中国政法大学出版社2010年版，第185页。

[2] 参见［法］卡斯东·斯特法尼等:《法国刑法总论精义》，罗结珍译，中国政法大学出版社1998年版，第143页。

[3] 参见［德］K·茨威格特、H·克茨:《比较法总论》，潘汉典等译，贵州人民出版社1992年版，第233页。转引自张明楷:《刑法分则的解释原理》，中国人民大学出版社2011年版，第41页。

刑罚处罚的唯一原因是行为人触犯了这一一般规制的规定，或者非经过法院以通常法律规定的方式确定其行为构成犯罪，其他情况任何人都不应受到处罚；第三，也许意味着对具体的刑事法规在解释时需要进行严格解释，从而排除法规以外的行为被纳入犯罪行为的范畴；第四，还意味着刑法绝对不溯及既往。[1]可见，在英国严格解释也意味着遵循"法无明文规定不为罪"的罪刑法定原则。灵活解释与严格解释相对，其承认法解释的创造性，主张法解释的功能是根据社会发展的需要灵活地阐释法条文字的含义。

对网络黑恶势力犯罪相关条文采取何种解释态度，是基于对黑恶势力犯罪的现实情况和治理实践的充分考虑。就目前而言，对网络黑恶势力犯罪条文关键词的解读应该在遵循严格解释的前提下进行灵活解释。理由在于：其一，对于网络黑恶势力犯罪相关法条关键词的解释，采取规范的客观解释论作为解释目标决定了对其需要在罪刑法定原则的框架下采取严格解释的态度，将对关键词的解释限定在合理的范围内。其二，在符合罪刑法定原则的前提下，当然应当根据社会的发展变化对条文的关键词进行灵活的解释。作为网络时代黑恶势力犯罪中的新型犯罪，网络黑恶势力犯罪具有自身的特点。要在网络黑恶势力犯罪刑事治理方面实现司法公正，绝不能简单套用传统刑法规则，而是需要结合网络带给黑恶势力犯罪的新特点进行分析与考察。网络的加入改变了黑恶势力犯罪的变化趋势，组织从有形到无形、犯罪空间由现实到虚拟，犯罪行为由线下转为线上或线下线上相结合，不但影响了犯罪的形态，也影响了犯罪行为的定性，引发了传统黑恶势力犯罪的刑法条文如何运用到网络黑恶势力犯罪领域的讨论。"几乎在每一个历史时期，法律和公正都被新科技抛在后面"，新科技带来的结果并不会立刻明朗，鉴于此，法律回应的特征之一就是对现有规则作出合乎时代的反应或者调整。[2]从这个意义上看，对网络黑恶势力犯罪相关条文关键词的解释应当采取严格解释与灵活解释相结合的态度。灵活解释受到严格解释的制约，即灵活解释的界限应该受到罪刑法定原则的制约。其三，采取严格解释与灵活解释相结合的态度有

---

[1] 参见[英] W·Ivor·詹宁斯：《法与宪法》，龚祥瑞、侯健译，生活·读书·新知三联书店1997年版，第36页。

[2] 参见[荷] 简·梵·迪克：《网络社会——新媒体的社会层面》，蔡静译，清华大学出版社2014年版，第136页。

利于推动网络黑恶势力犯罪规制路径从以行为方式为中心转向以法益为中心。换言之,对于构成要件的解释必须以法条所保护的法益为基础和指导,而不能仅停留在法条文字字面含义上。[1]目前,网络黑恶势力犯罪的司法解释存在的突出问题就是以行为方式为中心,只强调对具体行为方式的比照适用,而缺乏基于法益的体系性考量,正确地进行规范的客观解释并采取严格解释与灵活解释相结合的态度,无疑有利于匡正网络黑恶势力犯罪解释中存在的问题。

二、网络黑恶势力犯罪司法解释的发展与向度

与德日等传统的大陆法系国家不同,司法解释是我国法律体系中颇具特色的解释形式。司法解释因为能够确保刑法条文的确定性并且能够兼具社会发展的灵活性,而成为衔接法律条文与具体法律问题的中间桥梁。在应对纷繁复杂的网络黑恶势力犯罪时,司法解释同样起到了重要的作用,其基本立场与主要内容直接影响到网络黑恶势力犯罪的治理效果。

(一)网络黑恶势力犯罪相关条文司法解释的发展

基于网络的代际发展以及网络犯罪的不断变化,最高人民法院等相关机关也在不断地出台相应的司法解释。关于网络犯罪的司法解释类型与网络的代际发展相一致。主要包括:第一,关于针对计算机犯罪的相关司法解释,典型的如《最高人民法院、最高人民检察院关于办理危害计算机信息系统安全刑事案件应用法律若干问题的解释》(以下简称《系统安全解释》),这部分司法解释可以用以规制"对象型"网络黑恶势力犯罪的相关犯罪行为。第二,关于信息犯罪的司法解释,比如,《最高人民法院、最高人民检察院关于办理侵犯公民个人信息刑事案件适用法律若干问题的解释》,这部分司法解释可以用以规制"空间型"网络黑恶势力犯罪的相关犯罪行为。第三,关于利用网络实施传统犯罪的司法解释,这部分司法解释的数量在网络犯罪中占多数。典型的如《网络黑恶势力犯罪意见》《网络诽谤司法解释》等,这部分司法解释可以用以规制"工具型"网络黑恶势力犯罪。与传统犯罪的司法解释相比,规制网络黑恶势力犯罪的司法解释具有显著的特点:

---

[1] 参见张明楷:《实质解释论的再提倡》,载《中国法学》2010年第4期。

第一，由于网络黑恶势力犯罪所涉及的犯罪类型几乎涵盖所有的网络犯罪类型，其体系类型庞杂、司法解释的数量众多、内容也非常广泛。涉及计算机犯罪、侵犯公民个人信息犯罪、网络赌博犯罪、网络诽谤犯罪、利用网络实施的传统侵犯财产法益的犯罪等众多犯罪类型，这在传统的犯罪层面是不可想象的。传统犯罪的司法解释往往只针对一类犯罪作出，而对网络黑恶势力犯罪这样跨类别的犯罪进行解释的司法解释并不常见。

第二，由于网络犯罪更新速度较快，相应的司法解释也频繁出台。以黑恶势力经常实施的网络赌博犯罪为例，2005年5月最高人民法院、最高人民检察院出台了《赌博犯罪解释》，其中第2条明确将以营利为目的，在计算机网络上建立赌博网站，或者为其担任代理的行为按照开设赌场罪定罪处罚。2010年8月最高人民法院、最高人民检察院《网络赌博犯罪意见》出台，这是专门惩治网络赌博犯罪的司法解释。两部司法解释出台的时间间隔为5年，相比传统犯罪司法解释的时间间隔有所缩短。传统犯罪司法解释出台时间间隔较长，例如，贪污贿赂犯罪也是我国刑法规定的主要犯罪类型，但是自2000年最高人民法院出台相应司法解释之后，时隔近16年才再次根据《刑法修正案（九）》的颁布出台相应的司法解释。

第三，网络黑恶势力犯罪的结构相比传统黑恶势力犯罪发生了网络化甚至被网络异化，导致传统立法条文在打击网络黑恶势力犯罪上存在困难。鉴于此，基于一定的解释目标，通过司法解释设置新的适用规制的情况开始增多。2019年通过的《网络黑恶势力犯罪意见》就设置了多条新的适用规则。例如，《网络黑恶势力犯罪意见》第5条规定："利用信息网络威胁他人，强迫交易，情节严重的，依照刑法第二百二十六条的规定，以强迫交易罪定罪处罚。"第9条规定："利用信息网络实施违法犯罪活动，符合刑法、《指导意见》以及最高人民法院、最高人民检察院、公安部、司法部《关于办理恶势力刑事案件若干问题的意见》等规定的恶势力、恶势力犯罪集团、黑社会性质组织特征和认定标准的，应当依法认定为恶势力、恶势力犯罪集团、黑社会性质组织。"

第四，由于网络犯罪行为类型的独立化，司法解释规制日益呈现体系化的发展。比如，2019年10月公布的《最高人民法院、最高人民检察院关于办理非法利用信息网络、帮助信息网络犯罪活动等刑事案件适用法律若干问题的解释》（以下简称《非法利用信息网络、帮助信息网络犯罪活动解释》）针对拒不履行信息网络安全管理义务罪、非法利用信息网络罪、帮助信息网络犯罪活动罪的定罪量刑标准和有关法律适用问题作了全面、系统的规定，体现了网络犯罪司法解释规制日益体系化。作为网络犯罪的具体类型之一的网络黑恶势力犯罪同样面临如何对技术帮助行为予以打击的问题。

针对网络犯罪的治理，司法解释显然承担了更为重要的职责，并且扩张性日益明显。关于网络犯罪司法解释与立法之间的关系争论由来已久。有学者对司法解释的重要性予以肯定，认为我国司法解释来源于制定法本身的局限，是立法权力与司法权力分立的产物。[1]当然，也有学者对司法解释的存在提出了质疑，认为刑事司法解释日益具有"立法化"的倾向，实际上违反了罪刑法定原则形式侧面的法定性原则，即只有立法机关才有权制定规定犯罪及其法律后果的法律。[2]这种情况也被学者称为刑法司法解释的立法化，是刑法司法解释主体在适用或者解释刑法时，运用特定的技术手段进行的刑法规范的确立和创造的活动趋势。[3]在网络犯罪的司法解释是否违反了罪刑法定原则的判断上，实务界则提出了与理论界截然相反的观点。以《网络诽谤司法解释》为例，理论界学者认为该司法解释中的部分条文运用了类推的方法，将传统刑法规则通过解释的方法过分运用在网络犯罪的规制上，突破了罪刑法定原则，损害了司法解释的正当性。[4]不过，司法解释的制定机关则认为《网络诽谤司法解释》是在坚持罪刑法定原则基础上作出的解释，严格依照诽谤罪、寻衅滋事罪、非法经营罪等犯罪构成要件进行的解释，明确了这些犯罪定罪量刑的具体标准。[5]

笔者认为，对网络黑恶势力犯罪的司法解释应当秉承研究性与宽容性的态度。网络黑恶势力犯罪的变化发展使刑事立法无力即时作出有效的回应，

---

[1] 参见陈春龙：《中国司法解释的地位与功能》，载《中国法学》2003年第1期。
[2] 参见李永升、张飞飞：《最高人民法院刑事司法解释法律渊源地位之证伪》，载《当代法学》2013年第4期。
[3] 齐文远、周详编著：《刑法司法解释立法化问题研究》，中国人民公安大学出版社2010年版，第23页。
[4] 参见欧阳本祺：《论网络时代刑法解释的限度》，载《中国法学》2017年第3期。
[5] 参见最高人民检察院政策研究室：《〈关于办理利用信息网络实施诽谤等刑事案件适用法律若干问题的解释〉解读》，载《人民检察》2013年第23期。

司法解释势必要在网络黑恶势力犯罪的治理过程中承担重要的职责。其不仅弥补刑事立法之不足，还可以提供相对确定且灵活的规则，协调刑事立法的稳定性与网络黑恶势力犯罪变化性之间的矛盾，保持刑法的安定性与适应性。正如德国学者所言："现今中国法律制度的主要法律渊源是法典法，现今中国的法律制度的基本结构是欧洲大陆法系模式；中国的最高人民法院通过'意见'这一常见的方式颁布'法律解释'，此种'法律解释'对下级法院是具有约束力的，但是这种'意见'又并非普通法系中的判例，因为这种法律解释不针对个案而是针对类型案件，实质上是对立法漏洞的抽象性的填补，与英美法领域的案例之间不存在任何关联，本质上作为制定法一种具体表现形式。所以，中国的法律制度自成体系，虽然总体上似乎与大陆法系的体例更为接近，但是划入任何两大法系之一都存在偏颇，在体系归属上，应从一种独立法律文化的视角，将中国法律作为一个自成一体的法律文化来审视。"[1]既然刑事司法解释符合我国的法律文化，那么自然可以用以规制网络黑恶势力犯罪，解决黑恶势力犯罪随着时代出现新情况而刑事立法条文无法及时回应的矛盾。在此基础上，可以重点关注两个问题：第一，针对网络黑恶势力犯罪，如何推动对于司法解释规定的理解与适用是值得探讨的问题。《网络黑恶势力犯罪意见》出台以来，司法实践中对于网络黑恶势力组织性质本身的判定并未随着司法解释的出台而有所明确。据笔者掌握的资料，以广州市为例，广州市人民法院在2019年办理的涉及"网络水军"的案件10余起，涉案人数49人，但是没有一起犯罪最终被认定为黑恶势力犯罪。第二，由第一个问题引申出来的问题是，如何协调刑事立法与司法解释。有学者认为，与其对司法解释的过度扩张进行批评，不如在尊重国情与现状的基础上赋予一定的解释权，通过在立法上留有解释空间，从而保障司法解释在形式侧面具有合法性。[2]除此以外，还应当不断优化司法解释的条文结构以及处理规则，使之更好地与刑事立法相衔接，进而与网络黑恶势力犯罪的发展变化相适应。

---

〔1〕参见米健：《一个西方学者眼中的中国法律文化——读何意志近著〈中国法律文化概要〉》，载《法学家》2001年第5期。

〔2〕参见陈家林、汪雪城：《网络诈骗犯罪刑事责任的评价困境与刑法调适——以100个随机案例为切入》，载《政治与法律》2017年第3期。

（二）网络黑恶势力犯罪相关条文司法解释的目标

与立法解释不同，司法解释的立场或者说解释目标往往体现在扩张解释与限缩解释的对立上。随着网络犯罪司法解释的相继出台，围绕司法解释应采取扩张解释还是限缩解释的讨论由此展开，主要存在三种观点。第一种观点即"扩张说"。该学说认为，网络犯罪司法解释应当采取扩张解释的立场，以保证刑法条文能够适应社会的发展以及惩治网络犯罪的需要。[1]第二种"限缩说"的观点认为，对于网络犯罪的司法解释应当采取限缩解释的立场，不能对其进行超法规的司法解释，否则会出现违背罪刑法定原则的危险。[2]第三种观点为"折中说"，认为应当基于具体网络犯罪的具体情况分析采取扩张或是限缩解释的立场。[3]目前，"扩张说"在当下各国公法与私法界限日益模糊的情况下占据绝对的通说地位。公法中，刑法的重要地位不言而喻，网络时代刑法理论的确要对一系列刑法概念进行合乎规范的解释，比如将虚拟财产纳入侵犯财产犯罪中财产的范围，将部分微信红包接龙游戏解释为赌博行为等，这些解释采取的是客观的解释方法，显示出公权力的无处不在，引起客观解释等同于扩张解释的网络时代刑事治理的入罪化思维的导向。在网络犯罪成为第一大犯罪类型的当今社会，在我国"净网行动"以及网络安全治理的现实需要下，似乎扩张解释是唯一的选择，但客观解释并非只包含扩张解释，限缩解释同样是客观解释的解释方式。[4]网络时代刑法客观解释的演进方向是日益严重的扩大化与入罪化，一时间几乎所有的网络失范行为都能够纳入刑法中予以规制，这导致部分犯罪构成被强行套用在网络失范行为上。网络犯罪总体上处于犯罪化而非出罪化阶段确实是事实，但是扩张解释并非规制所有类型网络犯罪的灵药。在治理网络黑恶势力犯罪上，应警惕扩张解释的过度使用，视具体情况采取扩张解释或者限缩解释，避免打击被人为扩大化。基于网络黑恶势力犯罪的发展趋势，目前扩张解释成为司法解释的主流。理由在于：第一，就涉及网络黑恶势力组织性质本身的条文而言，网络

---

[1] 参见林雨佳：《刑法司法解释应对新型科技犯罪的逻辑、立场与路径》，载《东方法学》2022年第3期。

[2] 参见李晓明：《刑法："虚拟世界"与"现实社会"的博弈与抉择——从两高"网络诽谤"司法解释说开去》，载《法律科学（西北政法大学学报）》2015年第2期。

[3] 参见欧阳本祺：《论网络时代刑法解释的限度》，载《中国法学》2017年第3期。

[4] 参见刘艳红：《网络时代社会治理的消极刑法观之提倡》，载《清华法学》2022年第2期。

因素的加入使传统黑恶势力犯罪的法律核心特征发生了异化，所以有必要采取扩张解释，将网络黑恶势力犯罪纳入黑恶势力的犯罪圈中。第二，互联网的发展催生了新的犯罪对象与犯罪行为，比如"空间型"网络黑恶势力犯罪，这种情况下通过扩张解释予以规制是基于网络黑恶势力犯罪治理的现实需要所进行的必要回应，并不意味着犯罪圈的随意扩大。

需要进一步讨论的问题是，网络黑恶势力犯罪立法与司法解释的边界。对此学界尚未展开讨论。不过，在网络犯罪立法与司法解释的边界讨论上，学界已经存在部分研究成果，但是并没有达成共识。作为网络犯罪的具体类型之一，网络黑恶势力犯罪的立法与司法解释的边界问题可以适当参考这些研究成果。关于网络犯罪立法和司法解释边界，学界主要存在"立法论"与"解释论"两种观点。"立法论"，顾名思义，是指通过立法的形式来规制网络犯罪，不过立法论内部对于采取何种立法形式存在"单轨制"与"双轨制"两种观点。"单轨制立法论"认为，网络犯罪立法与司法解释的边界应当采取一种"渐进式"的立法模式，即逐渐由目前司法解释占主导的"解释论"向刑法"立法论"转变，并最终通过设置专章规定网络犯罪的模式逐步过渡到"立法论"。[1]"双轨制立法论"指出，在网络犯罪问题的解决上，我国司法解释功不可没，但是从长远来看，鉴于网络犯罪的专业性、技术性等交互存在的特点，司法解释的作出应以专业知识为基础，如果这一点在司法解释的条文中体现不足，就会出现司法解释相关内容与其他行政法规等法律条文的内容存在矛盾、处罚上无法有效衔接等问题。由于部分网络犯罪并非传统犯罪在网络空间的简单移入，即使作出司法解释，其中不断出现扩张解释，也会使其合法性不断遭到质疑。司法解释成为明确罪刑规范特别是网络犯罪罪刑规范的主要形式，其实已经超越刑事立法作为司法工作人员在办理相应案件中的主要依据，刑法丧失了本该具有的权威性，存在被架空的危险。所以以网络犯罪为契机，促成"单轨制"向"双轨制"立法模式的转变，对网络犯罪应当以特别刑法的模式加以规定。[2]"解释论"与"立法论"相对，其在一元立法模式下探讨网络犯罪的立法与司法解释之间的关系，提出在应

---

〔1〕 参见徐翕明：《网络时代刑事立法：理念转型与规范调整》，载《新疆大学学报（哲学·人文社会科学版）》2020年第1期。

〔2〕 参见储槐植、薛美琴：《对网络时代刑事立法的思考》，载《人民检察》2018年第9期。

对新型网络犯罪上，司法解释路径是首选，立法路径次之。"网络刑法"的制定没有必要也不切实际，因为网络时代犯罪发展过快，所以当下可行的做法是，在刑法中通过增设新的罪名、新的行为方式以及行为对象的模式应对网络新型犯罪。[1]

在笔者看来，网络黑恶势力犯罪立法与司法解释的边界划定，应当基于解释论的立场。理由在于：一方面，网络黑恶势力犯罪不过是黑恶势力犯罪的类型之一，在刑法典已经规定了组织、领导、参加黑社会性质组织罪以及其他相关罪名的情况下，采取立法路径时间长、成本高，形成概括性条文之后，未必能够应对快速发展的网络黑恶势力犯罪，立法的盲目性成分不能排除。因为"法律规则只能是基于现有事实形成的概括性文字，对未来的犯罪类型一无所知"。[2]而司法解释本身具有灵活性的特点，采取司法解释依据社会生活的变化对法条在"刑法用语的可能含义"和"国民预测的可能性"的范围内进行的解释，能够确保在罪刑法定原则的框架下对网络黑恶势力犯罪实现依法惩治。"刑法用语的可能含义"和"国民预测的可能性"也是罪刑法定原则明确性的必然要求。罪刑法定原则明确性具体包括犯罪成立要件的明确与刑罚的明确，明确性原则要求不仅适用于立法，也应适用于解释，因此刑法解释必须以用语含义的边界为界限。[3]刑法虽然作为行为规范而存在，但刑法并不是以日常用语向一般人发布，而是按裁判规范的要求表述。事实上，一般人并不直接阅读刑法条文，而是通过刑事司法了解刑法的具体内容。[4]为了保障国民的预测可能性，刑事司法同样必须具有明确性。在我国，最高人民法院和最高人民检察院既要直接适用刑法，又要对立法机关制定的刑法进行解释。司法解释在事实上成为司法机关制定的法律。作为规范性文件，司法解释甚至采用了与刑法条文一致的表达方式，具有法律效力。作为司法解释，如果缺乏明确性，势必导致下级司法机关适用上的困惑。从行为规范的

---

[1] 参见张明楷：《网络时代的刑事立法》，载《法律科学（西北政法大学学报）》2017年第3期。

[2] [美]布赖恩·Z.塔玛纳哈：《法律工具主义：对法治的危害》，陈虎、杨洁译，北京大学出版社2016年版，第62页。

[3] 参见[日]山口厚：《刑法各论》，王昭武译，中国人民大学出版社2011年版，第55页。

[4] 参见[美]邓肯·肯尼迪：《判决的批判：写在世纪之末》，王家国译，法律出版社2012年版，第4页。

角度出发，也不利于国民行为的正确选择。鉴于此，司法解释不得导致司法工作人员对其内容朝着相反的方向理解，不得导致司法工作人员难以或者不能确定其基本含义，不得导致司法工作人员无法确定其用语的涵盖范围，是其明确性的具体要求。[1]需要特别明确的一点是，"刑法用语的可能含义"和"国民预测的可能性"必须以本国用语和本国国民作为判断基点，充分考虑我国的法律传统和社会认知，构建符合我国用语和我国国民预测的网络黑恶势力犯罪的解释规则。[2]同时，对于网络黑恶势力犯罪采取规范的客观解释论的立场，在规范的客观解释论下探究立法背景和立法沿革显然不是其最终目的，其最终目的是要在遵守罪刑法定原则的基础上，兼顾灵活的解释态度，揭示刑法条文背后的真实含义。对于网络黑恶势力犯罪这一具体的网络犯罪，目前完全可以通过解释刑法的方式来实现惩罚与应对。旧的法条之所以可以应对新类型的网络黑恶势力犯罪，是因为："法律条文在外延上并不明确和确定，这一点确实与日常用语和科学性用语存在实质不同，文字在法律条文中是一种具有弹性的表达方式，条文中词语的可能含义在一定的时空波段内总是呈现动态趋势的变化，端视该当的情况、指涉的事物、言说的脉络，在条文中所处的位置结合不同的用语的强调，则可能存在不同的意涵"。[3]将罪刑法定原则作为解释的铁则，探寻刑法条文用语范围内符合"国民预测的可能性"的含义范畴，得出有罪结论的情况下，原来的立法条文就能够应对实践中的新型犯罪。在作扩张解释的情况下，要以罪刑法定原则为标准，严格划分扩张解释与类推解释的界限，扩张解释的形式界限为"条文具体关键词可能具有的含义"，而"符合国民预测可能性"是扩张解释的实质界限。以

---

[1] 参见张明楷：《刑法学》（上），法律出版社 2021 年版，第 66 页。

[2] 随着德日刑法理论在我国的盛行，学界探讨网络犯罪概念时也有学者提出，应沿用德日刑法的具体解释结论。如提出效仿日本使用"妨害业务"代替"破坏生产经营"的概念等（参见张明楷：《网络时代的刑事立法》，载《法律科学（西北政法大学学报）》2017 年第 3 期）。但是，"业务"一词作为核心的刑法概念在我国缺乏必要的规范基础和国民理解基础，一国成熟的法律概念与该国的具体情况是存在直接关系的，概念的移植应在参考的基础上按照本国的情况进行具体的诠释。例如，参考德国刑法体系的日本，在对其进行解释时也颇具"日本刑法的解释特色"，比如，德国不承认电力为有体物，盗窃电力在德国自然不能构成盗窃罪，但是日本判例将物扩大为有体物以外的具有管理可能之物，盗窃电力自然能够被日本刑法中的盗窃罪所涵摄。参见 [日] 前田雅英：《刑法总论讲义》，曾文科译，北京大学出版社 2024 年版，第 57 页。

[3] 参见 [德] 卡尔·拉伦茨：《法学方法论》，陈爱娥译，商务印书馆 2003 年版，第 193 页。

网络黑恶势力中组织特征的条文为例，从规范的客观解释的角度而言，其完全能够被传统立法条文涵盖，并不需要通过立法的形式再增加新的罪名予以规制。

(三) 网络黑恶势力犯罪相关条文司法解释的主要关注点

以侵害的法益为区分标准，各国在刑法理论与司法实践中对网络犯罪进行了分类。意大利学者将网络犯罪分为三类：一是以网络的方式实施侵害传统法益的犯罪。如计算机诈骗罪，根据《意大利刑法典》第 640-3 条，通过篡改数据的方式使自己获得财产性利益而造成他人财产损失的行为，构成计算机诈骗罪。二是利用网络等新的行为方式或行为对象侵犯法益的犯罪。这类犯罪在侵害的具体法益方面与传统犯罪侵犯的法益类似。比如，信息公信力的网络犯罪。三是基于新的行为方式或者对象侵害全新法益的犯罪。[1]美国司法部同样把网络犯罪分为三类：一是以计算机硬件与软件作为盗窃目标的犯罪。这种类型的犯罪中计算机是作为客体（object）而存在。二是以计算机系统本身作为犯罪行为指向对象的犯罪。包括病毒、蠕虫、木马、逻辑炸弹、嗅探器、拒绝服务攻击、僵尸网络、网络蜘蛛等，这种类型的犯罪中计算机是作为主体（subject）而存在的。三是以计算机为犯罪工具（instrument）的犯罪，也就是传统犯罪在犯罪工具方面发生了变化的犯罪。[2]《欧洲网络犯罪公约》则把网络犯罪分为四类：一是侵害计算机数据和系统的机密性、完整性和可用性的犯罪（包括非法侵入系统、数据拦截、数据干扰、系统干扰和设备滥用）。二是与计算机相关的犯罪（包括计算机伪造、计算机诈骗）。三是与内容相关的犯罪（专指与儿童色情相关的犯罪）。四是侵害著作权和邻接权的犯罪。[3]我国通说观点以网络的代际发展为依据，将网络犯罪划分为以网络为犯罪对象的犯罪、以网络作为犯罪工具的犯罪以及在网络空间实施的犯罪三类。可见，各国刑法理论和实践在计算机网络犯罪的分类上观点趋于一致，即分为纯正与不纯正两种计算机网络犯罪。在纯正的网络犯罪中，计算机系统作为犯罪对象存在，而不纯正的网络犯罪是传统犯罪的网络化与传

---

〔1〕 参见 [意] 劳伦佐·彼高狄：《信息刑法语境下的法益与犯罪构成要件的建构》，吴沈括译，载赵秉志主编：《刑法论丛》（第 23 卷），法律出版社 2010 年版，第 311～352 页。

〔2〕 参见刘艳红：《网络犯罪的法教义学研究》，中国人民大学出版社 2021 年版，第 105～106 页。

〔3〕 参见周文：《欧洲委员会控制网络犯罪公约与国际刑法的新发展》，载《法学评论》2002 年第 3 期。

统犯罪的网络异化。

网络犯罪司法解释的主要关注点究竟是应该放在法律条文的"关键词"上，还是针对具体问题具体分析，还是针对不同类型的网络犯罪司法解释的关注点也应当有所区别？在这一问题上存在以下两种思路：第一种思路提出，刑法条文在罪状的表述方面，以公众的可预测性为标准并在遵从立法技术的前提下，设置一系列的刑法术语，诸如"公共场所"就是部分个罪条文的关键词，公共场所的范围决定了罪与非罪、此罪与彼罪的界限。除此以外，"公私财物""社会秩序"等也是具体条文中的关键词。这些罪状或者类罪中的关键词，在信息时代特别是传统刑法需要延伸至网络社会的过程中，其内涵与外延就显得尤为重要，可以作为罪与非罪、此罪与彼罪的基本依据。[1]第二种思路认为，针对不同类型的网络犯罪，刑法的解释方式也应有所区别。①基于纯正的网络犯罪与不纯正的网络犯罪的分类，纯正的网络犯罪因其均为刑法增加的新型犯罪，所以对其解释多围绕条文中的描述性概念，如"计算机信息系统""数据"等，这些描述性概念与专业技术密切相关，而与"一般人的预测可能性"关系不大。而不纯正的网络犯罪作为传统犯罪的网络化与网络异化类型，解释的对象主要围绕条文中事实关键词的描述性概念和规范性概念，如对自然事实"财物"等或者制度事实如"公共场所"等进行解释。解释的难点在于网络因素的加入使传统犯罪变异了的事实能否涵摄到刑法规范之中。②区别特殊法条与一般法条的网络犯罪。如《刑法修正案（九）》增加的编造、故意传播虚假信息罪等新设网络犯罪罪名，解释的关注点就应当放在确定特殊法条与一般法条之间的关系方面，对法益侵害发生"质变"的网络犯罪采取限缩解释的方法。[2]

网络黑恶势力犯罪是传统黑恶势力犯罪的网络化和传统犯罪的网络异化类型，应当被纳入不纯正的网络犯罪中。但是，网络黑恶势力犯罪与其他类型的网络犯罪相比最大的区别在于，其具体的犯罪行为可能涉及纯正的网络犯罪和不纯正的网络犯罪两种类型。比如，网络黑恶势力组织以掌握的互联网技术为筹码，将互联网作为攻击对象，在网络空间中对于一定区域和行业

----
[1] 参见郭旨龙：《"双层社会"背景下的"场域"变迁与刑法应对》，载《中国人民公安大学学报（社会科学版）》2016年第4期。
[2] 参见欧阳本祺：《论网络时代刑法解释的限度》，载《中国法学》2017年第3期。

形成垄断或者造成威胁态势的犯罪，这种以技术攻击为手段的"对象型"网络黑恶势力犯罪就属于纯正的网络犯罪的范畴。如果网络黑恶势力组织以网络作为犯罪工具，典型的如实施"套路贷"犯罪借助网络进行非法催收的行为，或者在网络空间实施言论操控、言论攻击，以此敲诈钱财的行为，均属于传统犯罪的网络异化，应纳入不纯正的网络犯罪的范围。鉴于此，以上两种思路对网络黑恶势力犯罪而言均有可取之处，但是也存在一定的不足。第一种思路注意到了互联网的社会化，进而强调网络空间与现实空间是地位平行的"双层空间"这一点值得肯定，但是这种思路并未区分不同种类的网络犯罪司法解释的内容，计算机犯罪的重心在于对计算机的特有概念以及特有犯罪行为作出解释。通过网络实施的传统犯罪的解释重心则应在于阐明犯罪行为发生在不同空间的异同。简言之，不同的网络犯罪解释的重点和规则不同。第二种解释思路注意到了区分不同种类网络犯罪司法解释关注点的不同，值得肯定，但是完成范式的判定并不足以为网络犯罪司法解释提供全面的指引，还需要根据具体类型的网络犯罪确立针对性的指导原则方能落到实处。具体而言，对于网络黑恶势力犯罪司法解释主要内容应当关注以下几个方面：

第一，针对不同类型的网络黑恶势力犯罪，司法解释的侧重点应当有所不同，以便加强司法解释的适用效果。如针对"对象型"网络黑恶势力犯罪，应当重点围绕"计算机信息系统""计算机新型系统数据""破坏""侵入"等网络犯罪特有的技术性词汇进行解释。对"工具型"以及"空间型"网络黑恶势力犯罪，司法解释的重心应当放在现实环节与网络环节中罪状关键词的解释层面，如对于"网络场所""网络黑社会性质组织性特征"等关键词的解释，因为此类犯罪因网络的介入而产生了异化。

第二，注重网络黑恶势力犯罪司法解释的体系性。也就是在根据不同类型的网络黑恶势力犯罪出台司法解释时，不能仅立足于解决某一类型网络黑恶势力犯罪而忽视与其他类型的网络黑恶势力犯罪、黑恶势力组织实施的相关网络犯罪立法以及司法解释的协调与衔接。比如，针对黑恶势力组织实施的网络"黑公关"等涉及编造虚假言论的犯罪，《刑法修正案（九）》将编造虚假的险情、疫情、灾情、警情，在信息网络或者其他媒体上传播，或者明知是上述虚假信息，故意在信息网络或者其他媒体上传播，严重扰乱社会秩序的行为纳入刑法规制的范畴，罪名概括为编造、故意传播虚假信息罪。而

《网络诽谤司法解释》中将编造虚假信息,或者明知是编造的虚假信息,在信息网络上散布,或者组织、指使人员在信息网络上散布,起哄闹事,造成公共秩序严重混乱的行为,纳入了寻衅滋事罪的范围。分析上述立法以及司法解释的规定可以得出:编造、传播虚假的险情、疫情、灾情、警情的行为成立编造、故意传播虚假信息罪,而编造、传播其他虚假信息的行为构成寻衅滋事罪。矛盾之处在于,前者的法定刑低于寻衅滋事罪的法定刑。如果将编造、传播险情、疫情、灾情、警情之外的谣言的行为认定构成寻衅滋事罪,这种局面显失公平,惩罚也并不协调。目前该司法解释是否应当自动失效也引起了广泛关注。[1]

第三,注重网络黑恶势力犯罪司法解释的兼容性。也就是网络黑恶势力犯罪的司法解释应当尽最大可能与网络黑恶势力犯罪的变化和黑恶势力犯罪立法的稳定性双向兼容,从而发挥司法解释在治理网络黑恶势力犯罪中不可替代的作用。一方面,网络黑恶势力犯罪相关司法解释在条文内容方面自然需要对犯罪的最新发展动态作出回应,不断阐明刑事立法的规定,通过司法解释的形式保持刑法的适用性;另一方面,在罪刑法定原则的指导下,在"刑法用语的可能含义"的框架内,在"一般人预测的可能性"的基础上寻求刑法的适当与妥当。

第四,注重网络黑恶势力犯罪司法解释的前瞻性。相比传统黑恶势力犯罪,网络黑恶势力犯罪发展更为迅速。虽然司法解释较刑事立法的出台程序更为灵活,在稳定性的要求上也低于刑事立法本身,但是过于频繁出台司法解释毕竟有损刑法适用的稳定性。鉴于此,基于立法适应性的立场,网络黑恶势力犯罪的司法解释应当具有前瞻性。比如,对于黑社会性质组织特征等关键词,宜采取侧重实质解释的方式,而不再限定形式或者减少形式限定的规定,以确保刑法规则适用的时间与空间。总之,对网络黑恶势力犯罪条文关键词的解读应在遵循规范的客观解释论的基础上,在遵循严格解释的前提下进行灵活解释,寻求立法和司法解释内容的兼容性、前瞻性与妥当性。

---

[1] 参见张明楷:《网络时代的刑事立法》,载《法律科学(西北政法大学学报)》2017年第3期。

第二节 "组织特征"的争议与解读

网络使黑恶势力犯罪组织的形式发生了异化，组织形式的异化体现在黑恶势力组织的组织特征在形式要件上不再明显，致使司法机关在认定涉案组织是否符合黑社会性质组织的"四个特征"时，在第一个特征——组织特征的判断上就遭遇了困境。因此，通过刑法理论来对黑恶势力犯罪的"组织特征"进行新的检视，是有效打击网络黑恶势力犯罪的前提和基础。

一、组织特征形态变动与固化认知

组织、领导、参加黑社会性质组织罪被规定在刑法分则妨害社会管理秩序罪一章中。社会管理秩序是社会秩序的核心概念，具有有序性、稳定性与连续性的特征。所谓社会管理秩序，是指国家机关在依法进行社会管理中形成的正常的秩序，具体涵盖生产秩序、工作秩序、人民群众生活秩序等，是除政治秩序、公共安全、经济秩序、公民权利、财产关系、职务行为、国防利益、国家机关正常活动以及军事利益以外的其他社会管理秩序。[1]黑恶势力犯罪侵犯了正常的社会管理秩序，所以刑法将组织、领导、参加黑社会性质组织的行为独立规定为犯罪。网络黑恶势力犯罪中的部分犯罪组织能否被定性为"黑社会性质组织"，是惩治网络黑恶势力犯罪首先需要明确的问题。换言之，部分组织是否符合黑社会性质组织的法律特征值得探讨。组织特征是刑法明文规定的黑社会性质组织的特征之一，根据《刑法》第294条第5款第1项规定，组织特征是指犯罪组织较为稳定，人数较多，组织者和领导者明确且骨干成员构成基本固定。如前所述，网络黑社会性质组织犯罪的组织形态与传统的黑社会性质组织不同，具有隐蔽性、松散性的特点，这就导致司法机关在判断网络涉黑恶组织是黑社会性质组织还是恶势力组织时存在困惑。一方面，网络黑恶势力犯罪案件不断出现；另一方面，司法机关在组织的定性上争议不断。

我国刑法对黑恶势力犯罪的组织特征采取了形式侧面的规定，从组织稳

---

〔1〕 参见《刑法学》编写组编：《刑法学》（下册·各论），高等教育出版社2019年版，第181页。

定性、人数等方面对组织特征进行了描述。形式要件是非常直观的标准,在传统黑恶势力犯罪中采取形式要件并无不妥,因为形式要件的标准就是根据传统黑恶势力犯罪现象抽象而来的。一方面,形式要件的直观性非常易于司法实践操作;另一方面,形式要件的标准也十分僵化。在传统黑恶势力犯罪发生变化的情况下,司法机关如果仍然固守传统的形式要件的标准来判断组织性,会将部分新型的黑社会性质组织人为排除在黑恶势力犯罪之外。比如,刑法理论和司法实践一致认为,作为有组织犯罪的黑社会性质组织在人数上应当呈现一定的规模性,组织人数应该多于刑法关于共同犯罪中犯罪集团"人数众多"的规定。关于黑社会性质组织的具体人数,刑法理论上存在"10人说"〔1〕"3人说"〔2〕"5人说"以及"7人说"〔3〕几种观点,司法实践中各地公安机关对人数的认定也不统一。比如,湖南益阳采取"10人说",即认为黑社会性质组织"人数较多"的标准应为10人以上,而广东、重庆、四川等省(市)采取"6人标准",湖北省司法机关则采取"5人说"。最高人民法院、最高人民检察院、公安部2009年12月印发的《办理黑社会性质组织犯罪案件座谈会纪要》以及2015年10月最高人民法院《全国部分法院审理黑社会性质组织犯罪案件工作座谈会纪要》则认可"10人说"的观点,并明确规定了人数计算的标准,对尚未归案但司法机关已有充分证据证明行为人是组织成员的,同样计入组织人数的范围内,依法未起诉或者不以犯罪论处的行为人也要计入组织人数的范围。在传统的黑恶势力犯罪中,人数的因素确实会对组织的活动范围以及犯罪的后果产生影响,但是无论是采取10人、5人还是7人的人数标准,均缺乏立法和法理上的根据。以"5人说"观点为例,持此观点的学者提出的依据是,将3个人组成的犯罪集团认定为黑社会性质组织与其黑社会性质组织中的"社会"要求显然相悖,因为3人无法形

---

〔1〕 只要该集团有较明确的组织者、领导者,内部成员相对固定,有自己的行为准则,人数在10人左右即可以满足黑社会性质组织的组织特征。参见赵长青:《论黑社会性质组织犯罪的认定》,载《云南大学学报(法学版)》2002年第1期。

〔2〕 "3人说"认为,黑社会性质组织的成立,应至少有3人以上。因为德国黑手党3个人就可以构成,意大利刑法也规定为3人以上。但是,绝大多数学者认为,3人即构成黑社会性质组织犯罪有失妥当。参见徐伟:《论黑社会性质组织犯罪的界定》,载《犯罪研究》2010年第1期。

〔3〕 "7人说"认为,黑社会性质组织需要至少1名领导者,2名积极参加者,积极参加者每人需要带2个人,就是7人。参见王鹏祥、陶旭蕾:《黑社会性质组织犯罪组织性的法教义学分析》,载《河北法学》2019年第8期。

成对区域的非法控制,所以黑社会性质组织的最低人数标准应确定为5人。因为一个组织的组织者下边至少应当有2名骨干成员,骨干成员至少要各自领导1名参加者,这样就形成了黑社会性质组织要求的"金字塔形结构"的组织形态,从而与一般犯罪集团相区别。[1]不过持此观点的学者并未给出5人标准的法理根据,且将黑社会性质组织的组织形态简单归结为"金字塔形结构"也与实际情况不符。随着网络黑社会性质组织的出现,黑社会性质组织的组织结构也由最初的"紧密型结构"逐渐转变为"紧密型结构""半紧密型结构""松散型结构"三种结构形态并存的局面,这一变化呈现世界性的趋势。联合国国际犯罪预防中心的研究显示,通过对16个国家及1个地区的40个典型有组织犯罪案件进行比较,可将有组织犯罪的结构划分为A级、B级、C级、D级以及E级五个等级,其中A级是指存在明确的等级结构;B级是指发展之中的等级结构;C级是指存在核心的犯罪组织;D级是指有组织的犯罪网络;E级是指等级结构犯罪组织的聚合结构。在这40个典型的有组织犯罪集团中,有三分之一的有组织犯罪集团表现为松散的架构。[2]黑恶势力犯罪组织为了增强隐蔽性、躲避侦查,采用网络管理的方式,人员方面仅组织者、领导者与核心成员相对固定,一般成员并不固定,且不采取集中管理,甚至有些组织的一般成员在实施犯罪行为时为临时雇佣,但是在非法攫取经济利益等目标的驱使下,瞬间聚集形成组织,在犯罪的行动力和破坏力上不亚于传统黑社会性质组织犯罪。这种情况下,如果简单地将人数标准作为划分黑恶势力犯罪的依据,显然无法对网络黑恶势力组织作出正确的定性,人为造成了刑法处罚上的漏洞。以"关某、李某、邹某、彭某涉嫌敲诈勒索案"为例,关某、李某、邹某、彭某通过注册公司的方式设立了41个非法网站,网站信息内容涉及新闻、经济、医疗等领域。该组织将公司、企业和个人作为犯罪目标,通过搜罗网络负面信息、恶意进行炒作,对目标公司和个人形成网络舆论压力,借此敲诈勒索受害方钱财。截至案发,该团伙累计发文已经超过10万余篇,负面新闻涉及公司和个人上万个,受害人分布在20余个省市地区,不到一年的非法所得就高达100余万

---

[1] 参见徐伟:《论黑社会性质组织犯罪的界定》,载《犯罪研究》2010年第1期。
[2] 参见赵赤:《中外惩治有组织犯罪比较研究》,中国政法大学出版社2017年版,第53页。

元人民币。[1]这一案件从形式特征上看,人数仅为4人并且犯罪组织结构松散,但是从行为上分析,其先后设立41个非法网站控制舆论进行敲诈勒索,被害人涉及20余省市的上万个企业和个人,其犯罪活动的范围是传统黑恶势力犯罪无法比拟的。

综上,刑法中具体犯罪的构成要件源于社会生活事实,但应是对社会生活事实的抽象化与类型化,与纯粹的经验事实之间存在实质差别。构成要件是犯罪成立的条件,刑法构成要件是价值性的载体,在诞生之时就带有立法者对于行为的否定性价值判断。立法者只会选择将有处罚价值的行为纳入刑法,唯有如此才能保证刑法规定的正义性与适当性。此处的正义自然是基于实质合理性的正义,是对刑法规范的形式正义的实现。鉴于此,在评价社会生活中某一具体行为与刑法构成要件符合与否时,仅从纯粹的事实性描述中寻找答案是无法实现实体正义的,实体正义的缺席会导致刑法在人权保障、法益保护方面的缺位。对于具体条文的理解,形式合理分析是基础,应透过形式合理的表面获取较为持久且具有连贯性的实质内涵,探求刑法条文形式背后的真理性资质,追求和实现刑法在实质方面的正义要求。进而,在刑法学的解释立场上,应当倡导客观的或实质的刑法解释观,因为并不是所有以法律为依据的处罚都符合合法性原则的要求。[2]刑罚的动用需要以犯罪的内容为依据兼顾刑罚的必要性和合理性,还要考虑刑罚与其他犯罪刑罚之间的平衡性,贯彻落实实体正当程序视野下的罪刑法定原则。[3]

二、网络时代"组织特征"刑法定位的解释更新

网络信息时代关于黑社会性质组织的组织特征这一法律特征的争议,实质上是围绕组织特征的认定应采取形式界定还是实质认定而展开。针对网络黑恶势力组织依托性的"弱化"引发的刑法评价难题,有必要将组织特征的形式界定转为实质的认定。

---

[1] 参见《90后小夫妻成"网络黑社会"办41家网站靠勒索"年入百万"》,载 http://www.yunfalv.com/Contents-71188.html,最后访问日期:2024年8月9日。

[2] 参见[美]道格拉斯·N·胡萨克:《刑法哲学》,谢望原等译,中国人民公安大学出版社2004年版,第12页。

[3] 参见[日]野村稔:《刑法总论》,全理其、何力译,法律出版社2001年版,第46页。

(一) 网络时代组织特征的实质要件

黑社会性质组织犯罪是有组织犯罪中的典型。有组织犯罪，是指多人在一定时期内，为了实施一项或者多项违法犯罪行为而形成的有组织架构的集团。从这个意义上分析，组织特征就是成为黑社会性质组织的法律特征之一。组织特征存在形式与实质两个侧面。随着全球有组织犯罪的网络化，世界各国围绕有组织犯罪的组织特征展开了研究，形成了不少具有借鉴意义的学说。其中比较有代表性的观点有"阶梯性"理论、"结合体"理论以及"犯罪事实支配"理论。三种理论虽然存在不同，但也存在共同点，即对有组织犯罪的组织特征的判断趋于实质判断而非形式认定。

1. "阶梯性"理论评析

"阶梯性"理论认为，有组织犯罪的分类应该以有组织犯罪组织的严密程度结合社会危害性的强弱进行划分。"阶梯性"理论试图从形式的侧面结合实质的侧面界定有组织犯罪。俄罗斯即采取了"阶梯性"理论，在俄罗斯现行法律中没有关于有组织犯罪的明文规定，仅在1997年颁行的《俄罗斯联邦刑法典》中规定了共同犯罪的四种形式：犯罪团伙、有预谋的犯罪团伙、有组织的犯罪集团和黑社会组织。俄罗斯刑法传统观点将有组织的犯罪集团犯罪和黑社会组织犯罪视为有组织犯罪，对于有组织的犯罪集团和黑社会组织之间的区别，俄罗斯刑法认为前者是"稳定的"犯罪集团，后者是"严密的"犯罪集团。不过，"稳定的"与"严密的"含义存在模糊，在司法实践中很难区分，不利于俄罗斯打击日益严重的有组织犯罪，因此"阶梯性"模式受到了俄罗斯学界及各界的严厉批评。[1]在我国，"阶梯性"理论的支持者基于组织的严密程度与社会危害性，将犯罪集团分为一般犯罪集团、黑社会性质组织与恐怖组织。[2]虽然从实质侧面认定有组织犯罪的立场确实值得肯定，但是"阶梯性"理论的具体内容值得商榷，原因如下：

第一，作为立论依据的基本前提不成立。随着网络的不断发展，黑社会性质组织犯罪等犯罪以网络为工具或者完全迁移至网络空间，网络的虚拟化决定了有组织犯罪的"去组织性"和"去中心化"。以黑社会性质组织犯罪

---

[1] 参见赵赤：《中外惩治有组织犯罪比较研究》，中国政法大学出版社2017年版，第154页。
[2] 参见赵秉志、张伟珂：《中国惩治有组织犯罪的立法演进及其前瞻——兼及与〈联合国打击跨国有组织犯罪公约〉的协调》，载《学海》2012年第1期。

为例，为了避免被侦查、起诉和审判，近年来，黑社会性质组织犯罪的网络化趋势明显。总之，网络所具备的超时空性、低成本性势必导致黑恶势力等犯罪组织在组织上的严密性逐渐减弱，并力图通过新型的组织结构，逃避承担相应的法律责任。网络黑恶势力犯罪已然出现案件数量持续增加的趋势，但是其组织形态并未呈现出一般犯罪集团的严密性。组织特征最为严密的恐怖主义犯罪，出于规避对有领袖的恐怖组织的成功起诉，已经出现了"无领袖的自发抵抗"的新型组织结构。[1]

第二，该理论偏离了通常理解的有组织犯罪的概念范畴。虽然黑社会性质组织犯罪与恐怖主义犯罪都属于有组织犯罪，但是两者之间并不存在包容与被包容的关系，两者之间存在着本质上的区别。恐怖组织实施犯罪行为的目的政治特征明显，具有政治指向性，旨在制造社会恐慌，[2]而黑社会性质组织实施犯罪的目的与经济利益直接相关，所以经济特性也成为黑社会性质组织四个法律特征之一。虽然两者属于通常意义上的有组织犯罪，维持通常意义上有组织犯罪的概念也是有必要的，但是黑恶势力犯罪组织与恐怖组织在组织结构、行为手段等方面存在显著区别。以网络黑社会性质组织为例，其经常实施的"套路贷"犯罪，滋扰型的网络"软暴力"是其惯用的犯罪手段，暴力手段在网络黑恶势力犯罪案件中逐渐退居次要地位，甚至有的网络黑恶势力犯罪仅以滋扰型的网络"软暴力"作为唯一的犯罪手法。而恐怖组织实施的犯罪活动中，为了制造社会恐慌，故意杀人、放火等暴力犯罪才是其主要的犯罪行为方式。

第三，将黑社会性质组织犯罪和恐怖活动犯罪分别治理才能够达到治理的目的，实现治理的效果。从司法实践来看，国家关于黑恶势力犯罪的打击从未与恐怖活动犯罪相混淆，因为两者所造成的社会危害后果并不相同。鉴于此，上述理论并不适合惩治网络黑恶势力犯罪，不能成为网络黑恶势力组织特征实质认定的理论基础。

---

[1] See Christopher A. Shields, "American Terrorism Trials: Prosecutorial and Defense Strategies", *LFB Scholarly Publishing LLC*, 2012, p. 10.

[2] 参见闫雨：《我国网络恐怖主义犯罪的立法规制与治理》，载《河南师范大学学报（哲学社会科学版）》2019年第3期。

2. "结合体"理论评析

形式要件试图从组织的形式上入手,确立黑社会性质组织的组织特征标准,以便于司法实践的操作以及避免司法机关在认定上出现偏差,但是形式的标准显然无法将网络黑社会性质组织这种结构松散的黑社会性质组织纳入处罚范围,所以有学者提出借鉴日本关于惩治有组织犯罪的"结合体"理论,即对于组织特征的判断应该将"犯罪分子的行动一致性"作为判断组织特征的标准,从对形式特征的关注转移到对实质凝聚力的关注上。[1]日本《有关处罚组织的犯罪及规范犯罪收益的法律》是对"结合体"理论践行的典型。该法规定,有组织犯罪是一个多人的"结合体",只要是基于共同的利益能够在实施犯罪行为时产生凝聚力,不管该组织的组织形态如何,都应该认定为有组织犯罪。很明显,日本对于有组织犯罪采取了实质认定的司法路径。进言之,对有组织犯罪的认定不应拘泥于组织形式,只要是犯罪人所实施的犯罪具有一致性,犯罪行为具有整体性,就可以认定其形成了组织犯罪所具备的"结合体"特征,认定为有组织犯罪。[2]有组织犯罪的"结合体"特征是其与一般犯罪行为的根本区别,正是因为犯罪人之间形成了犯罪的"结合体",才使得犯罪的社会危害性明显增强。

3. "犯罪事实支配"理论评析

在德国,"犯罪事实支配"理论(Tatherrschaftslehre)作为刑法学共犯问题上的通说而存在。该学说提出在具体犯罪事实中,正犯是核心角色(Zentralgestalt)和关键人物(Schlüsselgigur),共犯则是配角(Randfigur)。犯罪事实支配理论在实质上归属于实质的客观说领域。也就是说,在德国刑法理论中,实质的客观说与犯罪事实支配理论画等号,在性质上属于同种学说。[3]根据这一观点,绝大多数种类的犯罪,依据犯罪事实支配理论都可以区分正犯与共犯。在有组织犯罪中自然也可以作为正犯和共犯之间进行区分的标准。犯罪的核心角色是支配犯罪实施过程的人,只要有组织犯罪的组织者、领导者能够对整体犯罪产生支配作用,多人实施的非法行为能够被作为一个整体评价,

---

[1] 参见王永茜:《论黑社会性质组织犯罪的"组织特征"》,载《北京理工大学学报(社会科学版)》2019年第5期。

[2] 参见莫洪宪:《日本惩治有组织犯罪的最新法律对策》,载《国外社会科学》2001年第3期。

[3] 参见张明楷:《外国刑法纲要》,法律出版社2020年版,第263页。

这些人所实施的犯罪就有别于其他一般的共同犯罪行为，对其处罚就应当依据刑法关于有组织犯罪的规定。在犯罪事实支配理论的视域下，人是犯罪行为产生、实施过程的核心要素，共犯只能够影响犯罪事实，但是其对犯罪行为并没有决定性的支配权。组织者、领导者正是有组织犯罪中的"核心角色"，只要其能够对组织成员的行为产生支配和控制，就可以认定为有组织犯罪。

"结合体"理论以及"犯罪事实支配"理论采取实质判断标准认定有组织犯罪的做法，对于我国黑社会性质组织"组织特征"的认定具有十分重要的借鉴意义。"结合体"一定程度上已经突破了"组织特征"的形式要件，转而关注"组织特征"的实质。按照这一理论，网络黑社会性质组织完全能够纳入黑社会性质组织的范畴，网络恶势力组织亦然。究其本质，网络黑恶势力组织也是基于共同的犯罪目的而有机结合在一起的整体，黑社会性质组织与恶势力组织长久以来坚持的人数标准归根结底是强调人数与犯罪后果、犯罪行为危害范围之间的关系。在网络黑社会性质组织犯罪中，由于网络的存在与运用，犯罪人数与犯罪行为涉及的范围、犯罪后果之间的关系相比传统黑社会性质组织犯罪已经不那么明显，且网络黑社会性质组织与网络恶势力组织之间在组织特征方面也并无区别。这时候应当强化对犯罪人之间的有机结合的认定，而非局限于人数的讨论和组织形态的形式条款。"结合体"理论可以与"犯罪事实支配"理论相结合，按照各个成员在组织中的地位和在共同犯罪中所起的作用，确定是按照组织的全部罪行处罚，还是按照其所参与的犯罪处罚。

(二) 网络黑恶势力组织特征的实质化界定

刑法规定"形成较稳定的犯罪组织，人数较多，有明确的组织者、领导者，骨干成员基本固定"，就符合黑社会性质组织组织特征的要求。根据《反有组织犯罪法》以及相关司法解释的规定，三人以上，纠集者相对固定，就符合恶势力的组织特征要求。可见，我国立法和司法解释对黑恶势力犯罪组织特征采取了形式侧面的规定。在网络时代的冲击下，网络黑恶势力组织主体与参与主体消解，黑恶势力犯罪组织"去中心化"趋势明显，参与人员呈现"非确定化"趋势。网络黑社会性质组织与网络恶势力组织的组织形式因网络因素的介入几乎不存在区别，导致司法机关在判断上产生分歧。传统黑社会性质组织犯罪的组织结构严密，组织层级分明、组织成员之间联系紧密，实施犯罪需要特定的物理空间，黑社会性质组织与恶势力组织在组织形式上差别明显。随着网络与黑恶势力犯罪的融合，黑恶势力犯罪组织呈现组织结构松散化，组织层级去中心化，组织成员临时化以及组织空间网络化的变化。

在网络黑恶势力组织形式发生改变的情况下，应注重考察黑恶势力犯罪的事实特征，由以形式认定为核心的界定转向以实质认定为核心的界定。基于多年的观察与研究，许多国家和政府日益注意到有组织犯罪在事实上的变迁特征。典型的如2008年美国召开的有组织犯罪理事会（OCC）会议对有组织犯罪的讨论。会议指出，有组织犯罪出现了一些新的迹象。一是向能源或者其他战略经济领域渗透；二是向恐怖分子、国外政府等提供后勤或者其他资助；三是走私或者贩运人口或者违禁物品到美国；四是利用金融系统转移资金；五是利用网络空间攻击目标或基础设施；六是实施高技术欺诈；七是贿赂或者试图贿赂公职人员；八是使用暴力或者暴力威胁作为获取权势的基础。[1]应当肯定的是，对有组织犯罪事实特征的考察能够为国家惩治有组织犯罪的观念提升、政策调整以及立法完善奠定坚实的基础。

我国刑法理论认为，组织特征是认定黑恶势力犯罪的关键，应围绕组织成员、组织层级、组织结构以及组织纪律四个要素进行综合判断，上述四个要素中组织结构与组织层级处于核心地位。[2]从实质角度分析，组织结构由组织关系、交换关系、宗旨关系以及心理关系四种关系组成。组织关系是黑恶势力犯罪的基本框架，组织成员之间为互补关系，基于相同的目的形成群体。交换关系是指组织成员之间存在大量的行为与信息交换，是犯罪活动存在的基础。宗旨关系是指组织成员实施犯罪的共同动机和共同目的，这是将成员联系到一起的纽带。心理关系形成集团气氛。集团气氛是指集团成员愿意为达到团体目标而奋斗的集体态度。集体活动内容与形式的一致性产生团体心理的一致性，又进一步形成集团意识。犯罪集团在共同的意识催化和支配下从事各种犯罪活动。根据刑法规定，组织成员的层级包括：第一层级的

---

〔1〕 See Kristin M., Finklea, "Organized Crime in the United States: Trends and Issues for Congress", *Congressional Research Service*, December 22, 2010, p.1.

〔2〕 参见陈兴良：《论黑社会性质组织的组织特征》，载《中国刑事法杂志》2020年第2期。

组织者、领导者；第二个层级的骨干分子与积极参加者以及第三层级的其他参加者，这些成员之间存在紧密的联系。根据立法以及司法解释，参加者只要明知或应当知道自己参与的组织是以实施一定规模的违法犯罪为主要活动的组织即可，并不需要明确知悉组织的性质。明知的内容并不是黑社会性质组织的评价性要素，而是黑社会性质组织的实际运作情况。对于一个组织黑与恶性质的判断，属于法律判断的范畴，对司法机关而言都是较为复杂的工作，要求每一个参加者都明确知悉自己参加的组织的性质显然是不现实的。对于组织成员之间的紧密性，有学者指出，黑社会性质组织成员之间关系的稳定和紧密程度是相对的，不能要求过高。[1]在笔者看来，这并未给紧密程度的判断确立统一的标准。从实质角度分析，紧密程度意味着组织整体对侵害结果在组织上和精神上的高度统一，而非成员之间的层级结构与平时的联系程度。以网络黑恶势力组织实施的"套路贷"犯罪为例，网络"套路贷"犯罪成员市场化、临时化的特征明显，但是从组织结构的实质层面分析，"套路贷"组织者始终负责组织、策划犯罪行为，领导者、骨干成员一般负责招募、培训参加者并分配任务，组织者、领导者以及骨干成员之间即使不见面，通过信息网络也能够实现经常性的信息交换和犯意联络，基于共同的经济利益从事"套路贷"犯罪，较之传统的黑恶势力犯罪组织，其组织能力更强，社会危害性也更大。

对组织特征的实质化认定符合规范的客观解释论的解释立场。犯罪的本质是法益侵害，故对构成要件进行实质解释，意味着发挥法益指导构成要件解释的目标和机能。解释一个犯罪的构成要件，首先必须明确该犯罪所保护的法益，然后在刑法用语可能具有的含义内确定构成要件的具体内容。刑法将组织、领导、参加黑社会性质组织罪规定在妨害社会管理秩序罪一章中，该罪所保护的法益显然是公共秩序，公共秩序与社会秩序同属于社会法益，社会法益是以个人法益为标准推论而来的，当某种社会法益与个人法益具有同质关系，能够分解为多数个人法益之集合时，才能够形成刑法上所保护的社会法益。黑恶势力所犯罪行明显侵害了多数个人法益，刑法对其组织性特征的规定旨在打击与社会相抗衡的反社会的组织和势力，实现保护多数个人

---

[1] 参见陈兴良：《论黑社会性质组织的组织特征》，载《中国刑事法杂志》2020年第2期。

法益的目的，这也是黑恶势力组织犯罪与普通共同犯罪的本质区别。刑法对黑恶势力组织的处罚根据在于，组织成员基于共同犯罪的目的而结合成了有机整体，而不是其采取了何种组织形式。虽然刑法条文和司法解释以形式的侧面规定了黑恶势力犯罪的组织特征，但是并不能因此得出立法和司法解释否认组织特征实质侧面的结论。网络黑恶势力犯罪成员虽然大多躲在网络之后，基本通过网络联系，成员之间也大多互相不认识，但是如果组织者、领导者一声令下，就能够起到对其他成员非法行为的控制与支配。组织者、领导者同样处于"核心角色"地位，各组织成员之间基于共同的目标而使行动具有组织性，显然符合组织特征的实质要件。可见，网络黑恶势力犯罪在组织特征上与传统黑恶势力犯罪之间并不存在实质上的差别。

总之，"去组织化"的网络黑恶势力犯罪的迅速发展是事实，我国刑法对黑社会性质组织的组织特征的关注点应该完全转向对组织特征的实质要件的关注，这也是世界各国在有组织犯罪组织特征认定上的趋势。以美国为例，美国将打击有组织犯罪的侧重点放在实质要件的运用上，将实用主义作为打击策略。基于有组织犯罪涉及面广、危害大等特点，美国在1970年通过了《有组织犯罪控制法》（俗称"反黑法"，RICO），法案第9章"受敲诈勒索和贿赂行为影响的有组织犯罪法案"规定："有组织犯罪是一个犯罪'企业'和一种'有组织的敲诈勒索犯罪模式'"。上述内容仅涉及犯罪"企业"的定义，RICO法案中并未规定有组织犯罪企业特征等形式要件的内容。可见，美国从"有组织犯罪统一体"的实质角度，将犯罪行为的"统一体"作为关注的重点，关注非法活动的内容以及模式等实质方面。在笔者看来，"有组织"具备两层含义：一是行为主体的组成结构，二是行为本身的组织性。其中，行为主体的组成结构是形式要件，行为本身的组织性是实质要件。行为主体的组成结构随着社会的发展而产生变化，组织犯罪的组成结构在各国都表现出多样化的趋势，从这一点出发，刑法当然应当将目光从组织的形式要件转向实质要件，因为行为本身的性质并不会轻易发生改变。网络黑社会性质组织犯罪与传统黑社会性质组织犯罪在本质上都属于犯罪的核心角色，能够通过发挥领导作用支配其他人的犯罪行为，犯罪行为能够作为一个整体被评价，至于组织的一般成员之间日常联系是否紧密似乎不应成为刑法的关注点。虽然网络使黑恶势力犯罪的组织结构和形式发生了巨大的变化，但不论形式如何变化，实质要件都亘古不变，对组织特征予以实质化的界定与立法的规定相符，且能够规范司法机关对网络黑恶势力组织特征的认定。

第三节 "软暴力"的争议与解读

根据《刑法》第294条第5款第3项的规定，黑社会性质组织在行为方面也要符合一定的标准，行为特征也是黑社会性质组织犯罪的法律特征之一。在行为特征方面，黑社会性质组织和恶势力组织不存在实质区别。行为特征是指"以暴力、威胁或者其他手段，有组织地多次进行违法犯罪活动，为非作恶，欺压、残害群众"。传统的黑恶势力犯罪中，暴力手段是黑恶势力树立组织威信的常用手段，比如绑架、故意伤害、抢劫等侵害他人人身、财产的暴力行为。随着时代的不断发展特别是近年来我国对黑恶势力犯罪加大了打击力度，黑恶势力组织开始借助互联网，有意识地逃避侦查和规避法律，比如利用"呼死你"等网络软件进行催收的"软暴力"行为大量出现。调查显示，"在过去五年时间中，黑与恶的犯罪案件在数量上达到3万左右，以"软暴力"作为主要犯罪行为方式的案件为4275件"，[1]这一数据表明，随着时代的发展，黑恶势力组织在手段行为上发生了不小的变化。"软暴力"并非黑恶势力犯罪常见的"暴力、威胁或者其他手段"，而是行为隐蔽性极强的暴力类型，给司法机关在认定行为特征以及取证方面构成了不小的障碍。针对这一变化，2019年《"软暴力"意见》出台，明确了"软暴力"的概念以及表现形式等，试图解决这一司法实践中的新问题。根据《"软暴力"意见》的规定，"'软暴力'是指行为人的谋取不法利益或形成非法影响，对他人或者在有关场所进行滋扰、纠缠、哄闹、聚众造势等，足以使他人产生恐惧、恐慌进而形成心理强制，或者足以影响、限制人身自由、危及人身财产安全，影响正常生活、工作、生产、经营的违法犯罪手段。"《"软暴力"意见》对于"软暴力"的概念以及手段、认定标准、通常适用的具体罪名等作出了规定，并以不完全列举的方式对现实空间的"软暴力"类

---

[1] 参见程雷：《在法治轨道上精准打击"软暴力"犯罪》，载《人民法院报》2019年4月13日，第2版。

型进行了界定，但是对通过网络等手段实施的"软暴力"，《"软暴力"意见》并未列举具体的表现形式，仅规定"通过信息网络或者通讯工具实施，符合本意见第一条规定的违法犯罪手段，应当认定为'软暴力'。"这直接导致司法实践中对于网络黑恶势力犯罪的"软暴力"在认定上存在极大争议。主要的争议点就是：动用刑法规制必然对行为的危害性有相当的要求，黑恶势力通过网络实施的行为，到底达到何种程度才能够认定"足以使他人产生恐惧、恐慌进而形成心理强制"？

一、刑法意义上的"软暴力"

网络黑恶势力犯罪行为手段中的"软暴力"，多数属于单纯的滋扰型"软暴力"，司法实践中存在大量为逃避法律追究而单纯以滋扰型"软暴力"作为犯罪行为手段的黑恶势力犯罪案件。单纯的滋扰型"软暴力"能否成为刑法规制的对象，有观点指出，单纯滋扰行为在刑法的所有条文中都没有被规定，这种单纯的滋扰行为属于《治安管理处罚法》调整的范畴，如果要纳入刑法的规制范围，则需要附加其他条件才能够认定为"软暴力"，进而认定构成"软暴力"犯罪。[1]这种观点隐含着对规范的理解和司法认定的争议焦点。

在笔者看来，对于网络黑恶势力犯罪中的"软暴力"行为，应当以刑法意义上的"软暴力"作为认定的基点，而这需要建立在"软暴力"立法规定的妥当定位以及与司法规制准确定位的基础上。刑事立法层面的"软暴力"自然是以刑法条文的明文规定作为判断的依据，司法规制意义上的"软暴力"是司法规则规定的"软暴力"，刑事政策参与其中并根据犯罪的发展变化适时调整司法规则的"软暴力"。司法规制的"软暴力"与立法规定的"软暴力"一脉相承，同样必须以刑法立法为前提和判定基础，同属于刑事法"软暴力"概念的范畴，但是两者之间存在着"软暴力"程度以及适用范围上的区别。一般而言，受控于刑事政策的司法规制的"软暴力"在程度上低于刑事立法的"软暴力"，而范围宽于刑事立法的"软暴力"。理解刑法意义上的"软暴

---

[1] 参见阮齐林：《刑法该如何规制黑恶势力的滋扰活动——在第五届"刑辩十人论坛"暨第四届蓟门刑辩沙龙上的发言》，载 http://news.sqxb.cn/2019/0425/3097.shtml，最后访问日期：2024年8月12日。

力"是正确认识网络黑恶势力犯罪行为特征的首要前提。对"软暴力"的判断，不仅需要严格依循刑法立法的规定，还需要同时关注司法规制对"软暴力"的直接影响，更为重要的是，需要适时关注调整刑法立法与司法规制之间的刑事政策。概言之，对网络黑恶势力"软暴力"作适当、合理的刑法学分析，需要同时兼顾立法规定、司法规则以及刑事政策。

首先，对于传统意义上的典型的"软暴力"，刑法立法上规定的"软暴力"与司法规制的"软暴力"达成了共识，但是对于新型的非典型"软暴力"，诸如利用网络实施的新型"软暴力"，刑事立法与司法规则之间并未达成共识。《"软暴力"意见》明确了常见"软暴力"行为适用的罪名，如寻衅滋事罪、敲诈勒索罪、非法拘禁罪等。从立法以及司法解释中可以看出，这些犯罪的手段行为本身就包含"软暴力"。以寻衅滋事罪为例，2013年9月通过的《网络诽谤司法解释》将利用信息网络恐吓他人，情节恶劣的行为纳入寻衅滋事罪的处罚范围。对其中恐吓的含义，通说认为是以威胁性语言或者行动恐吓他人。[1]从这一观点可以看出寻衅滋事罪中的"恐吓"包含非暴力手段（威胁性语言）以及暴力手段（威胁性行动）两类。上述这些罪名的手段行为包含"软暴力"在我国刑法理论界基本达成了共识。换言之，这一结果的当然层面是立法规定，实然层面是基于对既有司法规则的认可。[2]进言之，《"软暴力"意见》中关于"软暴力"适用罪名的规定，是对刑事立法的进一步细化以及重申，与注意规定的性质一致，这些本就属于典型的、传统的胁迫型"软暴力"。不过对于网络黑恶势力犯罪中单纯的滋扰型"软暴力"，比如"套路贷"案件中利用"呼死你"软件骚扰被害人的行为，《网络黑恶势力犯罪意见》仅有原则性的规定，即"对通过发布、删除负面或虚假信息，发送侮辱性信息、图片，以及利用信息、电话骚扰等方式，威胁、要挟、恐吓、滋扰他人，实施黑恶势力违法犯罪的，应当准确认定，依法严惩。"除此之外，并没有实现概念的界定与方式的类型化，而这种单纯的滋扰型"软暴力"的定性才是司法实践中亟待解决的问题。

---

〔1〕 参见《刑法学》编写组编：《刑法学》（下册·各论），高等教育出版社2019年版，第198页。

〔2〕 参见黄京平：《软暴力的刑事法律意涵和刑事政策调控——以滋扰性软暴力为基点的分析》，载《新疆师范大学学报（哲学社会科学版）》2019年第6期。

其次,《"软暴力"意见》中涉及的具体罪名具有普适性,任何符合这些犯罪构成要件的行为都能够单纯或者共同构成上述犯罪。根据立法原意,无论犯罪主体是个人还是一般的犯罪集团抑或是黑恶势力组织都能够以"软暴力"作为犯罪手段实施诸如寻衅滋事、敲诈勒索等犯罪行为,对比立法原文以及司法规则,不难发现司法规则针对这些黑恶势力经常实施的罪名,在"软暴力"手段方法方面采取了扩大立法原意的解释。比如《刑法修正案(八)》在吸收黑社会性质组织法律特征的立法解释的同时,还针对不同的主体规定了轻重不同的法定刑,并增加了财产刑的规定。与此同时,为了打击黑恶势力经常实施的犯罪行为,针对司法实践中黑恶势力为攫取经济利益,常以"软暴力"手段实施敲诈勒索、寻衅滋事等犯罪行为,刑法在修改组织、领导、参加黑社会性质组织罪条文的同时,配套修改了这三个罪名,调整了相应犯罪的构成要件,并且提高了法定刑的设置。以寻衅滋事罪为例,随着社会的发展,某些黑恶势力犯罪分子时常纠集,横行乡里,严重扰乱社会秩序,其攫取经济利益的手段逐渐由过去的"打砸抢"等暴力手段演化为"软暴力",由于这种滋扰型行为个案难以构成重罪,实践中判刑很轻,判处缓刑的也不在少数,有的地方甚至对于以这种"软暴力"手段实施的寻衅滋事行为只定性为治安案件,这样的处理使得犯罪分子特别是一些黑恶势力犯罪人非但没有受到严厉的打击,反而变本加厉实施犯罪。[1]鉴于此,《刑法修正案(八)》将"恐吓"这一"软暴力"的行为手段增加为寻衅滋事罪的手段之一,与"追逐""拦截""辱骂"等行为并列,并在此基础上提高了法定刑。当然,条文设置背后的深层次目的与立法增设条文的原因并不能画等号,但是这也不能成为限制条文含义解释的理由。这些犯罪仅仅是黑恶势力犯罪的常态化手段,而非其专有手段,其他一般主体同样能够采取诸如寻衅滋事罪等犯罪中的"恐吓"这一手段。鉴于此,"软暴力"的行为主体不具有特殊性,而带有普适性,黑恶势力选择"软暴力"作为经常性、常态化的犯罪手段的特殊性,自然就变成司法规则明确的操作标准,而立法与司法规则中具有调节功能的刑事政策,就能够将一般主体实施的胁迫型"软暴力"纳入上述犯罪之中,而将一般主体单纯以滋扰型"软暴力"实施上述行为的排除在

---

[1] 参见高铭暄:《中华人民共和国刑法的孕育诞生和发展完善》,北京大学出版社2012年版,第520页。

外。黑恶势力犯罪作为被严厉打击的犯罪类型,刑事政策可以确保将传统的胁迫型"软暴力"和新型的、非典型性的滋扰型"软暴力"都纳入黑恶势力犯罪的范畴。网络黑恶势力犯罪作为黑恶势力犯罪的一种,其以单纯滋扰型"软暴力"实施的犯罪,应当将其纳入黑恶势力犯罪的手段行为中予以评价。

最后,刑法条文中涉及犯罪客观行为或者犯罪手段行为的规定是"软暴力"手段能够纳入犯罪客观行为手段的依据。就黑恶势力犯罪而言,《刑法》第294条第5款第3项规定的行为特征,即"暴力、威胁或者其他手段"中的"其他手段"是黑社会性质组织适用"软暴力"手段能够入罪的明确立法依据。由恶势力组织实施的"软暴力"入罪的立法依据,同样源于《刑法》第294条第5款第3项的规定。理由在于:恶势力组织是黑社会性质组织概念的派生,同样以刑法总则的规定作为依据。司法实践均认可黑恶势力组织是黑社会性质组织的初级阶段,对于恶势力犯罪的打击也是间接源于《刑法》第294条组织、领导、参加黑社会性质组织罪的规定。这正是《"软暴力"意见》第4条"软暴力"手段性质上属于《刑法》第294条第5款第3项中规定的"黑社会性质组织行为特征"以及《黑恶势力犯罪指导意见》第14条"恶势力"概念中的"其他手段"。这是恶势力"软暴力"规定的基础及立法依据。随着《反有组织犯罪法》的生效,在刑法对惩治有组织犯罪作出基本规定的基础上,《反有组织犯罪法》作出了具体的规定,这代表着刑法立法模式的基本方向。[1]

第一,在认定黑与恶犯罪方面,"软暴力"与暴力两种手段具有同等性和同质性。依据《刑法》第294条第5款第3项的规定,无论是暴力手段还是"软暴力"手段,均能够被"暴力、威胁或者其他手段"包容。暴力手段可以被"暴力、威胁"涵盖,而"软暴力"完全可以被解释为"其他手段"。换言之,将"软暴力"纳入黑恶势力犯罪组织行为特征中,对黑恶势力在行为特征定性方面不会产生实质性影响,即便是其中的"软暴力"手段仅达到违法的标准,并不能构成犯罪的,还是能够成为"多次实施违法犯罪活动"的事实依据。其实,无论是采用暴力手段还是"软暴力"手段,虽然暴力的程度存在明显区别,但是在由黑恶势力实施的情况下,其行为的危害后果以

---

[1] 参见王良顺:《惩治有组织犯罪的基本原则与立法实现路径——以反有组织犯罪法立法为背景》,载《中国刑事法杂志》2021年第6期。

及行为与结果之间的刑法因果关系上并不存在区别。实践中，网络黑恶势力犯罪采取单纯滋扰型的"软暴力"作为手段，甚至在危害后果上超越了传统暴力手段所带来的危害。不过，有学者对此表示了担忧，认为将单纯的滋扰型"软暴力"纳入《刑法》第294条第5款第3项规定的范围，存在以惩治犯罪为需要突破刑法规范的嫌疑，这种仅以实质的社会危害性为依据，将"软暴力"定位为违法犯罪的倾向或者趋势，会混淆黑恶势力组织实施的多次违法犯罪与评价组织性质本身的标准，这种认定并没有足够的法律方面的依据。[1]在笔者看来，此时就需要结合刑事政策的调节作用来平衡立法与司法规则之间的矛盾，即应该仅将由黑恶势力实施的单纯滋扰型"软暴力"作为刑事政策调控的底线，而将一般主体采取单纯滋扰型"软暴力"实施的行为排除在犯罪行为之外。

第二，"软暴力"特别是单纯的滋扰型"软暴力"入刑受到质疑的根源在于，在黑恶势力组织实施的常见高发犯罪中，立法对于这些罪名的暴力手段与"软暴力"手段在成立犯罪的条件方面并未作实质层面与程度层面的区分，同时司法实践的固有观念认为"软暴力"与暴力在手段方面不具有等值性与相当性。这种固有观念折射到日常的刑事审判中，对"软暴力"的实际入罪以及量刑都产生了不同程度的影响，这一司法固有观念相对独立于"软暴力"的立法规范，成为潜在的司法规则。相应的司法规则在具体实施过程中、在具体事实认定中对刑法制定规范进行约束，典型的如司法解释对受贿罪中"为他人谋取利益"的制定规范，实际上架空了立法这一受贿罪的构成要件。对于这种影响定罪量刑的司法规则不应简单地肯定或者否定，而应当在考察司法现状的基础上作出客观公允的评价。受贿罪"为他人谋取利益"这一要件给司法实践在打击受贿犯罪方面造成了极大的困扰，与《联合国反腐败公约》的规定也不协调，所以现在绝大多数学者主张今后应对受贿罪的刑法条文进行修改，将"为他人谋取利益"作删除处理。[2]同理，"软暴力"这种关乎定罪量刑的司法规则自然应在充分考量司法实践的基础上，作出符

---

〔1〕 参见杨智宇：《论黑社会性质组织犯罪中"软暴力"行为的限缩认定》，载《太原理工大学学报（社会科学版）》2019年第6期。

〔2〕 参见闫雨：《我国反贿赂刑法与〈联合国反腐败公约〉之协调》，载《社会科学家》2020年第5期。

合客观实际与公平正义理念的公允的评价。司法源于对立法规范的正确理解和解读，而司法规则对于"软暴力"犯罪入罪及量刑轻重的选择是以具体犯罪的学理解释为逻辑起点的。在学理解读上，以敲诈勒索罪为例，刑法以简单罪状的方式进行了规定，即"敲诈勒索公私财物，数额较大或者多次敲诈勒索的。"因此对敲诈勒索罪的手段行为刑法学界存在争议。一种观点指出，敲诈勒索罪的手段行为包含威胁与要挟两种，两种手段的共通之处在于都能够引起他人的心理恐惧，也就是说两者的本质相同，仅在表现形式上存在区别。不同之处仅在于，威胁的方法没有限定具体的方式，而要挟通常以揭露其隐私作为恐吓的内容。[1] 也有学者认为，敲诈勒索罪的手段行为为胁迫、暴力，但是与抢劫罪的暴力不同，敲诈勒索罪使用的暴力在程度上低于抢劫罪中使用的暴力，也就是无需达到足以压制被害人反抗的暴力程度，在足以使他人产生恐惧、恐慌心理的情况下就符合敲诈勒索罪暴力的程度要求。[2] 根据刑法规定及相关司法解释，暴力是敲诈勒索罪的手段之一，那么由此可以得出，敲诈勒索罪暴力手段具体由暴力、暴力威胁、"软暴力"组成，这些具体的手段之间是存在差别的，对被害人强迫的程度，暴力最强，暴力威胁次之，"软暴力"又次之。实际危害与威胁实现的紧迫性也与强迫程度的顺序一致，即依次递减，刑罚也呈现从重到轻的顺序递减，即"软暴力"手段与暴力手段不存在相当性。这一点是建立在罪责刑相适应原则基础上的，是该原则在司法实践中的具体呈现，应当予以认可。由此得出的结论是，在刑法规定的手段行为可以是暴力、威胁、"软暴力"的具体罪名中，刑罚由重及轻符合罪责刑相适应原则，不过在涉及入罪门槛或入罪定量要素时，上述规则能否扩展至影响定罪的因素，甚至以潜在的司法规则形式固定于刑事审判的实践，是刑法学研究需要重点关注的问题。因为司法规则要符合恰当的边界才具有合理性，这个恰当的边界以罪刑法定原则为参照。也就是说，司法规则如果在适用的时候超出了罪刑法定原则划定的合理边界，事实上改变了刑法立法调整的范围，其在合理性上就会遭到质疑，导致合理性的减弱甚至消亡。只有在合理的边界之内的司法规制，才能够使刑事政策充分发挥适时调

---

〔1〕 参见《刑法学》编写组编：《刑法学》（下册·各论），高等教育出版社2019年版，第176页。

〔2〕 参见张明楷：《刑法学》（下），法律出版社2021年版，第1269页。

整的功能。在入罪定量要素相同的前提下，能否将"软暴力"入罪标准调高，以达到与暴力、威胁手段的实质性的平衡？换言之，"软暴力"入罪的标准与暴力、威胁一致的情况下，入罪的实质平衡才能够实现，这既关乎刑法规则的合理边界，也关乎司法规则学理的基础。其指向的深层次问题是，在现有刑法条文的语义范围内，是否留给司法机关对"软暴力"手段相当性的裁量空间？或者刑事立法有无留存相应的刑事政策调整、发挥司法入罪的作用的空间？再置言之，在同时符合立法条文本意和刑事政策的前提下，司法实践中如果出现既定的司法规则对具体案例无从适应的情况时，能否适当降低既有较高的入罪标准？在网络黑恶势力犯罪案件中，能否针对这种犯罪的"软暴力"手段在其符合一定附加条件的基础上将其纳入刑法规制的范畴？进言之，结合现行立法实际与司法技术，若以刑事政策对"软暴力"手段的入罪标准进行调适，有无适当降低或者提高的可能？或者对"软暴力"入罪的范围有无适时放宽或者缩紧的可能？这需要在明晰司法现状的基础上作进一步的分析与探讨。

在入罪倾向性方面，现有司法解释并不排除将"软暴力"手段入罪，这显然没有超出刑法条文应有的含义。以敲诈勒索罪为例，2013年出台的《网络诽谤司法解释》将"以在信息网络上发布、删除等方式处理网络信息为由，威胁、要挟他人"的"软暴力"行为纳入敲诈勒索罪手段行为的范畴。2018年出台的《黑恶势力犯罪指导意见》将黑恶势力实施的滋扰、纠缠等行为纳入敲诈勒索罪的手段行为，之后的《网络黑恶势力犯罪意见》更是专门将利用信息网络实施犯罪的黑恶势力纳入刑法打击的范围。可见，司法解释在"软暴力"入罪的问题上采取的是积极的入罪立场，这一立场也得到了《反有组织犯罪法》的认可。不过，暴力与"软暴力"存在差异性是客观存在的事实，司法解释对此采取提高"软暴力"入罪门槛的做法，力求与暴力手段在入罪定量要素方面保持一致，以符合罪刑均衡原则的要求。比如，在强迫交易罪中，按照刑法的规定，使用暴力、威胁手段达到情节严重的情况下，才构成强迫交易罪。但在实践中，暴力、暴力威胁手段本身便被作为强迫交易罪"情节严重"的情形，这意味着以"软暴力"为手段实施的强迫交易行为只有达到情节严重的标准才构成强迫交易罪，无疑提高了"软暴力"手段的入罪标准。当然也有学者举出敲诈勒索罪的例子，认为在2013年4月通过的

《最高人民法院最高人民检察院关于办理敲诈勒索刑事案件适用法律若干问题的解释》中，将部分社会危害性严重的敲诈勒索行为，降低数额标准的50%予以定罪，其中并未包含典型性的"软暴力"手段，据此作为"软暴力"手段在敲诈勒索罪中入罪门槛被提高的依据。[1]不过，该条司法解释中将"以黑恶势力名义敲诈勒索"的行为纳入了降低数额门槛入罪的规定中，"以黑恶势力名义敲诈勒索"既包含黑恶势力以暴力、威胁为手段的敲诈勒索，当然也不排除黑恶势力以"软暴力"手段实施的敲诈勒索，这是符合立法原意与司法规则的当然结论。可见，对于"软暴力"手段审慎入罪的规制并非没有例外。换言之，司法规则在普遍适度调高"软暴力"的入罪门槛方面也会因为"软暴力"的类型、阶段性发展特征的差异而作出适时调整，因实施主体的不同而存在区别。

　　在类型划分上，"软暴力"可以分为两种。一种是典型的，即传统型"软暴力"，这种"软暴力"为胁迫型"软暴力"。而另外一种"软暴力"是非典型的、新型的"软暴力"，是一种单纯的滋扰型"软暴力"。对于传统型"软暴力"入罪已经成为基本的司法共识，几乎不存在因手段性质而发生分歧的情况。以敲诈勒索罪为例，根据司法解释规定，司法实践中对于损毁他人名誉，揭发他人隐私，故意毁坏财产，举报违法等胁迫型"软暴力"行为，认定成立敲诈勒索罪。但是对于单纯的滋扰型"软暴力"，争议较大，难以形成规模化的司法控制局面。以组织、领导、参加黑社会性质组织罪为例，该罪的行为方式表现为暴力、胁迫或者其他方法，其中"其他方法"包含胁迫型"软暴力"在司法实践中并无争议，但是在手段行为仅存在滋扰型"软暴力"时，能否认定该手段行为符合组织、领导、参加黑社会性质组织罪的行为特征存在极大争议。《"软暴力"意见》虽然明确了滋扰型"软暴力"的定义、特征以及通常的表现形式，如"（一）侵犯人身权利、民主权利、财产权利的手段，包括但不限于跟踪贴靠、扬言传播疾病、揭发隐私、恶意举报、诬告陷害、破坏、霸占财物等；（二）扰乱正常生活、工作、生产、经营秩序的手段，包括但不限于非法侵入他人住宅、破坏生活设施、设置生活障碍、贴报喷字、拉挂横幅、燃放鞭炮、播放哀乐、摆放花圈、泼洒污物、断水断电、

----

[1] 参见黄京平：《软暴力的刑事法律意涵和刑事政策调控——以滋扰性软暴力为基点的分析》，载《新疆师范大学学报（哲学社会科学版）》2019年第6期。

堵门阻工,以及通过驱赶从业人员、派驻人员据守等方式直接或间接地控制厂房、办公区、经营场所等;(三)扰乱社会秩序的手段,包括但不限于摆场架势示威、聚众哄闹滋扰、拦路闹事等"。此外,通过信息网络或者通信工具实施的,符合《"软暴力"意见》第1条规定的违法犯罪手段,应当认定为"软暴力"。司法实践中对于单纯的滋扰型"软暴力"作为手段的黑恶势力犯罪,往往存在不认定为黑恶势力组织或者一律认定为恶势力组织的倾向,网络黑恶势力犯罪中绝大多数的犯罪组织被认定为恶势力组织甚至被排除在黑恶势力犯罪之外。这种情况出现的原因在于:传统的胁迫型"软暴力"与新型的滋扰型"软暴力"之间在外在特征以及本质属性方面均存在差异。

第一,传统的胁迫型"软暴力"手段虽然存在于不同的犯罪中,但是其本质属性均为以恶害相告,通过恶害相告影响他人,使其产生恐惧心理。"软暴力"恶害内容则不同,暴力性以及暴力性威胁的内容不在"软暴力"恶害内容之列,"软暴力"恶害本质上一般是具有不法属性的恶害,在限度上也有要求,即人为或人力能够支配状态下的恶害。行为人的恶害内容采取"心理强制标准",即只要"使他人产生恐惧心理或者形成心理强制",即符合"软暴力"的要求,这属于传统胁迫型"软暴力"的核心内容。新型的滋扰型"软暴力"核心构成要素则为"客观危害说"或者"心理强制标准"。根据司法解释的规定,滋扰型"软暴力"是"足以使他人产生恐惧、恐慌进而形成心理强制,或者足以影响、限制人身自由、危及人身财产安全,影响正常生活、工作、生产、经营的违法犯罪手段。"两个"足以",第一个"足以"采取的是"心理强制标准",而后一个"足以"的内容显然是以"客观危害性"作为标准,两者之间是择一的关系。从《"软暴力"意见》出台的背景不难看出,司法解释之所以增加"软暴力"的认定标准,不只是出于丰富和调整判断标准的目的,主要是深入贯彻落实中央关于开展扫黑除恶专项斗争的决策部署,适应扫黑除恶专项斗争以及扫黑除恶常态化政策的需要,根据现实情况,适当降低"软暴力"手段的认定门槛。在《"软暴力"意见》出台之前,单纯的跟踪贴靠等行为很难认定为具体犯罪行为的手段,但是依据《"软暴力"意见》,跟踪贴靠等行为可以成为某些犯罪的行为手段或者是客观行为,提高了行为整体在性质上构成犯罪的可能性。

第二,胁迫型"软暴力"源于立法和司法解释,只要按照立法条文和司法解释相关规定这一大前提，在具体行为符合大前提的情况下，自然应当将具体行为纳入具体的犯罪中予以制裁。以《"软暴力"意见》为例，其中规定了"软暴力"可以构成的犯罪具体涉及强迫交易罪、非法拘禁罪、非法侵入住宅罪、敲诈勒索罪和寻衅滋事罪。如果行为人采取胁迫型"软暴力"实施上述犯罪，自然能够直接入罪。但是，如果行为人以滋扰型"软暴力"作为手段，结局就大不一样，相当一部分行为无法被具体罪名所涵盖而仅能划入违法行为的范畴。部分滋扰型"软暴力"甚至不能作为黑恶势力犯罪的手段行为而被纳入事实范围。2019年4月，最高人民法院、最高人民检察院、公安部、司法部联合印发的《关于办理"套路贷"刑事案件若干问题的意见》（以下简称《"套路贷"意见》）中规定，在"套路贷"案件中，行为人并未采用明显暴力和威胁手段，而是基于非法占有的目的，以虚构事实、隐瞒真相的方式，骗取被害人财物的，一般在定性上考虑成立诈骗罪。可见，即使行为人采取了一定的滋扰型"软暴力"手段，但是在主要犯罪行为是"欺骗"的情况下，仅能够认定为诈骗罪，显然该滋扰型"软暴力"不能被认定为黑恶势力犯罪组织的手段行为。这种情况下，行为人采取的滋扰型"软暴力"手段，因为没有达到法定的标准而使整个行为在定性上产生的变化。换言之，所谓"没有达到法定的标准"具体指条文的立法原意标准和刑事政策调控范围标准两方面。根据《恶势力意见》第4条的规定，除恶势力使用的新型"软暴力"手段符合强索财物的手段行为，其他一般组织、个人使用的新型"软暴力"手段并不能被评价为强索财物的手段。可见，如果出于刑事政策的考量将滋扰型"软暴力"手段纳入具体个罪具体行为手段的范围，则必须同时规定具体的、细化的配套操作标准，这样才能够实现司法判断尺度上的统一。换言之，在滋扰型"软暴力"手段成为部分黑恶势力组织主要手段行为的现实情况下，只能够通过调整现有司法规则的方式将其划入犯罪的范围予以打击，而司法规则的调整应遵循政策的需要。如果不予以调整，许多黑恶势力组织使用的滋扰型"软暴力"手段只能认定为违法行为或者认定为以"其他手段"实施的违法活动。

第三，胁迫型"软暴力"作为传统"软暴力"，能够被评价为具体、特定犯罪行为的手段。比如，在寻衅滋事罪中占用公私财物并且情节严重的，就符合该罪手段行为的规定。而滋扰型"软暴力"作为犯罪手段往往要多种手段并存或者至少由多人实施才能够成为具体犯罪的手段行为之一。网络黑恶势力犯罪中如果滋扰型"软暴力"是其组织的唯一犯罪手段,且滋扰型"软暴力"是由个人实施的,则很难符合滋扰型"软暴力"的"客观危害说"标准,进而很难进一步区分违法和犯罪。在相对统一的司法判断规则出台之前,将这类行为认定为犯罪存在极大的不确定性,尤其是通过网络实施的滋扰型"软暴力"仅有原则性规定的情况下更是如此。不过对滋扰型"软暴力"需要多人或者由多种行为才可认定这一标准,最高司法机关通过司法解释进行了解答。2019年4月施行的《"套路贷"意见》中规定,在"套路贷"犯罪过程中,以非法占有为目的,行为人通过虚构事实、隐瞒真相,而未采用明显暴力或者威胁手段,骗取被害人财物的,一般应认定为诈骗罪。根据刑法规定,欺骗是诈骗罪的手段行为,欺骗行为的方法一般为语言欺骗、文字欺骗等。根据立法规定以及司法规则,单纯的欺骗行为显然不可能被认定为滋扰型"软暴力"。

综上,根据既有的司法规则,相比传统的胁迫型"软暴力",新型的滋扰型"软暴力"入罪门槛更高,入罪难度更大。在现有的司法规则运行下,刑事审判中"软暴力"的入罪门槛高于暴力以及威胁手段的入罪门槛,其中传统的胁迫型"软暴力"的入罪门槛略高于暴力以及威胁手段,其入罪在现有司法规则下几乎不存在任何障碍,而新型的滋扰型"软暴力"入罪门槛目前缺乏统一的标准与尺度,入罪仍然受阻。滋扰型"软暴力"作为网络黑恶势力犯罪的主要犯罪手段之一,成为理论研究和司法实践无法忽视的内容。

二、滋扰型"软暴力"纳入"软暴力"范围的正当性依据

(一)滋扰型"软暴力"纳入"软暴力"范围的法律与政策依据

传统社会中黑恶势力犯罪组织只能依靠暴力、威胁和少部分的胁迫型"软暴力"才能够使黑恶势力组织在一定行业或者领域内形成非法控制力或者威胁态势。随着网络社会的来临,依托网络的技术性与虚拟性,在网络社会中只有掌握技术才可能拥有话语权,才能够利用更多的网络资源形成影响力和控制力。以网络黑恶势力犯罪中的网络"黑公关"犯罪为例,行为人通过控制和引导舆论,利用网络的超时空性以及快速传播性,恶意中伤个人或者企业,以此作为威胁,获取经济利益。网络技术的快速发展带来的黑恶势力

犯罪组织手段行为方面的变化，导致刑事立法以及司法规则不能及时适应，在打击网络黑恶势力犯罪方面出现了困境。"软暴力"已经逐渐成为部分黑恶势力犯罪特别是网络黑恶势力犯罪的主要手段甚至是唯一手段，它是黑恶势力犯罪组织为了逃避司法机关的打击而刻意选择的规避措施。

犯罪学的研究结果表明，有组织犯罪在全球的发展趋势趋于一致，为了逃避侦查和打击，不断变化犯罪手法，不断增强其组织的隐蔽性。我国黑恶势力组织也是如此。从扫黑除恶专项斗争开展以来的案例来看，黑恶势力组织逐渐摒弃了技术含量不高的暴力等手段，转而开始将不易认定的、能够对被害人造成心理强制的"软暴力"作为犯罪手段。有的黑恶势力组织甚至就如何实施"软暴力"开展专门的培训，以逃避侦查机关的打击。利用网络或者在网络空间实施黑恶势力犯罪的案件由此增多。随之，在司法判断的环节，有观点提出，暴力手段是黑社会性质组织手段行为的支撑和基础，恶势力组织则多将"软暴力"作为行为手段。其依据在于根据司法解释规定，暴力手段不是认定黑恶势力组织是否成立的充分必要条件。[1]但是从司法实践看，情况恰恰相反。作为我国最高形态的有组织犯罪，随着社会的发展，黑社会性质组织的组织形态也发生了巨大的变化。多数黑社会性质组织以注册公司等方式存在，试图以合法外衣掩盖非法本质，对行业的控制手段也由最初的暴力向"软暴力"转变。究其原因，黑社会性质组织已经形成了较为严密的组织，其接下来的主要任务在于攫取经济利益，所以"软暴力"成为其主要甚至唯一的犯罪手段，而恶势力组织尚处于黑社会性质组织的雏形阶段，往往需要通过暴力手段来树立组织威望，与黑社会性质组织多身披合法外衣不同，恶势力组织的行为人大多并不对自己的犯罪行为加以掩饰，秉承"丛林法则"来压迫群众，所以涉及的罪名大都是带有暴力性质的罪名。还有一种观点认为，从司法实践中的典型案例来看，黑恶势力组织以"软暴力"为手段实施犯罪和以暴力手段实施犯罪，在行为的社会危害性程度方面没有实质差别，甚至部分案件中存在以"软暴力"作为手段实施的犯罪在社会危害性方面超越暴力手段实施犯罪的情况，所以"软暴力"手段属于黑恶势力组织的

---

[1] 参见吴雅莉、苏琳伟：《"软暴力"涉黑涉恶案件办理检视》，载《中国检察官》2018年第24期。

基础性犯罪手段之一。[1]

"软暴力"作为违法犯罪的手段在和具体的违法犯罪相结合时，会出现不同的问题。在黑恶势力组织犯罪层面，这种手段导致的"小恶不断"曾经一度成为惩治黑恶势力犯罪的难点。有学者提出，从事实层面观察"软暴力"手段与恶势力组织犯罪的关系，二者联系十分紧密，存在以滋扰型"软暴力"为主要或者唯一犯罪手段的恶势力团伙，导致法律在规范层面无法将恶势力组织实施的违法犯罪与以"软暴力"为手段的一般违法犯罪相区别。所以，在恶势力组织的语境下，从学理和事物的视角，"软暴力"的判断同时属于恶势力组织本质的构成特征，应在限定的语境内进行讨论。[2]司法实践也倾向将网络黑恶势力犯罪判断为恶势力，将其认定为恶势力的原因在于：网络的"技术性"使得在网络空间的聚集更为容易，但是这种在虚拟空间的群体积聚，导致组织成员之间的联系呈现模糊与松散的状态，而司法机关对于组织特征的判断倾向采取机械、僵化的形式标准，所以只能将大部分组织结构松散的网络黑恶势力犯罪按照恶势力组织来定性。不过"软暴力"显然不是恶势力组织特有的手段，黑社会性质组织同样能够将"软暴力"作为犯罪手段。根据《"软暴力"意见》的规定，"软暴力"手段属于2017年《刑法》第294条第5款第3项"黑社会性质组织行为特征"以及《黑恶势力犯罪指导意见》第14条"恶势力"概念中的"其他手段"，将网络黑恶势力犯罪倾向性认定为恶势力组织显然不妥。此外，司法实践中部分网络黑恶势力犯罪并未被纳入黑恶势力犯罪的范围，究其原因是最高司法机关的态度与《"软暴力"意见》存在一定的差异。作为一种特殊的共同犯罪形式，恶势力组织犯罪与黑社会性质组织犯罪之间存在千丝万缕的联系，所以量刑时"恶"应当作为从重考虑的因素。在恶势力的判断中是否认可"软暴力"手段对于具体案件的定性有本质性的影响，因为定性为恶势力之后，部分犯罪行为的入罪标准如敲诈勒索罪将相应降低，对被告人的实体、程序利益均会产生重大影响。最高司法机关在《"软暴力"意见》等规范性文件中虽然转变了对"软

---

[1] 参见王东升、刘莉：《黑恶势力"软暴力"犯罪情况探析——以甘肃省兰州市检察机关办案实践为样本》，载《检察调研与指导》2019年第1期。

[2] 参见黄京平：《软暴力的刑事法律意涵和刑事政策调控——以滋扰性软暴力为基点的分析》，载《新疆师范大学学报（哲学社会科学版）》2019年第6期。

暴力"作为黑恶势力犯罪手段节制的立场，但是在之后公布的《恶势力意见》中，体现出明确限定恶势力成立范围的倾向。按照这一立场，网络黑恶势力犯罪自然不能划入黑恶势力犯罪的范围。

笔者认为，从严或是从宽把握"软暴力"的违法犯罪标准不只是立法规范与司法规则的问题，刑事政策的调整作用不可或缺。刑事政策贯穿刑事立法、刑事司法以及刑事执法的各个层面，所以必须直面法律政策的适用与适用标准。[1]《"软暴力"意见》《恶势力意见》等司法解释的出台，是基于严厉打击黑与恶犯罪的需要，其出台背景从侧面反映出"软暴力"入罪并不是一个纯粹的法律问题，更多的是法律政策适用的结果。扫黑除恶专项斗争及其常态化带有很强的政策性和政治性，这就决定了黑恶势力这一概念是一个兼具法律和政治双重意义的术语，其中"软暴力"违法犯罪问题自然也就成为一个非纯粹的法律适用问题，更多的是涉及法律政策的适用探讨。鉴于此，对于网络黑恶势力犯罪的常用手段——滋扰型"软暴力"而言，立足于严厉打击黑恶势力犯罪的刑事政策立场，结合相关立法以及司法解释，将其纳入"软暴力"的范围，进而认定为"软暴力"的违法犯罪不存在障碍。当然，对兼具政治和法律双重否定性评价意义的"软暴力"行为不能毫无节制地认定，特别是对于其中立法和司法规则入罪尚不顺畅的滋扰型"软暴力"，为了避免司法机关对黑恶势力犯罪认定范围的无限扩张，应当将其限定在合理的范围内。

（二）滋扰型"软暴力"纳入"软暴力"范围的合理界限

扫黑除恶的司法实践已经明确，"软暴力"违法犯罪的认定不是一个单纯的法律层面的问题，政策调整的空间较大，其中，网络黑恶势力犯罪的常用手段——滋扰型"软暴力"更是一个具有较大政策弹性空间的法律适用问题。这一结论某种意义上并非出于逻辑的推理或建立在学术研究的基础上，而是基于扫黑除恶专项斗争以及扫黑除恶常态化本身的属性，在总结具体案件的基础上对办案规律总结的客观呈现。法律与政策在这一问题上的交互作用，对"软暴力"违法犯罪的认定规模以及滋扰型"软暴力"的认定数量上起到

---

[1] 参见何荣功：《避免黑恶犯罪的过度拔高认定：问题、路径与方法》，载《法学》2019年第6期。

了至关重要的作用。在符合立法以及司法解释规定的前提下，刑事政策对"软暴力"范围操作标准进行细化，直接决定了"软暴力"的成立规模以及滋扰型"软暴力"是否能够纳入"软暴力"犯罪，也间接影响了网络黑恶势力犯罪的认定范围。

在惩治黑恶势力犯罪上，我国的基本刑事政策——"宽严相济"同样需要遵循，不过其更加强调严厉打击的一面。2015年最高人民法院在《全国部分法院审理黑社会性质组织犯罪案件工作座谈会纪要》中就指出，现在我国黑社会性质组织活跃、多发、破坏力强，严重威胁人民群众的生命、财产安全，还极力渗透经济、政治领域，严重侵蚀维系社会和谐稳定的根基，因此《关于开展扫黑除恶专项斗争的通知》突出强调对黑恶势力犯罪要"依法严惩""始终保持对各类黑恶势力违法犯罪的严打高压态势"。当然"严厉打击"并不意味着扩大打击，而是要在合理的范围内予以严厉打击。一方面，为了弥补对网络黑恶势力组织以滋扰型"软暴力"作为实施违法犯罪行为手段时打击的不足，应当政策性地降低"软暴力"违法犯罪的初级门槛，将滋扰型"软暴力"纳入刑法"软暴力"行为的评价范围，以回应严厉惩治黑恶势力犯罪的实际需要；另一方面，为了避免司法实践中对于"软暴力"犯罪认定的无限扩大，应该以明确的政策限定适度调低"软暴力"门槛特别是滋扰型"软暴力"适用的范围。易言之，应当对"软暴力"中滋扰型"软暴力"的违法犯罪标准附条件予以限制，将"软暴力"中的滋扰型"软暴力"限定在黑恶势力犯罪中。换言之，对"软暴力"的标准作有限度的下调，严格限制滋扰型"软暴力"适用的对象，保持刑事政策在法律适用上的理性介入，确保刑事政策性的干预能够在形式法治的框架内进行，以形式法治作为政策调控的底线。[1]

有学者指出，在扫黑除恶法律政策适用问题的规范中，已经显示出对于黑恶势力犯罪司法认定标准的降低趋势。以《"软暴力"意见》为例，对黑恶势力将"软暴力"作为犯罪手段的基本定位的规定，事实上已经降低了"软暴力"犯罪的入罪标准。[2]对此有观点提出，需将"软暴力"认定标准

---

[1] 参见黄京平：《软暴力的刑事法律意涵和刑事政策调控——以滋扰性软暴力为基点的分析》，载《新疆师范大学学报（哲学社会科学版）》2019年第6期。

[2] 参见何荣功：《避免黑恶犯罪的过度拔高认定：问题、路径与方法》，载《法学》2019年第6期。

的降低限制在一个合理的范围内，即暴力性是"软暴力"实施的基础。换言之，只有"软暴力"作为手段的情况下，应当排除黑与恶的定性，即暴力性是黑社会性质组织与恶势力组织的必备属性。[1]显然，在《"软暴力"意见》降低"软暴力"违法犯罪入罪标准的问题上，理论界与实务界均表现出限制认定的立场。不过，从《"软暴力"意见》的规定分析，该意见并非一味降低滋扰型"软暴力"的认定标准，而是在适用范围、适用对象等方面设置了严格的条件。在扫黑除恶中，源于理论逻辑的约束或源于办案机关的约束，都不如政策的自我约束。规范外部的约束，自然不如规范自身的约束；而非正式的约束力量当然不能与有效力的约束机制相提并论。同样，标准参差不齐的约束与判断标准一致的约束不可同日而语。进言之，对网络黑恶势力犯罪中滋扰型"软暴力"违法犯罪问题的研究，考察规范的规定，正确解读规范性文件的含义，将这一刑事政策参与刑法适用的样本作为研究网络黑恶势力将滋扰型"软暴力"作为主要行为手段的犯罪，更具研究意义和可行性。

  详言之，在《黑恶势力犯罪指导意见》中，除了对滋扰型"软暴力"的表现形式进行概括、列举，更是进一步明确了滋扰型"软暴力"的基本判断标准，该判断标准实质上属于"软暴力"的普适性规定，直接扩大了滋扰型"软暴力"的适用范围，将"足以影响、限制人身自由、危及人身财产安全，影响正常生活、工作、生产、经营"，作为判断是否成立滋扰型"软暴力"的标准。与此相对应的是，《黑恶势力犯罪指导意见》第17条涉及的"软暴力"犯罪中，规定了"心理强制标准"的胁迫型"软暴力"。在《黑恶势力犯罪指导意见》的语境下，滋扰型"软暴力"仅限于黑社会性质组织实施，恶势力组织的"软暴力"手段仅限于胁迫型"软暴力"，且胁迫型"软暴力"仅限于犯罪手段。可见，《黑恶势力犯罪指导意见》严格限制了滋扰型"软暴力"适用的空间。此后出台的《"软暴力"意见》明显改变了《黑恶势力犯罪指导意见》对滋扰型"软暴力"的限制立场，通过两个"足以"的无条件择一关系的规定模式，将"客观危害"与"心理强制"的"软暴力"完全等价，实际上将胁迫型"软暴力"与滋扰型"软暴力"之间的区别完全抹除。根据这一司法解释，滋扰型"软暴力"成为恶势力组织违法犯罪的手段之一，

---

[1] 参见杨康健、魏娟：《恶势力犯罪案件的审查认定》，载《中国检察官》2019年第8期。

一般主体将滋扰型"软暴力"作为手段同样可能被认定为违法犯罪。这一规定使滋扰型"软暴力"与胁迫型"软暴力"之间在认定标准与处罚上完全等同,"软暴力"违法犯罪的标准实质上被降低。"软暴力"认定标准的政策降低是事实,标准降低后又通过适用范围等规定予以回调也是事实。对此应该得出如下的结论:

第一,司法解释之所以下调"软暴力"违法犯罪的标准,是出于应对黑恶势力犯罪发展趋势的需要。黑恶势力犯罪中"软暴力"手段逐渐增多,甚至出现利用互联网实施黑恶势力犯罪的案例。暴力、威胁这种传统手段被摒弃,随之而来的是"软暴力"的行为方式日益增多,并逐步网络化,与传统黑恶势力犯罪使用的暴力、威胁手段相比,手段的变化导致其危害不降反升。面对黑恶势力违法犯罪手段的"软暴力"化,特别是"软暴力"的网络化与网络异化,由于缺乏明确的法律依据而使司法机关陷入打击不力的局面。《黑恶势力犯罪指导意见》《网络黑恶势力犯罪意见》虽然对"软暴力"、利用网络实施"软暴力"作出了规定,但是司法实务中仍然面临着对"软暴力"尤其是网络"软暴力"的表现形式难以甄别、网络"软暴力"被认定为违法行为后,能否成为认定黑恶势力组织的行为特征等争论,特别是对一部分介于合法与非法之间的"软暴力"的认定,实践中存在巨大争议。

第二,根据打击网络黑恶势力犯罪的需要,对"软暴力"的认定标准必须进行政策性调整,这一调整自然需要合理且充分的依据。扫黑除恶专项斗争开展以来,规范"软暴力"的相关司法解释及其规定有《黑恶势力犯罪指导意见》、《"软暴力"意见》、《恶势力意见》、《"套路贷"意见》、《关于办理黑恶势力刑事案件中财产处置若干问题的意见》(以下简称《涉黑财产意见》)以及《网络黑恶势力犯罪意见》等。仅就规范文件之间的关系以及事实上的约束力来看,《"软暴力"意见》、《恶势力意见》、《涉黑财产意见》以及《网络黑恶势力犯罪意见》都是根据《黑恶势力犯罪指导意见》而制定的细化性、操作性规范,而《"套路贷"意见》是依据《黑恶势力犯罪指导意见》制定的具体犯罪行为的规范。从这一点看,《黑恶势力犯罪指导意见》规范的内容具有全面性、指导性以及原则性的特点,对黑恶势力的违法犯罪行为具有普适性,其他细化的规范性文件应该与《黑恶势力犯罪指导意见》的规定基本一致。不过,《软暴力意见》显然降低了《黑恶势力犯罪指导意见》中关于"软暴力"违法犯罪的门槛,《"软暴力"意见》并没有必然地将"软暴力"手段与黑恶势力相联系,其认为《黑恶势力犯罪指导意见》中将"软暴力"手段与组织特征相关联,既缺乏法律依据,也不符合黑恶势力犯罪的实际,所以删除了关于"软暴力"有组织性特征的规定,一般主体以"软暴力"手段实施的行为也存在纳入违法犯罪领域评价的可能。随后出台的《网络黑恶势力犯罪意见》同样删除了《黑恶势力犯罪指导意见》中关于"软暴力"的有组织性特征,将"软暴力"扩大至恶势力犯罪。与《"软暴力"意见》相比,《网络黑恶势力犯罪意见》将利用网络实施的黑恶势力犯罪的"软暴力"限制在黑恶势力犯罪的范畴。对于《"软暴力"意见》的规定,有学者持否定态度,认为《"软暴力"意见》偏离了《黑恶势力犯罪指导意见》的要旨,提出既然"暴力、威胁或者其他手段"规定在"有组织地多次进行违法犯罪活动"的表述之前,就说明暴力、威胁和属于"其他手段"的行为都不需要以"有组织性"为前提,"软暴力"作为"其他手段"之一自然也不需要以"有组织性"为前提,这样的规定弱化甚至虚化了黑恶势力犯罪与其他一般违法犯罪之间的界限,是对法条含义的错误解读。[1]

第三,"软暴力"认定标准被政策性降低,造成了认定标准不一,给司法实践造成了困扰,甚至导致扫黑除恶存在不当扩大化的风险。以《恶势力意见》为例,该规定将恶势力的手段行为予以限制,根据恶势力犯罪的本质认为暴力、威胁是恶势力犯罪的主要手段,《"软暴力"意见》显然为"软暴力"作为恶势力犯罪的主要手段提供了依据。随后出台的《网络黑恶势力犯罪意见》进一步为恶势力利用网络实施"软暴力"提供了处罚的依据,扩大了对恶势力的处罚范围。以"套路贷"犯罪为例,按照《"套路贷"意见》的规定,实施"套路贷"过程中,手段暴力和威胁并不明显的情况下,其行为整体特征符合诈骗罪的犯罪构成,以诈骗罪定罪处罚;对于在实施"套路贷"过程使用多种手段如敲诈勒索、诈骗、虚假诉讼等,涉及多种犯罪时,应当区分不同情况,依照刑法及司法解释的规定实行数罪并罚或者择一重处。这在有些学者看来是对滋扰型"软暴力"作为黑恶势力犯罪行为手段的限制。据此,根据《恶势力意见》,如果恶势力组织以滋扰型"软暴力"为手段实

---

[1] 参见黄京平:《软暴力的刑事法律意涵和刑事政策调控——以滋扰性软暴力为基点的分析》,载《新疆师范大学学报(哲学社会科学版)》2019年第6期。

施"套路贷"案件，符合上述条文规定的，应倾向于定敲诈勒索罪，而一般主体以滋扰型"软暴力"实施"套路贷"犯罪符合上述条文规定的，倾向于认定为诈骗罪。但是，如果依据《"软暴力"意见》，由于《"软暴力"意见》对于滋扰型"软暴力"并未区分主体，所以对以滋扰型"软暴力"为手段实施的"套路贷"案件，会倾向于以敲诈勒索罪来定性，进而容易将这类犯罪评价为恶势力组织实施的犯罪，几无成立诈骗罪的空间。根据《网络黑恶势力犯罪意见》的规定："利用信息网络威胁、要挟他人，索取公私财物，数额较大，或者多次实施上述行为的，依照刑法第二百七十四条的规定，以敲诈勒索罪定罪处罚。"但前提必须是黑恶势力犯罪组织实施的上述行为。按照《网络黑恶势力犯罪意见》，仅使用滋扰型"软暴力"作为手段的"套路贷"案件同样倾向于认定为敲诈勒索罪，而不存在成立诈骗罪的空间。

针对网络黑恶势力犯罪中争议较大的滋扰型"软暴力"的认定标准，在笔者看来，其合理的边界绝对不能以政策性调控一味降低认定的标准，现实的做法或者说合理的做法应当是通过对滋扰型"软暴力"的范围等进行限定，在一定程度上实现制衡来确定其界限。详言之：

首先，《"软暴力"意见》中对于滋扰型"软暴力"并非一律纳入"软暴力"的范围内，而是通过设置标准的方式，对滋扰型"软暴力"成立的范围作出了限制。也就是将"足以使他人产生恐惧、恐慌进而形成心理强制或者足以影响、限制人身自由、危及人身财产安全或者影响正常生活、工作、生产、经营"作为滋扰型"软暴力"的范围与程度标准。只有在实质上符合这一标准的滋扰型"软暴力"才能够成为违法犯罪的手段，才有可能进一步被评价为黑恶势力的违法犯罪手段。对于传统胁迫型"软暴力"而言，《"软暴力"意见》并未作出任何程度与范围的限制，这一标准实质是针对滋扰型"软暴力"作为黑恶势力手段行为时应如何予以应对的规定。对此，对《"软暴力"意见》的规定要作出正确的解读和把握，至少需要明确以下三个问题。一是对于滋扰型"软暴力"的有组织性如何理解？二是滋扰型"软暴力"是否以暴力作为后盾或者是保障？三是单纯的网络滋扰型"软暴力"是否同样需要暴力作为后盾？关于第一个问题，实际上涉及滋扰型"软暴力"的有组织性如何理解，特别是恶势力与滋扰型"软暴力"的关系。这一问题的实质在于对"组织性"的理解。《黑恶势力犯罪指导意见》对于滋扰型"软暴力"的有组织性采取了狭义的概念,"有组织性"即组织已经形成,可以概括为组织的一般过去时。《"软暴力"意见》以及《网络黑恶势力犯罪意见》鉴于实践中恶势力采取滋扰型"软暴力"为犯罪手段的案件不断增多,认为滋扰型"软暴力"的组织性可以理解为组织正在形成或者组织已经形成,即包括一般过去时与正在进行时两种组织状态。据此,如果根据《黑恶势力犯罪指导意见》,滋扰型"软暴力"不能成为恶势力的行为手段,而按照《"软暴力"意见》以及《网络黑恶势力犯罪意见》,恶势力采取滋扰型"软暴力"的情况下,如果伴随着组织的从无到有、从小到大的情况,就应将滋扰型"软暴力"认定为恶势力违法犯罪的手段。假如该组织不能被认定为恶势力组织,行为人采取的单纯的滋扰型"软暴力"自然不能认定为违法犯罪手段。从这一点看,《"软暴力"意见》和《网络黑恶势力犯罪意见》实际上降低了对"组织性"的认定标准,将组织形成的动态过程纳入"组织性"中,将其与组织结果性并列为"组织性"的内容。从实质上说是以恶势力的形成过程代替了恶势力的形成结果。关于第二个和第三个问题,即滋扰型"软暴力"是否以暴力作为后盾、单纯的网络滋扰型"软暴力"是否需要暴力作为后盾的理解,实际上司法解释均持暴力保障作为滋扰型"软暴力"前置条件的立场。比如,《"软暴力"意见》规定"足以使他人认为暴力、威胁具有现实可能性"这种类似于危险犯的描述,即不需要暴力、威胁真实地实现,只要有现实的可能性即可,并且通过列举的方式对常见的滋扰型"软暴力"情形进行了不完全列举。《网络黑恶势力犯罪意见》中虽然没有明确的规定,但是其条文中同样蕴含着将暴力作为滋扰型"软暴力"后盾的内容。比如其中规定:"对通过发布、删除负面或虚假信息,发送侮辱性信息、图片,以及利用信息、电话骚扰等方式,威胁、要挟、恐吓、滋扰他人,实施黑恶势力违法犯罪的,应当准确认定,依法严惩。"其中"威胁、要挟"同样是具有暴力色彩的手段,与《"软暴力"意见》中"足以使他人认为暴力、威胁具有现实可能性"的规定异曲同工。

其次,延续《黑恶势力犯罪指导意见》的规范精神,《"软暴力"意见》和《网络黑恶势力犯罪意见》对"软暴力"构成犯罪的范围均采取了较为严格的立场。不过,被认定为违法犯罪手段的"软暴力"具体应该按照何种罪名定罪处罚是纯粹的刑法具体规范的适用。对于其中的滋扰型"软暴力"而言,单纯将其纳入具体的刑法规范似乎存在类推解释的嫌疑。但是,在扫黑除恶常态化的大背景下,网络黑恶势力组织将滋扰型"软暴力"作为手段的情况增多,将其评价为违法犯罪就具有了刑事政策的依据。扫黑除恶兼具法律性与政策性,政策参与调控是不争的事实。基于扫黑除恶刑事政策以及司法实践的压力,对于某些主体实施的滋扰型"软暴力"自然要进行刑法评价。但是单纯的滋扰型"软暴力"毕竟多数属于《治安管理处罚法》评价的范畴,所以对滋扰型"软暴力"入刑应当严格限制在"滋生于黑恶势力犯罪"且"由黑恶势力组织实施"的情况下,才具有严重的社会危害性、刑事违法性以及应受刑罚处罚性,并且在符合具体犯罪构成的前提下,才能够认定其成立具体犯罪,如强迫交易罪、寻衅滋事罪、敲诈勒索罪、非法拘禁罪等。在行为并不符合任何具体犯罪构成的情况下,仅能作为黑恶势力行为特征的事实认定要素。否则,势必模糊《刑法》与《治安管理处罚法》关于滋扰型"软暴力"惩处的界限。因为在此范围之外认定构成犯罪,同样是为刑事政策所不允许的。宽严相济刑事政策是我国的基本刑事政策,对于大部分犯罪行为而言宽严相济倾向"以宽为主";对极少数犯罪,宽严相济刑事政策在总体上趋向于"以严为主",黑恶势力犯罪就属于极少数总体上"以严为主"的犯罪。基于此,黑恶势力采用的滋扰型"软暴力"存在被刑法评价的可能,而其他一般违法犯罪行为采用的滋扰型"软暴力"显然不具有被刑法评价的政策基础。

最后,应该对黑恶势力以外的一般主体实施的采用滋扰型"软暴力"为手段的行为保持谨慎入罪的态度,《"软暴力"意见》等司法解释也坚持了这一立场。《"软暴力"意见》第 11 条第 1 款规定:"雇佣、指使他人采用'软暴力'手段强迫交易、敲诈勒索,构成强迫交易罪、敲诈勒索罪的,对雇佣者、指使者,一般应当以共同犯罪中的主犯论处。"但是,将"因本人及近亲属合法债务、婚恋、家庭、邻里纠纷等民间矛盾"而雇佣、指使他人采用"软暴力"手段非法剥夺他人人身自由、非法侵入他人住宅、寻衅滋事,没有造成严重后果并且并非屡教不改的行为排除在外。不过,《"软暴力"意见》对使用"软暴力"手段特别是滋扰型"软暴力"手段实施的非法拘禁、非法侵入住宅、寻衅滋事等行为没有作出主体限制,但是犯罪行为必须符合严重的社会危害性、刑事违法性以及应受刑罚处罚性三个特征,很明显利用"软暴力"尤其是滋扰型"软暴力"进行非法拘禁、非法侵入住宅、寻衅滋事的,只有实施主体是黑恶势力时,才能够符合犯罪的基本构成,才具有严重的社会危害性与刑罚适用的必要性。对于一般主体使用滋扰型"软暴力"进行非法拘禁、非法侵入住宅、寻衅滋事的，必要时认定构成违法行为即可。所以，有必要对这一规定基于"滋生于黑恶势力犯罪"，"由黑恶势力实施才具有严重的社会危害性和刑罚可罚性"的政策精神作出合理的体系性解释。在这一点上，《网络黑恶势力犯罪意见》比《"软暴力"意见》更为明确，直接将利用网络滋扰型"软暴力"实施的强迫交易、敲诈勒索、寻衅滋事等行为的主体限定为黑恶势力，避免了处罚不当扩大的情况出现。

三、网络时代"软暴力"刑法定位的解释更新

"软暴力"作为条文的关键词，其范畴自然会随着社会的发展而不断被丰富。从农业时代到工业时代再到目前的互联网时代，信息技术给我们的生活带来了巨变的同时，犯罪也悄然发生着变化。黑恶势力犯罪与网络的碰撞衍生出网络黑恶势力犯罪，"软暴力"的手段随之增多。在此背景下，研究网络时代"软暴力"的刑法定位，对网络黑恶势力犯罪的关键词"软暴力"进行合理、合法的解释，是当下亟待解决且不可能回避的问题。

（一）网络黑恶势力犯罪背景下"软暴力"扩张性的背景转化

在信息网络时代，网络成为人们生活中不可或缺的一部分，网络空间成为与现实并列存在的另一场域，社会形态产生了巨大变革。在传统社会人与人之间要面对面才能够发生联系，彼此身份很容易被认知，作为一种新的社会形态的网络社会，依托网络空间的技术和网络资源，人与人之间的行为无需面对面即可发生。日新月异的网络技术和网络资源总是被一些犯罪人利用，成为犯罪的工具或者犯罪的空间，网络空间潜能无限，不管是"一对多"的网络违法犯罪模式，还是以"多对多""多对一"为典型的涉网络犯罪帮助模式，抑或是在法益层面"点对点"向"点对面"的变化，无不体现了网络在犯罪方面被犯罪人利用的巨大"潜能"，传统社会受到巨大冲击的同时，传统的法律规定也受到了挑战。从这一点看，传统犯罪的"关键词"已然具备转型的需要。近些年黑恶势力犯罪体现出来的网络性因素不断增多，"软暴力"是比较典型的表现，其中利用网络实施的"软暴力"占据多数，这类"软暴力"能否被认定为黑恶势力犯罪的行为手段存在极大争议。究其根源，"软暴力"特别是利用网络实施的"软暴力"与传统犯罪有很大区别。传统

犯罪如侵犯财产犯罪、妨害社会管理秩序犯罪等具有类型性的限定，而"软暴力"作为犯罪手段内容广泛，通过网络实施的"软暴力"更是如此，其可能侵犯公共法益或者个人法益，也可能侵犯人身法益或者财产法益。基于网络黑恶势力"软暴力"的犯罪现实，在不同行为之间难以存在对应性、共同性的情况下，必须重新考虑传统刑法条文应对"软暴力"行为路径的妥当性，确立恰当的回应路径。

(二) 体系化思考——网络黑恶势力犯罪"软暴力"之实然解构

网络"软暴力"在表现形式上不断翻新，导致实践中出现认定困难。究其原因，主要是执法者在法律适用方面缺乏整体性、体系性的法典思维，没有充分运用刑法各条文和刑法原则之间的内在联系来认定"软暴力"。从法教义学的角度出发，规范、解释与体系是紧密相连、不可或缺的核心要素。通过解释，刑法规范得以发挥实用性，通过个案到一般原理，刑法的体系得以发展，以刑法规范为出发点，一方面是解释，另一方面则是要建构体系化。[1]体系是一个法治国家刑法不可放弃的因素。[2]在现有的刑法以及司法解释的基础上，从法教义学的视角结合规范的客观解释论，从体系化的角度剖析"软暴力"是可行的。因为不管"软暴力"如何随着网络时代的变化而改变形态，它内在的属性是不会轻易改变的。从体系化角度思考，"软暴力"应具备以下特征：

第一，"软暴力"之主观方面。此处的主观方面与刑法规定的犯罪的主观方面——故意与过失不同，是指"软暴力"的主观违法要素，即行为人通过实施"软暴力"达到某种目的的希望或者追求。就黑恶势力犯罪而言，追求巨大的经济利益是其最终的目的，即使在组织成立初期并不是将经济利益作为唯一的追求，扩大影响也是其重要的目的，但是随着组织的不断发展，最终都会回归到通过对行业形成非法控制，达到追求经济利益的终极目标上。因此，谋取不法经济利益或者形成非法影响就是黑恶势力"软暴力"入罪的主观条件，这也是黑恶势力实施"软暴力"和普通犯罪实施"软暴力"的本质区别。例

---

[1] 参见［德］古斯塔夫·拉德布鲁赫：《法教义学的逻辑》，白斌译，载《清华法学》2016年第4期。

[2] 参见［德］克劳斯·罗克辛：《德国犯罪原理的发展与现代趋势》，王世洲译，载梁根林主编：《犯罪论体系》，北京大学出版社2007年版，第3页。

如，一团伙成立后，为了追求精神刺激，多次采用"软暴力"手段对群众进行滋扰，显然不能将该团伙认定为恶势力组织，因为其不符合"软暴力"的主观方面的条件。

第二，"软暴力"之客观方面。立法和司法解释针对黑社会性质组织的"软暴力"的客观方面，均采取以暴力或者暴力相威胁作为实施"软暴力"后盾的立场，这也是"空间型"网络黑社会性质组织在司法实践中很少能够被定性为黑社会性质组织的重要原因。在恶势力采取"软暴力"作为手段实施犯罪的情况下，是否要求以暴力作为后盾，司法解释并没有明确的规定，对此理论界和实务界存在争议。但是通说观点基本延续关于黑社会性质组织"软暴力"的界定立场。仔细分析可知，《"软暴力"意见》中规定了胁迫型"软暴力"和滋扰型"软暴力"两种类型。胁迫型"软暴力"即以恶害相告的"软暴力"，"足以使他人产生恐惧、恐慌进而形成心理强制"是传统的胁迫型"软暴力"的核心要素；而"足以影响、限制人身自由、危及人身财产安全，影响正常生活、工作、生产、经营"是新型的滋扰型"软暴力"的核心要素和客观行为表现。实践中，网络黑恶势力犯罪的犯罪人为逃避侦查和法律追究，在犯罪手段的选择上往往倾向于选择滋扰型"软暴力"。

胁迫型"软暴力"作为传统的"软暴力"，以暴力或者暴力相威胁作为后盾显而易见。立法和司法解释均是以传统的"软暴力"——胁迫型"软暴力"为基础设置的相应条款，虽然立法和司法解释关注到了滋扰型"软暴力"，但是缺乏明确的定性规定。滋扰型"软暴力"并非以暴力或者暴力相威胁作为后盾，某些滋扰型"软暴力"并不必然能够被依法认定为违法行为，暴力或者以暴力相威胁也不再是其必备的成立要件，导致其入罪受限。这种情况下，建议从刑法评价过渡到治安管理处罚法评价。我国《治安管理处罚法》中有很多兜底性、堵截型条款，典型的如第 23 条第 1 款第（2）项"扰乱……其他公共场所秩序"的规定。换言之，能够被刑法所认定的基本上是胁迫型"软暴力"，滋扰型"软暴力"大多属于《治安管理处罚法》的评价范畴，而《治安管理处罚法》这些兜底性、堵截型条款使滋扰型"软暴力"的认定更容易受刑事政策的调控。在扫黑除恶常态化的大背景下，以刑事政策适度降低"软暴力"的认定标准无可厚非，但是刑事政策对"软暴力"认定的调节必须遵守法律原则，必须同时受到一定程度的制衡。滋扰型"软暴力"只有是黑恶势力实施的情况下才具有严重的社会危害性和刑罚可罚性是政策调控的底线。[1]从技术优势的角度分析,滋扰型"软暴力"的实施借助网络技术的优势大幅度提高了犯罪的效率,同时也为司法机关依法打击此类网络黑恶势力犯罪制造了不小的障碍,但是网络技术同样是网络黑恶势力组织能够运用滋扰型"软暴力"手段的命脉所在,如果能够切断其技术来源,滋扰型"软暴力"手段自然难以继续被使用。刑法打击的着力点在关注滋扰型"软暴力"的同时,也要关注为其提供技术帮助的行为。譬如,美国2006年为重点打击为非法网络赌博提供电子交易服务的行为,颁布了《非法互联网赌博执法法案》(UIGEA),虽然该法案最终并未实施,但是也起到了积极的效果,多家赌博网站此后选择退出美国市场。[2]

第三,"软暴力"的组织特征。组织特征是黑恶势力的典型特征,这也是黑与恶被统称为有组织犯罪的根本原因。正是因为组织特征的存在,才使黑恶势力犯罪与普通的共同犯罪相比更具社会危害性。关于组织特征,实践中存在着形式认定与实质认定的争议。"软暴力"讨论的组织特征,不是指黑恶

---

[1] 笔者并不否认通过技术手段减少网络滋扰空间是治理网络黑恶势力犯罪经济和有效的手段,也是压缩网络黑恶势力犯罪使用滋扰型"软暴力"空间的治本方式。但是在目前,技术手段无法完全避免滋扰型"软暴力",在部分网络黑恶势力组织将滋扰型"软暴力"作为主要手段的现实情况下,通过刑事政策的调控,将网络黑恶势力组织采取滋扰型"软暴力"作为手段纳入刑法处罚的范围,这种治标的手段与通过技术手段减少网络滋扰空间的治本手段之间并不矛盾,两者其实共同构筑了网络黑恶势力犯罪综合治理的措施体系。详言之,鉴于滋扰型"软暴力"与网络技术的支持息息相关,通过技术手段减少网络滋扰的空间当然是减少网络黑恶势力犯罪将滋扰型"软暴力"作为犯罪手段的有效途径,因为通过技术手段减少网络滋扰空间属于犯罪行为前采取的防范活动和措施,有助于从源头上消除犯罪的原因、避免犯罪的发生。社会预防、心理预防、治安预防以及刑罚预防构成了我国预防犯罪的四道防线,这四道防线存在着一定的顺序之别。犯罪学的通说观点指出,完善的社会加上完善的人是预防和杜绝犯罪最为理想的条件。上述措施中社会预防和心理预防自然是预防犯罪发生的有效策略,治安预防与刑罚预防则是作为不得已的补救措施在犯罪行为发生之后的选择。易言之,坚持预防为主、重在治本,是综合治理工作基本的立足点和出发点,尽管对犯罪进行打击必不可少,但犯罪学的研究表明,惩罚与打击在犯罪治理方面只能达到治标的效果,不可能从根本上减少违法犯罪,因为违法犯罪蔓延的原因主要是现行社会结构的缺陷和制度运行的不良,而并非因为刑法的严厉性不够(参见张远煌主编:《犯罪学》,中国人民大学出版社2020年版,第308~309页)。鉴于此,强调预防为主,重在治本,并不意味着可以忽视对违法犯罪的打击,放弃治标的手段,事后惩罚不仅是一种特殊的预防手段,同时也是推进事前预防和巩固预防成果的必要补充和保障。只有事后的打击与事前的预防相互配合,才能使预防为主、重在治本的原则更为完善并且得到落实,《反有组织犯罪法》中关于惩治与预防并举的规定模式也很好地证明了这一点。

[2] 参见黎梦竹:《网络赌场屡禁不止:中外处理方式有何不同》,载 https://tech.sina.com.cn/zl/post/detail/i/2016-07-20/pid_8508007.htm,最后访问日期:2022年8月20日。

势力组织形成的时间、组织严密形式的组织特征，而是指黑恶势力在以"软暴力"为手段实施犯罪时，"组织性"是否具备的问题，即是否有明确的组织者、领导者和纠集者，组织成员之间是否分工明确、手段与目标是否一致等，这不仅符合罪刑法定原则，也是刑事政策和司法处理的技巧性要求。[1]以韩某甲等人涉恶案件为例，关于这起案件组织性质的认定，检察机关和一审法院均认为，韩某甲等4人为了从新农村建设的道路硬化工程中谋取非法的经济利益，令临时雇佣的人采取"软暴力"手段，实施多起违法活动，形成了较为固定的团伙，该团伙已经构成了恶势力团伙。二审法院则给出了不同的答案，认为该案件中虽然涉案人数较多，通过"软暴力"手段实施了一系列的强迫交易、寻衅滋事等违法活动，但是各被告人之间并不存在组织性，缺乏紧密联系，无论是承包工程还是实施违法活动，成员之间并非基于组织目标，而是均各为其利，纠集者也不固定，随意性强。在实施违法犯罪时，大部分人都是临时纠集雇佣而来，组织成员之间分工不明确，所以不宜认定为恶势力。[2]通过对上述案例进行分析可以得出这样的结论，认定"软暴力"犯罪，组织性是其必备的要件。有学者指出，关于"有组织"的认定，应该从以下三个方面进行解读：首先，必须是以组织名义实施且出于组织利益的考虑。违法犯罪活动实施是依据计划与分工进行的，司法实践集中表现为争夺势力范围、排除竞争对手、确立江湖地位、谋取非法经济利益等。其次，组织者、领导者和纠集者相对固定，能够将组织中的主犯和从犯区分开。最后，组织成员的目标具有一致性。[3]其实，黑恶势力犯罪之间的法律特征不能被割裂分析，而应当作整体的判断。司法实践中根本不会出现仅成立黑恶组织但是并未实施其他任何违法犯罪的情况，因为单纯成立组织不可能进入司法机关打击的视线，只有在组织实施了一定的违法犯罪活动以后，司法机关才会予以打击。组织特征其实是各个违法犯罪行为累加起来的反映，而各个犯罪人之间基于共同的目标实施违法犯罪活动是判断组织特征、非法控制

---

〔1〕参见姜涛：《当前我国黑社会性质组织犯罪若干问题研究》，载《中国人民公安大学学报（社会科学版）》2010年第4期。

〔2〕参见张素敏、焦占营：《黑恶势力"软暴力"入罪的检视与构建——以H省Z市法院近五年来黑恶势力犯罪案件为研究样本》，载赵秉志等主编：《改革开放新时代刑事法治热点聚焦》（下卷），中国人民公安大学出版社2018年版，第938~946页。

〔3〕参见陈兴良：《关于黑社会性质犯罪的理性思考》，载《法学》2002年第8期。

特征的基础。在网络黑恶势力犯罪中，虽然组织特征相比传统黑恶势力犯罪而言在形式上已经被弱化，但是从实际上看，各组织成员之间的行动同样具有组织性，组织者、领导者同样能够对组织成员的活动实现支配，在基于共同利益和目标的情况下，能够使组织成员之间形成凝聚力，进而形成一个"结合体"。如前所述，在"软暴力"特别是涉及滋扰型"软暴力"判断的时候，由黑恶势力犯罪组织实施是其入刑的界限，而黑恶势力犯罪所具有的组织性是判断"软暴力"尤其是滋扰型"软暴力"是否成立的必备条件。就网络黑恶势力犯罪而言，对其组织特征应采取实质的判断标准，结合组织特征判断其手段行为是否属于"软暴力"的范畴。

第四，"软暴力"的心理强制特征。"软暴力"与暴力最大的区别是"心理强制"的形成。如何对"心理强制"进行判断，"心理强制"的程度应达到刑法规制范畴标准的界定，同样影响"软暴力"是否成立的判断。何谓心理强制，并没有确切的定义，在实践中"软暴力"的表现形式复杂多样，每种"软暴力"行为都会或多或少对被害人形成不同程度的心理强制，在刑法上应当如何判断受害人心理强制的程度存在不同观点。第一种观点是"被害人反应说"，即以被害人受到"软暴力"的心理强制后，是否丧失自由意识作为判断标准。第二种观点主张"被害人一般人标准说"，以被害人所遭受的"软暴力"在一般人身上是否会导致一般人丧失自由意识作为判断的标准。第三种观点同样是"一般人标准说"，主张以使社会一般人产生心理恐惧从而不敢反抗作为标准。其实，无论是"被害人反应说"还是"被害人一般人标准说"，两者的主张均是以被害人的主观感受为判断标准，这会导致在判断行为人是否成立"软暴力"的违法犯罪的问题上没有统一标准。"一般人标准说"同样欠妥，因为被害人是一个个具体的人，每个人的心理承受能力并不一样，在受害对象是老年人、未成年人等弱势群体时，一般人标准就会显失公平。[1]笔者认为，对于心理强制的程度应当以主客观相统一原则为指导进行综合判断。首先，从主观上分析，受害人是否因为"软暴力"造成了心理恐惧从而丧失自我意志的表达，即碍于"软暴力"不敢反抗、不能反抗。其次，被害人是否因为受到心理强制而处分了自己的合法权益，即存在基于"软暴力"

---

〔1〕 参见黄京平：《恶势力及其软暴力犯罪探微》，载《中国刑事法杂志》2018年第3期。

形成的心理强制进而处分自己合法权益的情形。最后,该心理强制是否符合一般人的社会认知,即以被害人为中心,以其感受为标准,在法益受到侵害的情况下,结合社会一般人的认知作出判断。

第四节 "非法控制特征"的争议与解读

在网络时代,非法控制特征成为黑与恶区别的唯一特征。所谓非法控制特征,是指通过违法犯罪的方式,或者利用国家工作人员形成"保护伞",称霸一方,在一定区域或者行业内,形成非法控制或者造成重大影响,严重破坏经济、社会生活秩序。在网络黑社会性质组织的语境下,针对非法控制特征需要明确两个问题,第一个问题是"区域"是否包含网络空间?第二个问题就是"行业"的范围是否包含非法行业?

一、网络黑恶势力犯罪中"非法控制特征"的地位

《网络黑恶势力犯罪意见》针对网络黑恶势力犯罪的非法控制特征的认定作出了原则性规定,肯定了在网络空间和现实空间同时造成重大影响并对社会经济和社会生活秩序造成严重破坏的、利用信息网络实施网络黑恶势力犯罪行为的"非法控制特征"。同时指出,对此类犯罪非法控制特征的认定应结合行为发生地或者行业的相对集中程度综合判断,鉴于网络无地域性的特征,即使行为发生地和行业相对分散,但是组织如果多次利用网络实施诸如强迫交易、敲诈勒索等违法犯罪行为,危害性达到非法控制特征的要求,同样能够认定为"在一定区域或者行业内,形成非法控制或者重大影响"。可见,关于非法控制特征刑事立法和司法解释均采取了描述性概念而非揭示本质的概括性概念,这种界定方式能否给司法机关提供准确的判断依据是值得怀疑的。因为这种规定方式并没有给出非法控制特征的实质内涵型概念,不同的人存在理解的偏差也就在所难免,这也是导致实践中网络黑恶势力犯罪虽然符合黑恶势力犯罪的其他特征,但是与法官和民众观念中的黑恶势力组织相差甚远的重要原因。[1]在研究网络黑恶势力犯罪非法控制特征时,首先需要明确

---

[1] 参见李林:《黑社会性质组织司法认定研究》,载《河南财经政法大学学报》2013年第4期。

的是非法控制特征在网络黑恶势力犯罪中的作用。网络黑恶势力犯罪与传统黑恶势力犯罪在表现形式方面已经存在极大差别，组织形式随着社会的发展发生变化、行为方式手段的选择同样带有时代的色彩，组织特征、行为特征显然不是网络黑恶势力犯罪的核心特征。经济特征同样并非核心特征，即使在传统黑恶势力犯罪中这一观点也不存在争议。简言之，黑社会性质组织与恶势力组织的区别在于是否具备"非法控制特征"，这也是网络黑社会与网络恶势力的区别所在。

  首先，可以明确的是组织特征并非黑社会性质组织的核心特征。因为从刑法规定可知，组织特征包含组织规模、组织的结构层级、组织遵循的纪律等组织形式的各个方面。作为犯罪集团中的一种特殊类型，组织特征自然成为黑社会性质组织和恶势力组织的法律特征之一，但是所有犯罪集团或多或少都存在组织特征，其并非黑社会性质组织这一类犯罪所特有，所以无法单独以此区分不同类型的犯罪集团。实践中，一般的犯罪集团有的规模也能达到百人，组织内部同样层级分明，分工明确，犯罪组织同样具有长期存在性以及一定的稳定性。互联网的广泛使用使"脸书式"的组织结构逐渐替代了传统黑恶势力组织"教父式"的组织结构，网络黑社会性质组织犯罪与网络恶势力犯罪之间的组织特征界限更为模糊，即使在传统黑恶势力的语境下组织特征也并非核心特征，显然无法通过组织特征将黑社会性质组织、恶势力组织以及其他一般犯罪集体区别开来。

  其次，行为特征并非黑社会性质组织的特有特征。暴力、威胁等手段并不局限于黑恶势力犯罪，"软暴力"手段也是如此。黑社会性质组织确实会通过暴力、威胁、"软暴力"的手段实现对一定行业、一定区域的非法垄断或者形成一定影响，但是这些手段一般性的犯罪集体同样能够采用。以寻衅滋事罪为例，黑社会性质组织可以采取随意殴打他人的方式，恶势力组织亦然。就网络黑恶势力犯罪而言，网络黑社会性质组织犯罪可以使用暴力、威胁、"软暴力"的手段，网络恶势力组织同样可以使用这些手段。

  再次，经济特征同样不是黑社会性质组织的专属特征。攫取超乎正常的经济利益对黑社会性质组织的生存和发展而言至关重要，是其称霸一方不可或缺的基础。但是我国幅员辽阔，各地的经济发展水平并不一致，不同行业之间的利润空间也存在很大不同，所以刑法并未就经济利益的规模作出具体规定，只是从实质层面规定经济利益全部或者部分用于维系组织的生存和组织的发展。[1]经济特征能够将黑社会性质组织与恐怖组织相区别，是因为恐怖组织的目的一般具有政治、宗教色彩。不过，经济特征不足以区分黑社会性质组织、恶势力组织、一般犯罪集团与单位犯罪。比如，走私集团同样是将追求经济利益作为犯罪的目的，单位犯罪也是为了本单位的非法利益而实施犯罪行为，网络黑社会性质组织与网络恶势力组织在攫取经济利益方面同样不存在实质差别。

最后，黑社会性质组织的核心特征体现在非法控制特征上。第一，黑社会性质组织犯罪侵犯的法益是正常的经济与社会生活秩序，并被规定在刑法分则妨害社会管理秩序犯罪一章中。依据宪法规定，各级人民政府承担社会管理的职责，这就与黑社会性质组织的发展存在冲突，黑社会性质组织出于通过非法垄断产生利益的目的，会以暴力、胁迫、"软暴力"等一系列手段行为在政府管辖的区域和行业内，建立符合自己利益的非法秩序，这也是黑社会性质组织中"社会"的内涵，这种非法秩序与政府的正常行政管理形成了对抗。我国的黑社会性质组织最早可以追溯到封建社会，"中国帮会组织最重要的特征之一，就是建立相对稳定、排他性的势力范围，这一范围是通过帮会之间的斗争、吞并、依附或者协议等多种方式形成的，并得到江湖上承认确立的。"[2]第二，相比其他特征，非法控制特征显然更具明确性和独立性。如前所述，除了非法控制特征，黑社会性质组织的其他法律特征恶势力组织同样具备，以其他三个特征区分黑与恶会导致一定的模糊性与不确定性，而以非法控制特征为引领对其他三个特征作出综合判断，显然更具明确性，能够保证司法判决政治效果、法律效果、社会效果的统一。对网络黑恶势力犯罪而言，网络黑社会性质组织与网络恶势力组织单纯从组织严密程度、规模甚至人数上的区别都仅限于程度上的差别，并没有一个明确的界定，但是否对一定区域、行业形成非法控制显然是实质上的区别，是明确而具体的标准。

---

[1] 参见《刑法学》编写组编：《刑法学》（下册·各论），高等教育出版社2019年版，第204页。

[2] 何秉松：《有组织犯罪研究：中国大陆黑社会（性质）犯罪研究》（第一卷），中国法制出版社2002年版，第19页。

二、网络时代"区域"的界定

关于黑社会性质组织非法控制特征中"区域"是否包括网络空间的问题，1997年修订的刑法并未明确规定，直至2018年《黑恶势力犯罪指导意见》才明确将组织或雇佣"网络水军"在网上实施的威胁、恐吓、侮辱、诽谤等滋扰的行为纳入黑恶势力的手段行为中。鉴于此，网络成为非法控制特征中的"区域"已经不存在障碍。不过，目前司法机关在网络是否是非法控制特征中的"区域"问题上有所保留。以广州市为例，广州市人民法院在2019年办理了涉及"网络水军"的案件10余起，涉案人数49人，但是没有一起犯罪最终被认定为黑恶势力犯罪。究其原因是，在司法工作者看来，网络黑恶势力犯罪尤其是其中的"空间型"网络黑恶势力犯罪仅是一种形象化的称谓，其并不符合我国《刑法》第294条关于黑社会性质组织四个法律特征的规定，两者相差甚远。笔者认为，在全球已然进入互联网时代的大背景下，伴随而来的是大量的犯罪行为借助网络这一工具或者向网络的虚拟空间发展。刑法对于公共秩序这一法益的保护当然就不应再局限于现实空间，而应当将网络空间涵盖进来，"区域"的范围包含网络空间的观点在刑法中既有适用的必要性，同时又存在适用的可行性。

（一）网络"区域"黑恶势力犯罪刑法适用的必要性

网络空间的出现，对犯罪场域的影响极为明显，犯罪既可以发生在现实空间，也可以在现实空间与网络空间两个场域同时存在，实现两个场域的互动，也可以仅在其中一个场域实施，在网络空间实施的犯罪行为本质上属于现实空间人们活动的延续。传统空间的犯罪行为在进入网络空间后，由于网络空间具有不同于现实空间的特点，犯罪表现形式会因为网络而发生异化，此时以现实空间为背景制定的法律就需要面对部分条文关键词的再认定问题，网络"区域"对于刑法的适用具有实际需求。在网络黑恶势力犯罪问题上，刑法对于"区域"的认定这一问题的明确关乎网络黑恶势力犯罪能否被纳入黑恶势力犯罪的范畴。

随着互联网的发展，人们的活动进入网络空间，网络空间已然成为与传统社会并列的第二大空间，与之相对应的是现实社会中的犯罪活动随之进入网络空间，网络空间中的犯罪行为逐渐出现甚至成为常态，对传统社会形成了巨大的冲击。在这种情况下,现实社会中的法律规则自然不能将网络空间排除在外。在网络时代,已经有很多传统的犯罪行为可以在网络空间全部完成,比如寻衅滋事罪甚至是黑恶势力犯罪,更多的犯罪行为表现为通过互联网达成线下与线上互动,使犯罪行为交互发生在网络和现实中。与传统犯罪相比,网络犯罪的犯罪成本降低,危害性却显著提高。以恐怖主义犯罪为例,近年来恐怖主义犯罪借助网络,轻松实现了跨国性、灵活性与隐蔽性,网络的高度发达为恐怖主义犯罪提供了得天独厚的便利条件,恐怖组织和恐怖分子利用"暗网"的匿名保护以及频繁变更域名等手段快速传播恐怖信息,但是犯罪证据难以被收集,犯罪行为难以被证实。[1]就黑社会性质组织而言,如果其犯罪行为发生在网络空间,势必会对网络秩序构成侵犯和破坏,这种侵害和破坏不亚于对于现实空间公共秩序的侵害和破坏程度。在这种情况下,如果人为地限缩"区域"的范围,显然不利于打击黑恶势力犯罪。《黑恶势力犯罪指导意见》将网络空间纳入"区域"的范围,显然考虑到了网络空间秩序亟待保护的社会现实。随后出台的《网络黑恶势力犯罪意见》也明确了线上与线下互动的黑恶势力犯罪的定性以及处罚原则,但是对"空间型"网络黑恶势力犯罪,司法解释持保守态度。比如《网络黑恶势力犯罪意见》规定:"……单纯通过线上方式实施的违法犯罪活动,且不具有为非作恶、欺压残害群众特征的,一般不应作为黑社会性质组织行为特征的认定依据。"这一司法解释体现出对"空间性"网络黑恶势力犯罪定性为黑恶势力犯罪的否定性倾向。实践中,法官对黑恶势力犯罪的认识仍然停留在传统的现实空间的层面上,这显然与我国进入网络时代的客观事实并不相符。发生在网络空间的黑恶势力犯罪和现实空间的黑恶势力犯罪分属不同空间,认定标准上应当有所区别。以传统犯罪为背景,考察黑恶势力犯罪的法律特征,再将其生搬硬套到网络空间中黑社会性质组织的认定上,这种标尺无疑是靠不住的。

从刑法产生及其发展的历史脉络分析,刑法的本质不仅在于打击犯罪,否则刑法就没有存在的必要,这也是罪刑法定原则作为刑法铁则的根本原因。刑法本质上并非预防犯罪的工具,而是人权保障的大宪章,如果偏离这一轨道,刑法本身就是危险的。公民到底要出让多少自由?换言之,刑法介入公

---

[1] 参见闫雨:《我国网络恐怖主义犯罪的立法规制与治理》,载《河南师范大学学报(哲学社会科学版)》2019年第3期。

民生活的标准到底是什么就显得尤为重要。[1]关于这一问题，存在"法益侵害说"与"规范违反说"两种观点，两种观点对刑法保护法益的目的均持肯定态度。不同之处在于，"规范违反说"认为刑法的实质内容不限于对法益单纯的保护；与之相对应的"法益侵害说"则提出，刑法的唯一目的就是保护法益。"法益侵害说"有利于限缩刑罚权的启动。[2]我国刑法规定的方法决定了我国在犯罪行为的判断问题上，须采取结果无价值的立场。[3]两者是同一含义的不同表达，结果无价值意味着只有对法益造成现实侵害或者具体危险时，刑罚权才会发动。本书采取结果无价值论的立场。相对于行为无价值论，结果无价值论的优势在于：①刑法的目的具有明确性。任何行为，只要没有侵害、威胁刑法所保护的法益，刑法就不得干预。结果无价值论不致于使用刑法推行伦理，有利于国民自由的保障。这一点在价值多元化的时代尤为重要。②结果无价值论明确了刑事法规预定目的、保护目的在违法判断的内容及违法要素范围划定上的限定地位。③结果无价值论在未遂犯、共犯等难题上均可以作出妥当的处理。[4]从这个意义上分析，结果无价值论已经超越了社会危害性方法而成为犯罪认定的理念。在网络黑恶势力犯罪侵害的公共秩序的范围限度解释问题上，结合"法益保护说"与结果无价值理论，在法益遭受侵害的情况下，在排除例外的前提下，犯罪行为自然成立。网络空间与现实空间在给人们提供活动场所方面具有共同性，极大地增加了公众的认知范围与活动领域，网络空间的秩序自然属于公共秩序的重要组成部分，应转变对黑恶势力组织活动空间内涵与外延的理解，将对网络黑恶势力犯罪"区域"的理解转向兼顾"网上——网下"。《网络黑恶势力犯罪意见》指出："虽然危害行为发生地、危害的行业比较分散，但涉案犯罪组织利用信息网络多次实施强迫交易、寻衅滋事、敲诈勒索等违法犯罪活动，在网络空间和现实社会造成重大影响，严重破坏经济、社会生活秩序的，应当认定为'在一定区域或者行业内，形成非法控制或者重大影响'。"尽管该司法解释并未明

---

[1] 参见[意]切萨雷·贝卡里亚：《论犯罪与刑罚》，黄风译，北京大学出版社2008年版，第9页。

[2] 参见刘军：《为什么是法益侵害说一元论？——以法益的生成与理论机能为视角》，载《甘肃政法学院学报》2011年第3期。

[3] 参见黎宏：《刑法总论问题思考》，中国人民大学出版社2016年版，第46页。

[4] 参见周光权：《刑法客观主义与方法论》，法律出版社2020年版，第114~115页。

确仅造成网络空间秩序混乱或者主要造成网络空间秩序混乱是否符合非法控制特征的要求，但在"现实社会——网络社会"双层社会形成的背景下，在现实空间中的人格法益、财产法益以及社会法益开始向网络空间延伸的现实情况下，黑恶势力犯罪的活动也随之被网络分割为"网上——网下"的形式。据此可以认为，网络黑社会性质组织在网络空间中对互联网行业进行非法控制，即可以认定为"在一定区域或者行业内，形成非法控制或者重大影响"。以技术攻击型网络黑恶势力犯罪为例，网络技术本来应该在合理的限度内正常加以使用，但是行为人利用自身掌握的网络技术，侵犯相应网络行业的正常生存空间，网络部分行业被人为地非法控制，网络相关行业的正常秩序就得不到维护。在网络空间成为非法控制的"区域"时，被侵害的法益就是网络秩序，出现网络空间秩序混乱的危害结果与之相对应，危害行为与危害结果之间具有同一性。不过，司法实践中公诉机关在面临网络空间黑社会性质组织犯罪"非法控制特征"举证时，其难度明显高于现实空间的黑社会性质组织犯罪，但公诉机关不能因为举证难度加大就以现实空间秩序的混乱作为评判网络空间秩序是否受到侵害的标准。

（二）网络"区域"黑恶势力犯罪刑法适用的可行性

信息时代网络空间的"区域"性特征越来越突出，成为与现实社会相衔接、互动与并列的另一"区域"。网络空间几乎和现实空间一样给人们提供了相同的活动场所，人们在网络空间中可以足不出户完成在现实空间中的大部分甚至是所有事情，网络已经从简单的社交工具转变为拓展人们认知和活动区域的工具，成为公共社会的重要场所。[1]关于"双层社会"的结论有学者提出不同的观点，认为"双层社会"的表述随意而缺乏论证，仅强调了网络社会的现实性，既未明确指出社会分层的具体依据，也未说明社会分层的现实意义，对于网络犯罪的研究应当回归对网络社会的基础性讨论，具体研究其与网络犯罪的关联。[2]笔者无意评价两种观点的优劣，不过依据上述观点，社会由单一的物理空间过渡到两个空间交叉并融又并不相悖，在此意义上，网络空间自然可以纳入刑法"区域"的范畴，这一结论依据上述两种观点都

---

[1] 参见郭旨龙：《"双层社会"背景下的"场域"变迁与刑法应对》，载《中国人民公安大学学报（社会科学版）》2016年第4期。

[2] 参见王肃之：《网络犯罪原理》，人民法院出版社2019年版，第5页。

可以得出。不过也有学者提出不同意见，认为"公共场所"本质上指代空间范畴，虽然在类型上通说将空间分为物理与虚拟，但实际上就是在虚化的意义上对"空间"一词进行的理解，网络的虚拟性决定其并不具有现实空间的基本属性，自然就不是"公共场所"。[1] 按照此种观点，网络"区域"不能纳入刑法的"区域"范畴。该论者提出其不否认网络空间的公共性，但是认为在网络空间实施的行为，只有同时在现实空间造成公共秩序的混乱才具备刑法处罚的依据，这种结论显然有自相矛盾的嫌疑。

1. 网络空间作为"区域"的层次性

虽然整体上将网络空间视为一般意义上的"区域"，但是涉及具体犯罪时，由于具体犯罪的特点，"区域"自然不能是整个网络空间。换言之，具体犯罪案件涉及的自然是特定的"区域"，不能将整个网络空间"区域"属性一般性地运用在具体案件中。

网络空间作为刑法上的"区域"，一般的判断标准是从实质与形式两方面加以综合分析。实质标准自然是犯罪行为可以在网络空间中实施完成，不需要再延伸至现实空间。比如，网络黑恶势力组织雇佣"网络水军"进行造谣的行为，在网上传播恐怖主义的音频、视频等涉嫌犯罪的行为，各种网络煽动型的犯罪等。这种犯罪的特点是，在网络上完成行为就符合刑法具体各罪的构成要件，犯罪既遂便成立。这种犯罪是网络空间作为"区域"的典型的犯罪类型和常态。除了具备实质标准，形式上应当限定在传播行为的领域。以传播淫秽物品为例，根据《最高人民法院、最高人民检察院关于办理利用互联网、移动通讯终端、声讯台制作、复制、出版、贩卖、传播淫秽电子信息刑事案件具体应用法律若干问题的解释（一）》等一系列司法解释，归纳相关规定之后发现，这些司法解释规制的在网络空间"区域"实施的行为，均归属于信息传播领域，理论上可以将网络空间作为"区域"推广至所有信息传播行为领域。详言之，传播淫秽物品等行为属于传播真实的信息，但是这一真实信息本身是被法律禁止的，而传播谣言的行为，如雇佣"网络水军"恶意造谣的行为，这一虚假信息本身是被法律否定的，法律意图通过否定性评价来限制和消灭传播的实现，这些司法解释无不说明刑事立法对于网络空

---

[1] 参见孙万怀、卢恒飞：《刑法应当理性应对网络谣言——对网络造谣司法解释的实证评估》，载《法学》2013年第11期。

间作为"区域"的认可。换言之，可以得出网络空间"区域"与现实空间"区域"并行存在的结论。

在犯罪行为线上和线下交融的情况下，即犯罪不能或者犯罪人没有选择在网络这一单独的"区域"完成全部犯罪行为的，网络空间能否被视为刑法上的"区域"也是值得研究的问题，目前司法实践中这类案件占网络犯罪案件的多数。在这种类型的网络犯罪中，发生在网络空间的行为只能是犯罪的预备行为或者实行行为的一部分。以网络黑恶势力组织实施的"套路贷"案件为例，实践中大部分案件表现为行为人通过网络实施"套路贷"行为，但是在催收时采取线下暴力、胁迫或者"软暴力"手段进行催收，如果单纯地评价犯罪在网络"区域"实施的部分，只能被视为犯罪的预备行为。再如，网络黑恶势力组织的行为人在发布网络谣言后，通过网络完成相应的敲诈勒索等行为，这时候传播行为之后的敲诈勒索行为就是犯罪实行行为的一部分。这种情况下，在网络空间这一"区域"传播的行为作为犯罪预备行为而存在时，网络空间自然可以理解为犯罪行为实施的"区域"，因为犯罪预备同样是犯罪行为的组成部分。同理，在网络空间"区域"的行为是实行行为的一部分时，应当认定其"区域"性，这也符合传统空间与网络空间交互存在的现状。

2. 网络空间作为黑恶势力犯罪"区域"的解读

刑法中的"区域"一词首先出现在刑法总则关于管制、缓刑的规定中，管制的执行与缓刑的适用都规定了禁止进入特定区域、场所。刑法中的"区域"在分则中出现在组织、领导、参加黑社会性质组织罪的条文中，与"行业"并列，条文用"或者"连接了两者，表明了两者之间的并列关系。刑法总则关于"区域"的规定在范围上显然大于具体的场所，是对地理空间的描述，而组织、领导、参加黑社会性质组织罪中的"区域"同样是对地理空间的概括。上述刑法规定中的"区域"能否包含网络空间值得探讨。

刑法总则上涉及管制的执行与缓刑的适用，可以限制进入特定的区域或者场所。对于一些进行网络犯罪，如利用网络诽谤的犯罪人，当然可以依据禁止令的规定限制其进入网吧等特定场所，这符合刑法规定也不违背刑法理论但是现实是我国已进入移动互联网时代，如果对于这类犯罪人限制其进入网吧等特定地点显然毫无意义，限制行为人上网同样不妥，因为行为人的犯罪行为虽然是在网络空间实施，也有其行为侵犯的具体法益，但如果剥夺行为人上网的权利，明显不符合刑法上的罪责刑相适应原则，并且在信息时代利用信息网络获得信息已经成为公民的一项基本权利，全然剥夺的情况下会违背公法上的比例原则。不过，根据犯罪的具体类型，比如在微博或者微信等公共平台造谣诽谤的行为，如果适用缓刑或者判处管制的情况下，完全可以禁止行为人访问微博、微信等网络平台，这也是基于其犯罪行为执行刑罚所必需的，此时对"区域"就需要通过扩张解释来予以确定，即将特定的网络区域作为"区域"的一部分，特定的网络区域应依据活动类型加以划分，如支付平台、交易平台、游戏平台、交友平台。如果行为人的犯罪行为与某一类或者某几类平台存在密切联系，就应当禁止行为人进入特定的网络区域。[1] 至于组织、领导、参加黑社会性质组织罪条文中的"区域"，如果行为人在一定的网络空间"区域"内，通过技术优势等对互联网中的特定区域形成非法控制的，当然应当认定该组织具备非法控制特征。也有学者提出，如果无法接受将网络空间纳入"区域"，可以求救于与"区域"并列规定的"行业"，认定行为人在网络空间中通过从事一定的行业，形成非法控制。不过网络空间中的行业跨界比比皆是，网络黑恶势力犯罪，通常呈现出与传统行业交互存在的趋势，求救于"行业"显然更容易产生分歧，不如直接认定为"区域"控制更便于司法实践形成统一的标准。并且，从体系解释的立场出发，组织、领导、参加黑社会性质组织罪条文中的"区域"包括网络区域也是体系解释下的必然结论，因为这一解释可以得到刑法总则条文的印证。"一个具体的条文中的具体词语的含义如果能够在同一法律文本其他条文得到印证的情况下，这一含义自然是可以被接受的；反之应当将其排除。就此而言，文本词语存在内在的连续性，否则便无法控制读者的诠释活动。"[2] 换言之，对一些不是特别确定或者不是特别明了的规定作出解释时，基于同一文本中明确的规定来阐明不明了、不确定的规定，是十分可行的方式。虽然刑法罪刑法定原则派生了明确性的要求，但是，不能期待任何一部法律明确到不需要作出任何诠释，因为社会是在不断发展变化的。体系解释有其自身的优点，

---

〔1〕 参见张明楷：《外国刑法纲要》，法律出版社2020年版，第387页。
〔2〕 [意]艾柯等：《诠释与过度诠释》，王宇根译，生活·读书·新知三联书店1997年版，第78页。

以明确的规定作为阐释不明的或者作为存在争议的条文,有利于保持法律文本规定的同一用词含义的一致。比如,孤立地看组织、领导、参加黑社会性质组织罪中的"区域"解释包含网络空间的时候,解释者或许存在不安,但是"区域"包含网络空间能够得到刑法总则的条文印证时,自然可以消除解释的疑虑。从实质上看,成文法是正义文字的表达,虽然正义的理解因人而异,但是对于相同的案件作出相同或者近乎相同的处理是正义的基本要求和普遍的正义标准,只要具体案件在普遍的正义的标准视域下在事实上具有"相同"或相似。简言之,对于相同的事情自然在处理上要相同,对于不同的事物当然依据不同作出各异的处理,这完全是正义基本要求的缩影和体现。正义的实现基础是刑法条文之间协调性的保持。"使法律之间相协调是最好的解释方法"(Concordare leges legibus est optimus interpretandi modus),保持刑法的协调,自然必须避免矛盾的出现。概言之,从体系解释的角度出发,意味着对于"区域"的解释不仅要避免刑法规范的矛盾,也应该避免价值判断的矛盾,这一结论得到了司法解释的承认。《网络黑恶势力犯罪意见》第13条规定:"对利用信息网络实施黑恶势力犯罪非法控制和影响的'一定区域或者行业',应当结合危害行为发生地或者危害行业的相对集中程度,以及犯罪嫌疑人、被告人在网络空间和现实社会中的控制和影响程度进行综合判断……"这一条文采取了"网络空间和现实社会"的表述,从正面肯定了黑恶势力犯罪中的"区域"包含网络空间的事实。

三、网络黑恶势力犯罪非法控制特征中"行业"的范围

关于黑恶势力犯罪的"行业"是否包括非法行业的问题,即非法控制特征中"行业"的范围,相关规范性文件的态度前后发生了改变。2009年最高人民法院、最高人民检察院、公安部印发的《办理黑社会性质组织犯罪案件座谈会纪要》以及2015年最高人民法院发布的《全国部分法院审理黑社会性质组织犯罪案件工作座谈会纪要》均将非法控制涉"黄、赌、毒"等非法行业纳入非法控制特征"行业"的范围。不过,2019年最高人民法院、最高人民检察院、公安部、司法部印发的《恶势力意见》将单纯实施"黄、赌、毒"等违法犯罪行为排除在"为非作恶、欺压群众"的行为之外。上述司法文件规定的变动引起了学者以及司法实务界的讨论。有观点认为,该文件所

传递的信号非常明显,非法控制特征中的"行业"只能限定为合法的行业,虽然司法文件对于行业的规定是针对恶势力犯罪作出的,但是黑恶势力犯罪本来就是一脉相承的犯罪形态,所以该司法文件的效力自然及于黑社会性质组织。[1] 还有学者持相反意见,认为"行业"的范围既包含合法行业也包含非法行业,任何对相应行业形成垄断或者控制,对当地该行业的正常经营造成严重障碍,对当地百姓正常的生活秩序造成严重影响的就应当予以认定。[2] 从司法实践的情况来看,司法机关普遍认同第二种观点。如山西警方 2018 年在打击传销案件中,发现一些传统的传销组织已经发展为暴力性集团,该集团以暴力的方式控制被害人,之后采取一系列的方式培训被害人使其成为"犯罪工具"。山西警方将这一传销组织也纳入黑社会性质组织的范围内予以打击。[3]

从"行业"的字面意思理解,黑恶势力犯罪中的"行业"当然包含合法行业和非法行业两种,对于非法行业形成控制同样具有社会危害性,在社会危害性程度上高于至少不低于对合法行业形成的控制。在控制合法行业符合非法控制特征要求的情况下,在给一定行业造成威胁就能够认定恶势力的现实下,依照"举轻以明重"的刑法解释规制,对非法行业形成控制或者威胁当然应该纳入黑社会性质组织和恶势力的范畴。在这一点上,对于"行业"范围持合法行业观点的学者也并不反对,但是该论者进一步提出刑法的目的是通过惩罚犯罪来保护法益,黑社会性质组织针对合法行业形成非法控制,恶势力组织在给合法行业造成威胁的情况下,对合法行业的经济、社会秩序当然值得刑法加以保护,如果将非法行业也纳入非法控制特征"行业"的范围,意味着刑法也保护非法行业的秩序,这与刑法最初将黑社会性质组织犯罪纳入刑法保护合法行业经济、社会秩序的初衷相违背。按照该论者的观点,如果将"黄、赌、毒"等非法行业纳入黑恶势力犯罪所控制或者威胁的行业范围,则意味着"黄、赌、毒"等非法行业的经济、社会秩序也需要刑法加

---

〔1〕 参见王志祥:《论黑社会性质组织非法控制特征中"区域"和"行业"的范围》,载《法治研究》2019 年第 5 期。

〔2〕 参见高铭暄、马克昌主编:《刑法学》,北京大学出版社、高等教育出版社 2022 年版,第 554 页。

〔3〕 参见《披着"传销"的外衣——山西临汾传销黑恶势力案调查》,载 https://k.sina.cn/article_213815211_0cbe8fab020008501.html?,最后访问日期:2019 年 9 月 29 日。

以保护，这显然违背刑法保护法益的根本目的。此观点存在可商榷之处。

首先，我国刑法分则在妨害社会管理秩序罪一章中规定了组织、领导、参加黑社会性质组织罪，可见黑社会性质组织本身给社会管理秩序造成了严重的社会危害，如果黑社会性质组织控制"黄、赌、毒"等非法行业，会比单纯的"黄、赌、毒"犯罪更具社会危害性，使国家管制相关行业以追求良好社会秩序的目的无法顺利实现。对于黑社会性质组织控制非法行业予以认定非法控制特征，并非认可"黄、赌、毒"等非法行为的合法化，而是打击这种非法控制行为本身。换言之，严厉打击有组织实施"黄、赌、毒"等非法活动的组织特别是黑恶势力组织，并不是承认了"黄、赌、毒"等非法行业的合法性，而是通过打击非法控制"黄、赌、毒"等非法行业的行为，实现保护社会秩序的目的。

其次，2019年出台的《恶势力意见》并不能作为非法行业排除在非法控制特征中"行业"范围的依据。从司法解释条文的表述不难看出，司法解释仅是采取了提示性的规定，为的是避免司法机关将单纯地实施"黄、赌、毒"等违法犯罪行为纳入恶势力犯罪的范畴，而并非对于控制非法行业这一行为的出罪化规定。

再次，如果将非法行业排除在外，那么对于相关组织控制非法行业的行为就不能按照黑恶势力犯罪处理，而只能按照相应的犯罪处罚。以暴力传销组织实施的犯罪为例，由于传销行为本身是非法行为，按照这一逻辑，就只能以组织、领导传销活动罪处理，而不能再认定为黑社会性质组织犯罪或者恶势力犯罪。如果在不排除非法行业的情况下，对于此种情况就应当以组织、领导传销活动罪以及组织、领导、参加黑社会性质组织罪两罪定性，实行数罪并罚。对此，有学者质疑这种做法是对一个实行行为的重复评价，违反了刑法禁止重复评价的原则。在笔者看来，此种评价并不是重复评价，因为组织、领导传销活动罪是对行为人组织或者领导传销组织行为的评价，而当这一组织具有通过暴力手段等形成非法控制特征的时候，单纯地组织、领导传销活动罪显然无法评价通过暴力等手段形成控制这一行为，所以这时候对于暴力控制这一部分按照组织、领导、参加黑社会性质组织罪加以评价完全没有进行二次否定评价。

最后，"套路贷""垄断土石方"等行为本身也是非法行为，如果将其排除在非法控制特征的"行业"以外，对其都只能以相应的犯罪处理甚至作无罪处理，这显然与相应犯罪的社会危害性不符，是在放纵犯罪，不符合刑法惩罚犯罪，保护人民的根本目的。综上，无论是传统黑恶势力犯罪还是网络黑恶势力犯罪，其"行业"均包含合法行业与非法行业两种。

综上，在网络黑恶势力犯罪的问题上，司法解释总体呈现扩张性，网络空间由此划入"非法控制特征"中"区域"的范围既符合时代发展的要求，也符合社会发展的现实，有利于实现严惩黑社会性质组织类犯罪的目标。但是，司法文件对于"行业"的范围似乎采取了截然不同的限制解释方法，从文字表述上几乎可以理解为将非法行业排除在"非法控制特征"中"行业"的范围之外，这显然人为缩小了黑社会性质组织的成立范围，不符合社会发展的现实，也不利于实现严厉打击黑恶势力犯罪的目标。

第四章

网络黑恶势力犯罪技术帮助行为的刑法应对

> 天下有定理而无定法。
> ——王夫之

技术帮助行为具体包括帮助网络犯罪活动的行为以及拒不履行信息网络安全管理义务的行为。随着网络技术的不断发展，部分黑恶势力犯罪组织会借助网络平台实施犯罪行为，典型的如"工具型"网络黑恶势力犯罪，一般会通过微信、QQ等网络平台进行联系，这直接导致了网络平台在网络空间中的法律义务与责任的扩张。此外，"对象型"网络黑恶势力犯罪的实施同样离不开相应网络技术的支持。技术性的帮助行为成为此类网络黑恶势力犯罪能否存在的关键。帮助行为在传统刑法理论中处于辅助地位，但是技术帮助行为在网络黑恶势力犯罪中承载着全新的功能，对传统的共犯理论造成了不小的冲击甚至是颠覆。鉴于此，对网络黑恶势力犯罪技术帮助行为进行合理的评价是网络时代刑法学研究的新的知识增长点，也是推进扫黑除恶常态化取得成效的关键所在。

第一节 网络黑恶势力犯罪技术帮助行为的刑法反应体系

基于信息时代的背景，技术帮助行为在网络黑恶势力犯罪等网络犯罪中所起到的作用日益凸显，刑事立法与司法开始正视这一问题，试图以传统犯罪理论为基础，结合技术帮助行为的特点重建犯罪帮助行为的评价体系。针对技术帮助行为的刑法的反应体系经历了从司法解释到刑事立法的过程。在技术帮助行为出现的最初阶段，司法解释成为应对的主要手段。最初的司法解释规定仅仅起到了提示性的作用，并未创设新的法律规定。随着技术帮助行为的不断异化，共犯的根基开始从"主体化"逐渐向"单方化"拓展。司法机关为了在打击技术帮助行为时实现有法可依，司法解释的内容转向了对技术帮助行为差异化的评价，形成了"共犯从属的正犯符合构成犯罪罪量""共犯从属的正犯客观行为独立于所构成犯罪罪量"以及"直接将共犯行为解释为独立的实行行为"三种打击模式，这三种打击模式均体现出技术帮助行为正犯化的趋势，所要求的"共同犯罪"要件被一步步被弱化，司法解释与罪刑法定原则之间的关系趋于紧张。随着技术帮助行为不断向传统犯罪领域渗透，"一罪一解释"无力解决所有技术帮助行为的处罚问题，刑事立法采取了共犯行为正犯化的路径，通过增加新罪名的方式，试图解决技术帮助行为带来的理论与现实困境。

一、司法解释对网络黑恶势力犯罪技术帮助行为的评价模式

（一）共犯从属的正犯符合构成犯罪罪量的规定

在共犯从属的正犯符合构成犯罪罪量的模式下，技术帮助行为独立于共犯行为入罪的条件仅为主观条件，承认单方明知的片面共犯的成立。在行为认定上秉承行为共同说，即罪量要以所构成犯罪的客观行为的规定为依据。该模式在本质上属于形式共犯论中的限制从属说。以网络黑恶势力组织经常实施的开设赌场犯罪为例，2005年最高人民法院、最高人民检察院《赌博犯罪解释》中第4条规定："明知他人实施赌博犯罪活动，而为其提供资金、计算机网络、通讯、费用结算等直接帮助的，以赌博罪的共犯论处。"从这一规定可以看出，司法解释对于赌博犯罪技术帮助行为采取了单方面明知的规定，但是对于行为是否成立赌博罪，就要依据刑法关于赌博罪的罪量规定。换言之，双向意思联络在赌博犯罪与技术帮助行为之间不再必需。除此以外，针对网络黑恶势力组织经常实施的网络"黑公关"犯罪，2013年最高人民法院、最高人民检察院《网络诽谤司法解释》中也采取了共犯从属的正犯符合构成犯罪罪量的规定模式。该司法解释第8条规定："明知他人利用信息网络实施诽谤、寻衅滋事、敲诈勒索、非法经营等犯罪，为其提供资金、场所、技术支持等帮助的，以共同犯罪论处。"实践中，网络赌博犯罪、利用信息网络实施的"套路贷"等犯罪均是网络黑恶势力组织经常实施的犯罪类型，在

对组织进行正确评价的基础上，对网络黑恶势力组织实施的犯罪行为的定性则需要依据具体犯罪的立法以及司法解释的规定进行。

(二) 共犯从属的正犯客观行为独立于所构成犯罪罪量的规定

此种模式与共犯从属的正犯符合构成犯罪罪量的区别在于，在主观上承认单方明知的基础上，对从属的帮助等行为的罪量独立设置，不再援引刑法具体犯罪的规定。以网络黑恶势力组织经常实施的开设赌场犯罪为例，《网络赌博犯罪意见》中对网上开设赌场成立共犯的认定和处罚的规定就采用了此种模式。即："明知是赌博网站，而为其提供下列服务或者帮助的，属于开设赌场罪的共同犯罪，依照刑法第三百零三条第二款的规定处罚：（一）为赌博网站提供互联网接入、服务器托管、网络存储空间、通讯传输通道、投放广告、发展会员、软件开发、技术支持等服务，收取服务费数额在2万元以上的；（二）为赌博网站提供资金支付结算服务，收取服务费数额在1万元以上或者帮助收取赌资20万元以上的；（三）为10个以上赌博网站投放与网址、赔率等信息有关的广告或者为赌博网站投放广告累计100条以上的。实施前款规定的行为，数量或者数额达到前款规定标准5倍以上的，应当认定为刑法第三百零三条第二款规定的'情节严重'。"可见，该司法解释条文在承认片面共犯理论"单方明知"的基础上，规定了技术帮助行为单独入罪的情节标准。以此为基础，《网络赌博犯罪意见》进一步规定了"如果有开设赌场的犯罪嫌疑人尚未到案，但是不影响对已到案共同犯罪嫌疑人、被告人的犯罪事实认定的，可以依法对已到案者定罪处罚"。从而实现了罪责程序上共犯定罪量刑的独立性。可见，该意见名义上将开设赌场的技术帮助行为纳入开设赌场罪的范畴，但是共犯理论已经无法对条文中的独立性给出合理的解释。除此以外，2010年《传播淫秽电子信息解释（二）》、2011年《系统安全解释》等司法解释也遵循了同样的解释思路。司法解释的内容开始由形式的共犯论向实质的共犯论倾斜。

(三) 直接将共犯行为解释为独立的实行行为

网络因素的介入导致罪量要素被"分割"，技术帮助行为与对应的正犯行为被分解为数个有组织的违法行为，这就导致网络黑恶势力犯罪中社会危害性巨大的技术帮助行为往往难以被评价为犯罪行为。鉴于此，司法解释将社会危害性极大的技术帮助行为这种共犯行为直接上升到正犯的地位，对其予以单独评价。典型的规定如《传播淫秽电子信息解释（二）》第3条将在互联网上建立主要用于传播淫秽电子信息的群组的建立者、管理者和主要传播者，在成员达三十人以上或者造成严重后果的情况下，纳入刑法第364条第1款传播淫秽物品罪的犯罪主体之中。传播淫秽物品罪原本仅打击传播行为，但《传播淫秽电子信息解释（二）》第3条显然在传播淫秽电子信息的领域对传播淫秽物品罪的主体进行了扩大，将建立者与管理者纳入到了传播淫秽物品罪的主体范围。此外，《传播淫秽电子信息解释（二）》第6条规定，电信业务经营者、互联网信息服务提供者明知是淫秽网站，为其提供互联网接入、服务器托管、网络存储空间、通讯传输通道、代收费等服务，并收取服务费且符合法定情形的，对直接负责的主管人员和其他直接责任人员，以传播淫秽物品牟利罪定罪处罚。可见，司法解释条文针对传播淫秽物品犯罪的技术帮助行为设置了独立的入罪量刑标准，在定性上不再要求共犯与正犯成立"共同犯罪"。司法解释悄然取代了立法规定，设计了具体犯罪共犯行为的定罪量刑标准，在符合司法解释的定罪量刑标准的前提下，援引刑法分则关于具体犯罪的法定刑规定即可。司法解释采取了实质共犯论的观点，将共犯行为独立化，只不过碍于罪刑法定原则没有适用单独的罪刑条款以及新的罪名。究其原因，是由于实践中网络共同犯罪的行为构成并不十分明确。依据传统的共犯理论，共同行为是共同犯罪必不可少的客观条件，共同行为指向的必须是同一犯罪事实，各行为人之间在行为上相互配合，由此产生的结果与共同行为之间的因果关系也十分清晰。[1]但在网络共同犯罪的领域，犯罪行为由各个犯罪人的侵犯性指令和程序共同组成，大部分甚至全部犯罪人通过电脑操作完成各自的部分，单独行为与整体犯罪行为之间难以区分，导致对各行为人在共同犯罪中的分工及起到的作用大小、具体行为人的行为与整体行为之间的因果关系等方面无法判断。[2]将为网络犯罪提供技术支持的一方定性为帮助犯虽然符合传统共犯的理论，但是这一帮助行为同传统犯罪共犯的帮助行为所起的作用截然不同。因为网络技术或者网络平台是任何网络犯罪不可或缺的因素，网络黑恶势力犯罪亦然。将技术帮助行为定性为帮助

---

[1] 参见马克昌主编：《犯罪通论》，武汉大学出版社1999年版，第479页。
[2] 参见王志远：《共犯制度的根基与拓展——从"主体间"到"单方化"》，法律出版社2011年版，第144页。

犯在量刑上自然轻于正犯，这与其在共同犯罪中所起的作用不符。所以如何实现对技术帮助行为的合理评价成为困扰司法实践的难题。

二、刑事立法对网络黑恶势力犯罪技术帮助行为的回应

司法解释的出台暂时解决了网络黑恶势力犯罪中部分技术帮助行为的定性问题，但是司法解释立法化的倾向造成了法律位阶的混乱，违背罪刑法定原则。随着技术帮助行为的日趋增多，"一罪一解释"显然已经无力解决技术帮助行为的处罚问题。鉴于此，《刑法修正案（九）》增设了帮助信息网络犯罪活动罪与拒不履行信息网络安全管理义务罪，对所有网络犯罪的技术帮助行为予以规制。

（一）刑法对为网络犯罪提供技术支持行为的回应

在信息网络时代的大背景下，网络犯罪的各个环节逐渐被细化，利益链条由此出现并逐渐成熟。网络犯罪领域对行为人的技术要求随着分工的细化日益降低。为网络犯罪提供技术、数据、互联网接入等帮助行为已经形成了一条完整的产业链。产业链各个环节的行为人因此获得了巨大的经济利益，分工的细化降低了犯罪成本和犯罪的技术要求。[1]以黑恶势力组织开设网络赌场的犯罪为例，这类犯罪中的组织者、领导者等核心成员往往并不懂得网络技术，大多是由专门的人员提供网络资金结算、网络日常管理与维护等，各种技术环节之间默契且成熟的配合是这种网络黑恶势力犯罪能够迅速取代传统黑恶势力犯罪的主要动因，切断利益链条成为惩治此类犯罪的关键。

互联网的虚拟性以及跨地域性的特点使为犯罪提供网络技术帮助的行为呈现"一对多"的模式，这与传统共犯"一对一"的帮助形式存在本质区别。以网络黑恶势力组织经常实施的开设赌场犯罪为例，司法实践中往往由专人为赌博活动提供网站代码、投注软件以及发布广告，按照刑法总则的规定，对这些行为只能以相应犯罪的共犯处理。鉴于此，为黑社会性质组织赌博活动提供投注软件等技术支持的，应当以组织、领导、参加黑社会性质组织罪与开设赌场罪数罪并罚。但实际情况是销售赌博网站代码的行为人并不

---

[1] 参见王华伟：《网络空间正犯与共犯的界分——基于特殊技术形态的考察》，载《清华法学》2022年第3期。

仅将代码提供给单一的犯罪团伙，很多情况下提供者并不了解实施开设赌场行为一方犯罪人的情况。按照刑法规定，组织、领导、参加黑社会性质组织罪要求行为人主观方面"明知"，对网络技术提供者一方很难有证据证明其是否"明知"。与传统犯罪的帮助行为不同，为网络犯罪提供网络技术支持的行为因其跨地域性和分工合作的特性，在共同犯罪中具有相对独立的地位。基于"一对多"的提供关系，其获利往往是最多的，其以技术性的特点、以关键环节的姿态出现在网络犯罪之中。因为如果没有网络技术的加持，大部分网络犯罪都将无法实施。鉴于此，为了不与刑法总则共犯的规定产生冲突，同时能够有效惩治这种行为，《刑法修正案（九）》通过增设帮助信息网络犯罪活动罪予以回应，希冀解决各类传统犯罪向互联网迁移导致的理论与实践问题。

(二) 刑法对网络平台责任的回应

《刑法修正案（九）》以立法的方式确立了网络服务提供者的"平台责任"，规定了拒不履行信息网络安全管理义务罪。网络服务提供者是相对于一般网络用户而言的，专门从事互联网服务的特殊主体，这类主体具有公共服务的属性。与其他网络服务提供者不同，网络平台是当前网络社会结构中的枢纽，对于确保网络社会安全起到了重要的作用。在网络黑恶势力犯罪的视域下，常见的形式是利用网络平台实施的各种犯罪行为。比如，组织成员为逃避侦查，采用微信、QQ等社交软件进行日常联络等。针对这种行为的监管仅仅依靠司法机关是无法完成的，需要网络平台予以积极的配合，履行应尽的监管义务。互联网有关各方在享有权利的同时，应当承担维护互联网安全的相应义务。这一点早在2000年《全国人民代表大会常务委员会关于维护互联网安全的决定》中就有相应的规定："从事互联网业务的单位要依法开展活动，发现互联网上出现违法犯罪行为和有害信息时，要采取措施，停止传输有害信息，并及时向有关机关报告。"总之，互联网高速发展的同时带来的安全问题逐渐成为世界性难题，互联网也逐渐由一个媒体或者信息交换平台，形成了一个"社会"。"没有网络安全就没有国家安全"，而网络犯罪"高发案率，低破案率"的主要原因之一就是网络服务的提供者未能切实履行网络安全的管理义务，所以刑法将网络平台不履行安全管理义务的行为规定为犯罪。网络服务提供者的主体特殊性与其独特的犯罪行为类型实为一体两面,对其设置刑事责任是目前世界各国的通行做法。德国和日本基于二元的刑事立法结构,通过刑法典的一般条款与特别条款确立了网络服务提供者不真正不作为犯的归责路径。[1]我国则是基于一元的刑事立法结构,通过在刑法分则中增加新的罪名的方式,探索网络服务提供者的刑事归责路径。

上述两个罪名的共同点在于:刑法基于打击网络犯罪的产业链的目的而对刑事立法进行的一次完善。除此以外,两罪无论在犯罪主体、行为方式还是义务内容上均存在区别。拒不履行信息网络安全管理义务罪的立法主旨在于对特殊主体业务领域义务的强化,将其中部分不履行法律、行政法规规定的义务,并拒不改正,造成严重后果的网络服务提供者的行为纳入到刑法中予以规制;而帮助信息网络犯罪活动罪规制的是,在明知他人犯罪行为的情况下,仍为其提供技术支持等行为,强调的不是义务的遵守,而是规范的违反。两罪在各自构成要件的范围内规制技术帮助行为,严密了惩治网络犯罪利益链条的刑事法网。

第二节 网络黑恶势力犯罪技术帮助行为对刑法理论的冲击

在网络黑恶势力犯罪中,网络平台、网络技术成为网络黑恶势力犯罪能否实施的关键性因素。技术帮助行为具有不同于传统帮助行为的全新特征,对刑法中的共犯理论产生了不小的冲击。

一、传统共犯理论面临与片面共犯理论的冲突

片面共犯理论在我国刑法通说中是被否定的。通说认为,共同犯罪的严重性源于共同犯罪的整体性,共同犯罪的故意应当是双向的、全面的,片面共犯的提法于法无据、于理不符,与共同犯罪的含义相矛盾。[2]但是,网络技术帮助行为的立法和司法解释的规定显然突破了共同犯罪中否认片面共犯理论的通说。随着网络因素的融入,传统的共同犯罪帮助行为被异化,技术

---

〔1〕 参见王肃之:《网络犯罪原理》,人民法院出版社2019年版,第327页。
〔2〕 参见赵秉志:《"片面共犯"不能构成共同犯罪——解析应否承认片面共犯之争》,载https://www.chinacourt.org/article/detail/2004/07/id/123491.shtml,最后访问日期:2024年12月2日。

帮助行为"一对多"帮助模式的出现，导致传统的片面共犯否定说受到了极大的挑战。比如，张明楷教授在早年的著作中所持的观点是"片面共犯否定说"。[1]不过在近年的著作中，张明楷教授的观点已经由"片面共犯否定说"转变为"片面共犯的全部肯定说"，既认可"片面的帮助犯"，也认可"片面的教唆犯"与"片面的共同正犯"。是否承认片面共犯，关键在于如何认识共同犯罪的因果性。在共同犯罪中，正犯行为（实行行为）直接引起结果；教唆行为与帮助行为通过正犯的实行行为引起结果。共同犯罪的因果关系包括物理的因果关系与心理的因果关系，前者是指物理意义上或者在客观上促进了犯罪的实行与结果的发生；后者是指引起犯意、强化犯意、激励犯罪行为等从精神、心理上对于犯罪实行结果的发生起到的促进作用。如果肯定共同犯罪的物理因果性（客观因果性），自然片面共犯也可以共同引起法益侵害，成立共同犯罪，而且暗中教唆、帮助他人犯罪乃至片面共同实行的现象确实可能存在；如果承认片面帮助，自然就不会否认片面教唆行为与片面实行行为。如果只是强调共同犯罪的心理的因果性（主观因果性），则片面帮助犯等片面共犯似乎并不符合共同犯罪的特征。从司法实践需要的角度，应当承认片面共犯的成立。[2]

我国刑法将共同犯罪界定为二人以上的共同故意犯罪。共犯制度以"共同（犯罪）关系"为核心，即以共同犯罪人之间是否存在共犯关系来决定是否处罚不符合分则类型化犯罪成立条件的犯罪参与人。"故意"表明共同犯罪主观方面要求具有"意思联络"。从这一点看，"片面共犯否定说"似乎更符合我国刑法的规定，相应司法解释有违背罪刑法定原则的嫌疑。但是在网络犯罪黑恶势力犯罪中，传统犯罪意义上形成的共犯理论主观要件方面的要求可能无法得到满足。网络黑恶势力犯罪中的犯罪手段大部分具有"技术性"的特点，比如"对象型"网络黑恶势力犯罪中，提供网站维护服务的行为是技术帮助行为，提供诸如线下的敲诈勒索行为等其他物理帮助的是传统帮助行为，两者在性质上都属于共同犯罪的帮助行为，[3]但是技术帮助行为"一对

---

[1] 参见张明楷：《犯罪论原理》，武汉大学出版社1991年版，第534~535页。
[2] 参见张明楷：《刑法学》（上），法律出版社2016年版，第568页。
[3] 参见王志远：《共犯制度的根基与拓展——从"主体间"到"单方化"》，法律出版社2011年版，第143页。

多"甚至"多对多"的共犯参与模式在网络黑恶势力犯罪中更为常见，正犯与共犯之间往往因无法确定存在意思联络而难以认定构成犯罪。典型的如项某境外网络电信诈骗案，因各实行行为人均不构成犯罪，对组织者的定罪就出现了问题。[1]即使是司法实践中最为常见的"工具型"网络黑恶势力犯罪，对其组织性的认定也因为网络的介入变得更为困难。对组织性主观方面的认定在本质上同样属于"意思联络"的认定范围，因为如果成员之间不存在任何意思联络，自然就谈不上组织的存在。作为特殊的共同犯罪，黑社会性质组织犯罪虽然被刑法分则单独予以规定，但是其在本质上仍然属于共同犯罪的范畴，共同犯罪的理论自然可以在黑社会性质组织犯罪的判断中加以运用。在网络黑恶势力犯罪中，行为人之间的网络联系增多而在现实空间毫不联系的不在少数，为了逃避侦查和打击，成员之间在网上联络时往往使用意思含糊不清的表述，使用暗语的情况也十分常见。即使可以查找到相关的记录，也往往因难以理解意思内容而无法判断是否存在共同故意，进而难以对网络黑恶势力组织特征作出准确认定。

二、传统的共犯与正犯理论面临冲击

关于共犯在共同犯罪中的地位，主流观点有共犯从属性说与共犯独立性说两种观点。共犯从属性说为旧派所主张，新派则强调共犯独立性说。[2]共犯从属性说认为，狭义的共犯成立以正犯是否已经着手实施犯罪作为要件，如果答案是否定的，共同犯罪自然不能成立。根据共犯从属性说，实行行为在基本构成要件的范畴与修正构成要件范围内的教唆、帮助行为之间存在本质的区别，教唆、帮助行为的可罚性需要依附正犯的实行行为。简言之，在共犯从属性说视域下，单纯的帮助行为、教唆行为本身因不具有实现犯罪的现实危险性，无法对法益造成实际侵害和形成侵害的风险而缺乏可罚性。在共犯从属性说看来，国家将教唆、帮助等从属行为单独规定为犯罪是过度的伦理主义的表现，仅仅是出于单一的防卫社会的结果，因而是不可取的。[3]

---

[1] 参见《宝安法院公开宣判一起电信网络诈骗案》，载http://ibaoan.sznews.com/content/2019-05/21/content_21997933.htm，最后访问日期：2023年5月2日。

[2] 参见[日]前田雅英：《刑法总论讲义》，曾文科译，北京大学出版社2024年版，第283页。

[3] 参见张明楷：《外国刑法纲要》，法律出版社2020年版，第267页。

共犯独立性说认为，狭义的共犯行为依据自身所固有的行为即可成立，不要求依附于正犯的实行行为。按照共犯独立性说的观点，教唆、帮助行为本身对于危害结果的发生贡献了原因力，行为自身反社会表征明显，无需依附于正犯的实行行为，也能够将帮助行为、教唆行为认定为犯罪。共犯的两种学说争论的本质在于共犯有无从属性的问题。从本质上分析，共犯独立性说是一种主观主义的共犯理论，共犯从属性说是一种客观主义的共犯理论，共犯从属性说是目前刑法理论的通说，而共犯独立性说则基本无人问津。[1]

关于从属性程度的要求，存在最小从属性说（只要正犯行为单纯地符合构成要件，共犯就成立）、限制从属性说、极端从属性说（正犯的行为同时具备构成要件该当性、违法性与有责性时才成立共犯）以及夸张从属性说（成立共犯除具备极端从属性所要求的要素以外，还需要具备一定的可罚条件）几种学说。在德日刑法理论中，限制从属性说是通说观点。该学说认为，只要正犯行为符合构成要件并且违法，狭义的共犯就能够成立。不过最小从属性说也是其中的有力学说。[2]各国共犯从属性均呈现出从极端逐渐到最小的放宽过程，其结果自然是共犯的范围随之扩大。以德国为例，德国在1943年以前遵循严格的从属性原则，实施主行为的正犯的行为，其主行为必须是"应受处罚"的行为。1943年德国在其刑法第50条第1款规定，每一个共犯应当"不考虑其他正犯的责任，以自己的责任受处罚"。这是出于弥补处罚漏洞的目的而增加的限制从属性的规定。1975年，德国刑法经历了改革，之后的德国刑法与判例规定，教唆犯与帮助犯的认定以故意实施的违法的正犯行为为前提，这是明确采用限制从属模式的形态。[3]在日本，虽然没有通过刑法修改的方式来改变共犯从属性的程度，但对刑法的理解却发生了改变，从而导致从属性的形态发生了变化。《日本刑法典》第61条第1项规定："教唆他人使之实行犯罪的，判处正犯的刑罚。"在第二次世界大战以前，日本采取极端从属形式，但是此后将重点转移到"使之实行"，转而支持限制从属形式的立场。例如，实践中对尚未达到刑事责任年龄的人，认为其并非没有相当

---

[1] 参见陈兴良：《教义刑法学》，中国人民大学出版社2014年版，第672页。

[2] 参见张明楷：《外国刑法纲要》，法律出版社2020年版，第261页。

[3] 参见［德］汉斯·海因里希·耶赛克、托马斯·魏根特：《德国刑法教科书》，徐久生译，中国法制出版社2009年版，第792~793页。

程度的规范意识，对自己的行为并非没有充分的理解，所以对这类人进行利用，让其实施犯罪行为的人，与其认为成立间接正犯，毋宁认定为教唆犯。因此，作为成立狭义的共犯的前提，一般不能要求正犯者存在责任。责任本就是对行为人的人格进行的非难，对共犯中各个行为人的行为作出具体的判断，任何人的责任从属于正犯的责任论都是不合理的。再比如，利用正当防卫防卫人的合法行为实现了犯罪行为的，对于行为人而言，是行为人自己的行为引起了刑法规范的反应，应当认定成立间接正犯，而不能基于相对正犯者在违法性方面的缺乏而定性为教唆犯、从犯。而且，正犯者的行为当然必须符合构成要件，被利用者的行为不具备构成要件符合性时，利用者能够成立间接正犯。鉴于此，正犯行为具备构成要件符合性、违法性时，就能够作为成立教唆犯、从犯的前提。[1]在日本，有学者虽然主张限制从属性说，但是又认为原则上最小从属性说是正确的观点。[2]总之，向最小限度的从属形式方向发展是各国的趋势。不过，即便是最小从属性说，其对于共犯从属正犯的从属要求始终未改。换言之，共犯行为的存在必须以正犯行为为前提和基础，无正犯自然无共犯。这一结论即使放在特殊的语境下，依然不能否定共犯从属性说的观点。比如"无正犯的共犯"并非指存在不依赖于正犯行为的共犯行为，只不过正犯的行为无法被刑法评价，典型的就是帮助自杀的行为。自杀在各国刑法典中都不是犯罪行为，但是帮助自杀、教唆自杀、受嘱托杀人、得到被害人承诺杀人的行为则一般作为犯罪予以处理。理由在于：生命只受行为人本人的支配，参与他人的自杀行为是侵犯他人生命的行为，因此具有可罚性。[3]可见，否认正犯行为人承担正犯责任是"无正犯的共犯"的实质，而并非否认正犯行为的存在。

我国刑法理论一般认为，在共犯对正犯依存条件的弱化方面宜采取最小从属性说来解决网络犯罪中技术帮助行为的归责问题。[4]对网络黑恶势力犯罪

---

[1] 参见［日］大塚仁：《刑法概说：总论》，冯军译，中国人民大学出版社2002年版，第245~246页。

[2] 参见［日］西田典之：《日本刑法总论》，刘明祥、王昭武译，中国人民大学出版社2007年版，第326~327页。

[3] 参见［日］大谷实：《刑法讲义各论》，黎宏译，中国人民大学出版社2008年版，第16页。

[4] 参见王昭武：《共犯处罚根据论的反思与修正：新混合惹起说的提出》，载《中国法学》2020年第2期。

的技术帮助行为而言，其实质与其他网络犯罪的技术帮助行为一致，包含帮助信息网络犯罪活动以及拒不履行网络安全管理义务两种行为。这两种行为能够成为共犯行为是通说观点成立的基础和前提。但是，从刑法理论层面以及刑法规定层面分析，帮助信息网络犯罪活动的行为难以符合正犯与共犯之间关系的要求。详言之：

首先，从法益侵害层面分析，按照共犯从属性说的理论，作为正犯的帮助行为，其法益侵害性需要依附于正犯的实行行为，同时法益侵害的程度也需要比照正犯实行行为的法益侵害程度，但是对网络黑恶势力犯罪的技术帮助行为的法益侵害性显然无法参照正犯的实行行为。实践中，为网络黑恶势力组织提供技术帮助行为的行为人并非仅向特定违法犯罪组织提供技术支持，而是呈现"一对多"的常态化模式。这种模式下涉及的网络犯罪十分广泛，法益侵害性无法精准化，所以对网络黑恶势力犯罪的技术帮助行为的评价只能回归到该行为本身。司法实践中的案例已经体现出这一观点。例如，被告人叶某通过互联网租借香港 VPS 服务器，在明知他人利用网络实施赌博、诈骗等违法犯罪活动的前提下，帮助其创建网站，同时提供技术支持、网站维护等服务。该案件最终按照帮助信息网络犯罪活动罪定罪，法院在判决中并未就他人的赌博、诈骗等违法犯罪行为进行认定而作出上述判决。[1]

其次，从行为结构的层面分析，网络黑恶势力犯罪技术帮助行为在行为结构层面并不需要依附于正犯的实行行为，与传统共犯中的帮助行为存在区别。在传统共同犯罪中，帮助行为的全部行为内容从属于正犯的实行行为，其实质上是对正犯实行行为的加工，就其本身而言，在抛开正犯实行行为的情况下，并不能成立独立的犯罪行为。[2]简言之，共犯帮助行为的成立需要帮助行为本身具有明确的指向性。但是，网络因素使技术帮助行为发生了异化。以网络黑恶势力犯罪的技术帮助行为为例，主观罪过在认识因素的层面，通常情况下提供技术帮助的人并不需要认识到接受技术帮助的一方所实施的是犯罪行为还是非犯罪行为；在意志因素的层面，不存在对实行行为犯罪目的的追求，其所追求的结果是自身利益的实现。在客观行为方面，行为人为

---

〔1〕 参见湖南省汨罗市人民法院（2018）湘 0681 刑初 288 号刑事判决书。
〔2〕 参见周明：《"热"与"冷"：帮助信息网络犯罪活动罪的司法适用图景——基于 72 份刑事裁判文书的实证分析》，载《法律适用》2019 年第 15 期。

实现自身经济利益，提供网络技术的对象并不特定，对提供技术帮助的行为人显然不能依托所谓正犯实行行为进行评价。

最后，从刑罚的责任层面出发，按照传统共犯理论，帮助行为的处罚依赖于实行行为的定性。技术帮助行为"一对多"的模式导致对应的实行行为的刑罚可能有管制、拘役等轻刑，也可能存在无期徒刑甚至死刑等重刑，如果对应这种"一对多"的实行行为来决定刑罚的话，相当于按照绝对不定期刑来进行比照，会出现技术帮助的行为人的刑罚比任何一个具体的实行行为的行为人都高的情况，虽然技术帮助的行为人客观上确实对多个违法犯罪行为起到了帮助作用，但是其仅仅存在一个帮助行为，比照多个实行行为确定刑罚，显然违背刑法禁止重复评价原则。不过，技术帮助行为比传统帮助行为起到的作用更大是事实，网络黑恶势力犯罪在缺乏技术支持的情况下往往无法实施，按照帮助信息网络犯罪活动罪等罪名处罚刑罚过轻，这一矛盾的存在导致司法机关仍然倾向于将为网络黑恶势力犯罪提供技术帮助的行为认定为传统犯罪的帮助犯。

三、共犯处罚根据论面临反思

共犯处罚根据是一个与共犯从属性密切联系的问题，虽然以往常常被看作是共犯从属性说的一个侧面，但是现在学者们普遍认为，共犯从属性说与共犯处罚根据是不同视角的两个问题。共犯从属性说侧重解决以正犯为分析客体时，正犯具备哪些条件共犯才能够成立，而共犯处罚根据论侧重共犯为什么要受到处罚，是以共犯为分析客体。刑法理论在共犯处罚根据上存在以下三种观点。

一是责任共犯论。这一种较为古老的共犯理论，将责任作为共犯与正犯之间关系的联络要素。在德国，责任共犯论曾是有力的主张。"正犯实行了杀人行为，教唆犯制造了杀人犯。"[1] 责任共犯论以极端从属性说为基础，提出共犯的成立需要建立在正犯具备构成要件符合性、违法性和有责性的前提上。根据旧的罪责共犯理论，共犯受到处罚的原因在于，共犯使得正犯具有罪责并因此受到了处罚。此外，共犯还共同实施了犯罪行为。该理论现今已经站

---

[1] 张明楷：《外国刑法纲要》，法律出版社 2020 年版，第 268 页。

不住脚了,因为它与《德国刑法典》第29条的规定(数人共同犯罪的,各依自己的罪责受处罚,而对他人的处罚如何,对其无影响)相抵触。[1]所以目前责任共犯论鲜有支持者。

二是违法共犯论。该理论经常被表述为不法共犯论。该理论提出,共犯处罚的根据在于共犯导致正犯构成要件的违法行为的实施,或者采取了某种帮助的行为对正犯行为进行了催化。按照这一观点,正犯的行为只要具备违法性即可。[2]这一理论源于限制从属性说,在德国和日本均被认为是一种正确的共犯处罚根据论。根据德国刑法的规定,故意唆使他人基于故意的心理实施违法犯罪行为的人在性质上归属于教唆犯,教唆犯在处罚上与共犯相同。对他人基于故意实施的违法行为,行为人明知而故意提供帮助的,构成帮助犯。鉴于此,在德国违法共犯论是存在法律依据的。日本刑法典采取的是责任共犯论,其规定帮助正犯的,是从犯。但是日本学者一般不采取责任共犯论,而是采取违法共犯论。[3]

三是因果共犯论。亦称惹起说。将行为与法益侵害之间的引起与被引起作为共犯的处罚依据。根据因果共犯论,直接引起法益侵害的是正犯,而介入正犯行为间接引起法益侵害的就是共犯,共犯与正犯的本质区别在于行为作用于法益引起的不同样态。因果共犯论中又存在纯粹惹起说(独立性志向惹起说)、修正惹起说(从属性志向惹起说)和混合惹起说(从属的"法益侵害说")。纯粹惹起说(独立性志向惹起说)将作为共犯处罚根据的法益侵害的间接惹起,理解为"从共犯的立场来看,通过正犯惹起了(违法的)法益侵害结果(构成要件该当事实)",以共犯行为自身的违法性为基础考虑共犯的违法性,认为共犯的成立不需要一定存在正犯行为的构成要件该当性。按照这一观点,"没有正犯的共犯""没有共犯的正犯"和过失共犯都会得到承认,但是间接共犯会被否认。修正惹起说(从属性志向惹起说)是德国刑法学理论的通说,也是德国司法实践中判例的立场,认为共犯的违法性源于

---

[1] 参见[德]汉斯·海因希里·耶赛克、托马斯·魏根特:《德国刑法教科书》,徐久生译,中国法制出版社2009年版,第829页。

[2] 参见[日]西田典之:《日本刑法总论》,刘明祥、王昭武译,中国人民大学出版社2007年版,第276页。

[3] 参见[日]西田典之:《日本刑法总论》,刘明祥、王昭武译,中国人民大学出版社2007年版,第276~277页。

正犯的违法性。处罚共犯的行为，理由在于共犯对正犯行为的诱使与促成作用。根据这一学说，教唆未遂属于不可罚行为，但是未遂的教唆具有可罚性。混合惹起说（从属的"法益侵害说"）认为，共犯通过正犯间接对法益造成了侵害，共犯的违法性是一种混合的违法性，包含正犯实行行为的违法性以及共犯行为的违法性。据此"没有正犯的共犯"是不存在的，但是"无共犯的正犯"显然是存在的。

我国学者普遍支持在我国刑法的语境下，将混合惹起说作为共犯处罚的根据。[1]不过，以混合惹起说来解释技术帮助行为存在困难。

第一，按照混合惹起说，共犯与正犯的违法具有连带性，网络犯罪中技术帮助行为的危害性日益明显，很多情况下，正犯实施的行为仅能够认定为违法行为，但是技术帮助行为导致了正犯行为危害性的扩大。以北京首例"网络'软暴力'犯罪集团案"为例，被告人赵某通过成立公司的方式以"软暴力"进行非法催收。公司组织架构由催收部、质检部以及招聘部等部门组成，其中催收部下设30多个催收组，共招聘催收人员300余人。催收人员长期通过"呼死你"软件等"软暴力"滋扰欠款人及欠款人的亲朋好友，涉案被害人高达700余人。但是，催收行为分解到300余名催收员身上，每个催收员的行为难以单独定性为犯罪，从而导致催收的组织者、教唆者的行为也难以被评价。[2]

第二，网络具有隐蔽性与无地域性的特点，技术帮助者与正犯之间往往无需犯意沟通，仅需要提供片面的帮助行为即可。实践中，网络黑恶势力借助网络空间实施犯罪，隐藏在虚拟空间后的大量正犯的身份和行为无法被查明。对此司法现状，混合惹起说显然无法给出合理解释。有学者提出了新混合惹起说，即应当以最小从属性说为基础，修正混合惹起说。按照该学说，要成立共犯，共犯行为本身必须符合构成要件，并且具有违法性，但是正犯的行为并不需要具备违法性，只要符合构成要件即可。对正犯与共犯之间是

---

〔1〕参见冀洋：《帮助信息网络犯罪活动罪的证明简化及其限制》，载《法学评论》2022年第4期。

〔2〕参见《北京首例软暴力案42人获刑！打击软暴力必须有硬手段》，载 https://new.qq.com/rain/a/20200730A0XCDE00，最后访问日期：2023年5月3日。

否具有意思联络不需要进行举证。[1]显然该论者只是基于技术帮助行为的特点，反推最小从属性说的合理性，进而得出技术帮助行为共犯的处罚根据，从而得出新混合惹起说。该学说否认了共犯之间的意思联络，明显违反我国刑法总则对于共同犯罪的规定。按照此种方式，任何依据刑法条文得出的刑法理论都可以被随意修改形成类推解释，而类推解释本身与刑法的基本原则相违背。

第三节 网络黑恶势力犯罪技术帮助行为刑法应对之不足

通说认为，应以"单向双轨三核"模式作为应对技术帮助行为的思路。"单向双轨三核"模式是脱离共犯独立评价技术帮助行为的思维模式，通过共犯责任、正犯责任以及平台责任（也是一种正犯模式）对网络犯罪的技术帮助行为予以评价。这种应对思路能够缓解但不能完全解决网络黑恶势力犯罪技术帮助行为的全新功能对刑法体系造成的冲击。

一、"单向"模式中主犯化特征的忽视

技术帮助行为对共犯理论造成不小的冲击。在共犯理论层面，由于技术帮助行为"独立性"与"参与性"并存，因此不再适合采用共犯理论进行评价。在网络黑恶势力犯罪中，刑法只注重对技术帮助行为的独立化评价，而忽视了其主犯化特性。

（一）共同犯罪视野下网络黑恶势力犯罪技术帮助行为刑法评价的弱化

《网络黑恶势力犯罪意见》对利用信息网络实施黑恶势力犯罪刑事案件的定性作出了规定，但是该意见并未涉及技术帮助行为本身的评价。在网络黑恶势力犯罪帮助行为异化的背景下，司法机关基于有限承认片面共犯的立场作出了超出共犯理论的解释，如《网络赌博犯罪意见》《网络诽谤犯罪解释》等。不过从具体司法文件条文来看，司法机关采取了严格解释的立场。以网络赌博片面技术帮助行为为例，司法文件规定，成立片面共犯，需要为10个

---

[1] 参见王昭武：《共犯处罚根据论的反思与修正：新混合惹起说的提出》，载《中国法学》2020年第2期。

赌博网站投放广告。这与普通共犯成立的条件相比更为严苛，与技术帮助行为在具体案件中所起的作用不相符。技术帮助行为是网络黑恶势力犯罪赖以生存的基础，比如"工具型"网络黑恶势力犯罪，犯罪人需要依靠网络技术才能实施犯罪，缺乏技术帮助人的帮助，网络黑恶势力犯罪就无法存在。实践中常见的利用"呼死你"等软件实施"软暴力"讨债的行为，如果没有相关软件提供者的提供行为，这一催债行为根本无法实施。但是，司法机关只对利用者的行为以及"软暴力"作出了司法解释，并未对技术帮助者的行为给予关注，与提供技术帮助的行为人"主犯化"的趋势不符。

（二）正犯化罪名体系下网络黑恶势力犯罪技术帮助行为刑法评价的弱化

刑法以独立罪名的方式实现了对部分网络犯罪技术帮助行为的正犯化。在网络黑恶势力犯罪中，对"对象型"网络黑恶势力犯罪的技术提供者适用提供侵入、非法控制计算机信息系统程序、工具罪的可能性很大，而对"工具型""空间型"网络黑恶势力犯罪的技术帮助行为，适用拒不履行信息网络安全管理义务罪与帮助信息网络犯罪活动罪予以规制的概率更大，这样看来似乎也有法可依，能够惩处网络黑恶势力犯罪的技术帮助行为。不过，拒不履行信息网络安全管理义务罪与帮助信息网络犯罪活动罪两罪法定最高刑都仅为3年有期徒刑，似乎与网络黑恶势力犯罪技术帮助行为的作用和严重的社会危害性不符。有组织犯罪是重罪，各国刑法都表明了严厉打击的立场，对网络黑恶势力犯罪赖以生存的技术帮助行为惩罚过轻，显然忽视了其"主犯化"的特征。提供侵入、非法控制计算机信息系统程序、工具罪虽然在法定刑设置上与非法获取计算机信息系统数据、非法控制计算机信息系统罪一致，但是后续出台的司法解释对提供侵入、非法控制计算机信息系统程序、工具罪的成立条件秉承了对技术帮助行为一贯严格解释的立场。在网络黑恶势力犯罪中，对于技术帮助行为的评价应当体现"主犯化"，独立罪名在刑法评价的严厉程度上至少不低于其依附的实行行为的罪名，技术帮助行为的社会危害性明显与实行行为的社会危害性程度相当。

二、"双轨"模式中罪名体系适用误区

对网络黑恶势力犯罪技术帮助行为的定性，理论和实践比较倾向的做法是按照刑法分则中具体罪名的共犯处理。在无法认定行为人"明知且促进"

的情况下,按照技术帮助行为的专有罪名定性处罚。但是,现有罪名并未形成严密的刑事法网,对网络黑恶势力犯罪技术帮助行为中的部分帮助行为存在评价盲区。

(一)个体实行行为主观要素刑法评价的尴尬

1. 为网络黑恶势力犯罪提供技术支持行为主观要素的制裁争论

与传统帮助行为不同,为网络黑恶势力犯罪提供技术支持行为的行为人在主观上往往呈现"明知非促进"的状态,帮助信息网络犯罪活动罪这一兜底罪名成为规制此类行为的首选。不过,该罪的成立主观上要求行为人对网络犯罪必须"明知",客观上具备为犯罪提供相应技术支持的行为。可见,技术帮助行为成立犯罪依然需要以被帮助人的行为成立犯罪为前提。在我国行政违法与刑事犯罪二元化的立法模式下,行为人的参与性就表明了部分帮助行为因为没有达到犯罪的程度而不成立犯罪。由于此时实行行为不构成犯罪,自然无法将帮助行为犯罪化,刑法面临个体实行行为定量上的评价尴尬。不过在网络黑恶势力犯罪中这一问题似乎并不存在,因为网络黑恶势力犯罪本身就成立犯罪,相应的帮助行为自然能够被毫无障碍地评价为犯罪行为。但"明知"的规定对"明知"的知悉形式范围提出了要求。关于"明知"的范围,有学者认为,"明知"仅限"实际知悉"和"有理由知悉"。[1] 还有学者提出,在我国刑法中"明知型共犯"的"明知"有"明知+特定犯罪""明知+特定行为""明知+特定物品"以及"明知+特定状态"四种形式。[2] 对"明知"知悉的形式范围、内容范围认定的不同,自然会影响网络黑恶势力犯罪提供技术支持行为的定性。

(1)"明知"的形式范围

帮助信息网络犯罪活动行为的"明知"仅需要具有"明知"的认识要素,并不需要具有追求信息网络犯罪实现的意志要素,否则按照相应犯罪的共犯处理即可。我国《刑法》第14条规定的故意是在批判和借鉴国外学者提出的犯罪故意学说,同时参考各国刑法犯罪故意立法的有益经验的基础上形成的,对于其中的认识因素和意志因素均没有偏重和侧重考虑,而是将这两

---

[1] 参见欧阳本祺、王倩:《〈刑法修正案(九)〉新增网络犯罪的法律适用》,载《江苏行政学院学报》2016年第4期。

[2] 参见曹虎威:《论我国刑法中的"明知"与"共犯"——基于刑事立法与司法解释》,载《西部学刊》2020年第1期。

方面有机结合起来,既要求行为人对行为和结果等客观事实有认识,又要求行为人必须具有希望或者放任结果发生的主观愿望。同时,由于在事实认识要求和主观愿望要求之间使用了"并且"这一表达递进意思的词语,因而可以得出行为人"希望"或者"放任"结果发生的意志,是建立在自己对危害行为及危害结果的事实认识基础上的结论。[1]总则中"明知"的规定与分则部分犯罪条文中的"明知"并不完全等同,是一般因素与特定因素的关系。只有分则中"明知"具备的前提下,总则的"明知"才会产生,但是分则"明知"仅作为总则"明知"的前提存在,二者之间并不能画等号。[2]以帮助信息网络犯罪活动罪为例,该罪的成立需要技术提供者对接受技术一方的犯罪行为明知,对自己提供技术行为的危害后果也要明知。倘若行为人希望或者放任该结果发生的,则成立故意。因此,当分则具体条文中存在"明知"作为要件时,间接故意的可能性也是存在的。进言之,按照刑法总则的规定,故意的内容包含"认识因素"与"意志因素",但是刑法分则中具体罪名以"明知"作为成立条件的,犯罪结果是否是意志因素控制的对象值得探讨。行为人的意志只对自己的行为或者说举动起到控制作用,也就是只对自己行为的控制才是故意的意志因素。整个犯罪的因果链条一旦启动,对于犯罪结果来说,行为人只能是预见,而不能左右行为的结果。[3]在为网络黑恶势力组织提供网络技术的场合,行为人提供网络技术是出于自己的意志,对于自己的提供行为可以控制,但是对接受技术的网络黑恶势力组织而言,其犯罪结果显然不受网络技术提供者的控制。关于"明知"的范围,根据法律和司法解释的规定,是"知道"与"应当知道",后者即"推定的明知"。"推定的明知"意味着如果有相反的事实和证据足以证明行为人的"明知"不成立就可以推翻对"明知"的推定。对于"应当知道"不能仅从字面的含义出发认为均属于故意。2019年11月实施的《非法利用信息网络、帮助信息网络犯罪活动解释》第11条明确了帮助信息网络犯罪活动罪7种主观明知的推定情形。司法解释条文中的"应当知道"原本属于对过失心态的描述,但是帮助

---

[1] 参见黎宏:《刑法总论问题思考》,中国人民大学出版社2016年版,第240~241页。

[2] 参见郑健才:《刑法总则》,台北三民书局1985年版,第96页。

[3] 参见[意]杜里奥·帕多瓦尼:《意大利刑法学原理》,陈忠林译评,中国人民大学出版社2004年版,第221页。

信息网络犯罪活动罪是故意犯罪，过失显然不能构成本罪，所以司法解释中"应当知道"情节的规定均为根据事实推定行为人明知的情形。

(2) "明知"的内容范围

关于"明知"的具体内容存在不同观点。有学者认为，"明知"的内容应具体且明确，对技术利用者的行为性质，提供帮助者应有确定的、具体的认识。[1]但是，这种观点显然模糊了网络黑恶势力犯罪共犯与提供中立的技术帮助行为之间的界限。据此，为网络黑恶势力组织提供网络技术的行为就是共犯帮助行为的正犯化，但是网络黑恶势力犯罪本身是比较严重的犯罪行为，如果将所有为其提供网络技术帮助的行为都认定为帮助信息网络犯罪活动罪的话，则会因为帮助信息网络犯罪活动罪最高刑为3年以下有期徒刑而无法实现所有案件的罪刑均衡。还有学者指出，"明知"的认识的内容仅限于认识到网络技术使用者所实施的是刑法分则规定的严重危害行为即可，无需知道具体的活动内容。[2]笔者赞同第二种观点，对于"明知"的内容范围应基于正犯的立场予以理解，因为提供者与被提供者之间不存在事前的意思联络，自然也就不存在共同实施犯罪行为的故意，按照本罪的规定，只要行为人能够认识到他人利用信息网络实施犯罪即可。换言之，行为人只要知道使用技术的人实施的是犯罪行为即可，行为人在逻辑上可以将技术使用者的行为推论为任何性质，均不影响故意的成立。

对为网络黑恶势力组织提供技术支持的行为人而言，其意志要素存在"明知且促进型"和"明知非促进型"两种。[3]对于"明知且促进型"的犯罪人，只有在证明与网络黑恶势力组织存在"意思联络"的情况下才具有可罚性。这实际上是基于共同犯罪角度的理解。实践中，为网络黑恶势力组织提供技术支持的行为人在意志要素方面一般属于"明知非促进型"，对于网络技术提供者明知他人利用其提供的技术实施犯罪行为而仍然予以提供的行为，应以帮助信息网络犯罪活动罪定罪处罚。在立法者看来，行为人在知悉网络技术的被提供方存在犯罪行为的情况下，应该终止提供行为，履行一个类似

---

[1] 参见涂龙科：《网络服务提供者的刑事责任模式及其关系辨析》，载《政治与法律》2016年第4期。

[2] 参见皮勇：《论新型网络犯罪立法及其适用》，载《中国社会科学》2018年第10期。

[3] 参见刘艳红：《网络犯罪帮助行为正犯化之批判》，载《法商研究》2016年第3期。

于电路中保险丝一样的角色，切断所有与技术接受者之间的联系，如果网络技术提供者在明知他人利用技术实施犯罪的情况下仍予以提供技术支持的，实际上就是因没有履行"熔断义务"而应当受到刑法的处罚。[1]正是因为这种基于"熔断义务"设置的处罚，决定了为网络黑恶势力组织提供网络技术的行为人，在意志要素范围方面与"明知且促进型"存在本质上的不同。根据我国《刑法》规定，帮助信息网络犯罪活动罪是明知他人利用信息网络实施犯罪行为，为其犯罪提供互联网接入、服务器托管、网络存储、通讯传输等技术支持，或者提供广告推广、支付结算等帮助，情节严重的行为。其中"明知他人利用信息网络实施犯罪行为"是认识因素的内容，但是条文中并没有有关"促进"描述的意志因素的规定，即没有强调提供技术帮助的行为人希望通过提供技术加功于信息网络犯罪的主观态度。比如，行为人为实施网络黑恶势力犯罪的犯罪人提供网络技术，大多数是希望通过提供技术获得相关收益，对于网络黑恶势力犯罪的行为人到底获利多少并不关心，而且其提供行为往往采取"一对多"的模式。

2. 网络黑恶势力犯罪平台责任主观要素以及客观处罚条件的裁判争议

在网络黑恶势力犯罪的视域，技术帮助行为涉及平台责任的情况下，拒不履行信息网络安全管理义务罪是规制的主要罪名。对拒不履行信息网络安全管理义务罪中"责令采取改正措施而拒不改正"的含义，学界存在不同理解。多数学者提出，应该放宽对"责令采取改正措施而拒不改正"这一客观处罚条件的理解。因为"经监管部门责令采取改正措施而拒不改正"实际上导致该罪被束之高阁，实践中存在被弃用的风险。截至2019年9月27日，以"拒不履行信息网络安全管理义务罪"为检索条件，仅有3份刑事判决。尽管可能存在因想象竞合而选择其他重罪论处的情形，但依然不能否定本罪适用率过低的现实。还有学者提出，应该摆脱此罪成立依赖网络平台服务行为行政不法的判断前提，将行政犯进一步细化为不法前置与程序前置两种类型。前者以行为人违反国家行政法规为前提，刑法分则具体罪名中的空白罪状的条文表述即是这种类型。比如，交通肇事罪的条文表述为"违反交通运输管理法规……"对于不法前置，司法机关需要明确行为人的行为涉及的具体的

---

[1] 参见马永强：《网络服务提供者的熔断义务与归责——以帮助信息网络犯罪活动罪为重心的展开》，载《中国刑警学院学报》2020年第1期。

行政法规,这是判断是否成立犯罪的第一步。而程序前置则不需要启动行政程序,旨在强调刑事不法认定的行政程序的经历性。对拒不履行信息网络安全管理义务罪而言,纵使行政前置程序由于重大法益行政规范确立的缺失或者仅是口头责令的形式程序,同样不会对"行政责令改正"的判断产生影响。[1]也有学者认为,本罪的主观要件的理解应当强调"经监管部门责令采取改正措施而拒不改正"[2],这显然将"经监管部门责令采取改正措施而拒不改正"作为责任要素理解。[3]还有学者将"经监管部门责令采取改正措施而拒不改正"作为不法要素理解。[4]也有学者认为,"经监管部门责令采取改正措施而拒不改正"既不属于不法要素也不属于责任要素,而是客观处罚条件。类似德国学者提出的"构成要件附件"。[5]

在笔者看来,"责令采取改正措施"与"拒不改正"之间表达的是一个含义,即负有义务的主体拒不履行相应的主体义务,行政不法旨在强调刑事不法认定的行政程序的经历性。如果不作此种理解,大体只有想进监狱的人才可能成立本罪。行为人拒不履行相关义务,就可以充分表明其"拒不改正"。作出该种解释的实质根据在于,行为人作为特殊主体拒不履行信息网络安全管理义务,造成了严重后果,就具备了值得科处刑罚的法益侵害性。在刑法对拒不履行信息网络安全管理义务罪设置了较轻的法定刑的情况下,对法益侵害性作过高要求会造成刑事立法的不协调。换言之,"即使行政机关行政不法认定的缺失,仍不影响司法直接对行政犯二次违法性的认定,不过,司法认定过程中,仍需要发挥行政不法的前置性过滤功能,即是否具有前置性行政不法性,有无溢出行政不法圈,如果没有溢出行政不法,则直接阻却了刑事不法的认定。"[6]

---

[1] 参见熊波:《网络服务提供者刑事责任"行政程序前置化"的消极性及其克服》,载《政治与法律》2019年第5期。

[2] 参见叶良芳:《风险社会视阈下拒不履行信息网络安全管理义务罪之法教义学分析》,载《贵州省党校学报》2019年第6期。

[3] 参见谢望原:《论拒不履行信息网络安全管理义务罪》,载《中国法学》2017年第2期。

[4] 参见李世阳:《拒不履行网络安全管理义务罪的适用困境与解释出路》,载《当代法学》2018年第5期。

[5] 参见[德]约翰内斯·韦塞尔斯:《德国刑法总论:犯罪行为及其构造》,李昌珂译,法律出版社2008年版,第91页。

[6] 孙国祥:《行政犯违法性判断的从属性和独立性研究》,载《法学家》2017年第1期。

(二) 个体实行行为定性刑法制裁的空白

帮助信息网络犯罪活动罪的犯罪对象被刑法限定为"犯罪人",这一点在理论认定上没有任何问题,但在司法实践中存在着大量的网络黑恶势力犯罪无法确定犯罪人的情况。第一,由于证据不足等问题,导致无法确定行为人身份或者无法确定犯罪事实的情况出现。网络黑恶势力犯罪取证难已经成为司法机关的共识,从实践中的案例不难发现,被害人指认等传统取证方式起不到作用,电子证据不易取证,想要形成完整的证据链非常困难,导致认定其具有"犯罪人"的性质存在困难。第二,如果在网络技术接受者年龄不符合的情况下,因为刑法对刑事责任年龄的规定,会导致同样无法认定"犯罪人"进而无法追究提供网络技术行为人的刑事责任,但是向未成年人提供犯罪所需的网络技术的行为显然比向成年人提供的行为更为严重。由于提供网络技术的人主观上对技术使用人的年龄几乎不可能明知,显然也无法认定为间接正犯。此外,在网络黑恶势力犯罪的技术帮助行为中,平台的责任也至关重要。以网络"黑公关"犯罪为例,这类犯罪不借助网络平台是无法完成的。按照现行法律的规定,对平台本身应当以拒不履行网络安全管理义务罪定罪处罚。该罪属于真正的身份犯,但对如何确定网络服务提供者的身份,如何对网络安全管理义务进行认定,立法并没有明确作出规定,有待司法解释进行完善。网络服务提供者包括缔造者、维护者、运营者等,身份不同所需要履行的网络安全管理义务内容也不同。网络是多方的参与主体共同作用的空间,秩序的形成需要多方共同努力,应对网络虚拟空间中各个角色的责任,进行科学合理的配置。

三、"三核"模式中技术帮助行为的评价错位

网络黑恶势力犯罪是网络犯罪的具体类型之一,在性质上归属于网络集团犯罪。对网络黑恶势力犯罪技术帮助行为,刑法评价的模式无外乎共犯、正犯以及平台责任三种,但对这三种责任适用的范围及定位,在刑法理论和司法实践中均存在争议,导致对网络黑恶势力犯罪技术帮助行为的刑法评价存在偏差。

(一) 共犯责任范围过窄

技术帮助行为与网络黑恶势力犯罪之间意思联络并不明显,甚至缺乏意

思联络，片面共犯的理论解释显然更为合适。不过目前司法解释并没有直接按照片面共犯的理论加以规定。结合现有的与网络黑恶势力犯罪相关的技术帮助行为的司法解释，比如网络"黑公关"案件中涉及的罪名有诽谤、寻衅滋事、敲诈勒索等，按照2013年《网络诽谤司法解释》的规定："明知他人利用信息网络实施诽谤、寻衅滋事、敲诈勒索、非法经营等犯罪，为其提供资金、场所、技术支持等帮助的，以共同犯罪论处。"根据该司法解释，在诽谤等犯罪中不存在"特定的严重情节"的，技术帮助行为无法构成片面共犯。上述司法解释显然不是提示性规定，因为如果是提示性规定，按照共犯理论处理即可，没有必要增加"特定的严重情节"的限制条款。鉴于此，司法解释以片面共犯理论作为基础，采取修正的模式，即"明知他人实施特定犯罪+依然提供网络信息技术+具备特定的严重情节=（认定、成立）共同犯罪"的规定模式，对特定犯罪的技术帮助行为进行了扩大解释。此外，与网络黑恶势力犯罪密切相关的《网络赌博犯罪意见》《系统安全解释》中对技术帮助行为采取了片面共犯的规定。但是在网络社会的大背景下，网络黑恶势力犯罪涉及面广泛，技术帮助行为也由此细化和全面，几乎所有的传统黑恶势力犯罪在网络技术的支撑下都可以实现网络化或者异化。在行为人之间缺乏意思联络的现实情况下，存在将技术帮助行为人认定为共犯的难题。仅仅依靠上述司法解释已经无法实现对所有网络黑恶势力犯罪技术帮助行为的准确定性，共犯责任评价范围过窄的现象已经凸显。

1. 帮助行为异化触发共犯角色分化

第一，技术帮助行为"技术性"这一特殊属性，成功打破了传统刑法学对于共犯角色的认知，共犯理论在网络黑恶势力犯罪技术帮助行为的评价方面陷入尴尬境地。在网络黑恶势力犯罪中，通过网络吸引、招揽被害人与潜在被害人成为主要的犯罪手段。在广州市某区检察院办理的一起9人涉嫌网络黑恶势力犯罪案件中，行为人就是通过微信群发布投资信息，推荐微信好友到某应用App平台投资买卖外汇、黄金，利用同伙控制价格升跌，再通过微信平台对盈利情况进行虚假造势、修改盈利图片等手段，营造投资氛围，吸引微信好友参与投资。在这起案件中，微信作为建立者、管理者，姑且不讨论其主观方面是否存在罪过，其在客观上促进了犯罪的发生与发展，导致犯罪结果扩大是事实。可见，网络犯罪结果被无限扩大离不开网络技术的加持，帮助行为借助技术性发生异化逐渐摆脱了从属地位，展现出极强的"独立性"，成为网络黑恶势力犯罪利益链条上的关键环节，共犯关系也随之淡化。

第二，网络空间的虚拟性决定了网络共犯意识形态的变化。传统共犯在犯罪人与参与人之间需要依凭紧密的意思联络才能实施共同犯罪，而网络黑恶势力犯罪的共犯之间可以通过网络这一虚拟世界实现任意时间的沟通，无需见面，无需获知对方的真实身份。比如，司法机关在部分"空间型"网络黑恶势力犯罪中之所以在组织定性方面存在争议，主要是因为组织成员之间基本处于匿名交往的状态，意思联络稀薄。网络技术提供者已经通过技术帮助行为获取了经济利益，接受服务者在支付了使用网络技术的费用后也不会将自己的犯罪所得分给网络技术提供者，网络技术提供者自然无需关心对方的犯罪行为。鉴于此，传统的共犯关系在网络空间与该空间的虚拟性相结合，意思联络展现出松动的趋势，提供技术帮助的行为人凭借自身所掌握的技术"自主性"特征日益明显。

2. 技术参与归责的多维障碍

面对网络犯罪帮助行为的异化，传统共犯理论已然捉襟见肘。在司法实践中，如果按照传统共犯理论就会引发归责难题。我国共犯理论受德日刑法理论和立法的影响，形成了"共犯正犯化""共犯从犯化"等逻辑思维定式。[1]有学者则提出，从犯就是帮助犯，胁从犯就是较轻的帮助犯的观点。[2]但是，网络技术和网络平台在部分网络犯罪中占据重要地位，几乎处于犯罪链条的核心角色，如果按照帮助犯归责无法做到罚当其罪。传统共犯归责模式囿于意思联络，在网络因素介入的情况下出现了理论障碍。在限制从属性上归责难的问题同样存在，"违法连带"和"二次责任形式"是典型的限制从属性逻辑范式，基于不法层面必然得出"没有正犯的共犯"的结论。[3]网络犯罪中存在利用技术的人的行为达不到犯罪或者仅仅达到轻微犯罪的情况，但是网络技术的提供者依靠向多方提供技术扩大了危害结果的范围，其不法行为

---

[1] 参见张明楷：《论教唆犯的性质》，载陈兴良主编：《刑事法评论》（第21卷），北京大学出版社2007年版，第86页。

[2] 参见涂龙科：《犯罪分工视角下主从犯的类型化界定》，载《政治与法律》2024年第11期。

[3] 参见梅腾：《网络服务商刑事立法的教义学回应与限缩路径探究》，载《湖北社会科学》2018年第3期。

已经能够入罪甚至比技术的使用者更加严重，这也导致传统共犯理论的归责原则面对技术帮助行为时被突破。

（二）正犯责任刑法定位不清

网络黑恶势力犯罪技术帮助行为造成了正犯责任的定位存在一个明显模糊的地带，也就是在技术帮助行为人单独成立正犯的情况下，是否以接受帮助的行为人的行为成立犯罪作为前提。司法解释所持的态度是，不要求接受帮助的行为人的实行行为达到犯罪的程度。换言之，帮助他人实施违法行为的技术帮助人也成立犯罪。比如，2010年出台的《传播淫秽电子信息解释（二）》第5条规定，网站建立者、直接负责的管理者成立传播淫秽物品罪的正犯，不以利用其网站传播淫秽物品的行为人的行为成立犯罪为前提。刑事立法上明确规定了行为人提供侵入、非法控制计算机信息系统程序、工具给帮助人，帮助人实施违法与犯罪行为的，提供行为单独构成犯罪。不过，增加帮助信息网络犯罪活动罪时，立法明确只有在接受技术者的行为构成犯罪的情况下，才能将技术帮助行为人评价为正犯。但是这与该罪在实践中的情况并不相符，导致帮助信息网络犯罪活动罪罪名在网络黑恶势力犯罪技术帮助行为上的适用率极低。2019年《非法利用信息网络、帮助信息网络犯罪活动解释》规定，确因客观条件限制无法查证被帮助对象是否达到犯罪的程度，但相关数额总计达到前款第二项至第四项规定标准五倍以上，或者造成特别严重后果的，应当以帮助信息网络犯罪活动罪追究行为人的刑事责任。笔者以"帮助信息网络犯罪活动罪"为关键词，通过中国裁判文书网搜索2021年1月至2022年7月案件共计5536件，其中存在9件确因客观条件限制无法查清被帮助对象是否达到犯罪程度的案件，被告人均成立本罪。鉴于此，司法实践显然倾向于肯定帮助信息网络犯罪活动罪正犯的地位。正犯责任之所以引入刑法，本质上是为了解决司法实践中帮助行为异化的情况下大量实行行为危害性程度无法评价，或者受帮助的实行行为个体危害性小而整体危害性大时所面临的评价障碍。虽然刑事立法规定了帮助信息网络犯罪活动罪，但是并没有解决技术帮助行为归责的所有问题。技术帮助行为是共犯的正犯化还是正犯的争论并未因司法解释的出台而停止。如果认为是共犯的正犯化，在共犯论领域，网络犯罪的正犯与帮助犯的区分一直是困扰司法实践的难题。如果认为是正犯，该罪独立性和参与性并存的特殊性又决定了构成帮助信息网络犯罪活动罪的行为也有可能被认定为具体帮助犯罪的帮助犯，这仍然陷入了传统共犯理论的桎梏，正犯责任定位模糊的问题十分突出。

（三）平台责任司法适用混乱

2015年《刑法修正案（九）》规定了拒不履行信息网络安全管理义务罪用以规制网络平台责任。根据刑法的规定，成立该罪主观上要求"明知"，但是条文对"明知"的具体内容并未明确，导致不同观点的出现。有学者认为，拒不履行相关义务是处于疏忽或者过于自信的心理支配下造成了严重后果。也有学者将其解读为直接故意或间接故意。前者实际上承认平台责任成立"过失责任"，是在共犯责任、正犯责任的基础上，对技术帮助行为的规制领域的深化。后者实际上是将平台责任限定为一种"故意责任"，但是成立本罪时，往往还可以成立具体罪名的片面帮助犯。据此，将拒不履行信息网络安全管理义务的行为独立定罪似乎意义十分有限，即只有主体是特殊主体时，可以不依托实行行为成立该罪名，这种主观方面解读上的混乱导致司法实践中罪名适用的混乱。此外，该罪成立需要同时具备"拒不改正"的情形。对于"拒不改正"这一情形的理解，则存在特殊的二重性："拒不改正"客观特征明显，是纯正不作为犯罪客观行为的表述方式，但司法解释将其解释为主观推定的"明知"，这种不同的理解势必影响到网络黑恶势力犯罪技术帮助行为犯罪圈的划定。

第四节 网络黑恶势力犯罪技术帮助行为刑法规制的完善

网络与信息技术的变迁给这个时代带来了前所未有的机遇和挑战，同时对现代的法律规则也产生了巨大的冲击。作为社会规则的重要组成部分，刑法面临着巨大的挑战。在对网络黑恶势力犯罪技术帮助行为的刑法规制上已经暴露了立法者与司法者对新技术在认识与规范适用上的不足。短期之内期待立法的调整是不现实的，目前问题的解决应该依赖司法调整，今后时机成熟时再调整立法的规定。

一、顺应技术帮助行为主犯化的趋势

技术帮助行为"一对多"的特点决定了"主犯化"成为网络黑恶势力犯

罪技术帮助行为评价的趋势。与传统犯罪中帮助行为相比,技术帮助行为的作用以及危害性显著提升。以"工具型"网络黑恶势力犯罪中的"套路贷"案件为例,如果没有网络技术的应用,犯罪所造成的危害相比传统犯罪会小得多。在"套路贷"犯罪中,很多犯罪人借助网络发掘、发现被害人,网络的无地域性导致了被害人人数与传统犯罪相比呈几何式增长。鉴于此,技术帮助行为的行为人在犯罪发生、发展中的作用明显,刑法评价自然应该从严,以确保实现罪责刑相适应。现实是,对此类行为在刑法评价时出现了明显弱化的趋势和倾向,与网络黑恶势力犯罪技术帮助行为所起的作用之间并不匹配。单向的思维结构在对网络黑恶势力犯罪等网络犯罪技术帮助行为的立法和司法实践中起到了绝对的作用,呈现"独立性"与"参与性"兼具的特征。鉴于技术帮助行为的危害性与特殊性,刑法应转变思维视角,以"独立化""主犯化"的双向思维对网络黑恶势力犯罪的技术帮助行为进行评价。

(一)网络犯罪技术帮助行为真正"独立化"

我国刑法仅对黑社会性质组织犯罪设置了专门的罪名,对恶势力组织犯罪则按照共同犯罪进行处罚,并未设置专门的罪名进行评价,恶势力的组织定性则作为量刑情节予以考虑。基于共犯从属性这一通说,正犯行为达到犯罪的罪量标准是共犯成立的前提和科处刑罚的基础。传统犯罪形态下,恶势力组织实施的犯罪的社会危害性主要通过正犯的行为予以体现,所以预防和打击的重点就放在了犯罪的实行行为上。但是,随着网络黑恶势力犯罪案件的增多,黑恶势力组织只需保留核心结构,共犯呈现出"一对多"的共同犯罪模式。在这种共同犯罪模式中,技术帮助行为发挥着关键的作用,网络黑恶势力犯罪技术帮助行为"主犯化"的趋势明显。不过,网络因素直接分化了罪量,组织、教唆、帮助行为与对应的正犯行为被分解为数个有组织违法行为,导致网络黑恶势力犯罪中社会危害性较大的组织行为、技术帮助行为等面临难以被评价的局面。鉴于网络黑恶势力犯罪技术帮助行为的"主犯化"趋势,应当明确技术帮助行为与部分网络黑恶势力犯罪的行为之间是协作而非共犯的关系,双方基于各自的主观罪过和客观行为参与到具体犯罪的产业链中,是不同的犯罪行为,可以称为协作犯。这与掩饰、隐瞒犯罪所得、犯罪所得收益罪的规定类似。在金融诈骗等犯罪网络化以后,通常情况下只要被害人将资金汇入行为人的账户,就成立诈骗既遂。如果缺乏事前通谋,取款人单纯帮助取款的行为，不成立诈骗罪的共犯，只能考虑掩饰、隐瞒犯罪所得罪。第一次取款行为缺乏事前通谋，之后取款人继续为行为人取款的，第一次取款行为就成为继续取款行为的通谋行为，这是基于一种心理上的因果性而得出的结论。[1]上游的金融诈骗犯罪与下游的掩饰、隐瞒犯罪所得的行为之间即为纵向的协作关系。此外，侵犯公民个人信息罪的立法也是出于抑制侵犯公民个人信息罪的下游犯罪的目的，尤其是出于制裁网络电信诈骗的蔓延局面的目的。[2]帮助信息网络犯罪活动罪与上述罪名的立法背景近乎相同，是出于打击网络犯罪协作行为的需要。有别于传统犯罪帮助行为的纵向模式，技术帮助行为与网络黑恶势力犯罪之间呈现横向协作关系，基于不同的主观罪过，客观行为上存在横向联系，在认定上需要考察双方之间的联系性对各自的行为进行独立评价。例如，行为人开办网络黑客学习班牟利，对学员通过学习掌握黑客技术后进行何种不法行为以及不法行为的严重程度，开办黑客学习班的人并不关心也难以全面查明，但对于开办黑客学习班的行为人的行为，可以通过违法所得数额以及视频观看次数等予以评价。

综上，我国刑法体系中并没有将处于帮助地位的行为限定在从犯的范畴，将客观上起到帮助作用的行为人评价为主犯并无不妥。对技术帮助行为人而言，其帮助行为具有独立性是客观事实。司法机关应打破基于传统犯罪形成的固有认识，对网络黑恶势力犯罪技术帮助行为中确实起到主犯作用的应独立定罪。不过，由于立法上对帮助信息网络犯罪活动罪等罪名的法定刑设置过低，导致这些罪名的适用率不高，但这不能成为司法机关不准确定性的理由和依据。

(二) 加强特定犯罪技术帮助行为刑事制裁的严厉性

对网络犯罪技术帮助行为的刑事制裁，立法机关经历了由克制到扩张的立法进路。在互联网1.0时期，由于网络处于局域网时代，用户之间仅仅处于"联"的状态而成为信息被动接受的角色，立法机关对于共犯正犯化的立法模式自然是持谨慎的态度。因为依照当时的网络技术环境，网络犯罪技术帮助行为尚未成势，没有立法的必要。这一时期的立法通过《刑法修正案

---

[1] 参见张明楷：《电信诈骗取款人的刑事责任》，载《政治与法律》2019年第3期。
[2] 参见江海洋：《侵犯公民个人信息罪超个人法益之提倡》，载《交大法学》2018年第3期。

（七）》增设提供侵入、非法控制计算机信息系统程序、工具罪一罪。随着互联网的发展，网络进入"互"这一时代，网络用户由被动接受信息的一方转变为主动参与的角色，网络给人们的生活带来了极大的变化，违法犯罪行为因网络的发展也随之发生改变。网络赌博、电信诈骗、P2P非法集资、网络寻衅滋事、网络黑恶势力犯罪等网络犯罪层出不穷，司法机关不得不通过司法解释的方式，打破立法基于传统犯罪的规定来予以应对。比如，《网络赌博犯罪意见》《网络诽谤司法解释》等司法文件的颁布。随后，《刑法修正案（九）》增加了帮助信息网络犯罪活动罪、拒不履行信息网络安全管理义务罪，旨在打击网络犯罪的源头和利益链条，但是也带来了一系列新的问题。以拒不履行信息网络安全管理义务罪为例，因立法对网络服务商的义务来源规定较为粗疏，司法实践中对不作为义务来源存在争议。[1]从总体上分析，立法机关并未抛弃此前对网络犯罪帮助行为立法的谨慎的态度，这两个罪名法定刑设置偏低，入罪门槛较高，司法机关对这两个罪名几乎弃之不用，千方百计找寻共犯的证据或者以其他方式解决技术帮助行为的归责难问题。

面对网络黑恶势力犯罪各个链条打击难的现实，通过部分认可片面正犯理论来解决危机的司法文件出现，典型如《网络赌博犯罪意见》。为了应对司法实践中网络帮助行为异化导致的主观方面的认定困难，《网络赌博犯罪意见》摒弃了传统共犯理论中意思联络的束缚，减少了网络黑恶势力犯罪中技术帮助行为的处罚"黑数"。不过，受限于传统共犯理论，司法文件依旧承认共犯二次责任，在违法连带的前提下，对网络黑恶势力犯罪的技术帮助行为没有办法作出全面客观的评价。为此，司法只能另谋出路，采取共犯罪量独立的"违法相对性"的立场。比如，《网络赌博犯罪意见》规定："……实施前款规定的行为，数量或者数额达到前款规定标准5倍以上的，应当认定为刑法第三百零三条第二款规定的'情节严重'。"上述司法文件对于特定犯罪施予技术帮助的行为，排除意思联络和罪量要素的要求，实际上将特定犯罪的技术帮助行为评价为独立的犯罪行为，开始走向"违法相对性"的维度。迫于传统限制从属说等理论，局限于司法实践长期以来"数人一罪"的实务认定规则以及司法解释权限等约束，司法并没有在其他犯罪中采取"违法相

---

[1] 参见梅腾：《网络服务商刑事立法的教义学回应与限缩路径探究》，载《湖北社会科学》2018年第3期。

对性"的立场，刑法学界以及司法机关同时陷入传统共犯维度而不能自洽。虽然针对网络黑恶势力高发犯罪中的网络开设赌场技术帮助行为作出了应对，但是这种带有立法倾向的司法文件本身存在违反罪刑法定原则之嫌。

综上，从罪责刑相适应原则的角度考虑，为了有效发挥立法功能，对技术帮助行为有必要在立法时通过设置较高的法定刑来实现罚当其罪，与普遍偏低的法定刑并存的是普遍偏高的入罪条件，不利于打击犯罪行为。以《系统安全解释》为例，其对成立提供侵入、非法控制计算机信息系统程序、工具罪的"情节严重"的具体标准规定过高，导致部分行为人的行为能够成立非法获取计算机信息系统数据、非法控制计算机信息系统罪的共犯，却不能成立提供侵入、非法控制计算机信息系统程序、工具罪的尴尬局面。显然，后续立法和司法解释应当调整入罪条件和模式，实现刑法对技术帮助行为严厉评价的同时，化解司法实践中的尴尬。在立法没有作出修改的前提下，可以通过司法解释的方式降低入罪门槛来提高其立法的功能。比如，对拒不履行信息网络安全管理义务罪中"经监管部门责令改正而拒不改正"的理解作扩大的解释，对帮助信息网络犯罪活动罪中"情节严重"这一开放性的入罪标准，通过司法解释的方式予以降低。技术帮助行为借助其"一对多"的模式，成为最大的获利方，这种情况下依据共犯处理无法评价其真正的社会危害性。对网络黑恶势力犯罪技术帮助行为，如果评价为帮助信息网络犯罪活动罪或者拒不履行信息网络安全管理义务罪等罪名，显然无法做到罚当其罪。即使能够评价为黑恶势力犯罪的共犯，其中一部分黑恶势力犯罪因网络因素的介入都难以认定，仍然面临无法全面、客观评价其社会危害性的局面。从中外立法比较来看，前述研究表明我国在有组织犯罪的范围上与其他国家相比明显过窄，与《公约》规定的要求也有一定差距。按照《公约》第5条的规定，各缔约国应将以下三类行为纳入到有组织犯罪中：一是组织、指挥、协助、教唆、促使或者参谋实施涉及有组织犯罪集团的严重犯罪行为；二是为直接或间接获得金钱或者其他物质利益而与一人或多人约定实施严重的犯罪行为；三是明知有组织犯罪集团的目标和一般犯罪活动或其实施有关犯罪的意图而参与的，或者明知本人的参与行为会有助于实现上述目标的该有组织犯罪集团的其他活动的行为。《公约》明确将"促使"行为纳入有组织犯罪的范畴，而我国刑法规定的组织、领导或参加显然不包含"促使"。今后立法可以考虑扩大黑恶势力犯罪化的范围,将实践中比较严重但立法上没有规定的诸如技术帮助行为等违法行为类型纳入黑恶势力犯罪的范畴。

二、严密网络黑恶势力犯罪技术帮助行为的刑事法网

针对如何实现网络黑恶势力犯罪技术帮助行为刑事制裁法网的严密性,有学者提出,应采取实质共犯论来严密网络黑恶势力犯罪技术帮助行为的法网,作为兜底条款的帮助信息网络犯罪活动罪适用门槛过高、适用范围过窄,规制网络平台责任的拒不履行信息网络安全管理义务罪同样存在上述问题,有必要以司法解释的方式扩张其适用范围,以达到填补刑事制裁空缺、严密刑事法网的目的。从实质共犯论的角度出发,将帮助信息网络犯罪活动罪作为类似于巨额财产来源不明罪的特例,即仅作为兜底条款适用,只有在穷尽一切手段难以打击的情况下才考虑适用帮助信息网络犯罪活动罪。[1]在扫黑除恶常态化的背景下,打击网络黑恶势力犯罪刻不容缓,如何在现有的立法条件下通过合理的理论解释实现对技术帮助行为的有效打击,成为扫黑除恶取得成效的关键。上述学者提出的采取实质共犯论来严密除网络黑恶势力犯罪以外的其他网络犯罪的刑事法网是可行的,但是作为有组织犯罪之一的网络黑恶势力犯罪,其社会危害性高于绝大多数网络犯罪,将帮助信息网络犯罪活动罪作为兜底条款惩治网络黑恶势力犯罪技术帮助行为显然会出现处罚过轻的情况。我国学者热衷于在共犯理论下探讨网络犯罪的技术帮助行为,并开始借鉴德国以及日本刑法中的共犯理论。在研究网络犯罪与其技术帮助行为之间的关系时,总是在共犯理论中找寻合理依据,但是往往事与愿违。我国刑法在共犯的规定上与德日刑法存在不同,犯罪的发展趋势也与德日存在区别,不能生搬硬套。网络犯罪作为一类犯罪的总称,包含各种具体不同的犯罪行为,这些行为的共性在于:犯罪在产生、发展中都具备网络要素,但是又由于自身客观行为的各异而不同,针对具体的网络犯罪行为应该有不同的应对措施。面对网络黑恶势力犯罪,严密刑事法网也应该建立在网络黑恶势力犯罪特点的基础上。技术帮助行为在网络黑恶势力犯罪的发生以及发展过程中起着重要且不可或缺的作用,在地位上早已脱离了帮助犯的范畴,

---

[1] 参见印波:《网络传销犯罪的司法认定逻辑及其修正》,载《比较法研究》2022年第1期。

但是其与网络黑恶势力犯罪之间又存在着千丝万缕的联系，应当正视司法实践中网络黑恶势力犯罪技术帮助行为的独立性与危害性，采取正犯与主犯分离的方式严密网络黑恶势力犯罪技术帮助行为的刑事法网。所谓正犯与主犯分离，是指正犯的功能在于不法的连带性，而主犯的功能在于刑罚的确定性，[1]正犯在我国刑法体系下应当作形式化的理解。详言之：

第一，正犯概念的实质化并不适合处理网络黑恶势力犯罪的技术帮助行为。在德日刑法理论中，正犯概念不断实质化，共犯的空间也不断被挤压，特别是狭义共犯中的帮助犯、教唆犯。以日本为例，狭义的共犯数量十分少见，实践中仅因狭义共犯被判处刑罚的人占1.7%，尤其是狭义共犯中的教唆犯仅占0.2%，并且涉及的罪名十分单一，主要集中在窝藏犯人、毁灭证据这类犯罪中。日本刑法典采取独立的条文规定了教唆犯，但是该法条在实际上已经被虚置，大量的教唆犯被纳入共同正犯的处罚范围。[2]德日之所以通说采取二元区分体系，是出于限制正犯概念的初衷。按照二元区分体系，刑法分则是以正犯作为出发点设计的具体罪名，共犯则是作为扩张的刑罚事由在刑法总则中加以规定。这样的逻辑出发点强调罪刑法定原则，重视构成要件该当性的定型化作用。从这一点分析，二元区分体系的核心是构成要件与实行行为，在区分共犯与正犯时，却将犯罪人在共同犯罪中对法益侵害的作用大小作为考量时重要的部分，实行行为被忽视，在思维逻辑上又步入了单一正犯体系的桎梏，导致自相矛盾的局面出现。虽然目前德国和日本的众多学者为了维系这一体系努力，但是分析的路径是通过不断对正犯的概念予以实质化解释，虽然保证了个案公正的实现，但是这一权宜之计反而为二元区分体系带来更加深刻的危机，导致体系层面上矛盾不断。[3]

第二，正犯与主犯功能分离成为网络黑恶势力犯罪技术帮助行为法网严密的应然选择。由上文分析可知，以正犯主犯化为表征的正犯概念实质化成为德日刑法理论研究的趋势，但是这一实质解释的后果是直接导致了二元区分体制仅具有形式的意义，我国立法自然没有理由再重复这一充满异议的过

---

〔1〕参见王兵兵：《论正犯与主犯的功能分离：比较的维度与中国的立场》，载《甘肃政法学院学报》2020年第2期。

〔2〕参见［日］前田雅英：《刑法总论讲义》，曾文科译，北京大学出版社2024年版，第296～297页。

〔3〕参见刘明祥：《主犯正犯化质疑》，载《法学研究》2013年第5期。

程，且我国刑法的规定以及现实犯罪的情况也与德日差别较大。在严密网络黑恶势力犯罪技术帮助行为法网的问题上，应当以现行立法规定为基础，结合价值立场进行合理解释，构建网络黑恶势力犯罪技术帮助行为的共犯教义学体系。从刑法规定看，我国关于正犯与主犯的规定呈现不同状态，即正犯为"隐"、主犯为"显"的共生结构。[1]结合网络黑恶势力犯罪技术帮助行为这一具体犯罪，两者在功能上存在差异但是又相互交叉，网络黑恶势力犯罪技术帮助行为罪名体系的构建应当遵循正犯与共犯功能分离的立场。具体而言：

首先，正犯的功能在于不法连带功能。共同犯罪是违法形态的典型表现，判断一行为是否是共同犯罪应该从不法层面开始判断，接下来再从责任层面分别予以认定。可见，与单独的自然人犯罪的判断顺序并无不同。先从不法层面，通过分析判断行为是否符合共犯的规定，在此基础上从责任的层面分析具体犯罪人责任存在与否。从这一逻辑过程看，在不法层面的判断上共同犯罪具有不同于自然人单独犯罪的一面，但是基于罪责自负原则，责任层面的判断方面并无二致。换言之，共同犯罪不法层面上的连带性即整体性是其特性，但是在责任层面自然不能作为整体而应当作个别判断。有学者提出，共同犯罪是一个不可分割的整体，所以应该结合分则罪名对共同犯罪作出整体性评价，按照作用不同处以不同的法定刑，区分各个行为人的参与方式没有必要。[2]这种共犯整体的考察方式在司法实践中基本无法实现。就网络黑恶势力犯罪技术帮助行为而言，如果不直接从法益侵害的正犯行为入手，几乎无法对技术帮助行为作出评价。可见，正犯在共同犯罪中占据核心位置，在正犯行为能够被评价为不法的情况下，再考察刑法因果关系，将对法益损害结果起到加功作用的行为人的行为作共犯处理，应当是司法实践中的可行方案。如果没有网络黑恶势力犯罪的确定，技术帮助行为的危害性就无法确定和显现。在网络黑恶势力犯罪正犯实行行为的判断上，应以形式的客观说为标准，这样能够实现实行行为的明确。主犯概念是我国与德日在共犯问题

---

[1] 参见王兵兵：《论正犯与主犯的功能分离：比较的维度与中国的立场》，载《甘肃政法学院学报》2020年第2期。

[2] 参见田然：《论主从犯特殊区分制的共犯体系》，载陈兴良主编：《刑事法评论：刑法规范的二重性论》（第39卷），北京大学出版社2017年版，第518~521页。

上的不同之处，主犯概念的存在使实质正犯的构建不再需要。主犯概念的存在使我国正犯的范围基本等同于实行犯，与国外相比范围更窄。在此前提下，形式的客观说是有存在空间的，在网络黑恶势力犯罪中更是可行的。

其次，主犯的功能在于调整刑罚。根据我国传统刑法理论，主犯是对犯罪行为起主要作用的人，即主犯是根据行为人在共同犯罪中所起作用的大小进行认定。由此，起辅助作用的就被认定为从犯。相比正犯与共犯，这一组概念在认定上更为实质化。对主犯和从犯进行区分是出于科处刑罚的需要，遵循的是罪责刑相适应原则。基于合理处罚原则和范围对正犯与共犯进行划分，是遵循罪刑法定原则的必然结果。在确定处罚范围的基础上，合理确定具体刑罚，确保个案裁判的公正，以实现罪责刑相适应。由于这两对概念交互存在，学界对正犯与共犯的关系也进行了研究。比较有代表性的观点是，正犯与主犯交叉只存在于单一正犯体系或者二元区分体系中的形式客观说领域，在此意义上分析正犯与主犯，表现出递进的关系。在不法层面，根据在犯罪活动中所起到的作用的大小，将正犯和共犯进行区分。在这一阶段，正犯与主犯是同等概念，共犯与从犯也是同一意义的两种不同表述，接下来再以责任区分大小判断出主犯。[1] 这种递进的思维方式有合理之处，不过结论得出的过程值得商榷。将正犯与主犯、共犯与从犯在不法的层面予以同等审视，明显带有实质正犯的痕迹。实质正犯是德日刑法针对刑罚上共犯不得高于正犯处罚的规定，是司法实践中无法做到罪责刑相适应原则的情况下不得已采取的解释方法。如果采取实质正犯论来解释网络黑恶势力犯罪技术帮助行为的定性，同样面临无法罚当其罪的尴尬。其实，我国刑事立法对于共犯的规定虽然模糊，但是从刑法文本中本来就可以推出正犯的概念，正犯在刑法中实际一直承担着不法连带功能，与主犯的刑罚调节功能一起共同缔造了我国刑法正犯与主犯功能分离的现状，并且这种分离的状态完全能够实现共犯处罚的合理范围界定与刑罚裁量的公平，完全没有必要借鉴德日正犯实质化的理论。

总之，以我国刑法的语境作分析的基础，正犯是可以存在并且能够构建的隐形概念。正犯与主犯并非一种性质的两种表达，而是兼具不同的功能。

---

[1] 参见周啸天：《正犯与主犯关系辨正》，载《法学》2016年第6期。

正犯的功能在于判断不法连带，主犯则是刑罚调整的主要依据，两者之间互相交叉，在判断时应该先进行正犯的判断，再进行主犯的判断，对于正犯的判断宜采取形式的客观说作为基础。具体到网络黑恶势力犯罪法网严密的问题上，网络黑恶势力犯罪作为正犯并不影响网络黑恶势力犯罪技术帮助行为成为主犯的判断，即从肯定网络黑恶势力犯罪作为正犯行为不法的情况下，考察刑法因果关系，如果技术帮助行为对网络黑恶势力犯罪的法益结果进行了加功的情况下，技术帮助行为就作为共犯处理，在作为共犯处理的基础上，再按照技术帮助者在共同犯罪中所起的作用判断其是否成立主犯，在得到肯定或者否定结论的情况下给予相应的刑法评价以严密刑事制裁的法网。

三、构建网络黑恶势力犯罪技术帮助行为完整的刑法评价体系

限于司法经验的缺少和立法仓促的现实，刑法在网络犯罪帮助行为的三类刑事责任评价方面存在明显失衡，这一点在网络黑恶势力犯罪的技术帮助行为中尤为突出。鉴于此，应理顺三类刑事责任之间的内部关系，在三类责任的适用范围方面予以完善，这是构建网络黑恶势力犯罪技术帮助行为完整刑法评价体系的总体思路。虽然该思路同时适用于其他类型网络犯罪技术帮助行为刑法评价体系的构建，但这只是作为整体思路而具有一致性，不同的网络犯罪技术帮助行为在评价思路的具体构建上还是存在一定区别的。网络犯罪技术帮助行为的刑事责任有共犯责任、正犯责任以及平台责任三种，网络黑恶势力犯罪亦然。基于对不同的网络黑恶势力犯罪帮助行为作出有效评价的立场，应该改变对三种责任适用上的混乱现状，遵循以共犯责任为基础、以正犯责任为补充、以平台责任作为强化的思路，明确网络黑恶势力犯罪技术帮助行为刑事责任体系结构。在明确三种责任的体系定位以后，结合网络黑恶势力犯罪技术帮助行为的现状，进行适用范围上的调整，以改变目前司法实践中三种责任在适用上冲突、混乱的现实。

（一）共犯责任中应当全面引入片面共犯理论

我国刑法对于黑恶势力犯罪一向秉承严厉打击的态度，共犯责任在惩治网络黑恶势力犯罪上尤为重要。鉴于网络黑恶势力犯罪技术帮助行为在犯罪中所起到的作用，如果能够作为网络黑恶势力犯罪的共同犯罪处罚，在处罚上更容易实现罚当其罪，这也是司法实践目前应对网络黑恶势力犯罪技术帮

助行为的主要思路。基于网络黑恶势力犯罪行为与技术帮助行为之间意思联络缺乏或者不明晰的特征，而短时间又无法通过刑法完善正犯责任的情况下，在通过"一罪一解释"的司法解释不现实且耗费司法资源的现实下，比较可行的做法是最高司法机关出台总则性的共犯司法解释，将片面共犯理论进行全面的引入，以符合和顺应网络黑恶势力犯罪等网络犯罪的发展趋势。

（二）正犯责任独立性应当提升

技术帮助行为具有独立性，这与正犯责任的核心相一致，应将其作为独立的实行行为，目前司法解释和刑事立法已然存在这方面的规定。帮助信息网络犯罪活动罪、提供侵入、非法控制计算机信息系统程序、工具罪都是刑事立法设置网络犯罪技术帮助行为正犯责任的体现。但是，我国立法机关在正犯责任独立性立法方面总体过于保守，仍然将其视为传统共犯的帮助犯，在条文设置以及法定刑配置方面设置了诸多的限制，人为弱化了正犯责任的独立性，造成了正犯责任与片面共犯责任在适用上的不协调。如果最终司法解释选择全面引入片面正犯的理论，那么帮助信息网络犯罪活动罪就会被虚置。在这种情况下，现阶段应该通过扩大解释，改变帮助信息网络犯罪活动罪立法设置时正犯责任独立性不足的现实，在今后时机成熟时通过立法修改进行修正。

（三）平台责任中过失责任应当确立

平台责任在本质上属于对正犯责任的强化，网络服务提供者作为技术帮助犯的一种，主要提供的是特定的网络犯罪空间，平台责任在"空间型"网络黑恶势力犯罪中较为常见。实践中，网络黑恶势力犯罪通过一些聊天平台等实现组织的隐蔽和联络，相对于技术支持而言，平台更容易实现对犯罪行为的"一对多"的帮助，作为合法的网络服务提供者，其行为的社会危害性更为严重，所以应当进一步强化平台责任。但是，立法在拒不履行信息网络安全管理义务罪犯罪构成的设置上十分保守，将该罪的主观方面限定为故意，人为缩小了本罪的适用范围。司法实践中，网络黑恶势力组织利用平台联络，或者通过平台进行相应的诸如网络"黑公关"等犯罪行为的不在少数。平台作为合法的网络服务提供者，一般不会出于故意来帮助网络黑恶势力组织实施犯罪，这也造成了拒不履行信息网络安全管理义务罪这一罪名在实践中很少被适用的局面。基于本罪的定位以及司法实践中的具体情况，对拒不履行信息网络安全管理义务罪应当引入一种"过失责任"。如果本罪是故意责任，在遵循上文思路对帮助信息网络犯罪活动罪进行扩张解释之后，本罪的设立就不存在任何价值。作为合法的网络服务者，相对帮助信息网络犯罪活动罪而言，应当给予更为严厉的刑法评价才更为合适。

第五章

网络黑恶势力犯罪中高发犯罪的制裁思路

> 法令既行,纪律自正。
> ——包拯

随着互联网的代际发展,互联网"互"的特征形成,当前人类社会已经无法摆脱网络而存在,犯罪也呈现出与各种网络因素的高度契合。网络黑恶势力组织实施的一些常见高发的关联犯罪,[1]典型的如网络"黑公关"犯罪、"套路贷"犯罪以及网络开设赌场犯罪等,由于"互联网+"等网络因素的介入,实践中对这些案件的定性存在极大争议。在此背景下,用于制裁网络黑恶势力组织实施的常见犯罪行为的刑法罪名体系和刑法干预半径有必要重新思索。

第一节 网络"黑公关"犯罪的制裁思路

网络"黑公关",也称为网络公关异化,是指发起人借助互联网通信技术,以互联网为媒介,通过捏造、散布虚假事实,形成操控网络舆论、挟持社会民意的局面,借此达到一系列不正当目的的网络公关行为。这种网络"黑公关"行为被黑恶势力组织利用就形成了言论操控型的"网络黑社会"

---

[1] 此处探讨的关联犯罪行为是相对于单一犯罪行为而言的,从犯罪构成的角度出发,单一案件是一个犯罪主体对应一个犯罪事实,关联犯罪是在犯罪构成四要件某一要件之间至少存在"同一性"的两个以上单独的案件。比如,网络黑恶势力组织实施的多个犯罪行为,至少在犯罪主体和犯罪主观方面要件上体现了"同一性"。概言之,本章讨论的网络黑恶势力犯罪中的高发犯罪是基于犯罪学意义上的关联犯罪。因为从刑法解释论的角度,这些常见高发的关联犯罪与网络黑恶势力组织本身涉及的罪名——组织、领导、参加黑社会性质组织罪按照数罪并罚的原则处理即可。

或者言论攻击型的"网络恶势力"。从近年来发生的典型案例来看，言论型网络黑恶势力犯罪借助网络，给政府机构、社会组织、公司企业和公民个人造成了诸多不良的影响甚至是实质性的侵害。刑法作为惩治网络黑恶势力犯罪以及遏制网络黑公关犯罪的关键环节，应采取有效的刑法规制手段予以制裁，这既是扫黑除恶常态化的需要，也是对社会生活和秩序的有效保障。

一、网络"黑公关"犯罪产生机理

随着互联网的不断发展，全媒体时代随之到来。全媒体时代带来了媒体结构的变化，传统媒体的载体被网络平台逐渐取代。在全媒体时代，媒介信息采用多种形式呈现，比如文字、声音、视频、网站等，是不同媒体形态的综合体现，进而形成业务融合，最终实现"三网"融合和"三屏"合一。用户可以从不同角度、不同渠道及时获得信息。[1]全媒体时代在满足人们对于信息检索体验要求的同时，也产生了网络"黑公关"犯罪等"副产品"。

（一）网络"黑公关"犯罪形成之经济学视角

需求——供给以及成本——收益是经济学领域研究中的基础性范式和重要的分析工具。当网络充斥着各种利益时，网络中的犯罪行为自然难以避免。网络"黑公关"犯罪之所以会产生，也是因为其收益大于违法成本。

1. 存在需求，进而异化

网络"黑公关"的出现，与市场需求的存在密不可分。互联网出现之前，针对竞争对手制造特定事件产生负面影响的竞争手段就一直存在，是市场活动竞争行为的重要组成部分。在事件的重大影响呈现之前通过公共行为及时地控制信息，或者在重大影响产生后及时通过正面信息的传播对负面事件进行稀释，成为经济活动主体在复杂的竞争环境中获得有力竞争地位的助推剂。如果任由负面信息持续扩散，必然对组织或者个人造成不利影响，所以在经济理性的驱使下，趋利避害成为组织和个人的普遍心理，网络"黑公关"在这种普遍心理的作用下自然就存在市场需求。即便研究证明，负面与不利信息在一定的比例内并不会形成显著影响，但是社会组

---

[1] 参见《全媒体》，载https://baike.so.com/doc/30515371-32315421.html，最后访问日期：2019年10月1日。

织和个人基于风险控制最小化的心理，也会对消除影响的公关有着强烈的需求。[1]面对巨大的利益，有一部分网络公关行为逐渐异化为网络"黑公关"，甚至发展成为被网络黑恶势力组织作为攫取经济利益的手段。网络"黑公关"犯罪一般通过形成操控言论，制造特定人物和事件的负面信息，索要巨额删帖费以攫取非法经济利益，或者制造虚假言论进行网络炒作，攫取非法利益。

2. 低成本与高收益的诱惑

大量需求的存在，利益空间的不断扩大，自然会出现与之相对应的供给行为。在网络承载巨大利益的情况下，网络"黑公关"成本低廉的特点，就使其存在生存的空间。从经济学的角度分析，网络"黑公关"具有以下特点。首先，技术成本的低廉性。进入门槛低成为网络"黑公关"能够存在的重要原因。对于网络"黑公关"而言，只要进行简单的信息发布就可以完成犯罪，相应的工具如微信对话生成器等技术也不需要昂贵的成本。其次，时间占有率不高。技术的运用通过相应软件就可以完成，节省了大量的人力成本与时间成本。再次，违法成本低。由于网络"黑公关"行为存在于网络空间，现行刑法分则的具体罪名和刑法总则关于共犯的规定都难以对其进行充分评价。面对实践中逐渐高发的网络黑恶势力组织实施的网络"黑公关"犯罪行为，司法与执法的评价却显得捉襟见肘，以破坏计算机信息系统罪、敲诈勒索罪、非法经营罪等罪名定性，无法对利用网络技术暴力谋取非法利益的犯罪团伙本身的性质进行评价，而网络黑恶势力组织具有的长期性、固定性等特征也超越了共同犯罪的固有范畴，[2]实践中重罪轻判的现象确实存在。此外，由于网络的虚拟性，取证困难成为打击网络"黑公关"犯罪一直存在的障碍。技术壁垒造成了网络对身份的隐蔽，网络黑恶势力组织以此规避公安机关的打击，这种低法律风险也成为网络黑恶势力组织选择网络"黑公关"行为作为攫取经济利益手段的主要原因。最后，网络公关市场规模不断扩大，利润也随之升高。据统计，仅2015年，46亿元的营业额就出自中国互联网公关业务。[3]超高的利润也促使"网络水军"、删帖公司等网络"黑公关"机构日

---

〔1〕参见黄迎新、窦佳乐：《网络公关异化的产生、危害与监管》，载《湖北社会科学》2017年第10期。

〔2〕参见于冲：《网络黑社会倒逼刑事司法策略》，载《法制日报》2012年10月13日，第7版。

〔3〕参见朱海华：《网络公关异化：形成机理、内容表征与治理体系》，载《湖北行政学院学报》2015年第6期。

益增多,成为一部分网络黑恶势力组织攫取利益的重要手段。

(二) 网络"黑公关"犯罪存在的客观条件

网络"黑公关"与传统公关行业中的不良行为存在区别,并非传统行为的网络再现,而是基于网络犯罪行为的异化,是传统犯罪网络异化的产物。

1. 全媒体时代信息产生与传播规律之演变

进入全媒体时代后,信息的产生与传播以网络空间为媒介发生了质的转变,这一变化对于官方在信息管控方面提出了更高的要求。首先,相比传统空间的信息管控,网络空间信息自产生开始就对官方的管控能力提出了极高的要求。与传统信息"先过滤、后产生"的产生机理不同,网络时代的信息呈现出"边产生、边过滤"甚至是"只产生、不过滤"的特点,这就对之前依靠行业准入机制和新闻审查机制这一针对传统信息管理的模式产生了巨大的冲击。相比传统空间信息产生的高成本,网络空间信息产生的成本几乎为零,这也为网络空间信息的产生创造了极大的便利。其次,信息传播过程的变化也对官方的信息管控提出了更高要求。传统信息从产生到传播需要一个时间过程,这一过程给政府在信息审核与管控上提供了比较充裕的时间。进入全媒体时代后,信息从产生到传播几乎同步,信息以网络为媒介迅速扩散,扩散的同时伴随着网民不断地反馈,网络舆论也在传播的过程中不断发生调整与整合,在政府发现时网络舆论已然形成。最后,全媒体时代信息传播模式的变化也给官方在管控与治理方面带来了新的挑战。与传统空间信息的单向传播不同,网络空间的信息是在多向互动中进行传播,传播者与受众者之间可以互相交流,在这一过程中,网民容易受到谣言的蛊惑,越是谣言在网络世界显得越为真实。[1]

总之,传统信息或者公关将传统媒体如报纸、电视等作为信息的承载,我国政府在传统媒体管控方面形成了一系列措施,至少要经过三层审查。以新闻报道为例,审查不仅要把握内容,还要求充分体现对象的主体价值,其中对于新闻的真实性把控尤其严格,尽最大可能呈现客观公正的信息。公众对于传统媒体的价值也十分认可,其可信度很高。相比之下,部分网络信息

---

[1] 参见郝宇青等:《"互联网+"的政治风险及防范》,载《华东师范大学学报(哲学社会科学版)》2017年第3期。

的可信度就要打一个折扣，出于商业化等因素的考虑，部分网络媒介所呈现的信息来源不可靠、报道也不专业，过度商业化和管理缺乏规范化现象严重，这种情况极易被网络黑恶势力组织等加以利用，成为组织的敛财手段。

2. 信息产生、传播机制转变导致谣言肆虐

网络的广泛运用以及全媒体时代的到来，使得信息的产生与传播模式发生了巨大的变革，随之带来的网络谣言扩大化确实值得重视，其危害也日益加深，成为引起社会广泛关注的问题。

第一，网络的无地域性以及信息的无限转发性，使得虚假的信息不再受到时间、地点等条件的限制，摆脱了传统信息扩散有限延展的桎梏。与传统的媒介、平台相比，网络具有传播速度快、传播范围广的特点，网络信息的可复制性使信息瞬间在全世界形成传播，其影响和波及范围无法预测，这一特点被部分网络黑恶势力组织利用，成为其实施网络"黑公关"犯罪的工具。网络"黑公关"正成为社会的毒瘤，侵蚀着正常的网络秩序和社会秩序。

第二，信息传播的无限转发也为网络"黑公关"犯罪提供了极大的便利。网络"黑公关"之所以可以使相关信息在短时间内引起轰动，除了自身的策划，还需要迎合网民心理，制造转发并且有意通过"网络水军"转发，以便迅速引起围观，扩大影响。经过成千上万网民的以讹传讹，网络"黑公关"传递的虚假信息呈现裂变式的快速传播。直接导致的局面是：在真理的鞋子还未来得及穿上时，谣言已经围绕地球走了一圈。面对网络谣言，多数网民抱着宁可信其有、不可信其无的心态，并不去辨别真伪，随手进行转发甚至是对谣言进行二次加工后继续传播，这一加工后的传播行为，在一定程度上对网络黑恶势力组织炮制的网络谣言等传播起到了助推作用。在谣言已然发酵的情况下，网络黑恶势力组织为了逃避打击，会删除自己所发的谣言，但此时谣言已经开始传播并且永无停止的可能，网络谣言通过网民以及"网络水军"不断推送而持续发酵，在推送和转发过程中不断被夸大，严重者甚至会引发社会恐慌，给特定的人或者行业造成负面影响和实际损害结果，对于社会秩序、国家利益均会造成不同程度的影响甚至破坏。

3. 公共管理的缺席

公共管理的缺席也是导致网络黑恶势力组织实施网络"黑公关"犯罪的客观因素。传统公关是在法律、行业规定以及伦理道德的约束下开展的正常

的公关活动，而法律等约束公共行业的管理方式应用于网络公关领域的效果却不尽如人意，这也是网络"黑公关"犯罪屡禁不止的重要原因。虽然我国立法机关通过一系列法律以及司法解释试图调整，但是实践中呈现出"难实施、难执行、难追责"的局面。主要原因有以下几点。

第一，源头隐蔽。独立的节点状态是网络媒体的特点，这些节点同时传递信息呈现交织形态。一则信息能够同时被多个节点（媒体）传递，而最初的源头很难查找，这一点是传统信息传播所不具备的。网络媒体信息传播的特点以及转载的不规范性为网络"黑公关"犯罪提供了便利。第二，网络的虚拟性决定了身份的隐匿性，这为网络"黑公关"犯罪的存在提供了可乘之机。第三，网络黑恶势力组织实施网络"黑公关"犯罪通常通过注册公司的形式掩盖犯罪行为，且不会直接公开散布谣言，而是通过隐蔽的方式策划和发布网络谣言。此类犯罪整个利益链条较长，操作手法也隐蔽，司法机关很难查证。第四，取证难的问题在网络"黑公关"犯罪中尤为突出。网络的易于隐蔽性使得即使发生犯罪行为，也很难将幕后的犯罪人抓获，网络黑恶势力组织实施网络"黑公关"犯罪时会通过技术壁垒形成隐蔽的网络身份，即使是组织内部的成员在现实世界中也互相不联系，犯罪人与被害人在现实世界同样不发生联系，被害人根本无法指认犯罪人。这样的低违法犯罪成本，高违法犯罪收益促使网络黑恶势力组织在实施网络"黑公关"犯罪时有恃无恐。虽然自2015年以来司法机关开始加大对网络空间中媒体犯罪行为的打击力度，但是实际取得的效果却不尽如人意。

二、言论操控型网络"黑公关"犯罪之表现方式

实践中，网络黑恶势力组织实施的网络"黑公关"犯罪包括言论操控型以及言论攻击型两种类型。言论操控型和言论攻击型网络"黑公关"犯罪仅在非法控制特征方面存在差异，而在行为表现方式上并无实质区别，均表现为网络炒作、网络造谣以及网络删帖行为，对上述行为进行分析是提出切实可行、有针对性的制裁思路的基础。

（一）网络炒作

所谓网络炒作，是指在网站、论坛、微博、微信等媒体上针对特定的人或者事件进行言论造势，其言论往往具有感染力和煽动性，并且通过有组织

地进行刷帖、点赞等使这一话题可以迅速引发关注,从而影响或者操纵公众对于特定的人或者事件评价的方向。有关调查结果显示,74%的受访者认为"网络水军"的现象普遍存在并且能够影响公众对于特定人物或者特定事物的评价。[1]网络炒作被部分网络黑恶势力组织作为攫取财富的手段,一些网络黑恶势力组织成立的网络"黑公关"公司利用全媒体时代信息传播的机理和特点,进行网络炒作,甚至给司法机关施压,承诺通过网络舆论帮助客户改变法院判决。[2]

(二) 网络造谣

所谓网络造谣,是指有组织地在网站、贴吧、论坛、微信、微博等媒体上针对特定的人物或者事件捏造事实,诽谤攻击公民个人,诋毁企业商业信誉或者恶意差评抹黑企业服务信誉,制造虚假的险情、灾情、警情以及处理结果,对网络秩序形成严重的影响或者破坏的行为。网络黑恶势力组织一般会对社会大众的心理进行充分揣摩后编写网络谣言,并且会在上网时间等问题上精心选择,经过一系列蓄意传播的行为而引起人们的广泛关注,进而达到通过控制网络舆论和社会舆论攫取非法经济利益的目的。典型的案例是2014年的"秦火火"和"立二拆四"诽谤、寻衅滋事案件。"秦火火"本名秦志晖,"立二拆四"本名杨秀宇,二人所在的尔玛公司自2010年成立以来,业务范围就限于网络推手、网络营销等业务,两人及其公司员工组成网络推手队,通过在微博、贴吧以及各大论坛恶意炒作网络事件,通过对公众人物进行诋毁等手段,达到攫取不正当经济利益的目的。对于秦、杨二人的行为,办案民警认为在性质上属于带有黑社会性质组织的网络犯罪组织,[3]不过,法院对秦、杨的行为最终是以寻衅滋事罪和非法经营罪进行定性。

(三) 网络删帖

所谓网络删帖,是指有组织地利用公关、"灌水"等手段在网络论坛、门

---

〔1〕 参见《74%受访者感觉"网络水军"公关现象普遍存在 过半受访者认为他们不负责的言论会扭曲网民的价值观念》,载《中国青年报》2018年4月12日,第7版。

〔2〕 参见詹奇玮:《"网络黑社会"的类型划分与规范评价》,载赵秉志等主编:《改革开放新时代刑事法治热点聚焦》(下卷),中国人民公安大学出版社2018年版,第886~887页。

〔3〕 参见王胜华、周洲:《网络型寻衅滋事罪司法认定的现实考察与问题省思》,载《湖南工业大学学报(社会科学版)》2024年第3期。

户网站等网络平台上删除针对特定事项的不利言论。这些帖子或者评论的内容往往是网络黑恶势力组织蓄意制造的，为的就是收取高额的删帖费。据统计，自2017年5月至2018年2月不到一年的时间里，全国破获"网络水军"违法犯罪案件40余起，案件总金额达到上亿元。比如，在一家名为"印象宿迁"的网站上，"网络水军"通过虚假举报村干部的手段，索取2万元删帖费才肯删帖，这个网站后来还与多地乡镇签订了所谓的合作协议，实施所谓的"包年制"，只要相关的乡镇一年支付一定数额的费用，该网站就保证不会发布与该乡镇有关的不利言论。[1]又比如，广州警方破获的"三打哈案"，涉案人员并不集中，分布在21个省份，违法犯罪行为涉及各大论坛，该团伙重要的牟利手段就是有偿删帖，"雇主"也可以通过"三打哈"网站联系"网络水军"进行删帖。[2]在以"三打哈"网站为代表的"网络水军"中，删帖、发帖、炒作等环节分工明确，由专门的业务人员负责，获利十分丰厚。可见，上述行为对网络的正常秩序、社会的正常秩序以及公民的人身、财产权利都造成了严重的侵害。

综上，虽然网络炒作、网络造谣以及网络删帖的手段方式和具体目的各不相同，但是作为言论操控型的网络黑社会、言论攻击型的网络恶势力的三种表现形式，其背后的运行模式是基本相同的，即"接受客户订单→策划相关事件→精心炒作帖子→组织大批'网络水军'或者'打手'→密集发帖"。[3]其背后的利益链条由网络公关公司、网络包工头、"网络水军"以及网络服务提供者组成，这些主体形成了一个利益交织的共同体。

三、网络"黑公关"犯罪的制裁思路

网络黑恶势力组织实施的网络"黑公关"犯罪危害极大，势必引起国家刑事制裁体系的反应。关于此类案件的制裁思路，刑法学界和司法实务界存在极大争议。寻衅滋事罪是司法实务界定性网络"黑公关"犯罪的偏好，实

---

[1] 参见李思辉：《删帖先交保护费？治一治这类"网络黑社会"》，载《中国青年报》2018年2月8日，第2版。

[2] 参见《警方破获"三打哈"网站案 起底网络水军黑色产业链》，载http://media.people.com.cn/n1/2018/0207/c40606-29809606.html，最后访问日期：2018年11月29日。

[3] 参见姜瀛：《"网络黑社会"的样态重述与刑法治理的进路整合》，载《法治社会》2017年第4期。

践中也存在以非法经营罪定性的案件。[1]在笔者看来，采用上述罪名定性网络"黑公关"犯罪案件存在牵强之处，这似乎可以看成是司法对于高速变化的网络黑恶势力犯罪采取的不得已的打击手段。

（一）网络"黑公关"案件的制裁现状

1. 以寻衅滋事罪定性的裁判偏好

在传统刑法领域，对于制造谣言等虚假信息的行为，刑法针对不同情况规定了针对特定的人实施诽谤或者侮辱言论的诽谤罪以及侮辱罪；针对损害特定公司、企业信誉、特定商品声誉的行为，损害商业信誉、商品声誉罪可以规制此类行为。此外，编造、故意传播虚假恐怖信息罪与编造、故意传播虚假信息罪则能够对针对不特定的个人、单位和产品造谣的行为予以规制。对特定主体在特定时间制造谣言的行为，刑法规定了战时造谣惑众罪；针对在特定时间内造谣的非军人主体则规定了战时造谣扰乱军心罪。上述这些罪名勾勒了刑法在制裁传统领域的严重危害社会的制造谣言等虚假信息的行为框架，为打击此类犯罪，维护正常的社会秩序和生活秩序奠定了基础。

进入快速发展的网络化社会以后，传统犯罪行为在网络空间发生异化成为趋势。制造谣言等虚假信息的行为网络异化尤为突出，传统的罪名体系在治理网络空间中的造谣传谣行为方面存在不足。针对不特定个人、单位、产品等谣言的虚假信息，没有合适的罪名自洽，针对特定个人、单位、产品的谣言虽然有相应的罪名予以规制，但是通过网络传播谣言的行为除对个人或者单位的声誉造成损害，往往也对社会秩序等法益造成了侵犯，这一侵害后果理应纳入刑法规制的范畴。换言之，与传统造谣传谣行为不同，网络谣言的社会危害性更大，其借助网络制造、传播谣言的行为危害性随着网络技术的发展不断提高，对社会利益甚至民族和国家利益都有形成冲击的可能，甚至能够引发现实生活中的群体性事件，引起整个社会的动荡，这种现象在2013年以后尤为突出。以诽谤、侮辱等轻罪予以处理，显然会造成罪责刑不相适应的局面。网络制造传播谣言行为背后蕴藏巨大的利益，逐渐形成了以此为业的网络"黑公关"，部分犯罪组织不断发展壮大，形成言论操控型和言论攻击型的网络黑恶势力组织。对网络"黑公关"犯罪本身如何定性，刑法

---

[1] 参见姜涛：《网络谣言的刑法治理：从宪法的视角》，载《中国法学》2021年第3期。

理论和司法实践上都存在争议，对实施网络"黑公关"行为的组织的定性同样如此，司法机关将"秦火火案"定性为寻衅滋事罪成为一次突破性的立法尝试。此后，最高人民法院以司法解释的形式肯定了对网络造谣传谣行为寻衅滋事罪的定性。司法解释通过以后，短时内全国将网络造谣传谣的行为定性为寻衅滋事罪的案件超过100起。此后，多数网络"黑公关"制造谣言的行为也都被毫无疑问地定性为寻衅滋事罪。寻衅滋事罪这个从流氓罪的"口袋"中分离出来的罪名，却实实在在以"口袋罪"的姿态在治理网络空间的犯罪中发挥着重要的作用。

2. 以非法经营罪、破坏计算机信息系统罪定性的情况

虽然司法机关对于网络"黑公关"犯罪定性的偏好是寻衅滋事罪，但是实践中也存在部分案件被定性为非法经营罪的情况。由于司法机关在认定黑恶势力组织上持保守态度，对组织特征的认定往往采取机械的形式认定方式，致使绝大多数实施网络"黑公关"犯罪的黑恶势力组织不能被正确定性。非法经营罪这一"口袋罪"成为寻衅滋事罪之外的另一选择。《网络诽谤司法解释》第7条第1款规定，行为人违反国家规定，主观上以营利为目的，通过信息网络提供有偿的删除信息服务，或者明知是虚假信息，在接受请托人财物以后提供发布信息等服务，扰乱市场秩序，并且具有司法解释规定情节的，属于刑法中非法经营罪兜底条款"其他情节严重"的范畴。自1997年刑法修订以来，非法经营罪成为"口袋罪"的趋势日趋明显，几乎每年都会有新的司法解释将不同类型的经营活动纳入非法经营罪的范畴。虽然司法对于非法经营罪"口袋化"的状态习以为常，但是将网络"黑公关"本身发帖、删帖的行为纳入非法经营罪，是否合理还需要进一步探讨。

此外，在实践中对网络"黑公关"犯罪也存在定性为破坏计算机信息系统罪的判决。按照我国《刑法》第286条规定，破坏计算机信息系统罪的行为表现为对计算机信息系统功能进行删除、修改、增加、干扰，造成计算机信息系统不能正常运转，造成严重后果。从法律规定可以看出，破坏计算机信息系统罪是一个狭义的针对计算机信息系统的犯罪行为，保护的对象是计算机信息系统的正常运转和安全，这也是本罪与《刑法》第287条利用计算机实施金融诈骗、盗窃等传统犯罪区别的关键所在。不过司法实践中呈现出破坏计算机信息系统罪向"万能化"和"口袋化"的倾斜，通过对"计算机

信息系统"进行扩张解释,将其解释为"计算机信息系统数据",以应对计算机信息系统不断演变和创新带来的副产品——网络犯罪。这一解释的后果是,任何传统犯罪的网络异化以及只要涉及计算机信息系统的犯罪,都有被纳入破坏计算机信息系统罪规制范围的可能,该罪名也成为网络时代新的"口袋罪"之一。笔者通过查阅中国裁判文书网,整理了143个案例并进行统计分析,发现实践中存在的突出问题是,"后果严重"的认定模糊、适用范围标准不一,已经偏离了刑法关于破坏计算机信息系统罪的规定构造。

(二)网络"黑公关"犯罪理论层面的制裁思路

通过上文可知,以"口袋罪"制裁网络"黑公关"犯罪的做法已经成为司法实践中的常态和首选。传统犯罪所侵犯的法益是单一的,网络犯罪所侵犯的法益是多元化的,这也是两者的根本区别。网络犯罪在法益侵害方面呈现的多元化特点,对刑事司法形成了全面的冲击,面对这种情况似乎只有"口袋罪"能够应对。但是,"口袋罪"对于刑事司法的危害是值得关注和反思的,网络"黑公关"犯罪的制裁思路应该逐步摆脱"口袋罪"的思维,进而探寻治理的正确路径。

1. "口袋罪"依赖下的网络"黑公关"犯罪治理危机

"口袋罪"的治理方式一直受到刑法理论界的诟病,但是司法实务界似乎对此不以为然。有观点指出,"口袋罪"在我国现阶段治理网络犯罪的积极意义是应当肯定的,"口袋罪"在惩治无法归入刑法普通罪名但是又具有严重社会危害的行为方面起到了积极的作用,能够满足维持社会稳定和避免极端事件发生的社会需要,其符合模糊学中"模糊美"和"朦胧美"的特质。[1]上述"口袋罪"进入网络犯罪的积极意义,正是刑法学界批判的对象。

第一,"口袋罪"的司法观点已然偏离司法犯罪化的轨道。在司法实践中,"口袋罪"颇受欢迎的原因有三,一是因为其扩张适用能够达到司法犯罪化的效果,这为解决司法实践中诸如网络"黑公关"犯罪这类新型的网络犯罪提供了便利。二是"口袋罪"在证明标准上相比其他罪名更具便捷性,达到了司法简化的效果,特别是对于网络"黑公关"犯罪这种涉及数罪的网络

---

[1] 参见陈小炜:《"口袋罪"的应然态度和限制进路》,载《苏州大学学报(哲学社会科学版)》2015年第3期。

犯罪行为,适用"口袋罪"无疑降低了司法机关的证明难度。三是采取"口袋罪"定罪的倾向已经成为司法实践应对诸如网络"黑公关"犯罪等司法疑难案件的规范化做法,是巩固我国司法传统上"社会危害性+社会效果"的定式,这种定式就是通过司法实践来考察社会危害性并注重司法犯罪化所反馈的社会效果。[1]在全媒体时代,作为副产品的网络"黑公关"犯罪变化之快似乎只能依靠司法犯罪化来解决,面对层出不穷的网络"黑公关"犯罪,采取"口袋罪"的定性也成为彰显司法社会效果的有效途径,但是这与罪刑法定原则等刑法法治原则和理念相悖。

司法解释在网络犯罪上折射的思维偏离了刑事司法解释对于法律概念进行客观、实质解释的轨道,以司法解释代替了刑事立法对社会危害性行为的评价,这一点在网络犯罪的制裁上尤为突出。互联网信息易扩散、低成本等因素的存在,使网络黑恶势力组织实施的网络"黑公关"犯罪造成的社会危害性后果难以估量,网络"黑公关"犯罪的产生也促使司法机关开始重新审视构成违法、犯罪的标准以及违法与犯罪的界限。解释刑法应对网络犯罪的变化过程,也使刑法谦抑原则受到了前所未有的挑战。[2]与传统犯罪相比,网络行为的入罪与刑法谦抑性已经毫无关系,司法上犯罪化趋势明显。在罪刑法定原则下,应该以解释的方式发现刑法中法条用语的可能含义,如果不能发现,结果自然是将原本符合犯罪构成的新型犯罪等行为排除在犯罪圈以外。从这一点分析,司法犯罪化有其存在的正当性与合理性,[3]对此笔者并无异议。不过"口袋罪"的滥用与司法犯罪化并不能等同,也不能将其视为司法犯罪化的结论之一,这种结论其实是将社会危害性与法益的内涵等同视之,法益的约束力也会因此形同虚设。解释法律与正当司法化以及"法外造法"的界限在于条文的应有含义和条文的可能含义,如果超出了这一范围,就存在类推造法的嫌疑。[4]在网络犯罪问题上,"口袋罪"成了无限制司法犯

---

〔1〕 参见姜瀛:《"口袋思维"入侵网络犯罪的不当倾向及其应对进路》,载《苏州大学学报(法学版)》2017年第2期。

〔2〕 参见张明楷:《网络时代的刑法理念——以刑法的谦抑性为中心》,载《人民检察》2014年第9期。

〔3〕 参见张明楷:《司法上的犯罪化与非犯罪化》,载《法学家》2008年第4期。

〔4〕 参见[德]卡尔·拉伦茨:《法学方法论》,陈爱娥译,商务印书馆2003年版,第204~205页。

罪化的最好工具,这是对司法犯罪化的误读,与刑事法治的目标渐行渐远。我国刑法在社会危害性理论的影响下,过于追求法的实质价值而忽略了法益等形式理性。[1]在应对网络"黑公关"犯罪问题上,司法机关重视结果而忽略对行为违法性的考察,对于社会危害性严重的行为,即使在刑法没有规定的情况下也要千方百计寻找罪名,"口袋罪"就成为司法机关解决新型网络犯罪的司法偏好。

第二,"口袋罪"适用于网络"黑公关"犯罪存在法治危害。司法实践中对"口袋罪"在解决网络"黑公关"等网络犯罪上的偏好,导致司法实践无法充分启发刑事立法及时填补漏洞,进而无法完善规制网络黑恶势力犯罪的法律体系。"口袋罪"的滥用导致此罪与彼罪间的界限不再重要,在治理网络黑恶势力犯罪等网络犯罪上形成了司法"惰性",久之,必然会对刑事法治造成损害。笔者通过对80起网络黑恶势力组织实施的网络"黑公关"犯罪进行研究发现,寻衅滋事罪成为司法实践的绝对偏好,对这80起案件在构成要件上进行分析,涉及侮辱罪、诽谤罪、敲诈勒索罪等罪名,但是司法机关统统选择了寻衅滋事罪来定性。究其原因,寻衅滋事罪的证明标准低于上述具体罪名,司法机关在网络黑恶势力犯罪处理方面的"惰性"得到证明。这样的司法"惰性"使司法机关在裁判专业性和刑法理性上大打折扣,本应精确、细致的司法裁判说理也将不复存在。久之,刑法的实践理性逐渐消磨殆尽,刑法的专业性也将荡然无存。[2]刑法的实践理性是刑法科学性的前提和独特品质,是刑法被视为规范科学的基础,对相当范围内现实案件与法律客观规定的揭示与精准回应是刑法理性的重要组成部分。[3]"口袋罪"正在吞噬着刑法的实践理性,其所造成的法治危害已经不是违反罪刑法定原则能够涵盖的。在网络黑恶势力犯罪的处理上,"口袋罪"正在助长司法的随意性和效仿性,今后各级司法机关应对新型犯罪的第一选择将不再是刑法的实践理性,而是"简单好用"的"口袋罪"。这种模式虽然迅速解决了对社会危害性严重行为的惩治,却将其他罪名逐渐虚置,使我们不得不怀疑其他罪名存在的必要性。久之,公众对于司法机关的专业性也会产生质疑,原本科学、合理

---

[1] 参见陈兴良:《社会危害性理论——一个反思性检讨》,载《法学研究》2000年第1期。
[2] 参见陈兴良:《刑法教义学方法论》,载《法学研究》2005年第2期。
[3] 参见陈兴良:《走向哲学的刑法学》,法律出版社2008年版,第13~14页。

的刑法条文会被误解为不合时宜，这将动摇社会对于法治的信仰。

2. 网络"黑公关"犯罪行为制裁进路

关于网络"黑公关"制造谣言等虚假信息的行为，一些学者从约束"口袋罪"的角度出发，提出应该消减"口袋罪"的应用，在立法上加快回应司法需求和公众期待，司法犯罪化的趋势应当避免，摒弃法律工具主义与过度回应社会效果的理念，恪守罪名法治边界，这应当成为网络"黑公关"制造谣言等虚假信息行为制裁进路的基调。[1]笔者认为，在对网络"黑公关"制造谣言等虚假信息行为的制裁方面，应通过类型化思维模式对刑法中特有的概念——"谣言"进行刑法教义学上的揭示，以此作为压缩"口袋罪"适用空间的进路，确定适用的法治边界。详言之，在网络黑恶势力组织实施的网络"黑公关"犯罪的治理上，通过类型化思维方式对刑法中的特定概念与竞合关系等，在立足于客观社会现状和主观立法目的双向维度上进行刑法教义学分析。在类型化的基础上，对网络"黑公关"犯罪部分行为作进一步的类型划分（见表5-1）。基于实证研究的视角，通过对不同类型行为所侵犯的法益与所适用的罪名进行对比，将不符合构成要件的行为排除在"口袋罪"之外，同时避免刑法条文交叉竞合导致的重刑化问题。

表5-1 网络"黑公关"犯罪行为类型划分

侵害对象	危害结果	典型案例	对应罪名
个人	侵犯名誉	"中石油高管非洲牛郎"事件	侮辱罪、诽谤罪
企业和商户	侵犯商业信誉	绿瘦减肥茶案	损害商业信誉、商品声誉罪
公共行政部门	降低政府公信力	"7·23"动车事故赔偿事件	编造、故意传播虚假信息罪
传统观念	引发社会质疑与价值观颠覆	秦火火案	无
公共安全	引起社会恐慌	女歌手扬言炸建委案件	编造、故意传播虚假恐怖信息罪

---

[1] 参见孙万怀：《以危险方法危害公共安全罪何以成为口袋罪》，载《现代法学》2010年第5期。

续表

侵害对象	危害结果	典型案例	对应罪名
司法裁判	影响裁判中立	五万元左右法院判决结果事件	无
广大公众	吸引眼球、制造舆论	郭美美事件	无

从表5-1可以看出，对于网络"黑公关"制造谣言的行为，对应的罪名体系与传统的制造谣言等虚假信息行为的罪名体系一致。对于引发社会质疑与价值观颠覆、影响裁判中立以及吸引注意力、制造舆论的网络谣言行径，目前刑法没有纳入犯罪圈。在笔者看来，通过操控网络舆论以此达到影响司法裁判的效果，不过是我国司法尚未摆脱不当影响的现实写照，这正是以审判为中心改革的努力方向。对于引发社会质疑与价值观颠覆等行为，虽然具有一定的社会危害性，但是在没有达到刑法规制的"质变"程度的情况下，不能作为犯罪处理。在采取类型化思维模式对谣言作进一步细化可以发现，《网络诽谤司法解释》中将网络"黑公关"等涉及网络谣言的犯罪行为纳入寻衅滋事罪、非法经营罪，既可以适用于诸如侵犯商业信誉等刑法规制的网络制造谣言等行为，也能够适用于其他没有被刑法纳入犯罪圈的行为，这样的做法侵蚀了其他罪名适用的空间，模糊了刑法罪名之间的界限，将本不属于刑法规制的行为也纳入犯罪圈之内，突破了刑法的边界，不具有处罚的正当性依据。

对于网络"黑公关"犯罪，司法解释之所以作出如此回应，深层次的原因在于：理论界关注网络犯罪，但是尚未关注到具体的网络犯罪，尤其没有关注到近年来高发的网络黑恶势力犯罪。司法机关在扫黑除恶专项斗争中对于黑社会性质组织、恶势力组织的判断标准，尤其是在"组织特征""非法控制特征"的判断上过于强调形式而忽略本质，人为造成对网络"黑公关"犯罪组织"组织"认定上的困扰，在按照形式标准无法定性为黑恶组织的情况下，只能找寻两个"口袋罪"来规制网络"黑公关"犯罪。但是，无论是寻衅滋事罪还是非法经营罪，都不足以惩治网络"黑公关"犯罪组织。对于网络黑恶势力犯罪，认定共犯也是困扰司法机关的难题，所以实践中司法机关往往采取寻衅滋事罪与非法经营罪数罪并罚来惩治网络"黑公关"犯罪，但也无法实现罚当其罪。鉴于此，对网络"黑公关"组织本身性质的判断应采取实质标准来认定组织特征，考虑非法控制特征"区域"时，应当将网络空间纳入区域的范围进行考量，如果能够认定为黑社会性质组织或者恶势力组织的，再针对其造谣的对象确定相应的罪名予以处罚。此外，刑事立法层面应强调编造、故意传播虚假信息罪的提示作用，该罪目前规制的对象限于险情、警情、疫情、灾情而根据现有刑法体系，说明立法仅将针对个人名誉、商业信誉、商品声誉制造的虚假信息、虚假恐怖信息以及险情、警情、疫情、灾情这些特定虚假信息纳入刑法规制范围，其他谣言均被排除，不能采取"口袋罪"将其纳入刑法的规制范围。

（三）网络"黑公关"案件制裁思路的实践反证

在本节的最后，笔者拟通过对目前常见高发网络黑恶势力组织实施的网络恶意差评案件中的典型案例进行剖析，反证上述网络"黑公关"犯罪的制裁思路。

2019年深圳市龙岗公安分局侦破一桩隐藏于网络涉嫌以"恶意差评"为要挟，敲诈电商平台网店的犯罪集团案件。该分局经过缜密侦查，成功在全国14个省26个县（区）开展抓捕行动，一举打掉以蒋某为首的网络"职业索偿人"的犯罪集团，该团伙通过组织人员以"恶意差评"为威胁，进行索赔。犯罪人蒋某在2017年通过网络组建了"DM联盟"，并将网络平台作为拓展工具，以"导师"的名义招收"差评师"学员，跟随其从事敲诈勒索违法犯罪。蒋某还专门注册成立了"湖南蓝宫信息技术有限公司"，发展团伙成员上百人，该公司内部分工明确，团伙成员各司其职负责违法犯罪的各个具体环节。犯罪嫌疑人分布在全国14个省26个县（区），作案手法隐蔽，将传统的敲诈勒索行为隐藏在"职业索偿"中，涉案金额特别巨大，受害网店众多，涉及敲诈勒索案件近8000宗，涉案金额高达500余万元。[1]

关于本案的定性，涉嫌非法经营罪、敲诈勒索罪以及寻衅滋事罪三种罪名。

一种观点认为，本案首先应以非法经营罪定罪处罚。理由是《网络诽谤司法解释》第7条第1款规定："违反国家规定，以营利为目的，通过信息网

---

[1] 参见邓君：《键盘下的黑恶势力职业索偿人集团围攻恶意差评敲诈勒索200余网店》，载 https://finance.sina.cn/2019-04-16/doc-ihvhiewr6328052.shtml，最后访问日期：2019年5月10日。

络有偿提供删除信息服务,或者明知是虚假信息,通过信息网络有偿提供发布信息等服务,扰乱市场秩序",且达到一定数额标准的,"属于非法经营行为'情节严重',依照刑法第二百二十五条第(四)项的规定,以非法经营罪定罪处罚。"本案中以蒋某为首的网络"职业索偿人"犯罪集团实施的网络恶意差评严重扰乱了市场秩序,符合非法经营罪的犯罪构成,应当以非法经营罪追究刑事责任,对于其通过恶意差评进行敲诈的行为,符合敲诈勒索罪的规定,应定性为敲诈勒索罪。两罪之间是牵连犯的关系,按照牵连犯的处罚原则择一重罪处罚即可。

另一种观点认为,本案首先应以寻衅滋事罪定罪处罚。理由是《网络诽谤司法解释》第5条第2款规定:"编造虚假信息,或者明知是编造的虚假信息,在信息网络上散布,或者组织、指使人员在信息网络上散布,起哄闹事,造成公共秩序严重混乱的,依照刑法第二百九十三条第一款第(四)项的规定,以寻衅滋事罪定罪处罚。"对于其通过恶意差评进行敲诈的行为,符合敲诈勒索罪的规定,应当定性为敲诈勒索罪。两罪之间是牵连犯的关系,应当择一重罪处罚。

笔者认为,蒋某等人的行为构成组织、领导、参加黑社会性质组织罪、敲诈勒索罪以及损害商业信誉、商品声誉罪。根据刑法规定,应当数罪并罚。理由如下:

其一,蒋某等人组成的犯罪集团符合刑法规定的黑社会性质组织的法律特征,即组织特征、经济特征、非法控制特征以及行为特征。我国刑法对于黑社会性质组织的组织特征采取了描述性规定,从组织稳定性、人数等方面对组织特征进行了描述。与传统的黑社会性质组织不同,网络黑社会性质组织为了逃避打击,借助网络进行联系,表面上看虽然结构松散,但这只是表象,这种表象也是目前有组织犯罪呈现的特点。鉴于黑恶势力组织犯罪的变化,应从实质的层面界定组织特征,遵循从形式侧面到实质侧面即行为本身的组织性来认定黑社会性质组织。如前所述,只要各组织成员之间的行动具有组织性,组织的领导者能够实际支配组织成员的活动,具有将组织成员在违法犯罪活动实施过程中进行凝聚的能力,就可以判定具备组织特征。其实,在组织并未出现违法犯罪的情况下,司法机关没有关注和处理的可能,在某具体组织实施了相应违法犯罪活动以后,自然会受到法律的惩处,但是如果这些违法犯罪活动无法对一定的区域和行业形成非法控制，则不会将该组织认定为黑社会性质组织。显然，组织特征的评价是基于综合判断得出的结论。该判断是以非法控制特征为核心，其他三个特征是非法控制特征的证成。该案中，蒋某等人在实施犯罪的过程中无疑能够将成员凝聚成结合体，蒋某等人通过实施恶意差评行为并以此敲诈勒索，对电商平台上网店的正常经营和获得合理评价均造成了影响，形成了非法控制，借此要挟攫取不正当利益，符合刑法关于黑社会性质组织非法控制特征、组织特征、经济特征以及行为特征的规定。

其二，蒋某等人对电商平台上的网店给出的"恶意差评"是对商业信誉和商品声誉的恶意造谣攻击，符合《刑法》第221条规定的损害商业信誉、商品声誉罪的犯罪构成。"恶意差评"是虚构、编造不符合真相或者并不存在的事实，对于此类事实捏造并且散布的行为，自然会造成他人商业信誉、商品声誉的损害，所以应认定蒋某等人的"恶意差评"行为符合损害商业信誉、商品声誉罪的犯罪构成。

其三，蒋某等人对电商平台上的网店以"恶意差评"为要挟，目的在于获取经济利益，这完全符合《刑法》第274条敲诈勒索罪的犯罪构成。需要明确的是，蒋某等人的行为不符合寻衅滋事罪的犯罪构成。根据刑法规定可以推之，寻衅滋事罪在主观方面多具有寻求精神刺激、发泄不良情绪等破坏社会公共秩序的目的，这也是寻衅滋事罪与敲诈勒索罪等侵犯财产法益的犯罪相区别的关键。质言之，是否具有非法占有的目的，是寻衅滋事罪与敲诈勒索罪、抢劫罪等侵犯财产法益犯罪之间的本质区别。[1]本案中，蒋某等人对于被害人有要挟等行为，但是主观上显然不是出于破坏社会秩序的目的，其根本目的是通过"恶意差评"等一系列行为获取被害人的财物，完全符合敲诈勒索罪的规定。

综上，对蒋某等人的犯罪行为应当以组织、领导、参加黑社会性质组织罪与敲诈勒索罪实行数罪并罚。其"恶意差评"行为确实对商业信誉、商品声誉造成了损害，但这只是蒋某等人实现犯罪目的的手段行为，即以该行为作为手段达到敲诈勒索被害人财物的最终目的，与刑法理论上牵连犯相吻合，

---

〔1〕参见《刑法学》编写组编：《刑法学》（下册·各论），高等教育出版社2019年版，第199页。

按照牵连犯的处罚原则，应以敲诈勒索罪定罪处罚。

第二节　网络"套路贷"犯罪的制裁思路

中外有组织犯罪的研究表明，非法放贷逐渐成为有组织犯罪攫取财富的重要手段之一。[1]近年来，随着市场经济的发展，我国的民间借贷也十分活跃，特别是在"互联网+"成为国家战略的背景下，民间借贷发展更为迅速，操作更为便捷。但是伴随着利益的出现，实践中以非法占有为目的、以民间借贷作为合法外衣的网络"套路贷"也随之出现并呈现高发态势，甚至成为部分黑恶势力犯罪组织攫取经济利益的主要手段，造成被害人自杀等严重后果的案件时有发生，引起了社会的广泛关注。刑法作为有效惩治黑恶势力犯罪、遏制网络"套路贷"等犯罪的关键环节，对于黑恶势力组织实施的网络"套路贷"犯罪理应采取有效的刑法规制手段，这既有利于扫黑除恶的顺利进行，也有利于维护金融市场的正常秩序，在普惠金融良性发展方面发挥着重要的作用。

一、网络"套路贷"犯罪的现状

"套路贷"并非一个刑法意义上的概念，作为一种新型犯罪的表现形式，其含义在2019年以前也没有统一的界定。"套路"一词本义是指成套的武术动作。自2016年以来，"套路贷"一词频现媒体，并逐渐成为民间借贷的专用词，"套路"多指预设的圈套，含有诡计、门道、陷阱的意思，"贷"即贷款。"套路贷"作为一个宽泛的非法律概念，并不是特指刑事案件，除刑事案件以外，其涵盖民事欺诈、行政违法等层次。"套路贷"是高利贷的异化，在民事层面，如果高利贷存在民事欺诈的情况，就是民法所调整的"套路贷"；如果在逐步升级的情况下，就会成立行政违法行为直至成立刑事犯罪。可见，"套路贷"呈现阶梯式、多层次的演变态势。[2]目前理论界和司法实务界对于"套路贷"的概念混淆使用，很少会对行政层面的"套路贷"违法和刑事

---

〔1〕　See Cyrille Fijnaut, James Jacobs, *Organized Crime and Its Containment: A Transalantic Initiative*, Kluwer Law and Taxation, 1991, p.23.

〔2〕　参见涂龙科：《"套路贷"犯罪的刑法规制研究》，载《政治与法律》2019年第12期。

层面的"套路贷"犯罪进行具体区分。显然，只有刑法层面上的"套路贷"才能成立犯罪行为并受到刑罚处罚。需要明确的是，"套路贷"犯罪虽然源于高利贷的异化，但是在犯罪目的、侵犯法益、行为手段以及危害后果等方面与高利贷存在本质不同。"套路贷"犯罪也并非刑法学意义上的具体犯罪行为，而是基于犯罪学理论对一类犯罪的现象从表现形态方面进行的描述与归纳，是一系列以此作为犯罪手段的侵犯财产法益犯罪的总称。2019年4月发布的《"套路贷"意见》采取描述性的概念界定了"套路贷"犯罪，即通过对"套路贷"犯罪主观目的即非法占有的目的以及客观方面的犯罪行为的表现形态进行描述，进而归纳"套路贷"犯罪的概念。对于网络"套路贷"犯罪，《"套路贷"意见》并没有提及。不过，从网络犯罪的概念出发，只要"套路贷"犯罪中具有网络因素，符合《"套路贷"意见》关于"套路贷"犯罪主观方面的界定与客观方面的描述，就构成刑法层面的"套路贷"犯罪。无论是"套路贷"犯罪还是网络"套路贷"犯罪，往往都身披民间借贷的外衣，极具隐蔽性，在催债时多采取暴力或者"软暴力"手段，所以在司法实践中能够操纵"套路贷"犯罪的组织多为黑恶势力组织。作为新型犯罪，网络"套路贷"等"套路贷"犯罪的刑事制裁的效果直接影响扫黑除恶的效果。

  由于互联网的高速发展，网络"套路贷"案件成为"套路贷"犯罪的主要类型。笔者通过检索中国裁判文书网，输入"套路贷"作为关键词，仅2018年就有案件2455件，2019年更是达到5681件，其中的刑事案件占比7%左右，而这7%左右的刑事案件几乎均为网络"套路贷"犯罪案件。实践中，网络"套路贷"犯罪组织往往以"网络金融咨询公司"或者是"小额贷款公司"的形式存在，以各种App作为平台，通过宣传自己"贷款门槛低""随贷随还""低息并且无负担"来吸引被害人，为了实现非法占有的目的，多数犯罪人会通过与被害人签订不合规的"空白合同"的方式约定双方的权利义务，强制提供资产抵押等形式，使受害人承担高息或者高额的滞纳金，更有甚者会采取一系列手段制造虚假银行流水或者通过之前与被害人签订的"空白合同"，在补充相应条款以后，通过到法院提起虚假民事诉讼等手段，使被害人不得不履行虚高的债务。在被害人偿还不及时的情况下，会让催收人员通过"软暴力"等手段进行催债，严重扰乱被害人的生活。由于网络的隐蔽性以及实践中操纵网络"套路贷"犯罪的黑恶势力组织多采取网络催收，使司法机关在打击此类犯罪时面临一定的困难，即使成功打击，因为网络"套路贷"犯罪是新型犯罪，在行为定性方面同样面临着巨大的争议。

二、网络"套路贷"犯罪的行为结构及特征

"套路贷"犯罪作为新型犯罪，对其进行有效的制裁是遏制此类犯罪的关键。如前所述，"套路贷"犯罪中绝大多数都带有互联网的因素，并且是黑恶势力犯罪组织实施的常见犯罪行为，对其进行有效规制也是扫黑除恶常态化面临的亟须解决的问题，而网络"套路贷"犯罪行为结构以及特征的明晰，是刑法有效规制网络"套路贷"犯罪的基础和关键。

（一）网络"套路贷"犯罪行为结构解析

司法实践中，虽然网络"套路贷"犯罪的手法表现各异，但是根据2019年出台的《"套路贷"意见》的规定，结合司法实践中对于网络"套路贷"犯罪的犯罪手段、犯罪步骤的分析总结，网络"套路贷"犯罪在客观行为方面呈现出一定的逻辑以及相对确定的犯罪手段与犯罪步骤。即：通过App伪装成合法借贷平台，宣传"无抵押""无担保""放款快"，通过制造虚假银行流水的方式、人为刻意制造违约或者在违约金认定方面肆意为之，蓄意导致被害人债台高筑，之后再通过采取线上"软暴力"或者线上、线下"软暴力"与暴力结合的手段索取债务。换言之，一行为能够成立网络"套路贷"犯罪均具备以上要素，这些要素环环相扣，层层递进，共同构成了网络"套路贷"犯罪的完整行为结构，如果缺乏其中任何一环，均可以直接否定行为构成网络"套路贷"犯罪。详言之：

1. 身披民间借贷外衣

身披民间借贷外衣是网络"套路贷"犯罪的首要环节，也是不可或缺的重要环节。犯罪人往往通过微信、QQ、微博等网络社交平台进行虚假宣传，制造民间借贷的假象。通过"无抵押""无担保""放款快"等虚假宣传，吸引被害人上钩，借助网络的虚拟性以及无地域性，扩大受害人群体和范围，这一点导致受害人人数和社会危害性都会远远大于传统犯罪。在被害人上钩以后，就会被行为人要求签署陷阱重重的借款协议，在签订借款协议之前，不法分子通常会组织人员以"面审""家访"等形式对被害人的资质、资产

进行调查，需要被害人出具身份证明以及房产证或者其他财产证明等，为其日后非法侵占被害人财产提供线索和依据。[1]这些借款协议在借款金额、违约责任等方面的共性是，存在能够提高借款金额的条款。更有甚者，一些网络"套路贷"犯罪的犯罪人还会要求被害人签订空白合同，这些合同的关键条款都是空白的，一旦被害人签字以后，行为人会填写上重要的内容，如还款方式、违约条件等。这一环节的完成，使得网络"套路贷"犯罪在形式上与民间借贷似无差异。正是这样看似合法的形式，才使得网络"套路贷"犯罪极具隐蔽性。

2. 制造虚假银行流水

民间借贷中银行流水是必不可少的环节。在网络"套路贷"犯罪案件中，制造虚假的银行流水成为犯罪的自然延伸，网络"套路贷"犯罪的行为人通过制造虚假的银行流水，以达到日后索取虚高借贷的目的。虚假的银行流水成为犯罪人借款给被害人的证据，成为日后占有被害人财产的法律基础。具体而言，在完成第一步民间借贷假象的制造以后，网络"套路贷"犯罪的行为人会将一定的金额转入被害人的银行账号，转入金额与合同金额一致，以此形成借贷的证据链。[2]之后，会派人陪同被害人到银行提取现金，通过拍摄视频或者拍照的形式固定证据，并通过索取一定的"服务费""手续费"等方式进一步削减放贷的金额，此后会要求被害人返还虚高部分的现金，这一步骤的完成为今后进一步实施后续犯罪行为奠定了基础。

3. 肆意制造和认定违约

为了获取更大的利益，在前两个环节完成以后，网络"套路贷"犯罪的行为人会故意制造违约，最终实现侵占更多财产的目的。故意制造违约又为之后的恶意导致被害人债务增加，继续"套路"被害人奠定了基础。详言之，行为人在虚假银行流水制造完成以后，在还款到期时往往采取不接听被害人电话或者以平台升级、系统故障等作为理由，刻意设置违约陷阱，恶意造成被害人违约，进而利用之前签订的合同肆意认定违约及违约责任。因为之前的合同要么是空白合同，要么是在违约责任和违约金计算规则描述方面十分模糊的合同，这些合同使被害人处于十分不利的地位，极易形成违约。

---

[1] 参见彭新林：《论"套路贷"犯罪的刑事规制及其完善》，载《法学杂志》2020年第1期。
[2] 参见彭景晖：《识破"套路贷"的套路》，载《光明日报》2019年2月27日，第10版。

4. 恶意造成被害人债台高筑

在肆意制造和认定违约以后，为了获取更多的财富，网络"套路贷"犯罪的行为人在这一阶段，会向无法偿还高额违约金的被害人介绍其"转单平账"或者"以贷养贷"业务。具体就是通过向被害人介绍一家新的所谓贷款公司或者新的债权人，这些新公司和新的债权人实质上是"套路贷"团伙控制之下的，通过被害人和新的公司或者债权人签订新的借款协议，再以制造虚假银行流水等方式对被害人进行第二次"套路"。很多被害人在面临高额的利息、违约金的情况下，迫于行为人索债的压力，只能被第二次"套路"，通过再次签订新的借款合同，换取偿还第一次债务的资金，而新的借款合同在利息等方面一般均会明显高于之前的借款合同，之后行为人还会故技重施，通过蓄意制造违约等"套路"使被害人背负虚高债务，虚高债务往往是真实债务的几倍甚至十几倍的金额。而"套路贷"团伙会反复压榨，获取被害人的财物，直至将被害人"榨干"，甚至导致被害人家破人亡的局面出现。这一环节是网络"套路贷"等"套路贷"犯罪特有的犯罪手段和步骤，也是网络"套路贷"等"套路贷"犯罪与其他违法犯罪行为的区别所在。

5. "软暴力"或者"软暴力"结合暴力手段进行索债

采取"软暴力"或者"软暴力"结合暴力手段进行索债是网络"套路贷"犯罪的最终环节，是犯罪人非法占有目的实现的关键环节。通过这一环节，犯罪人会最终实际占有被害人的财物，这一环节完成以后，网络"套路贷"犯罪的法益侵害性以及行为的社会危害性特征也全部得以体现，网络"套路贷"犯罪最终完成。"软暴力"或者"软暴力"结合暴力进行索债的方式在司法实践中主要存在以下几种类型：第一种是通过虚假诉讼的方式进行债务的索取。由于之前网络"套路贷"犯罪的犯罪人已经通过签订合同、制造虚假的银行流水等手段为自己的行为披上了合法的民间借贷的外衣，这种情况下，行为人拿着这些所谓的证据，通过进行恶意诉讼、仲裁等手段，以达到占有被害人财物的最终目的。第二种手段是通过"呼死你"等软件滋扰被害人以及被害人的亲朋好友，通过威胁被害人，如曝光隐私或者通过PS被害人嫖娼等违法行为被抓等图片，给被害人施加压力，进而形成心理强制来索要钱财。为了逃避打击，实践中网络"套路贷"犯罪索债的手段主要以线上"软暴力"为主。由于表面上看是因为民间借贷产生的纠纷，被害人也难以提供相应证据,所以多数情况下,公安机关只能按照民事借贷纠纷进行调解,至多能够采取治安处罚惩治行为人实施的线上"软暴力",但是这与线上"软暴力"带给被害人及其亲属心理伤害的程度并不成正比。由于"软暴力"特别是线上"软暴力"长期处于法律处罚的模糊地带,加之线上"软暴力"证据不易掌握等原因,给网络"套路贷"犯罪的打击造成了不小的困扰。目前,线上"软暴力"已经成为网络"套路贷"犯罪的常用手段,在很多网络"套路贷"案件中,操纵犯罪的黑恶势力组织会专门针对如何运用线上"软暴力"索取债务进行专门培训,以此逃避公安机关的打击。第三种方式是线上"软暴力"与传统的暴力相结合。实践中,部分犯罪团伙在通过线上"软暴力"索取债务效果不明显的情况下,也会采取殴打、非法拘禁等传统的暴力方式索取债务,不过这种容易遭到公安机关打击的手段行为在实践中已经非常少见。

总之,对网络"套路贷"犯罪行为结构中的任何一个环节单独判断都很难认定为犯罪行为,但是如果将各个环节作为一个整体予以考察,其犯罪行为的社会危害性、刑事违法性与应受刑罚处罚性就十分明显。实践中,虽然网络"套路贷"犯罪案件的行为手段和"套路"内容千差万别,索债的"软暴力"等手段也并不相同,但是只要其行为结构在客观上符合上述五大要素,并且在五大要素环环相扣的情况下,就完全能够将其认定为犯罪行为。

(二)网络"套路贷"犯罪之特征

在扫黑除恶专项斗争中,更多的网络"套路贷"犯罪被依法打击,使得网络"套路贷"案件的特征也能够被提炼和总结。具体而言,网络"套路贷"犯罪主要具备以下特征:

第一,以非法占有被害人财物为目的。这是"套路贷"犯罪的共同特征和最终目的。在网络"套路贷"犯罪中,犯罪人从引诱被害人借款时主观上就已经开始具有非法侵占他人财产的意图,逐利是行为人所使用一切"套路"的最终目的。设计套路侵财是网络"套路贷"犯罪的独特手段,这一独特手段也将"套路贷"犯罪与单纯的高利贷行为以及非法讨债的行为区别开来。单纯高利贷的行为,行为人虽然主观上也有逐利的目的,但是其在谋求本金安全的情况下,通过获取高额利息获利,而并没有非法占有他人财物的目的,不具有这一目的的高利贷其实是民间借贷的典型。与高利贷获取高额利息的目的不同,网络"套路贷"犯罪中,本金仅仅是行为人获取巨额财产的手段,行为人会设置还款障碍造成被害人违约，以达到非法占有被害人财物的目的。非法讨债这种违法催收行为并不必然同黑恶势力相关联，但是黑社会性质组织中的经济特征与违法催收所惯用的手段两者之间具有密切的关联。司法解释之前对违法催收行为从不同层面进行了规制，但是均采取开放式的表述方式，诉诸寻衅滋事罪等传统罪名，虽然寻衅滋事、非法经营等罪名对大部分非法催收行为能够予以规制，但同时也加速了寻衅滋事罪与非法经营罪沦为"口袋罪"的过程。《刑法修正案（十一）》对此进行了回应，增加了催收非法债务罪，此罪名与《中华人民共和国民法典》（以下简称《民法典》）第680条规定的禁止高利放贷的规定相协调。鉴于此，对网络"套路贷"组织的违法催收行为可以在评价组织性质后与相关犯罪实行数罪并罚。

第二，犯罪手段具有隐蔽性。网络犯罪一直是司法机关打击的难点所在，由网络黑恶势力组织实施的网络"套路贷"犯罪同样存在打击难的问题。造成这一问题的关键是，网络因素的介入对犯罪行为产生了掩饰作用。在作案空间方面，犯罪分子通过网络平台进行具有迷惑性的宣传，使被害人陷入"套路贷"的陷阱，又通过网络的无地域性不断扩大犯罪行为的区域，以获得巨额财富。在作案手段方面，犯罪人通过与被害人签订合同、制造虚假银行流水等手段，形成民间借贷的假象，之后通过一系列手段如蓄意制造违约、"以贷养贷"等手法造成被害人债台高筑，持续虚增债务，再通过网络"软暴力"等一系列手段催讨债务，最终致使被害人财产受到侵害甚至家破人亡。

第三，犯罪组织性特征明显。从网络"套路贷"案件来看，实践中多以有组织的犯罪集团形式存在，多数能够被认定为恶势力组织，也有部分犯罪组织符合黑社会性质组织的法律特征而被定性为黑社会性质组织，这些组织内部往往分工明确，从放贷到催收都由专人负责。实践中，多以网络公司等形式作为合法外衣，有些犯罪集团甚至会聘请律师和中介公司，为实施网络"套路贷"犯罪活动作精心准备与周密部署，各个犯罪人之间相互配合度高，流程化、专业化特征明显，形成了一条完整的利益链条。[1]网络"套路贷"犯罪是多个具体犯罪的结合体，是一种以团伙形式存在的，有计划、有组织的暴力、"软暴力"或者暴力与"软暴力"相结合的侵犯财产法益的犯罪结

---

〔1〕 参见麦智杰、谭剑音：《"套路贷"案件中民事侵权与犯罪的竞合研究》，载《社科纵横》2019年第7期。

合，其犯罪在本质上属于有组织犯罪，应当纳入黑恶势力犯罪之中予以严厉打击。网络"套路贷"犯罪"公司化"的发展趋势与国外有组织犯罪的最新趋势相一致。研究表明，西方国家的有组织犯罪在组织形式上呈现"项目组织"（project organization）以及"企业组织"（business organization）的演变趋势。这两类形式的共同点在于提前很长时间对犯罪进行策划、尽可能通过专家和同伴对犯罪实施进行协调以及尽可能掩饰犯罪收益以逃避司法机关的打击。"企业组织"主要是由于两个因素导致的，一是间接"被害人"（如需要非法服务或商品的城市居民）和直接被害人（如卖淫者、借高利贷者等）日益增多。二是面对新型的有组织犯罪形式，政府缺乏有效实施刑法的办法与资源。[1]以上观点促进了人们对有组织犯罪滋生发展规律的认识，为有效惩治黑恶势力犯罪组织实施的网络"套路贷"等非法放贷犯罪奠定了基础。

第四，犯罪后果十分严重。网络"套路贷"犯罪往往由黑恶势力组织实施，社会危害性严重，极易产生严重后果。实践中，犯罪人通过设置"套路"，使被害人陷入债台高筑的深渊，通过线上"软暴力"等方式滋扰、威胁被害人，导致被害人精神失常甚至自杀的案件屡见不鲜。"套路贷"案件侵犯人身权、财产权等多种法益，涉及的罪名有敲诈勒索罪、非法拘禁罪、故意伤害罪、诈骗罪、寻衅滋事罪等。"套路贷"犯罪假借民间借贷的名义，严重干扰了我国金融市场的稳定以及正常的金融管理秩序，其行为的社会危害性与一般犯罪行为相比更为严重。[2]在司法机关不断开展"套路贷"犯罪打击的情况下，传统的"套路贷"犯罪开始借助网络等高科技手段，往往通过网络公司等方式作为掩护，逐渐发展为网络"套路贷"犯罪组织。网络"套路贷"在组织形式上更为隐秘，在手段行为方式上出现了"校园贷"和"现金贷"等新型的"套路贷"模式，将被害人群体锁定在更容易上当受骗的学生群体，有些犯罪组织甚至制定了一系列的犯罪准则，如对家长在公检法机关工作的学生绝对不能进行"套路"等。在讨债方式上，仅采用相对温和的滋扰型"软暴力"作为讨债的主要手段甚至是唯一的手段。

---

〔1〕 See Cyrille Fijnaut, James Jacobs, *Organized Crime and Its Containment: A Transalantic Initiative*, Kluwer Law and Taxation, 1991, p. 23.

〔2〕 参见黄雨婷:《公安机关打击"套路贷"新型黑恶势力犯罪活动成效明显》，载http://www.chinapeace.gov.cn/chinapeace/c100007/2020-07/10/content_12370751.shtml，最后访问日期：2024年12月2日。

三、网络"套路贷"案件的制裁思路

"套路贷"犯罪危害极大,势必会引起国家刑事制裁体系的反应。对于"套路贷"案件的制裁思路,学界存在争议,部分学者提出应从刑事立法与刑事司法的角度同时展开。如有学者提出,目前"套路贷"犯罪案件或多或少涉及网络因素,在打击方面存在诸多问题,刑事立法应该针对这一新型案件的新情况明确法律适用,但是该学者并未进一步提出具体的设计方案。[1]其实,网络黑恶势力犯罪虽然在犯罪手段等犯罪形式方面呈现出一定的新特点和新变化,但是其犯罪的本质并没有改变。网络"套路贷"案件核心的犯罪本质仍然是以非法占有为目的,获取被害人的财物。从这个角度分析,目前我国《刑法》规定的一系列侵犯财产法益的犯罪,完全能够满足惩治网络"套路贷"案件的需要,只不过需要在刑事制裁方面采取正确的制裁思路。

(一)"套路贷"案件的制裁现状

1. "民多刑少"的制裁现状

笔者以"套路贷"作为关键词在中国裁判文书网搜索,截至 2020 年 6 月 3 日,共检索出裁判文书 21 183 份,其中民事裁判文书 19 140 份,刑事裁判文书 1537 份,行政裁判文书 47 份,执行裁判文书 416 份。由上述数据可知,在"套路贷"案件中刑事判决占比 7.2%,这也意味着绝大部分的"套路贷"行为是通过民事诉讼予以处理的。究其原因,不外乎"套路贷"以近乎合法的手段来实现其非法的目的,行为人通过巧妙运用民商事行为,借助民商事规则来为自己实施犯罪行为进行掩护,本质上形成了刑事与民事在实体方面的冲突。[2]一方面,行为人实施的"套路贷"违法行为与"套路贷"的犯罪行为交织并存,借助民间借贷等合法外衣,在定性上就已经存在模糊地带。实践中,区别民间借贷与"套路贷"犯罪、非法讨债与"套路贷"犯罪之间的界限并不十分明显,加之没有全国层面的规范性文件,确实会存在部分"套路贷"犯罪被非罪化处理的可能。另一方面,"套路贷"犯罪尤其是其中占据绝大多数的网络"套路贷"犯罪,面临取证难的问题。因为网络"套路

---

[1] 参见彭新林:《论"套路贷"犯罪的刑事规制及其完善》,载《法学杂志》2020 年第 1 期。

[2] 参见李岳:《"套路贷"刑法规制的回应与展望》,载《延安职业技术学院学报》2018 年第 3 期。

贷"等犯罪常常会以民间借贷作为幌子，通过与被害人签订借款合同，形成资金往来的银行流水等民间借贷的完整的证据链条，力图使组织形式合法化。同时通过网络寻找被害人、通过网络进行催收等，这种情况下犯罪行为确实难以被发现，即使犯罪行为能够被发现，要找寻犯罪证据并固定犯罪证据的难度也很大。网络空间的特殊性决定了组织成员之间的非接触性，"套路贷"犯罪中，成员之间往往仅存在网上的纵向联系，组织者、催收人员、财务人员在整个案件发展过程中均不露面，在许多网络"套路贷"案件中，指证犯罪的证据往往只是一个微信账号或者电话号码，很难形成完整的证据链条。上述客观现实的存在导致对"套路贷"犯罪刑事制裁效果的不理想。

2. "套路贷"犯罪定性涉及的主要罪名

通过整理和归纳 1537 份"套路贷"刑事裁判文书笔者发现针对"套路贷"犯罪本身的行为，涉及的罪名集中在诈骗罪、敲诈勒索罪、非法拘禁罪以及寻衅滋事罪四个罪名，86%的判决书集中于诈骗罪与敲诈勒索罪这两个罪名，两个罪名中，诈骗罪占50%以上，其他罪名涉及比较分散，其中寻衅滋事罪占比7%，非法拘禁罪占比7%左右。针对"套路贷"犯罪组织本身，涉及的罪名主要是组织、领导、参加黑社会性质组织罪，在1537份"套路贷"刑事裁判文书中，将"套路贷"组织定性为黑社会性质组织的占比5.2%左右。从应然层面分析，"套路贷"犯罪可能涉及的罪名有很多，比如侵犯人身权利的绑架罪、故意伤害罪等，破坏社会主义市场经济秩序罪中的强迫交易罪以及妨害社会管理秩序罪中的虚假诉讼罪等。不过，从上述司法实践真实案例的统计结果也就是在实然层面进行分析，法院判决的罪名集中在侵犯财产犯罪中的诈骗罪与敲诈勒索罪这两个罪名，这也成为"套路贷"犯罪侵财性特征的有力证明。不过在网络等因素的介入的情况下，刑法对于网络黑恶势力犯罪在惩治方面存在模糊地带，对于黑社会性质组织在认定方面固守传统观念，导致"套路贷"团伙本身被评价为黑社会性质组织的并不多，绝大多数则被评价为恶势力组织，甚至存在部分司法机关将网络"套路贷"犯罪组织一律认定为恶势力的情况，而无论是将黑社会性质组织降格评价为恶势力组织，还是将恶势力组织升格定性为黑社会性质组织都会违反罪刑均衡原则。在涉及网络"套路贷"犯罪中，按照规范的客观解释论，在能够认定网络"套路贷"犯罪组织符合黑社会性质组织法律特征的情况下，应当对组织本身进行准确的定性。

(二) 网络"套路贷"案件理论层面的制裁思路

1. 不能以非刑法概念作为认定犯罪的依据

由于"套路贷"并不是一个刑法学意义上的规范概念，所以一些地方的司法机关在定性上存在不同的观点。众所周知，定罪并非一个标准的三段论的推理过程，但是在定罪时从法律规范这一大前提到案件事实这一小前提，进而得出案件的定性结论这一点上不存在争议。司法工作人员对于案件的定性，本质上是对抽象的法律规范与具体的案件事实进行分析、对两者进行比较与权衡的过程。详言之，司法工作人员通过对具体案件事实的分析与比较，将其逐渐向刑法规范靠拢，在这一过程中，刑法规范自然也与犯罪事实进一步拉近。不管对于定罪的推理过程学界和实务界存在多少种争议，刑法规范作为大前提是没有争议的，因为刑法的规定是定罪量刑的法律依据。在罪刑法定原则的铁则下，符合刑法规定的具体罪名的犯罪构成的行为毫无异议地成立犯罪。司法工作人员在遵循罪刑法定原则的前提下，按照刑法规定的犯罪构成往返于规范与事实之间，任何非刑法概念在定性的过程中均不能被使用或者变相使用。[1]

需要明确的是，"套路贷"不是一个刑法概念也不是一个具体犯罪的犯罪构成，更不是刑法明文规定的罪名，所以不能作为指引司法工作人员判断具体案件的大前提。"套路贷"概念在司法实践中发挥着重要的作用，实践中，"套路贷"这一非刑法概念在司法实践中大有取代刑法概念的趋势，一些司法机关甚至认为，只要存在"套路"就是虚构事实、隐瞒真相的诈骗行为；还有一些司法机关认为，由于催债行为往往存在暴力或者"软暴力"的行为手段，所以在这些催债行为之前如果存在"套路"的就构成敲诈勒索，对于其中的网络"套路贷"犯罪，因基本使用"软暴力"手段，司法机关往往倾向于将其定性为诈骗罪。不过，试着抛开"套路贷"这一非刑法概念，笔者发现对于认定实践中的网络"套路贷"犯罪似乎也并不会产生影响，因为从刑法学的角度出发，作为非刑法罪名的"套路贷"并不能成为判断案件的大前

---

[1] 参见张明楷:《不能以"套路贷"概念取代犯罪构成》，载 https://www.chinacourt.org/article/detail/2019/10/id/4502724.shtml，最后访问日期：2024 年 8 月 12 日。

提。详言之，关于网络"套路贷"的认定应当把握以下原则：第一，在案件定性的判断上，不应该先对某种具体行为判断是否成立网络"套路贷"，然后机械地适用诈骗罪或者敲诈勒索罪的规定，这明显是以网络"套路贷"概念取代具体的刑法规定，与罪刑法定原则格格不入。第二，在判断一具体行为是否成立犯罪时，自然是分析具体犯罪行为是否符合具体的犯罪构成，如果具体行为并不符合刑法分则规定的具体犯罪构成，根据罪刑法定原则，具体行为显然也不能借助"套路贷"的概念认定为犯罪行为。第三，在认定具体犯罪时，大前提永远而且只能是刑法的具体规定，不存在借助非刑法概念的特例。在网络"套路贷"案件中，一行为是否构成犯罪，只需要依据具体的法律条文的规定分析行为人的行为是否符合具体犯罪的构成要件，即行为是否造成了相应的危害后果，行为与危害后果是否具有刑法上的因果关系，行为人基于何种心态实施了犯罪行为，而并不需要认定行为人的行为是否成立网络"套路贷"，因为刑法中没有任何一个具体的犯罪构成涉及网络"套路贷"或者"套路贷"的概念，这两者同样不是也不可能成为构成具体犯罪的前提，即使一具体行为根据犯罪学以及相关司法解释的规定，能够划入网络"套路贷"或者"套路贷"的范畴，也不能成为认定犯罪成立的条件，且实践中关于"套路贷"的案件也并非全部成立犯罪，其中93%的"套路贷"案件属于民事案件及其他案件的范畴。[1]

鉴于此，一个具体的行为是否成立犯罪，假设成立犯罪的情况下如何定性的问题均不需要借助网络"套路贷"以及"套路贷"的概念。根据刑法个罪的具体规定，结合案件事实分析，就可以对具体行为进行准确的定性。以诈骗罪为例，即使最终定性为诈骗罪的网络"套路贷"案件，按照诈骗罪的犯罪构成完全可以准确认定行为的性质。根据《刑法》关于诈骗罪的规定，可以推理出诈骗罪的行为结构是：行为人实施欺骗行为，欺骗行为导致被害人陷入错误认识，被害人基于行为人的欺骗处分了财物，行为人由此取得财物。按照诈骗罪的行为结构，如果行为人实施"套路贷"等一系列行为，并且行为符合诈骗罪结构的情况下，且能够认定行为人主观上具有非法占有的目的，就应当认定行为成立诈骗罪。反之，自然否认诈骗罪的成立。同理，

---

[1] 参见奚玮、王泽山：《审判视域下"套路贷"案件的甄别及罪数认定——基于涉"套路贷"裁判文书的实证研究》，载《法律适用》2019年第24期。

行为人的行为如果符合敲诈勒索罪行为结构的情况下，即行为人通过实施恐吓行为使被害人产生了恐惧心理进而处分财产，行为人取得财产且主观上具有非法占有的目的，自然能够得出行为人的行为成立敲诈勒索罪的结论。可见，一行为是否成立敲诈勒索罪与诈骗罪的判断思路完全相同。

诚然，《"套路贷"意见》中已经通过描述性的规定界定了"套路贷"的概念。不过《"套路贷"意见》中并没有规定新的犯罪，也没有规定新的犯罪构成，这符合司法解释不能创设犯罪、不能规定具体犯罪构成的原则。其一，在《"套路贷"意见》中，并没有对下级司法机关在判断"套路贷"案件上必须按照其所规定的"套路贷"概念直接将某些行为认定为犯罪的规定。其二，《"套路贷"意见》更没有针对"套路贷"或者网络"套路贷"案件的定性作出规定。从"套路贷"的定义中就可以看出，司法解释采取了"相关违法犯罪活动"的概括性称谓的表述，而并非表述为"相关犯罪活动"。这一表述充分证明，部分"套路贷"案件仅仅达到了违法而并非犯罪的层面。其三，《"套路贷"意见》中是以不完全列举的形式列举了"套路贷"案件可能涉及的罪名，并言明对于具体案件，应依据具体的事实按照刑法的规定确定具体罪名。上述规定显然是对"套路贷"或者网络"套路贷"一定构成敲诈勒索罪或者一定成立诈骗罪观点的否定。其四，《"套路贷"意见》明确规定了如果实施"套路贷"过程中，行为人获得财物的主要手段是虚构的"套路"，亦即通过虚构事实、隐瞒真相的方式取得被害人财物，而并没有使用明显的暴力或者威胁的，一般宜认定为诈骗罪。这一规定充分表明，司法工作人员应当在遵循大前提诈骗罪规定的情况下，结合具体案件事实的小前提确定罪名。其五，《"套路贷"意见》特别强调，民间借贷如果是在合法的前提下，不能作为"套路贷"犯罪予以惩治。换言之，一般的民间借贷和一般的违法行为并不在《刑法》规制的"套路贷"犯罪之列。

综上，在判断网络"套路贷"行为的性质时，应当遵循《刑法》规定中定罪三段论之中大前提这一标准，以《刑法》的规定作为定罪的唯一法律依据，其他非刑法概念自然应当排除在定罪依据之外。笔者并不否认司法工作人员凭借以往工作经验结合具体案件事实对某一具体行为的性质进行预判，然后再去寻找刑法依据的思维模式的正当性，因为这是正常的思维逻辑模式，与违反罪刑法定原则毫无联系。但是，在认定犯罪的具体环节，无论哪一环节如果存在非刑法概念的偷换，都是违反罪刑法定原则的表现。只要是网络"套路贷"就一定成立诈骗罪或者一定成立敲诈勒索罪的论点，就是典型的以"套路贷"这一非刑法概念作为认定犯罪具体环节的突出事例，是违反刑法罪刑法定原则的典型表现。

2. 网络"套路贷"犯罪与高利贷行为、非法讨债行为的合理界限

网络"套路贷"犯罪刑法规制的核心在于：单纯高利贷行为与"套路贷"犯罪的界分、纯粹的非法讨债行为与"套路贷"犯罪的合理界限的划定。这两个问题是司法实践中争议的焦点，也是刑法规制"套路贷"犯罪的关键。例如，仕某寄售行"套路贷"一案，该案件的辩护人针对仕某的行为，提出的核心辩护点就是仕某的行为只是单纯的高利贷行为，不应该由刑法予以规制，而仅仅在民事上具有意义，[1]这也是很多类似案件的争议焦点。法院在这起案件中与辩护人的观点正好相反，认为仕某寄售行是从高利贷逐步发展到"套路贷"的违法犯罪，在此过程中形成了较为稳定的犯罪集团，该犯罪集团符合黑社会性质组织的四个法律特征，应该定性为黑社会性质组织，对于仕某等人实施的"套路贷"行为应作整体评价。可见，对于"套路贷"行为性质的判断，应该结合案件事实作整体的把握和评价，不能以偏概全，如果行为人仅仅在手段上符合网络"套路贷"的某些特征，但是并不具有非法占有目的，就不能认定为犯罪行为。不过，司法实践中存在不同判例。在"程某等人寻衅滋事罪"一案中，作为公司法定代表人的程某，其公司存在"零用贷""套路贷"等经营行为，同时替他人催收债务也是公司的业务之一，程某存在先后纠集多人共同实施放贷、暴力催收等行为。最终，法院认定程某等人的行为符合"套路贷"犯罪的特征，以寻衅滋事罪定罪处罚。[2]从判决书中所表述的内容分析，该案件中仅仅有证据证明程某等人存在暴力催收以及发放高利贷的事实，但是并无证据证明程某等人存在肆意制造违约、虚构银行流水等犯罪事实。这一判决定性方面在笔者看来值得探讨。

网络"套路贷"犯罪与单纯的高利贷行为、非法讨债行为之间最本质的区别在于——非法占有的目的。如前所述，单纯的高利贷行为并不具有非法占有目的，非法讨债行为亦然，这两类行为自然应当排除在网络"套路贷"

---

〔1〕 参见浙江省嵊州市人民法院（2019）浙0683刑初212号刑事判决书。
〔2〕 参见江西省上饶县人民法院（2018）赣1121刑初198号刑事判决书。

犯罪之外。司法实践中存在的某些高利贷以及某些非法讨债行为被作为"套路贷"犯罪打击的情况，归根结底是司法工作人员思维上的机械性导致的。"套路贷"这一概念只是犯罪学意义上的一系列犯罪行为的总称，并非刑法中的规范称谓，不能将"套路贷"犯罪等同于诈骗罪或者敲诈勒索罪，因为一行为是否构成犯罪能够依据的只能是《刑法》的规定，并且需要根据个罪的具体犯罪构成这一大前提，结合具体案件这一小前提进行判断。在网络"套路贷"案件中，应当警惕将"手段违法+高利贷＝犯罪"作为"套路贷"犯罪的治理思路，[1]不能将一般的违法行为随意纳入刑法规制的范围，也不能将《刑法》规制的范围任意缩小。换言之，惩治"套路贷"案件尤其是更为复杂的网络"套路贷"案件时，应当准确把握罪与非罪的界限，这一界限的把握只能以刑法的规定作为依据。

（三）网络"套路贷"案件规制思路的实践反证

笔者拟通过对公安部典型案例温岭"4.26特大网络套路贷"案件进行分析，反证前文所述制裁思路。温岭"4.26特大网络套路贷"案件是扫黑除恶专项斗争中浙江省破获的黑恶势力犯罪中人数规模最大的案件之一。由于该案件行为手段上存在新的形式，导致对该案件的定性存在争议。温岭"4.26特大网络套路贷"案件案情如下：

2017年8月，吴某某伙同王某某等人，通过创办服务有限公司的形式从事网络金融放贷，网络金融放贷业务是该公司的日常业务。吴某某和王某某等人在该公司内部分别设立了16个团队，形成了一整套完整的网络"套路贷"放贷运行模式。团队中专门负责审核的人员负责收集和审核客户的信息，审核通过的由公司的财务部门进行放款，各团队再通过"借贷宝"等网络平台与受害人签订虚高的借款合同。借款客户在发生逾期后，公司通过向受害人介绍其他网络贷款公司进行反复平账。在受害人无法按时还款时，审核员、财务员等通过"呼死你"软件骚扰受害人手机通讯录内人员或者推送威胁信息给被害人等方式进行前期催收，如果通过前期催收仍然没有效果的，公司的审核员、财务员就不会再继续催收，而是将客户资料转交给公司的专职催

---

[1] 参见赖早兴、王家伦：《刑法对高利贷的规范路径：演进与展望》，载《烟台大学学报（哲学社会科学版）》2022年第4期。

收员，催收员会以升级的骚扰手段威胁、恐吓被害人，数人因不断被骚扰和威胁选择自杀。截至案发时，有8万多受害人签订了合同。[1]

在本案的定性方面主要存在以下四种观点：

第一种观点认为，上述行为符合寻衅滋事罪的犯罪构成。理由在于，其一，寻衅滋事罪主要是对社会公共秩序造成的侵害，所以被《刑法》规定为犯罪行为。社会公共秩序是一个广义的概念，公共场所秩序以及社会生活中众多人共同遵守的准则都是社会公共秩序的组成范畴。本案中，行为人多次对被害人进行骚扰，通过"呼死你"等软件对被害人及其亲友随意进行威胁、辱骂、恐吓等行为已然扰乱了社会公共秩序。其二，从客观行为方面分析，行为人与被害人之间虽然存在债权债务关系，但是其索债的目标不仅仅限于被害人，而是从借款之初威胁被害人到催收时对被害人亲友等无关的第三人进行辱骂、骚扰，这些行为均已超出了债务关系的本身，且从涉案金额以及受害人人数等角度分析，行为人的行为符合寻衅滋事罪客观方面的"追逐、拦截、辱骂、恐吓他人，情节恶劣的"的要求。

第二种观点认为，上述案件中吴某某等人的行为构成非法经营罪。理由在于，根据《刑法》规定，自然人和单位故意违反国家有关规定，从事一系列非法经营活动，扰乱市场秩序，情节严重的成立非法经营罪。本案中吴某某等人的行为违反了《非法金融机构和非法金融业务活动取缔办法》中第4条的规定，其实施的非法发放贷款的业务属于金融活动的范畴，按照法律规定个人无权经营此类业务。本案中吴某某等犯罪嫌疑人通过公司运作的方式，违反国家关于金融活动的经营许可规定发放贷款，呈现出时间跨度长，地域跨度广，受害人人数众多，涉案金额高的特点，对于市场秩序已然造成了严重的侵害，此后采取的各种形式的暴力催收行为，造成了一系列如被害人自杀等严重后果，其行为严重的社会危害性十分突出。根据《刑法》第225条非法经营罪的规定，吴某某等人的行为符合该罪"其他严重扰乱市场秩序的非法经营行为"规制的范畴。

第三种观点认为，本案宜认定为敲诈勒索罪，这也是一审判决所持的观点。理由在于，行为人吴某某等人以非法占有为目的，通过对被害人进行骚

---

[1] 参见《"4·26特大网络套路贷"首犯获刑：判15年罚80万》，载https://www.sohu.com/a/349228855_683575，最后访问日期：2024年12月1日。

扰、威胁等恶害方式进行催债，使被害人产生恐惧心理进而处分财产，所偿还的金额已经远远高于所借的金额，其行为完全符合刑法规定的敲诈勒索罪的犯罪构成，应当以敲诈勒索罪对其追究刑事责任。

第四种观点认为，本案应认定为诈骗罪。理由在于，本案属于典型的网络"套路贷"犯罪案件。对于此类案件，浙江省高级人民法院、浙江省人民检察院、浙江省公安厅《关于办理"套路贷"刑事案件的指导意见》中规定，"套路贷"案件中行为人并未采取明显暴力、胁迫手段迫使被害人交付财产的，应当将行为人之前的放贷行为与其后不存在明显暴力的催收行为进行整体评价。鉴于这类行为主要是通过虚构事实、隐瞒真相的方法获取被害人的财物，所以定性为诈骗罪更为合适。本案中，吴某某等人的行为符合上述规定，应以诈骗罪定罪处罚。

笔者认为，吴某某等人的行为构成敲诈勒索罪。也有司法实务界的同仁认为构成敲诈勒索罪，不过论证的过程是先判断其是否构成网络"套路贷"，之后根据这一判断再认定构成敲诈勒索罪。其具体论证的思路是：其一，吴某某等人在作案时依据具体的、固定的模板，即使用"虚增债务""签订虚假借款协议"等"套路贷"犯罪中的典型手段"套路"被害人。根据《"套路贷"意见》，吴某某等人实施的"虚增债务"等一系列行为属于"套路贷"的典型手段，所以本案应属于"套路贷"犯罪的范畴。其二，由于行为人的犯罪行为在互联网相关 App 平台上实施，犯罪人与被害人之间虽然不见面，但是犯罪人通过在网络上进行"无抵押、快速放款"等宣传吸引大量被害人，并且在被害人借款时要求被害人提供手机通讯录信息，这是其"套路"的重要环节，符合"套路贷"犯罪的主要特征。其三，吴某某团伙中部分团队并不会在借款前告知被害人逾期责任，而是在放款给被害人之后才告知，且逾期的费用明显高出正常范畴。其四，部分团队通过"转单平账"等方式不断增加逾期费用的数字，使被害人债台高筑。其五，后期的催收行为也是通过微信、短信、"呼死你"等网络平台或者相关软件完成，这些滋扰、恐吓行为造成了被害人的恐慌心理，导致部分被害人自杀。综上，本案是不折不扣的网络"套路贷"案件。[1]该文的作者是浙江省温岭市人民检察院副检察长，

---

〔1〕参见陈斌：《"网络套路贷"案件定性评析——以温岭"4.26 特大网络套路贷"案为视角》，载《中国检察官》2019 年第 16 期。

可见代表了实务界部分人士在对"套路贷"案件的定性判断上,以"套路贷"这一非刑法概念代替刑法条文具体犯罪的规定,没有遵循定罪的三段论中大前提的标准,是典型的以"套路贷"这一非刑法概念作为认定犯罪环节的典型表现。虽然在本案的定性上得出了正确的结论,但是这种定性的思路明显违背罪刑法定原则,假如具体"套路贷"案件符合诈骗罪的犯罪构成,按照这种思路还是会被定性为敲诈勒索罪。

笔者认为,本案认定的正确思路是,依据罪刑法定原则以及定罪三段论,吴某某等人的行为符合刑法关于敲诈勒索罪的规定。

其一,根据《刑法》规定,敲诈勒索罪是主观上以非法占有为目的,基于主观目的客观上采取威胁或者要挟的方法,强索数额较大的公私财物,或者多次实施敲诈勒索的行为。[1]由此可知,敲诈勒索罪的基本结构是:行为人通过实施恐吓行为,造成被害人的恐惧心理,被害人基于这种恐惧的心理处分财产给行为人或者第三人。本案中,以吴某某等人为首的犯罪团伙通过"呼死你"网络软件,推送威胁信息等骚扰受害人手机通讯录内的人员进行前期催收。在前期催收不成功的情况下,后期催收员通过寄送花圈、电话"轰炸"等方式威胁被害人,甚至推送PS后的被害人的违法信息恐吓被害人,以达到迫使被害人偿还虚高的本息以及逾期费用的目的,以吴某某为首的团伙通过此手段获得巨额的财产,涉案金额达数亿元。该案中,吴某某等人的行为无疑符合敲诈勒索罪的行为构成。

其二,本案中被害人丧失财产是基于恐惧心理,处分财产时并没有陷入错误认识。虽然吴某某等人前期为招揽被害人,通过"无抵押""无担保"等一系列虚假宣传吸引被害人,但是被害人最终支付高额的逾期费并非基于吴某某等人的欺骗行为,而是基于吴某某等犯罪人事后采取的"软暴力"的催收行为,是基于恐惧心理被迫作出的财产处分。换言之,在财产处分的问题上,被害人并没有陷入错误认识,被害人处分财产的结果与吴某某等犯罪人的威胁(恐吓)行为存在刑法上的因果关系。被害人处分财产的行为与前期的"无抵押""无担保"的行为之间仅具有哲学上的因果关系,即被害人处分财产并非基于行为人虚构事实、隐瞒真相的欺骗行为,而是基于犯罪人

---

[1] 参见《刑法学》编写组编:《刑法学》(下册·各论),高等教育出版社2019年版,第176页。

的恐吓行为。所以，吴某某等人的行为不能认定为诈骗罪。

其三，本案中以吴某某等人为首的犯罪集团为了达到攫取非法经济利益的目的，通过内部的明确分工，彼此之间的严密配合，以网络作为有组织实施滋扰、威胁被害人的工具，严重破坏了社会经济和生活秩序，但是并未形成非法控制，所以该组织本身应当认定为恶势力组织，并且是典型的网络恶势力犯罪组织。在主犯与从犯的认定上，根据《刑法》第26条第1款之规定："组织、领导犯罪集团进行犯罪活动的或者在共同犯罪中起主要作用的，是主犯。"本案中吴某某、王某某等人无疑是整个组织的核心，是毫无争议的主犯，应按照其组织实施的全部罪行进行处罚。除此以外，该犯罪集团中16个团队的负责人在该组织中起到了主要的作用，也应当认定为主犯。根据刑法规定，这些负责人仅承担其所参与的或者组织、指挥的犯罪的刑事责任。

其四，主观上是否具有非法占有的目的是认定是否成立敲诈勒索罪的关键。以胁迫手段迫使被害人将自己合法的财产交给犯罪人，如果没有归还的意思，就可以认定行为人主观上具有非法占有的目的。对于是否"非法"须进行客观判断，不能以行为人自身的想法作为判断的依据。换言之，行为人没有占有他人财产的合法性根据，或者没有使他人转移财产给行为人或者第三者的合法依据，而占有他人财产的，就能够认定具有非法占有的目的。[1]结合本案的事实分析，以吴某某为首的犯罪集团攫取财物的主要手段是通过恐吓、威胁等催收行为，并且获得的财物明显超过法律保护的合理利息的范畴，除了高额利息以外，吴某某等人还收取逾期费等费用，通过虚增债务等方式让被害人签订合同，蓄意制造被害人违约。所以，对吴某某等人获得的财产，超出合法部分的数额应认定为敲诈勒索所得。本案中，从吴某某等人实施的一系列"套路"行为，完全可以推知行为人从借款开始就具有非法占有除本金以及正常利息以外的其他财物的故意。

其五，关于本案中犯罪金额的计算的问题，应以2015年6月通过的《最高人民法院关于审理民间借贷案件适用法律若干问题的规定》中第26条第2款的规定作为依据。该条规定，借贷双方约定的利率如果超过年利率36%的情况下，对于超过部分，双方约定无效。《黑恶势力犯罪指导意见》中也明确

---

[1] 参见张明楷：《刑法学》（下），法律出版社2021年版，第1330页。

规定，对于非法占有的被害人实际所得借款以外的虚高"债务"和以"保证金""中介费""服务费"等各种名目的款项或收取的额外费用，均应计入违法所得。本案中，催收金额已经超出被害人实际借到金额的36%年化利息，对于超过部分以及催收过程中索取的逾期费等费用均应计入敲诈勒索罪的犯罪数额。

其六，本案并不成立非法经营罪。近年来，确实存在将民间高利贷行业中部分具有严重社会危害性的行为评价为非法经营罪的案例，其依据是"其他严重扰乱市场秩序的非法经营行为"的规定。但是，这些案件一般都是单纯的民间高利贷行为，与"套路贷"犯罪在行为目的、手段方法、侵犯法益以及法律后果等方面均存在本质区别。详言之，①在行为目的方面，高利贷追求的是高额的利息收益，其希望在确保本金安全的前提下，获取更高的利息回报。从本质上分析，高利贷仍属于民间借贷的范畴；而"套路贷"以占有被害人的财物为目的，向被害人出借财物仅仅是获取被害人财物的犯罪手段而已，其本质在于通过借款的方式非法占有被害人的财物。②在手段方法方面，两者最大的区别在于：高利贷的放贷人希望借款人按期还本付息；而"套路贷"通过制造民间借贷的假象，往往在合同到期的情况下，故意采取不接听电话、"玩失踪"等方式造成被害人违约，以实现收取高额的"违约金""逾期费"等费用。③高利贷主要通过放贷行为获取高于正常利息的财物，其侵犯的主要法益是金融管理秩序；而"套路贷"是一类犯罪的总称，根据案件具体行为的不同，侵犯的法益可能是公私财产所有权、公民的人身权利、公共秩序以及司法秩序等。④从法律后果方面分析，"套路贷"在实践中多为黑恶势力犯罪组织实施，属于《刑法》严惩的范围；而高利贷因为以意思自治作为前提，所以国家目前仅对超过规定标准的利息不予保护，且对高利贷行为司法解释并未明确将民间高利贷行为纳入非法经营罪"其他"的范畴，所以是否能够被评价为非法经营罪在实践中存在极大的争议。2011年《最高人民法院关于准确理解和适用刑法中"国家规定"的有关问题的通知》明确指出，对于刑法关于非法经营罪中兜底条款的适用范围，应采取从严把握的态度。2012年2月《最高人民法院关于被告人何伟光、张勇泉等非法经营案的批复》中对"何伟光、张勇泉案"以司法解释不存在相关规定为由，将行为人的行为排除在非法经营行为以外，可见采取了谨慎的立场。罪刑法定原则是刑法的铁则，在没有法律依据的情况下，确实不宜人为扩大非法经营罪的范畴。本案中，吴某某等人主要通过采取威胁、恐吓等手段收取高额利息、逾期费用等，侵犯的法益是公私财产的所有权，而并非非法经营罪所保护的市场秩序的法益。此外，吴某某等人的非法占有目的也使得其行为与强迫交易罪之间存在明显的区别。

其七，吴某某等人的行为不符合寻衅滋事罪的犯罪构成。根据刑法规定，寻衅滋事罪主观方面多具有寻求精神刺激、发泄不良情绪等破坏社会公共秩序的目的，侵犯的法益是社会秩序，这也是寻衅滋事罪与敲诈勒索罪等侵犯财产法益的犯罪区分的关键。质言之，是否具有非法占有的目的是寻衅滋事罪与敲诈勒索罪、抢劫罪等侵犯财产法益犯罪区别的核心。[1]《黑恶势力犯罪指导意见》明确规定，行为人基于非法占有的目的，有组织地采取滋扰等手段扰乱他人正常的工作和生活秩序，行为同时符合刑法关于敲诈勒索罪的犯罪构成，应以敲诈勒索罪定罪处罚，并且将通过"套路"等手段非法占有他人财产等定性予以提示性的规定，提出符合诈骗罪、强迫交易罪等罪名规定时，按照相应的罪名定罪处罚。除此以外，明确将行为人巧立名目收取的虚高"债务""保证金""中介费"等纳入违法所得之中予以计算。在浙江省《关于办理"套路贷"刑事案件的指导意见》中，对"套路贷"刑事案件的定性倾向于定性为侵犯财产法益的犯罪，并明确规定应结合具体犯罪案件从总体上予以把握，对于部分犯罪主体符合黑恶势力犯罪特征的，应该对犯罪组织本身的性质予以评价。从本案的证据分析，吴某某等人有组织地实施犯罪行为就是为了实现非法占有公私财物的目的，其手段行为符合刑法关于敲诈勒索罪的犯罪构成，所以应该以敲诈勒索罪而非寻衅滋事罪定罪处罚。

此外，本案另外一个值得关注的问题是犯罪行为主要发生在网络空间，而在能否直接将网络空间这一公共空间等同于寻衅滋事犯罪中的"公共场所"问题上，理论界和司法实务界存在争议。《网络诽谤司法解释》虽然将刑法明文规定的"造成公共场所秩序严重混乱"直接扩大为"造成公共秩序严重混乱"，试图将寻衅滋事罪的适用扩大至网络空间，以解决司法实践中具有严重社会危害性的网络造谣、传谣行为的定性问题，但是这种解释在有些学者看

---

[1] 参见《刑法学》编写组编:《刑法学》(下册·各论)，高等教育出版社2019年版，第199页。

来，是使用上位概念替换下位概念的类推解释。[1]在《刑法修正案（九）》增设了编造、故意传播虚假信息罪以后，如果认为《网络诽谤司法解释》第5条第2款的规定依然有效的话，就会得出编造、故意传播险情、疫情、灾情、警情之外谣言的行为构成寻衅滋事罪的结论，但是寻衅滋事罪的法定刑又高于编造、故意传播虚假信息罪，这必然会造成刑罚的不公平与不协调。在本案中，吴某某等人的网络造谣的行为目的在于威胁被害人拿出财物，显然不宜认定为寻衅滋事罪。

第三节　网络开设赌场犯罪的制裁思路

传统的赌博行业随着网络的发展悄然进入互联网领域并借助互联网不断发酵，进而催生了网络赌博犯罪。在网络黑恶势力犯罪中，"以黑养黑"的现象比较普遍，通过网络开设赌场成为网络黑恶势力组织实施的最为常见的犯罪行为之一，但是刑事立法和刑事司法对开设网络赌场犯罪的法律准备仍显仓促和不足，在开设网络赌场行为的性质界定、危害性评价等方面存在较多模糊地带和认识误区。

一、网络开设赌场的形式与特征

从社会发展的趋势分析，传统赌博犯罪借助网络发展为网络赌博犯罪有其必然性。网络开设赌场的行为也从传统的网络开设虚拟赌场发展为利用信息网络工具开设赌场的新形式，并与传统的网络开设虚拟赌场的形式并存。

1. 开设网络赌博网站

中外打击有组织犯罪的实践证明，能够长久开设赌场的往往是黑恶势力等犯罪组织。以美国为例，美国在《1970年有组织犯罪控制法》（the Organized Crime Control Act of 1970）的文件中强调，美国的有组织犯罪是十分复杂、形式多样且普遍存在的非法行为，主要通过赌博集团、非法放贷、窃取财产和销赃、进口和销售毒品及有害药品以及其他形式的社会剥削所得到的资金来壮大组织的势力。[2]随着网络技术的发展，赌博犯罪也开始融入网络因素，

---

[1] 参见张明楷：《刑法学》（下），法律出版社2021年版，第1401页。
[2] 参见赵赤：《中外惩治有组织犯罪比较研究》，中国政法大学出版社2017年版，第115页。

在网络上开设赌博网站是最传统和典型的网络开设赌场犯罪的表现形式。典型的如太阳城网、金沙网、皇冠网、宝马网均是曾经在我国境内拥有大量用户的大型赌博网站。这些在网络上开设赌博网站的犯罪人,一般会把服务器设置在赌博合法化的国家或者地区,如美国的拉斯维加斯、我国澳门地区等,之后再通过招募代理等方式,在我国内地招揽赌客。为打击日益猖獗的黑恶势力组织在网络上开设赌场等犯罪,2010年8月《网络赌博犯罪意见》公布,将建立赌博网站并接受投注的行为、建立赌博网站并提供给他人组织赌博、为赌博网站担任代理并接受投注的行为以及参与赌博网站利润分成的行为均认定为网络开设赌场。总体而言,该司法解释涉及的四种行为涵盖了传统的网络开设赌场犯罪行为的各个角度,对于实践中惩治网络开设赌场的案件起到了指导性作用。网络赌场借助网络本身的无地域性,吸引赌客数量较之传统赌场而言会更多,吸引的赌资往往也高于传统赌场,所以社会危害性高于传统开设赌场的行为,作为"以黑养黑"的重要手段之一,开设赌场特别是网络赌场成为各国有组织犯罪攫取财富的主要手段之一。以广州市为例,2014年7月3日,广州市荔湾区人民法院宣判的一桩总投注4840亿元的网络赌博案件,刷新了人们对于有组织实施的网络赌博犯罪规模的认知以及对此类犯罪破坏性的认识。[1]

2. 利用网络进行的新型赌博犯罪

我国内地禁止经营"六合彩",将其视为赌博犯罪的一种。"六合彩"是传统网络开设赌场犯罪的一种常见形式,在网络时代也成为一种十分活跃的网络赌博犯罪的方式。在2005年全国集中打击赌博违法犯罪专项行动中,在不到一个月的时间,仅福建警方就破获网上"六合彩"犯罪案件58件。[2]随着网络的普及,大多数在网络上进行的"六合彩"活动不再以直接发行、销售彩票的形式出现,而是通过代理香港及其他地区"六合彩"的外围赌博网站,接受他人投注的方式存在,这一行为方式上的改变造成了对此类行为定性上的争议不断。同一时间段、同一省份的不同地区存在对同样以担任境外"六合彩"赌博网站的代理,接受投注的方式进行的犯罪活动,定性为开设赌

---

[1] 参见刘冠男:《"116"特大网络赌博案广州宣判 涉案金额逾4840亿元》,载 http://sh.mzy-fz.com/detail.asp?cid=682&dfid=2&id=222880,最后访问日期:2024年12月2日。

[2] 参见戴长林主编:《网络犯罪司法实务研究及相关司法解释理解与适用》,人民法院出版社2014年版,第82页。

场罪或者非法经营罪的情况。在传统的网络赌博犯罪依然猖獗的情况下，随着微信、支付宝等新型移动互联网社交平台的兴起，黑恶势力组织等不法分子将目光投向这些新型的移动互联网社交平台，通过微信"抢红包"等形式组织赌博活动，借助网络的优势，涉案金额也急剧上升。根据《新京报》等媒体的不完全统计，2016年年初至2016年6月，在警方公布的利用微信红包进行赌博的案件中，涉案金额已经超过2.5亿元。其中，广东警方于2016年1月宣布破获涉案赌资为1.2亿元的微信红包赌博案件，是当时全国涉案金额最高的由黑恶势力组织实施的新型开设赌场案件。[1]此类新型的网络赌博犯罪主要以手机等移动客户端以及微信等网络平台客户端作为犯罪载体，具有显著的移动互联网时代特征。与传统的网络赌博相比，其行为更为便捷、隐蔽，监管和打击难度更大。由于行为实施场域更加随意，加之网络空间的犯罪线索和证据极不稳定，网络开设赌场迅速成为黑恶势力组织攫取非法经济利益和赖以生存的主要犯罪手段。实践中，黑恶势力组织实施的新型的网络开设赌场犯罪的主要表现形式有以下两种：

第一种是利用各种软件进行随机赌博。从目前已查获的网络黑恶势力组织实施的新型网络赌博犯罪案件来看，利用互联网所实施的网络赌博犯罪一种是以微信群等通信群组作为阵地或者作案的空间，一般是黑恶势力组织的犯罪人通过组建微信群的方式，由群主和群成员往群里拉人，或者通过"摇一摇"等方式吸收赌博人员，而后通过微信抢红包的方式进行赌博，设置发红包和抢红包的规则，由群主或少数群成员抽取"头薪"，这种赌博形式的实质是组织赌博并抽头渔利。再比如，利用"猜数字"游戏，通过微信红包下注赌博，这一类犯罪往往采取专门的操盘软件，可以随时做到全自动开奖，赌博人员可以自行下注，也可通过设置随时由"电脑托"下注。这种赌博形式的实质是将线下赌博的"压数字"和"赌大小"复制到了移动互联网上。另一种是以移动互联网游戏作为载体，作弊欺诈与诱导兑换。以利用手机棋牌游戏"天天德州"进行网络赌博的案件为例，在该游戏中，德州币是游戏筹码，在游戏中相当于虚拟资金，是玩家用来游戏的必备道具。用户可通过人民币充值获取德州币，为了防止赌博等行为出现，游戏设计方面存在充值

---

[1] 参见曹诗权主编：《2017年新型网络犯罪研究报告》，中国人民公安大学出版社2018年版，第4页。

限制，且不能直接变现和交易德州币。因此出现了以游戏输赢为手段转让德州币的"币商"，"币商"利用"官方汇率"和"自定义汇率"的差价牟利，同时在游戏中通过"盗号""外挂""双簧"等方式作弊欺诈，加大自己在游戏中获胜的概率，盗刷和骗取玩家的德州币。这一类网络赌博实质上兼具赌博与诈骗的特征，是赌博与诈骗的行为竞合。

  第二种是线上与线下结合开设赌场。这种形式下，微信、支付宝等网络平台只是作为联络和转账的工具，具体的赌博活动在线下实施。赌客所投注的是线下的博彩业。投注的范围包括我国内地发行的如"快乐十分""足彩"等公益性彩票，也有香港或者境外的非法赌博网站等。这种赌博以外部结果作为赌博的标的，赔率相比线下博彩业会高出几倍，一般在开奖前由相关人员组织参赌人员进行投注，或者将自己的投注码以微信私信的形式发给管理员，等到彩票开奖公布结果的时候，再根据公布的结果确定输赢，组织者从中抽头渔利的一种赌博方式。

  上述新型网络赌博犯罪的共同特点是具有移动互联网的时代属性：一是赌博人员只要有手机和电脑就可以随时随地参与到赌博活动中，赌博的行为、开设赌场的行为躲藏在网络空间，较之传统开设赌场的犯罪更具隐蔽性；二是借助互联网无地域性的特点，赌博人数呈现不确定性以及无地域性的特点，赌博人数更多，参赌的地域范围也更为广泛；三是借助现代电子支付技术，赌资被虚拟化和数字化，赌博人员对财产的损失更为麻木，赌资流失更为迅速；四是犯罪人通过网络开设赌场，具有成本低易开设的特点，只要通过专业的软件就可以实现资本操盘和管理，交易也可以匿名进行，赌场解散十分容易，再次开设也更为便捷；五是不需要专门的设备、机房和人员管理，手机 App 即可成为赌博的场所与工具。传统的赌博犯罪中十分重要的环节——组织经营行为被淡化，网络开设赌场可以不分地域、不分时间段实施。值得注意的是，虽然网络黑恶势力组织利用移动互联网平台实施网络赌博行为的现象日益严重，但其在发生态势上仍属于初级阶段，传统的网络赌场是网络黑恶势力组织采取的主要的赌场形式，因为新型的利用移动互联网的网络赌博犯罪与传统网络赌博犯罪相比在获利方面存在巨大差异。[1]比如，2016 年

---

 〔1〕 参见曹诗权主编：《2017 年新型网络犯罪研究报告》，中国人民公安大学出版社 2018 年版，第 6 页。

6月下旬，广东省警方"飓风10号"行动打掉以黄某贤为首的特大网络赌博犯罪团伙。该团伙利用境内注册公司的名义非法获取一些境外赌博网站的一级代理权，利用各种公司作为掩护，通过采取线上"六合彩"、赌球等多种方式开展网络赌博活动从中抽成，以攫取巨额非法经济利益。警方破获该案件时，掌握涉案账户多达2500个，这一团伙仅资金流动就超过100亿元。[1]

二、网络开设赌场犯罪审理情况分析

为了能够对网络黑恶势力组织开设赌场的犯罪有更为直观的认识，笔者收集和整理了2014年至2016年广东省审理的网络开设赌场的案件，经过统计之后得出的数据是：广州74件，深圳88件，珠海103件，佛山69件，东莞64件。同时选取成都和西安作为参照对比，其中成都23件，西安1件。无论是案件较多的珠海、深圳，还是案例较少的西安，对黑恶势力组织开设网络赌场犯罪各地法院在定性和定量方面均存在很大出入，制裁思路也存在区别。在广州，以打垮犯罪分子的经济基础为原则，在财产刑的判处上会较重。在佛山，为了使量刑的尺度统一，如果是作为代理实施网络开设赌场犯罪的，一般认定为从犯。

（一）开设赌场场域差异导致定性混乱

1. 网络赌场是否是公共场所存在争议

关于网络空间能否与传统意义上的公共场所画等号，理论上存在"肯定说"与"否定说"两种不同的意见。"肯定说"指出，从科学合理的角度出发，网络空间应该视为公共场所。[2]"否定说"则认为必须是公众的身体能够进入的现实的空间才属于公共场所，人的身体无法真正进入网络空间，所以不能将其认定为公共场所。虽然在网络空间中人们可以发表言论，但是发表言论与身体能够进入之间显然不具有等价性。作为信息载体的网络空间，与书籍、纸张并无实质区别，很显然将一张纸、一本书看作公共场所是不合

---

[1] 参见《"飓风10号"扫荡网络犯罪》，载 https://www.sohu.com/a/86979222_117916，最后访问日期：2019年11月11日。

[2] 参见曲新久：《一个较为科学合理的刑法解释》，载 http://theory.people.com/cn/n/2013/0912/c40531-22898784.html，最后访问日期：2019年11月11日。

适的。[1]相关司法解释认可了"肯定说"的观点,最高人民法院、最高人民检察院在2005年出台的《赌博犯罪解释》中规定,行为人出于营利的目的,通过计算机网络开设赌博网站,或者作为赌博网站代理、接受投注的行为,应定性为"开设赌场"。此后,2010年通过的《网络赌博犯罪意见》在前述司法解释的基础上,明确规定了网上开设赌场的四种行为。

从刑法教义学的角度分析,开设赌场罪中的"赌场"是指用于实施赌博活动的场所。那么,一切能够进行赌博活动的场所都能够称为"赌场",网络空间如果能够进行赌博活动,自然应该纳入"赌场"的范畴,这是刑法解释方法中文义解释的必然结果。当然,有不同意见,认为开设赌场罪中的"赌场"应该是犯罪人专门设立的用于赌博的场所,犯罪人对于该场所能够实施控制和支配。[2]在利用新型网络工具开设赌场的犯罪出现以后,有判决对于网络空间能否成为"赌场"提出了质疑,认为在微信红包赌博案件中,鉴于微信群要通过拉人进群的方式或者通过申请才能够进入,微信群属于相对封闭的场所,与传统赌场的相对公开性以及赌客流动性相比存在本质区别,所以在"公共性"方面有待研究。[3]在笔者看来,赌场是否具有"公共性"并不是"赌场"的本质特征,"赌场"顾名思义是供赌博使用的场所,在"赌场"这一问题的判断上,"场所"才是其本质属性。就网络赌场而言,参赌人员虽然自身无法实际进入网络赌场,但是对于开设赌场的一方而言,其提供了赌博的场所并从中牟取了不正当利益,成立开设赌场罪不存在任何障碍。从参与性的特点分析,无论是现实中的赌场还是网络空间的赌场,都可以起到聚集一定的人员一起进行赌博活动的作用。从经营性特点方面分析,在网络空间开设的赌场与传统空间开设的赌场都具有经营管理的特点,行为人对于自己开设的网络赌场同样能够实现严格管理,并且能够通过运营使其长期存在。从赌场的规则以及特点出发,赌场在开设之前就会设置赌博规则,按照设置的赌博规则来经营赌场,这一点与传统赌场不存在实质区别。以微信抢红包赌博为例,行为人在赌博开始前就会制定相应的赌博规则,赌客根据

---

[1] 参见张明楷:《简评近年来的刑事司法解释》,载《清华法学》2014年第1期。

[2] 参见邵海凤:《〈刑法〉第303条的司法适用及立法完善——以"两高一部"关于网络赌博犯罪司法解释为视角》,载《上海政法学院学报(法治论丛)》2011年第1期。

[3] 参见浙江省仙居县人民法院(2016)浙1024刑初398号刑事判决书。

规则实施赌博行为。综上，在网络空间开设的赌场对其"公共性"也许存在争议，但是对其"场所性"显然不能否认。网络空间的虚拟性决定了人的身体不能进入网络，但是刑法对于开设赌场罪的规定是对行为的约束，身体能否进入特定空间并不包含在开设赌场罪的犯罪构成要件中。在社会进入互联网时代的背景下，对"公共场所"的理解必须考虑网络空间的特殊性，不能固守传统社会形成的犯罪概念，对于网络时代出现的网络黑恶势力等犯罪，应以互联网的思维作出正确的理解，从而得出适应时代发展要求的结论。在网络时代背景下，将网络场所理解为"公共场所"符合国民预测的范围，符合罪刑法定原则的要求。理由在于：

第一，就黑恶势力犯罪组织开设的网络赌场而言，公共场所并不是纯粹的虚拟场所，其与现实生活紧密联系。网络空间虽然相对于现实空间是虚拟的、无形的，但是网络的服务器是始终连接现实生活的。在网络上进行赌博与在传统场所进行赌博在刑法上具有同等意义，自然要受到刑法的约束。网络上开设赌场与现实中开设赌场在危害后果方面并无实质差别，且对法益的侵害也与传统现实空间的赌场没有区别。

第二，罪刑法定原则对于法律解释的要求是不能超出国民的可预测范围。网络的特殊性已经被整个社会接受，并成为人们生活中不可或缺的组成部分。在刑事犯罪中，将网络空间的赌场作为"公共场所"理解对人们来说并无意外，没有超出预测范围的可能性。随着时代的不断发展，刑法条文中法条的词汇已然随着社会的发展产生了实质的变化。在网络时代，刑法部分条文呈现出落后于时代的特点，如果通过解释能够使法律满足于社会的变化与发展，法律也能在保持稳定性的情况下实现其适应性。如果仍坚持以立法原意解释刑法条文，势必抱残守缺，解释者在面对崭新的生活事实时，需要不断使法律的真实含义得以被发现和阐释是现代国家的共同特点。[1]例如，随着化学武器的出现，德国在关于使用硫酸攻击他人是否符合使用武器的问题上，已经对武器限于机械性工具的范围进行了扩张，进而使武器的范围与刑法规范的意义与目的相符。[2]

---

[1] 参见杨艳霞：《刑法解释的理论与方法：以哈贝马斯的沟通行动理论为视角》，法律出版社2007年版，第239页。
[2] 参见陈兴良、周光权：《刑法学的现代展开Ⅱ》，中国人民大学出版社2015年版，第112页。

第三，将网络场所理解为公共场所并不违反体系性解释的要求。刑法意义上的公共场所与现实生活中的公共场所有所区别。现实生活中的公共场所是指，供公众从事社会生活的各种场所的总称。不过，一般语义上的公共场所的概念只能成为理解刑法条文具体语义的参考。比如，依据《现代汉语词典》，卖淫仅指妇女出卖肉体的行为，但是刑法意义上的卖淫行为范围远远大于《现代汉语词典》中"卖淫"一词的含义。在刑法上，卖淫是指一切出卖肉体的行为，包括妇女向男性出卖肉体，也包括男性向女性出卖肉体以及同性之间的卖淫行为。司法实践中就存在将男性同性恋之间卖淫的行为认定为组织卖淫罪的案例，典型的如南京"李宁组织男同卖淫案"。[1]也有学者援引《治安管理处罚法》第23条第1款第2项关于公共场所范围的规定，作为排除网络场所成为"公共场所"的依据。《治安管理处罚法》第23条第1款第2项采取了不完全列举式的方式，将车站、港口、码头、机场、商场、公园、展览馆或其他公共场所划入公共场所的范围。笔者认为，《治安管理处罚法》等法律对于公共场所的界定并不能作为刑法认定公共场所范围的唯一根据，例外的情况存在于法定犯的范畴。对于法定犯而言，二次违法性是其典型特征。意味着在法定犯的情境下，刑法的用语必须以其他法律、行政法规作为依据，首先考虑行为是否违反了前置法，如行政法、民法等法律规定。以刑法规定的利用影响力受贿罪为例，其中犯罪的主体之一为"国家工作人员的近亲属"。关于"近亲属"的范围，《中华人民共和国刑事诉讼法》（以下简称《刑事诉讼法》）配偶、父母、子女采取了同胞兄弟姐妹的界定，而2021年1月1日起实施的《民法典》第1045条保留了《最高人民法院关于贯彻执行〈中华人民共和国民事通则〉若干问题的意见（试行）》关于"近亲属"的范围的界定，近亲属的范围在包括《刑事诉讼法》规定范围的基础上，将祖父母、外祖父母、孙子女以及外孙子女纳入了近亲属的范围，显然，民法意义上的"近亲属"的范围更宽，也更符合我国的社会实际。在这种情况下，对利用影响力受贿罪中"近亲属"的范围的界定，应以立法的意图作出合理的解释。刑法增加利用影响力受贿罪，意图打击国家工作人员"身边人"收受贿赂的行为。根据我国社会亲缘关系的现实，民法关于近亲属的范围界定

---

[1] 参见卢勤忠、钟菁：《网络公共场所的教义学分析》，载《法学》2018年第12期。

更为符合实际，也更有利于打击此类犯罪。[1]同理，对于公共场所的范围界定，刑法自然可以从立法意图的角度作出合乎自身需要的理解。在笔者看来，《治安管理处罚法》第23条第1款第2项中使用了"其他公共场所"的表述作为兜底条款，其中也隐含了网络空间。该规定虽然不能直接作为网络空间属于公共场所的依据，但是至少没有将网络空间直接排除在公共场所以外。

第四，书本与网络之间不具有同一性，所以不能以书本不是公共场所作为依据否认网络空间公共场所性质。诚然，书本与网络之间确实存在相同之处，两者均可以作为信息承载的载体。除此以外，书本与网络之间存在本质上的区别。首先，书本是物品载体，记录着人们的思想，是固定的有形的载体，这也是书本不能成为公共场所的原因；网络显然不是物品，而是无形的、虚拟的互联网构成的在线系统和空间形态。[2]网络虽然具有虚拟性，但是可以为人类从事某种活动提供场所，典型的就是网络赌场。其次，书本的形式是固定不变的，而网络的形式却是随着网络技术的发展而不断变化的。网络空间以电子作为传播的主要方式，具有流动性的显著特点。网络空间在信息传播方面实现了同步性，传播的同时全世界范围内有互联网的地方都可以同步接收到信息，网络空间的发散性决定了其无地域性的特点，也直接导致其传输对象具有不特定性的特点，是一种不受控制的受众散布。最后，与书本的单方面交流方式不同，"互"是互联网时代的网络主要的特点，网络作为一个互动的交流平台，人们可以实现同步传播和互相交流，信息交流快速便捷。鉴于此，书本与网络在本质上是两种不同的思想表达工具，网络具有的互动性、实时性、无地域性等特点是书本所不具备的，显然不能以书本不是公共场所作为理由来否认网络空间的公共场所的属性。

2. 现实空间与网络空间开设赌场行为之定性争议

与现实空间相比，网络赌场因为网络技术的因素具有自身独特的属性。但是，从行为侵犯法益以及行为的社会危害性的角度出发，其与现实空间的开设赌场的犯罪并没有本质区别。罪刑法定原则、罪责刑相适应原则以及刑

---

[1] 参见储槐植、闫雨：《利用影响力受贿罪适用中的几个疑难问题》，载《江苏警官学院学报》2012年第1期。

[2] 参见路紫等：《中国现实地理空间与虚拟网络空间的比较》，载《地理科学》2008年第5期。

法平等原则是刑法学的永恒话题,在两者并无实质区别的情况下,对社会危害性相当的网络开设赌场的行为与现实开设赌场的行为在刑事裁判层面应当给予同等评价。

不过,在《网络赌博犯罪意见》中针对网络赌场和现实空间的赌场在评价方面存在两方面的冲突。第一,根据司法文件,网络空间开设赌场与现实空间相比,存在"接受投注"的特殊要求。建立赌博网站需要同时具备"接受投注"的要求,在赌博网站担任代理同样存在"接受投注"的条件,这一点对于在现实空间开设赌场的行为没有要求。在经营方式上,现实赌场与网络赌场不存在实质区别,一种是庄家参与到赌局中,或者作为管理者管理赌局,接受投注,获利方式是赢取赌客财物以及通过赌局抽头渔利,实践中比较典型的是百家乐网络赌场。[1]另外一种是赌场仅负责提供现实或者网络场所并负责维护,赌场不作庄家,也不接受赌客的投注,仅通过抽头渔利获利,典型的是德州扑克网络赌场。[2]上述两种行为如果是在现实空间实施的行为,会毫无争议地被定性为开设赌场罪,但是其发生在网络空间中,则存在定性争议。按照司法文件的规定,第一种行为会被认定为开设赌场罪,而对第二种行为存在赌博罪和开设赌场罪的争议。有学者指出,基于《网络赌博犯罪意见》的规定,该司法文件明确将第二种行为中没有接受投注的情况排除在开设赌场罪的范围,对此类行为只能按照聚众赌博处理,如果行为符合刑法规定的赌博罪的构成要件的,应当定性为赌博罪。还有学者持反对意见,指出在现实空间的场域第二种情况毫无争议定性为开设赌场罪,而在网络空间的场域却被排除在开设赌场罪的范畴,这种差异化评价标准缺乏合理性依据,违反刑法平等原则,场域的区别并不影响实质上行为人与参与赌博人员之间事实上存在的代理与被代理关系,所以行为人的行为构成开设赌场罪。[3]第二,网络空间的赌场是否"参与利润分成"存在特殊限制。在网络场域的情况下,《网络赌博犯罪意见》明确将"利润分成"也就是所获得数额作为认

---

〔1〕 参见广州市中级人民法院课题组:《网络开设赌场犯罪审理难点及建议》,载《法治论坛》2018年第2期。

〔2〕 参见《公安部重拳打击网络游戏涉赌 联众"德州扑克"涉案赌资高达3.35亿元》,载 https://www.sohu.com/a/230970401_222256,最后访问日期:2019年1月20日。

〔3〕 参见广州市中级人民法院课题组:《网络开设赌场犯罪审理难点及建议》,载《法治论坛》2018年第2期。

定行为性质的定性标准,而在现实空间场域内的赌场中"利润分成"是作为犯罪社会危害性的量化标准或者是否参与犯罪的证据。这样造成的问题就是受雇于网络赌场,组织赌博活动但是仅获取固定工资并且不论拿多少工资,只要不参与利润分成的人员就应该按照无罪处理。相反,在现实空间的场域下,行为人受雇于网络赌场,组织赌博活动但是仅拿固定工资的,实践中基本都会被认定为开设赌场罪。

(二) 开设赌场危害性评价的定量困境

根据刑法规定以及相关司法解释,开设赌场罪属于行为犯的范畴。不过,因为《刑法》第13条"但书"的规定,使得刑法必须对具体开设赌场的行为作一个危害性程度的判断。此外,在开设赌场罪中规定了法定刑升格条件的条款,涉及的同样是危害性标准的判断问题。显而易见,开设赌场罪中的定量标准的设置是罪与非罪以及刑罚适用的关键。针对网络开设赌场的定量评价标准,《网络赌博犯罪意见》详细规定了"渔利数额""赌资数额""参赌人数"以及"违法所得"四种标准。不过,在定量上的争议和冲突却并没有因为司法文件的规定而停止,定量准确与否关乎网络开设赌场在司法中准确评价社会危害性以及网络与现实场域之间的赌场社会危害性平等评价的问题。

在现实空间的场域下,赌资数额是开设赌场犯罪适用的标准,能够体现具体个案对公共秩序所造成的侵害的程度。在网络成为赌场场域的情况下,《网络赌博犯罪意见》同样也以赌资数额这一量化指标作为衡量具体开设赌场犯罪社会危害性大小的标尺。不过,网络空间开设赌场在赌资结算方式上与现实空间开设赌场的赌资结算方式存在差异。网络赌场往往借助支付宝、微信等电子金融支付方式,现实空间的赌资由此发生转变,转变为电子支付以及电子兑付的记录,这种电子记录与现实中的赌资相比难以准确确定赌资的具体数额,按照不同的计算标准甚至会出现巨大的数额偏差。

关于"投注点数标准",根据《网络赌博犯罪意见》规定,赌客在网络上通过投注虚拟点数,虚拟点数与现金之间存在置换的数额标准,虚拟点数代表的实际数额就是开设赌场赌资的数额,这也是司法实践中计算网络开设赌场赌资数额的常用标准。[1]在网络开设赌场犯罪中,参赌人会以电子支付

---

[1] 参见姚珂、田申:《论利用网络开设赌场犯罪的法律适用》,载《中国检察官》2012年第9期。

方式换取虚拟的点数，然后会将部分点数用于赌博，如果仅仅将投入的点数纳入赌资数额，没有投入的点数自然无法计算在赌资的数额中，但是行为人通过电子支付方式购买虚拟点数的行为已然证明了行为人购买的虚拟点数都是参与赌博之用，显然应计算进赌资的数额，不过按照"投注点数标准"这部分点数是无法计算到赌资数额之中的，并且按照"投注点数标准"，参赌人员转出资金以及赢的资金不能计算进赌资的数额。但是，在现实场域中，按照现实空间开设赌场罪赌资的计算方式，赌资数额应包含行为人购买赌博筹码以及赌博赢取的财物。可见，网络开设赌场赌资也应该包括行为人投入点数、预留点数以及通过投入点数赢得的点数。不过按照"投注点数标准"，一部分在现实赌场能够被认定为赌资的财物，在网络赌场的场域下则不能被认定为赌资。[1]

"赢取点数标准"作为司法解释规定的赌资定量标准同样存在缺陷。如果采取"赢取点数标准"，得出的赌资的数额与赌资的实际规模相比会存在较大的差异，即按照"赢取点数标准"的差异性会大于"投注点数标准"。按照这一标准认定赌资，所有参加赌博的人员赢取的金额一定会少于投注金额，并且因赌博方式的不同，两者之间存在的差异也非常明显。以百家乐赢和网上老虎机为例，网上百家乐赢最高概率是46%，而老虎机仅为30%左右。[2] 在网络开设赌场的犯罪中，赢取的点数低于投注的点数是常态，否则就不会有人开设网络赌场，按照"赢取点数"作为网络赌场赌资的认定标准与实际规模之间的差异巨大，势必不能正确评价此类行为的社会危害性。

以"虚拟物品价值标准"会遇到与"投注点数标准"相类似的问题。以使用"比特币"进行的网络赌博为例，比特币虽然也是通过支付现实货币而获得，同时具有与现实中的货币相同的支付结算等功能，但是这类虚拟货币市场价格波动很大，是按照购买的价格还是波动后的价格认定数额？不同的认定标准会引发赌资重复计算的问题。随着电子支付技术的不断发展，未来会出现更多的虚拟物品，对这些虚拟物品的价值如何衡量如果没有明确标准，

---

[1] 例如，参赌人员用1000元换取1000点数，拿其中的500点投注，赢得1500点，此时账户中共计2000点，参赌人员将2000点兑换成2000元转出，赌资应该计算为2000元，但是按照"投注标准"，只能计算为500元。

[2] 参见王五一：《赌场洗钱问题探讨》，载《金融研究》2008年第2期。

自然会导致"同案异判"的情况大量存在。

以"账户资金标准"认定赌资数额同样存在问题。黑恶势力组织通过网络开设赌场，实践中为逃避打击会同时设置真实账户和虚假账户，甚至会设立境外账户，在电子支付的方式下资金的流动性极快，要查清犯罪人的全部账户在实践中几乎不具有可操作性。同时，电子支付记录下投注次数、投注的数额、参赌人员的人数以及赌场的收入等确实存在被量化的可能，但是量化的合理标准以及计算的正确方式又成为新的难题。比如，在赌资的计算方面采取赌局的计算方式与以参赌人员投入的赌资作为计算标准之间相比得出的结果差异巨大。[1]

最终司法解释选择了"投注点数标准"，也就是按照每次赌局用于赌博的资金进行累积计算。不过这种计算标准造成了现实开设赌场与网络开设赌场在赌资数额认定上的巨大差异。在现实开设赌场的案件中，由于无法对每一局的投注记录进行查证，所以将赌场起获的用于赌博活动的财物作为赌资予以认定，而并不累计计算每一次的投注金额，累积计算与否数额的差异会特别大，这也导致了因场域不同定量存在巨大差异的局面，造成了对网络开设赌场的犯罪人法定刑升格的不公平局面。[2]

（三）网络开设赌场主从犯认定标准存在困惑

开设赌场罪是共同犯罪，共同犯罪自然就会涉及主犯与从犯的认定。在传统的现实空间的场域，认定开设赌场罪中主犯和从犯的标准是清晰而明确的，但是在网络场域下，传统的开设赌场行为已然被网络异化，所以在网络开设赌场犯罪中对主犯与从犯的认定存在不同观点。

1. 网络开设赌场犯罪主从犯的认定争议

网络开设赌场犯罪较之现实空间开设赌场的犯罪而言，更有必要关注其主从犯的认定问题。在黑恶势力组织实施的网络开设赌场案件中，因为组织的分工往往更为细化，有专人负责后台维护、广告推广、资金结算、网络监

---

[1] 例如，2名参赌人员各自准备了赌资10 000元，参与了10次1∶2赔率的赌局，每次投注5000元，10局中输赢各半，10局后，赌资刚好回归最初的10 000元，如果以第一种模式计算赌资，赌资数额就为20 000元，而采取第二种模式是100 000元。

[2] 例如，赌博人员用500元购买了1000点数，用这些点数进行投注，如果赢了，网络赌博系统会记载其投注1000点，并赢得1000点，赌博点数累积2000点。如果再用2000点投注，记录就会累积为3000点，折算成货币为1500元，而如果发生在现实空间，现场起获的赌资仅为1000元。

管，甚至有专人负责坐庄凑数。在近期查处的黑恶势力组织实施的开设网络赌场的犯罪案件中，犯罪团伙"公司化"的程度极高，分工也极为细致，从表面上看比一般的正规网络公司更具规模。在网络黑恶势力犯罪中，涉及组织在网络开设赌场的犯罪时，区分主从犯对于准确打击此类犯罪行为至关重要。但是，网络场域与现实场域存在区别，在网络场域开设赌场的主从犯区分也不似传统现实场域那样简单。特别是对于其中的参与者，在划分主从犯问题上各地法院的做法并不相同。第一，在代理的定位上，鉴于网络开设赌场中涉案金额完全取决于各个代理所招揽的赌客数量和质量，所以上级代理的涉案金额不必然高于下级代理的涉案金额。如果按照传统思维模式，认为下级的罪责一定轻于上级，则必然会出现罪刑不均衡的局面。第二，在提供账号和密码的上家与下家之间是否要区分主从犯上也存在争议。一种观点认为，上家与下家之间成立共同犯罪，自然应当区分主犯与从犯。还有一种观点截然相反，认为上家与下家之间如果按照《网络赌博犯罪意见》不能认定为服务与被服务的关系，则上、下级代理之间就不构成共同犯罪，按照各自的犯罪情节以及犯罪数额处理即可。[1] 第三，还有的法院直接将代理全部作为从犯处理，对总代理则作为主犯处理；或者对上级认定为主犯，对下级认定为从犯。总之，在网络开设赌场犯罪主从犯的认定上，实践中各地法院的判决依据并不一致。

2. 技术提供行为认定的困惑

按照《网络赌博犯罪意见》的规定，行为人如果明知是赌博网站仍然为其提供互联网接入、服务器托管、网络存储空间等技术支持服务和帮助的，可以成为网络赌博犯罪的主体，这也是网络开设赌场犯罪与现实空间开设赌场犯罪的区别所在。现实空间开设赌场的行为一般情况下不需要借助网络技术，但在网络上开设赌场，网络技术就成为不可或缺的条件。实践中，提供技术服务的行为人主观上往往不存在开设赌场的故意，仅仅是通过单纯地提供服务的行为获得利润，对于提供技术帮助的行为人，通说认为构成开设赌场罪的从犯。如前所述，技术帮助行为的特殊性决定了其与被帮助者之间不存在共同的犯意联络，其在犯罪行为中起到了主要的作用，所以对提供技术帮

---

[1] 参见李衡：《网络赌博犯罪实务问题研究》，载《上海公安学院学报》2022年第1期。

助行为的行为人认定为主犯的观点也存在众多支持者。[1]

三、网络开设赌场犯罪的刑事制裁思路

作为黑恶势力犯罪组织实施的常见、高发犯罪行为之一，如何有效惩治网络开设赌场犯罪是扫黑除恶中必须面对和解决的问题。

（一）网络开设赌场犯罪刑事制裁的总体思路

从社会的发展分析，开设赌场犯罪蔓延至网络空间并发生异化有其必然性。网络开设赌场犯罪并非传统开设赌场犯罪简单的空间转换，也不能仅将其作为开设赌场罪的新形式来探讨刑事制裁问题。对于这种已然发生网络异化的传统犯罪，必须结合时代的背景以及网络属性，在关注其特性的同时考虑开设赌场犯罪的共性，寻求其与现实空间开设赌场犯罪之间的平衡。

1. 现实场域与网络空间开设赌场行为应同等评价

进入信息时代，社会发展变化的速度明显加快，网络犯罪异军突起，刑法由此进入频繁修改的时代。借助全媒体时代信息传播的便利，国民对于刑法的可预测性明显增强，依据社会的发展修改刑法也不会对国民的可预测性造成困扰。[2]所以，近些年针对网络犯罪的刑法调整频率明显加强，特别是通过司法解释的方式及时回应网络犯罪的变化，为打击网络犯罪提供了法律依据。不过，立法和司法解释出现了过度关注网络犯罪的倾向，尤其是司法解释将同质的网络犯罪与现实的犯罪割裂的情况时有出现。例如，在《网络赌博犯罪意见》中，对于在网络上开设赌场的行为设置了一系列的定性、定量标准，但是这些标准是否能够适用于现实空间的开设赌场犯罪存在疑问，而开设赌场罪无论是发生在现实空间还是在网络空间，作为刑法规定的罪名似乎都不能因"场域"不同而存在两种适用标准。司法解释应该尽量对同质犯罪的不同场域在认定上进行合并解释，解释的过程中可以对网络犯罪形态的定性和定量作出特殊的认定标准，但是应以符合刑法条文规定的具体罪名的构成要件作为界限，绝对不能将具有同等性质和危害的犯罪行为，因场域的不同而作出差异化评价。在刑法面临社会变革的时代，我们不可能在短时

---

〔1〕 参见魏继霞、周洁：《为他人开设赌博网站提供技术支持的定性》，载《人民司法》2021年第35期。

〔2〕 参见张明楷：《罪刑法定与刑法解释》，北京大学出版社2009年版，前言第3页。

间内将刑法的原有理论和法律规定完全推倒重来,对于开设赌场罪等传统犯罪在带有网络色彩时,依然应以刑法学理论和刑法学规定作为解释的基础,结合网络开设赌场犯罪行为的自身特征,对现有的刑事立法和司法解释进行微调,在法益侵害没有变化的前提下,不能为了打击而人为地割裂同质犯罪的联系,这也是现阶段针对网络黑恶势力犯罪刑法条文进行解释所应秉承的根本原则。

2. 技术帮助行为应给予特别关注

网络开设赌场与传统开设赌场的区别在于:对于网络技术的依赖性程度。网络赌场因为网络技术的介入呈现出与现实传统赌场不同的技术性与虚拟性色彩。通过技术优势,网络赌场在吸引赌客的范围以及赌资规模等方面具有传统赌场所不具备的优势,正因如此,社会危害性自然比传统赌场的社会危害性程度更严重。黑恶势力组织借助网络的虚拟性开设网络赌场使犯罪行为更加隐蔽,犯罪成本相比开设传统赌场更低。网络开设赌场是黑恶势力组织"以黑养黑"的重要手段,从惩治网络黑恶势力犯罪的角度分析,展开对网络开设赌场的技术性优势和虚拟性优势的源头打击和限制是十分必要的。

从技术角度分析,远程通信技术与电子支付技术是网络赌场得以产生和发展的命脉所在,如果没有这两项网络技术的支持,网络赌场难以存续。所以,刑法在制裁网络开设赌场犯罪时,应当注重从源头打击技术支持行为。从虚拟性方面来看,网络开设赌场的行为在网络空间已经发生了网络异化,给刑事制裁和犯罪侦查带来了不小的挑战,但是事事都有两面性,正是因为这些技术的运用,交易记录会很容易准确保存下来,在一定程度上比传统开设赌场的犯罪更容易确定犯罪的性质和犯罪所涉及的金额。当务之急是,如何以法益作为核心概念,针对网络开设赌场的犯罪行为制定有效、准确、可操作性并与现实空间开设赌场犯罪相同的认定标准。

(二) 网络开设赌场犯罪定性定量标准的应然解释

我们不能掩饰思想者的怀疑因素来建立一种虚伪的信仰。[1]当法律已经出现不能适应社会发展的情况,刑法应该作出适宜的应对——立法更新与司法努力,即对具体个罪的定性与定量提出可行性的标准。针对网络开设赌场

---

[1] 参见 [爱尔兰] 叶芝:《叶芝文集》,王家新编选,东方出版社1996年版,第72页。

犯罪而言,从刑法的确定性与权威性的角度出发,应以司法举措为主,这并不是权宜之计,而是包括司法解释在内的一系列司法举措的价值体现。

1. 网络开设赌场行为定性标准的应然解释

准确定性源于避免赌场因场域不同而产生的定性上的差异。避免矛盾、保持协调,才能实现刑法的正义与公平。如果因赌场设在不同场域,法官就对本质上具有相同性质的行为作出不同的定性,自然会损害到刑法的平等性。

《网络赌博犯罪意见》因场域的不同,将"接受投注"与"参与利润分成"作为网络开设赌场的定性标准之一,而这一定性本身就存在缺陷。如前所述,赌场的运营模式本身存在不同,一些赌场本身就不接受投注,这种经营模式下,如果是线下赌场就毫无争议认定为开设赌场罪,而线上的赌场就被否认构成开设赌场,显然是不合适的。以"参与利润分成"作为成立标准,同样不具有合理性。为赌博网站组织赌博活动,无论是领取工资还是参与分成,其来源都是赌场的营利所得。行为人通过这一行为获取工资或者参与利润分成,在行为的危害性程度上并无实质差别,如果以"参与利润分成"作为定性标准,势必会成为犯罪分子规避法律的工具,也会出现显失公平的情况。在《中华人民共和国刑法修正案(六)》明确将"营利性目的"删除的情况下,立法已然明确表明"营利目的"不是开设赌场罪危害性认定的关键因素。鉴于此,将工资和利润进行区分,作为网络开设赌场罪与非罪的定性因素有违立法的规定,且实践中是利润还是工资似乎也不易区分。司法解释可能是基于将网络赌博犯罪中一些普通员工排除在犯罪行为之外的立场,所以特意强调了"参与利润分成"的标准。其实,对网络赌场中的保安、前台、清洁工等按照劳动取得报酬的人,对其所在公司犯罪毫不知情的情况下,本身就能够排除在开设赌场罪的共犯行为以外。在司法解释没有修改的情况下,司法实践中应当对"投注"和"利润"作出合乎实际情况的扩大理解。"投注"即参加赌博的人员将赌资投入网络赌场的行为,而不再人为限缩于"下注"。对于"利润",应当理解为组织通过开设赌博网站、开展赌博活动而获得的收益,且改变严格限定其在赌博网站利润中所占比例的做法,进而排除普通工作人员对公司犯罪毫不知情,仅仅获得正常劳动报酬的情况下被认定为犯罪的可能。

2. 网络开设赌场定量评价标准的完善

如前所述,《网络赌博犯罪意见》规定赌资的认定标准和"累积"统计的方式上都存在一定的问题,司法解释需要及时修正。

(1) 统一赌资的计算标准

赌资的计算目前缺乏统一的标准。有学者指出,应当以每局单独计算赌资。因为赌局各有不同,所以不同的赌局自然应当单独计算,最终相加得出赌资的数额。[1]其实对于赌资的认定,应该从赌资的本质入手。所谓赌资,即赌博活动的资金,在刑法评价上无论赌场开设方式如何,均应采取统一的认定标准。具体而言,鉴于实践中赌场在运营方式上存在不同,在赌资的计算上也应有所区别。在赌场仅从赌局中"抽头渔利"的运营模式下,网络赌场全部的内部资金其实就是赌客投入的全部资金。另外一种参与赌局的情况下,网络赌博中的赌资就有两方面的来源,第一部分自然是赌客投入的资金,第二部分是赌场向赌赢自己的赌客支付的资金,这部分资金大多数源于赌场从其他赌客那里赢得的资金,还有一小部分是赌场事先准备的预留资金。赌博的概率和规则决定了赌客赢赌场的概率很小,赌场赢得的全部资金足以支付部分赌赢自己的赌客,这部分资金在赌客投入的资金中已经计算在赌资范围内,不能再重复计算。在实践中,在网络赌场开始运营的初期,赌场用于支付的资金是自己的投入,所以应当计算到赌资的数额中。综上,在第一种模式下,赌资应以赌客投入的全部资金定量;第二种模式下,赌资包含赌客投入的全部资金以及赌场最初准备的预备资金。这与现实赌场的赌资计算方式具有同一性,即已经从赌场转出的资金不再计算到赌场资金的数额中,如果再次投入的则需要视为新的资金计算在赌资数额内。

(2) 统一虚拟物品价值的认定标准

虚拟物品的价格波动较大,对于虚拟物品的价格应以交割时的价格作为认定标准。理由在于:如果以投入时的价值确定,由于虚拟物品价值的波动性,无法反映波动后的价值,所以并不是科学的计算方式。交割时间则不同,以当天的市场价格作为认定标准,赌客对于虚拟物品价格的波动和当天的市场价是存在充分预期的,以此价格标准符合其心理预期,并且不会引发复杂

---

[1] 参见广州市中级人民法院:《网络开设赌场犯罪审理难点及建议》,载《法治论坛》2018年第2期。

的计算问题。如果没有发生交割即被发现，案发时间就应该视为交割的时间。

(3) 网络开设赌场案件制裁思路的实践反证

在自媒体高度普及的当今时代，网络开设赌场的认定也遇到了新的困惑。鉴于司法解释只规定了赌博网站可以评价为赌场，导致实践中对在微信群、QQ 群组织赌博的行为存在赌博罪和开设赌场罪的不同认定。2018 年 12 月 25 日，最高人民法院发布的指导案例中，将通过邀请人员加入微信群的方式招揽赌客，根据竞猜游戏网站的开奖结果、抢红包等方式进行赌博，设定赌博规则，通过对微信群进行控制管理，在一定时间内持续组织网络赌博活动的行为纳入刑法开设赌场犯罪的范围。此后，司法实践将此类行为认定为开设赌场罪几无争议，但是在判决理由的路径上存在差异，试举两例。

案例一：林某、詹某通过建立微信群的方式，在制定发布赌博规则后供群内人员以"斗牛"的形式进行赌博。短短 15 天时间，林某、詹某就召集 120 名网友参与赌博，赌资数额累计 650000 元，从中抽头渔利数额 91000 元。法院审理认为，林某、詹某以营利为目的，利用网络建立赌博微信群供他人赌博，从中参与利润分成，情节严重，二人均成立开设赌场罪。[1]

案例二：袁某利用微信建立多个微信群，制定了赌博规则，组织他人在微信群进行"四元五包猜尾数""一元三包押大小"的赌博活动。审理法院认为，袁某利用移动终端传输赌博数据，组织赌博活动，建立赌博网站并接受投注，其行为符合开设赌场罪的犯罪构成。[2]

上述两则案例虽然判决结果相同，但是很显然在判决的理由路径方面存在区别。案例一判决的理由基于行为人利用网络建立赌博微信群供他人赌博，且从中参与了利润分成，行为符合开设赌场罪的犯罪构成，所以林某、詹某的行为构成开设赌场罪。案例二其实在案件事实上与案例一相似，判决基于的理由是行为人利用移动终端传输赌博数据，建立赌博网站并接受投注，所以袁某的行为构成开设赌场罪。两个案例判决理由之间的微妙差距在于：是否将赌博微信群直接评价为赌场。案例一显然是直接将行为人建立的用于赌

---

[1] 参见广东省普宁市人民法院（2015）揭普法刑初字第 845 号刑事判决书。
[2] 参见河北省宽城满族自治县人民法院（2016）冀 0827 刑初 49 号刑事判决书。

博的微信群评价为赌场,而案例二则是在《网络赌博犯罪意见》规定的基础上,先将用于赌博的微信群评价为网站,再将其按照司法文件的规定认定构成开设赌场罪,这种迂回的方式在司法实践中并非个例。

作为网络黑恶势力组织维系的重要手段,开设网络赌场成为网络黑恶势力组织的关联犯罪之一。司法文件局限于社会发展的桎梏将网络开设赌场局限于赌博网站的范畴,随着时间的推移,网络也经历了不断的发展和变化,网络开设赌场也不再局限于在网站上开设,而是从网站延续到网络空间,近些年更是成为网络黑恶势力组织开设赌场的主要形式。将此类犯罪纳入开设赌场罪的范畴不存在异议,但是在为何得出如此结论的理由方面存在争议。有学者指出,根据司法解释的规定,所谓的赌博网站是指在互联网、移动终端上组织赌博活动的地点,对此不能作扩大和缩小解释,微信交往群能够被认定为赌博网站。[1]很明显该学者是将"网站"和"网络空间"相互代替使用,将网站扩大为互联网空间。这种解释也受到了部分学者的质疑,实际上确实存在将网站扩大解释为网络空间的嫌疑。也有学者提出,"赌场"中"场"的重心不在于赌博的空间性,而在于强调"所"的聚众性,即多人聚集。不过按照该学者的观点,聚众赌博和开设赌场之间将没有界限。该学者对此给出的解释是,在网络赌博的背景下,赌场的场所性不再突出,开设赌场与聚众赌博的界限本就不明显甚至消失。[2]在笔者看来,这种解释有人为将聚众赌博型的赌博罪予以虚置,人为将开设赌场罪"口袋化"的嫌疑。

网络的不断发展决定了网络开设赌场犯罪场域的不断变化,司法解释并非法源,对司法解释进行再解释的路径本身存在问题。对"赌场"的解释应当回归到刑法典本身。目前,赌场既包括物理赌场也包括虚拟赌场的观点已经不存在异议,只要行为人提供赌博的场所或者空间,且对该场所和空间能够进行支配和控制就符合刑法关于"赌场"的规定。这是解释者在面对某种崭新的生活事实的基础上,根据正义的理念作出的合理解释。在开设赌场罪设立之初,网络开设赌场的行为极为罕见,但是随着网络的普及,刑法理论也必须重新审视"赌场"的含义。"赌场"一词语的表述不变,含义却随着时代的发展而发生变化。当解释者面临的案情是黑恶势力组织在现实场域开

---

[1] 参见杜斌等:《利用微信"抢红包"聚赌行为如何处理》,载《人民检察》2016年第10期。
[2] 参见刘艳红:《网络犯罪的法教义学研究》,中国人民大学出版社2021年版,第130页。

设赌场的，解释者会将赌场定义为物理的、现实的场域，进而得出黑恶势力组织的行为符合"赌场"这一要件的结论。当解释者面临的案情是黑恶势力组织在网站或者网络空间开设赌场，上述解释的结论会导致黑恶势力组织实施的这一行为无法被认定为开设赌场罪。如果解释者认为在对社会公共秩序的侵害上，网络开设赌场的行为与现实场域开设赌场的行为并无差别时，则需要重新解释"赌场"，将"赌场"的范围扩大至网络虚拟空间。解释者之所以需要不断反复定义"赌场"，是因为面临着不同的生活事实，之所以不能简单以物理的、现实的场域作为否定黑恶势力组织在网络开设赌场行为的刑事可罚性，是因为在两种场域中任何一场域开设赌场，社会危害性不存在区别。可见，只有在规范与生活事实、应然与实然彼此互相对应时，才产生实际的法律。法律是应然与实然的对应，规范与事实间之所以能够取得一致，归结于两者之间的调和者——事物的本质。事物的本质是限制立法者任意颁行、解释法律的界限。之所以将网络开设赌场的行为纳入开设赌场罪的范畴，是因为刑法设置开设赌场罪的目的在于保护社会公共秩序，保护的方式是禁止开设赌场，而不论是在网站上开设赌场还是利用微信群等开设赌场，本质上都扰乱了正常的社会公共秩序，得出此结论与罪刑法定原则并不相悖。总之，只有通过生活事实解释规范，才能够实现刑法的合目的性。

结 语

网络黑恶势力犯罪视域下刑法扩张的教义学反思

当今时代,信息技术和互联网的发展极大促进了社会经济、政治和文化的发展,社会生活方方面面都与网络密不可分。刑法自产生之日起,每一次的社会变革都会引起刑法的变革与转型。面对网络黑恶势力犯罪,刑法再次面临重要的选择,诸多涉及黑恶势力犯罪的刑法理论和实践问题在网络因素介入后亟须研究解决。

一、风险社会背景下网络犯罪刑法理论研究评析

刑法理论的基底在于——法益保护,法益保护也是刑法的根本目的。近代以来,刑法限缩与人权保障成为社会的需求和前进的方向。社会的发展促使当代刑法的导向从惩罚转向预防,法益保护不断被前置,这一点在网络犯罪普遍的时代显得更为突出。自《刑法修正案(七)》开始,刑法针对网络犯罪的规定经历了从单纯将实行行为规定为犯罪到逐渐将预备行为实行行为化、帮助行为独立化。从网络犯罪的整体情况看,新兴法益不断出现,刑法适时扩大保护范围应对社会挑战无可厚非。除新型网络犯罪以外,网络技术的运用也使现实社会中的传统法益(财产法益、人身法益、国家安全、公共安全等)蔓延至网络虚拟空间。对此,大部分学者主张对刑法条文应当尽可能发挥解释的能量,以应对传统法益的网络化。不可否认的是,这种思路在解决传统刑法应对网络犯罪不足方面起到了积极的作用,当前刑事立法似乎也是对这一思路的推进。但是,网络犯罪的刑法理论研究却与传统刑法渐行渐远,法益保护这一刑法理论的基底在网络犯罪的研究中被忽视成为事实。基于"网络的发展带来便利的同时也产生了巨大风险"这一立论,研究者将社会学理论中的"风险社会"概念引入刑法研究并提出了风险刑法理论。风

险的出现导致"公共安全"成为社会政策的基调,在维护安全的整体基调下,风险刑法自提出就带有强烈的预防性色彩。[1]对风险刑法理论,支持者与反对者之间的争论从未停止,但是争论双方似乎更加热衷于立场的阐释,而缺乏对风险社会刑法理论的合理建构的思考,这场旷日持久的争论尚未进入实质探讨阶段。[2]不管结果如何,都会出现负面影响:支持者取得最终胜利,会使刑法在风险社会中失去边界,而反对者取得胜利很有可能动摇甚至剥夺刑法应对风险社会的能力。[3]

在笔者看来,从20世纪中期以来刑法体系所经历的变化,并不是由传统刑法理论转向了风险刑法理论,而是以网络发展等风险社会作为背景研究刑法学的相关理论。风险社会作为社会学上的概念,仅是对特定社会发展阶段的高度概括。在这种社会背景下,即使不适用风险社会的概念,也不会影响刑法理论针对这一社会形态所作出的相关分析。在网络时代全面到来之际,刑法通过自身的不断调整以应对网络发展带来的需要,进而由惩罚转向预防是必然趋势。刑法与网络风险之间控制与被控制交替上演,刑法立法和传统刑法理论在面对网络时代时发生了改变,刑法体系这一开放性体系也由此受到影响而发生变化。这一变化自然也会引起刑法研究语境发生变化,研究聚焦概念内涵流变的同时,更应关注审视制度与原则本身的功能与意涵。"刑法学者面对网络时代,既不能在越来越独立的学理中迷失方向,也不能否认网络时代所带来的刑法变革的事实,刑法作为国家行使权力的重要形式,在这种意义上也是一种政治。"[4]刑法研究需要依托政治与社会语境,在对刑法基本理论深切认知的基础上,探寻刑法领域新问题的答案,探寻刑法解释的核心与具体网络犯罪的刑法解释限度。

二、刑法解释的核心与网络黑恶势力犯罪刑法的解释限度

刑法的产生和发展历程表明了刑法并不仅是打击犯罪的工具,罪刑法定

---

[1] 参见刘军:《网络犯罪治理刑事政策研究》,知识产权出版社2017年版,第200页。
[2] 参见劳东燕:《风险社会中的刑法:社会转型与刑法理论的变迁》,北京大学出版社2015年版,导论第2页。
[3] 参见南连伟:《风险刑法理论的批判与反思》,载《法学研究》2012年第4期。
[4] 参见[美]马库斯·德克·达博:《积极的一般预防与法益理论——一个美国人眼里的德国刑法学的两个重要成就》,杨萌译,载陈兴良主编:《刑事法评论》(第21卷),北京大学出版社2007年版,第466页。

原则作为公认的铁则成为这一观点的最有力证明。"无疑每个人都希望交给公共保存的那份自由少些,只要足以让别人保护自己就可以了,这一份份最少自由的结晶形成了惩罚权。"〔1〕刑法人权保障大宪章的本质保证了刑法本身的安全。公民到底要出让多少自由?换言之,刑法介入公民生活的标准到底是什么就显得尤为重要。对此,理论界存在"法益侵害说"与"规范违反说"两种观点,两者对刑法保护法益的目的均持肯定态度,只不过规范违反说认为刑法的实质内容并非仅限于对法益单纯的保护;而"法益侵害说"则提出,刑法的唯一目的就是保护法益。显然"法益侵害说"能够限缩刑罚权的启动。〔2〕承接"法益侵害说"与"规范违反说"争论的问题是:法益保护的边界也就是刑法立法的边界应如何确定。以犯罪的产生发展为脉络,在犯罪预备阶段法益就处于被侵害的危险,这也是刑法将犯罪预备形态纳入刑法处罚的原因。犯罪预备属于故意犯罪的停止形态之一,而实害结果即对法益造成实际的损害是过失犯罪构成的必要条件。从这一角度分析,预备行为的犯罪化也许是刑事立法的边界。但是在风险社会的大背景下,这样似乎并不能满足惩治犯罪的需要,立法通过对预备行为的犯罪化以及过失危险行为的犯罪化来回应风险社会背景下对法益保护前期化的需求。

从法益侵害的角度进行分析,预备行为仅仅存在于故意犯罪的层面,过失危险犯的行为在法益的侵害上表现得并不紧迫而使危险相对"抽象"。"抽象"的属性直接决定了与同质的具体危险犯相比,法益侵害程度与侵害的种类在判断上难度加大,甚至难以判断。对于过失危险行为,界定其危害行为所处的临界值,成为刑法规制边界的核心问题。〔3〕刑法规制视野下的过失的"抽象危险犯",需要法官将绝对不存在的危险排除在实质违法的框架以外,这是结果无价值理论以刑罚权限制的角度得出的观点。对于"抽象危险犯"边界的界定,我国刑法规定的方法决定了我国在犯罪行为的判断上,必须采取结果无价值的立场。〔4〕《刑法》第 13 条"但书"的规定,意味着一切犯罪

---

〔1〕 参见[意]切萨雷·贝卡里亚:《论犯罪与刑罚》,黄风译,北京大学出版社 2008 年版,第 9 页。

〔2〕 参见刘军:《为什么是法益侵害说一元论?——以法益的生成与理论机能为视角》,载《甘肃政法学院学报》2011 年第 3 期。

〔3〕 参见刘军:《网络犯罪治理刑事政策研究》,知识产权出版社 2017 年版,第 204 页。

〔4〕 参见黎宏:《刑法总论问题思考》,中国人民大学出版社 2016 年版,第 46 页。

除符合刑法分则规定的形式特征以外,还必须在实质上达到一定数量的要求,才足以引起刑罚权的发动。结果无价值的立场,意味着"法益侵害说"的坚持,两者是同一含义的不同表达,结果无价值意味着只有对法益造成现实侵害或者危险时,刑罚权才会发动。从这个意义上分析,结果无价值论已经超越了社会危害性方法而成为犯罪认定的理念。

对于网络犯罪解释限度而言,结合"法益保护说"与结果无价值理论,法益遭受侵害的情况下,在排除例外的前提下,犯罪行为自然成立。换言之,分析是否存在法益侵害成为认定犯罪行为是否存在的大前提,之后结合主客观相统一原则,在行为人主观方面与客观行为具有一致性时,肯定责任的存在,最后对比刑法条文,如果刑法上存在明文规定,就能够追究行为人的刑事责任,如果刑法对此缺乏明确的规定,根据罪刑法定原则,这一行为自然不能作为犯罪处理。[1] 在明确了法益的核心地位和法益保护前期化的边界后,对网络黑恶势力犯罪的解释以及界限也就十分清晰。

对当下突出的网络黑恶势力犯罪治理中客观解释等同于扩张解释的现象,应警惕"以客观解释为名、行立法之实"的危险。以规范的客观解释论作为网络黑恶势力犯罪的解释立场,有助于缓和一味采取扩张解释带来的刑事风险。规范的客观解释论以客观解释论为主导,以法益保护为约束,确保网络黑恶势力犯罪的刑法解释能够在严格解释与灵活解释之间保持适应性的平衡。最高司法机关将黑恶势力犯罪条款扩大适用于网络领域时,以准立法资源即司法解释的形式予以规定同样体现了谨慎谦抑的态度。虽然刑法谦抑性在网络黑恶势力犯罪上不应机械地被强调,但是以谦抑性刑法观调适积极预防性刑法观而由此形成的消极预防性刑法观,方能平衡网络黑恶势力犯罪的惩治和治理边界。

---

[1] 参见黎宏:《刑法总论问题思考》,中国人民大学出版社2016年版,第52页。

参考文献

（排名不分先后）

一、著作类

1. 《毛泽东选集》（第一卷），人民出版社 1991 年版。
2. 高铭暄、马克昌主编：《刑法学》，北京大学出版社、高等教育出版社 2022 年版。
3. 高铭暄主编：《新编中国刑法学》（上册），中国人民大学出版社 1998 年版。
4. 高铭暄主编：《新中国刑法学研究综述（一九四九——九八五）》，河南人民出版社 1986 年版。
5. 高铭暄主编：《刑法学原理》（第一卷），中国人民大学出版社 1993 年版。
6. 高铭暄：《中华人民共和国刑法的孕育诞生和发展完善》，北京大学出版社 2012 年版。
7. 马克昌主编：《近代西方刑法学说史》，中国人民公安大学出版社 2008 年版。
8. 马克昌主编：《外国刑法学总论（大陆法系）》，中国人民大学出版社 2009 年版。
9. 马克昌主编：《刑罚通论》，武汉大学出版社 1999 年版。
10. 马克昌：《刑法理论探索》，法律出版社 1995 年版。
11. 马克昌主编：《犯罪通论》，武汉大学出版社 1999 年版。
12. 储槐植：《刑事一体化》，法律出版社 2004 年版。
13. 储槐植、江溯：《美国刑法》，北京大学出版社 2012 年版。
14. 储槐植：《刑事一体化论要》，北京大学出版社 2007 年版。
15. 杨春洗主编：《刑事政策论》，北京大学出版社 1994 年版。
16. 杨春洗等主编：《中国刑法论》，北京大学出版社 2005 年版。
17. 陈光中主编：《〈中华人民共和国刑事诉讼法〉修改条文释义与点评》，人民法院出版社 2012 年版。
18. 何秉松主编：《刑法教科书》，中国法制出版社 2000 年版。
19. 何秉松：《犯罪构成系统论》，中国法制出版社 1995 年版。
20. 何秉松：《有组织犯罪研究：中国大陆黑社会（性质）犯罪研究》（第一卷），中国法制出版社 2002 年版。
21. 陈兴良、周光权：《刑法学的现代展开 II》，中国人民大学出版社 2015 年版。

22. 陈兴良：《本体刑法学》，商务印书馆 2001 年版。
23. 陈兴良：《刑法的价值构造》，中国人民大学出版社 2006 年版。
24. 陈兴良：《刑法哲学》（上、下），中国政法大学出版社 2009 年版。
25. 陈兴良：《走向哲学的刑法学》，法律出版社 2008 年版。
26. 陈兴良：《教义刑法学》，中国人民大学出版社 2014 年版。
27. 陈兴良主编：《刑法总论精释》，人民法院出版社 2010 年版。
28. 赵秉志主编：《〈刑法修正案（十一）〉理解与适用》，中国人民大学出版社 2021 年版。
29. 张明楷：《外国刑法纲要》，法律出版社 2020 年版。
30. 张明楷：《张明楷刑法学讲义》，新星出版社 2021 年版。
31. 张明楷编著：《刑法的私塾》（之二）（上、下），北京大学出版社 2017 年版。
32. 张明楷：《法益初论》，中国政法大学出版社 2003 年版。
33. 张明楷：《市场经济下的经济犯罪与对策》，中国检察出版社 1995 年版。
34. 张明楷：《刑法的基本立场》，中国法制出版社 2002 年版。
35. 张明楷：《刑法格言的展开》，北京大学出版社 2013 年版。
36. 张明楷：《刑法学》（上、下），法律出版社 2021 年版。
37. 张明楷：《罪刑法定与刑法解释》，北京大学出版社 2009 年版。
38. 张明楷：《刑法分则的解释原理》，中国人民大学出版社 2011 年版。
39. 周光权：《刑法各论》，中国人民大学出版社 2016 年版。
40. 刘艳红：《网络犯罪的法教义学研究》，中国人民大学出版社 2021 年版。
41. 《刑法学》编写组编：《刑法学》（上册·总论），高等教育出版社 2019 年版。
42. 《刑法学》编写组编：《刑法学》（下册·各论），高等教育出版社 2019 年版。
43. 刘仁文主编：《网络犯罪的司法面孔》，中国社会科学出版社 2021 年版。
44. 黎宏：《刑法总论问题思考》，中国人民大学出版社 2016 年版。
45. 劳东燕：《风险社会中的刑法：社会转型与刑法理论的变迁》，北京大学出版社 2015 年版。
46. 卢建平主编：《有组织犯罪比较研究》，法律出版社 2004 年版。
47. 张远煌主编：《犯罪学》，中国人民大学出版社 2020 年版。
48. 张军主编：《解读最高人民法院司法解释之刑事卷》（上、下），人民法院出版社 2011 年版。
49. 齐文远、周详：《刑法司法解释立法化问题研究》，中国人民公安大学出版社 2010 年版。
50. 周少华：《刑法之适应性——刑事法治的实践逻辑》，法律出版社 2012 年版。
51. 蔡军：《中国有组织犯罪企业化的刑事治理对策研究》，中国社会科学出版社 2021 年版。
52. 赵赤：《中外惩治有组织犯罪比较研究》，中国政法大学出版社 2017 年版。
53. 江溯主编：《中国网络犯罪综合报告》（第二版），北京大学出版社 2021 年版。

54. 谢鹏程主编：《网络犯罪实体法研究》，中国检察出版社2022年版。
55. 张世英：《天人之际——中西哲学的困惑与选择》，人民出版社1995年版。
56. 程汉大主编：《英国法制史》，齐鲁书社2001年版。
57. 费孝通：《乡土中国》，生活·读书·新知三联书店1985年版。
58. 张玉镶、文盛堂：《当代侦查学》，中国检察出版社2010年版。
59. 刘作翔：《法律文化理论》，商务印书馆1999年版。
60. 金炳华主编：《马克思主义哲学大辞典》，上海辞书出版社2003年版。
61. 王肃之：《网络犯罪原理》，人民法院出版社2019年版。
62. 徐然、赵国玲等：《网络犯罪刑事政策的取舍与重构》，中国检察出版社2017年版。
63. 翁里、徐公社等：《转型期犯罪侦查的理论与实践》，法律出版社2010年版。
64. 刘军：《网络犯罪治理刑事政策研究》，知识产权出版社2017年版。
65. ［爱尔兰］叶芝：《叶芝文集》（全三册），王家新编选，东方出版社1996年版。
66. 杨艳霞：《刑法解释的理论与方法：以哈贝马斯的沟通行动理论为视角》，法律出版社2007年版。
67. 曹诗权主编：《2017年新型网络犯罪研究报告》，中国人民公安大学出版社2018年版。
68. 戴长林主编：《网络犯罪司法实务研究及相关司法解释理解与适用》，人民法院出版社2014年版。
69. 杨金彪：《共犯的处罚根据》，中国人民公安大学出版社2008年版。
70. 王志远：《共犯制度的根基与拓展——从"主体间"到"单方化"》，法律出版社2011年版。
71. 何兆武：《西方哲学精神》，清华大学出版社2002年版。
72. 喻海松：《网络犯罪二十讲》，法律出版社2018年版。
73. 王爱立主编：《中华人民共和国刑法修正案（九）（十）解读》，中国法制出版社2018年版。
74. 王爱立主编：《中华人民共和国反有组织犯罪法释义》，法律出版社2022年版。
75. 孙景仙、安永勇：《网络犯罪研究》，知识产权出版社2006年版。
76. 杨正鸣主编：《网络犯罪研究》，上海交通大学出版社2004年版。
77. 应培礼主编：《犯罪学通论》，法律出版社2022年版。
78. 崔熳：《俄罗斯有组织犯罪研究》，知识产权出版社2022年版。
79. 闫雨：《刑法事后自动恢复制度构建研究》，中国检察出版社2021年版。
80. 郑健才：《刑法总则》，台北三民书局1985年版。

二、译著类

1. ［法］保罗·利科尔：《解释学与人文科学》，陶远华等译，河北人民出版社1987年版。
2. ［法］安德鲁·博萨：《跨国犯罪与刑法》，陈正云等译，中国检察出版社1997年版。

3. ［法］基佐：《欧洲文明史：自罗马帝国败落起到法国革命》，程洪逵、沅芷译，商务印书馆 1998 年版。
4. ［法］卡斯东·斯特法尼等：《法国刑法总论精义》，罗结珍译，中国政法大学出版社 1998 年版。
5. ［法］安德烈·伯萨尔德：《国际犯罪》，黄晓玲译，商务印书馆 1997 年版。
6. ［美］E·博登海默：《法理学：法律哲学与法律方法》，邓正来译，中国政法大学出版社 1998 年版。
7. ［美］劳伦斯·索伦：《法理词汇：法学院学生的工具箱》，王凌皞译，中国政法大学出版社 2010 年版。
8. ［美］E·霍贝尔：《原始人的法》，严存生等译，贵州人民出版社 1992 年版。
9. ［美］道格拉斯·N. 胡萨克：《刑法哲学》，谢望原等译，中国人民公安大学出版社 2004 年版。
10. ［美］布赖恩·Z. 塔玛纳哈：《法律工具主义：对法治的危害》，陈虎、杨洁译，北京大学出版社 2016 年版。
11. ［美］罗斯科·庞德：《法理学》（第一卷），余履雪译，法律出版社 2007 年版。
12. ［美］邓肯·肯尼迪：《判决的批判：写在世纪之末》，王家国译，法律出版社 2012 年版。
13. ［意］艾柯等：《诠释与过度诠释》，王宇根译，生活·读书·新知三联书店 1997 年版。
14. ［意］切萨雷·贝卡里亚：《论犯罪与刑罚》，黄风译，北京大学出版社 2008 年版。
15. ［意］杜里奥·帕多瓦尼：《意大利刑法学原理》，陈忠林译评，中国人民大学出版社 2004 年版。
16. ［英］韦恩·莫里森：《法理学：从古希腊到后现代》，李桂林等译，武汉大学出版社 2003 年版。
17. ［英］G.D. 詹姆斯：《法律原理》，关贵森等译，中国金融出版社 1990 年版。
18. ［英］W·Ivor·詹宁斯：《法与宪法》，龚祥瑞等译，生活·读书·新知三联书店 1997 年版。
19. ［德］K·茨威格特、H·克茨：《比较法总论》，潘汉典等译，贵州人民出版社 1992 年版。
20. ［德］Ingeborg Puppe：《法学思维小学堂：法学方法论密集班》，蔡圣伟译，元照出版公司 2010 年版。
21. ［德］乌尔里希·齐白：《全球风险社会与信息社会中的刑法：二十一世纪刑法模式的转换》，周遵友等译，中国法制出版社 2011 年版。
22. ［德］约翰内斯·韦塞尔斯：《德国刑法总论：犯罪行为及其构造》，李昌珂译，法律出版社 2008 年版。
23. ［德］汉斯·海因希里·耶赛克、托马斯·魏根特：《德国刑法教科书》，徐久生译，中国法制出版社 2009 年版。

24. ［德］威廉·冯·洪堡：《论国家的作用》，林荣远、冯兴元译，中国社会科学出版社1998年版。
25. ［德］卡尔·拉伦茨：《法学方法论》，陈爱娥译，商务印书馆2003年版。
26. ［德］伯恩·魏德士：《法理学》，丁小春、吴越译，法律出版社2003年版。
27. ［德］伯恩哈德·格罗斯菲尔德：《比较法的力量与弱点》，孙世彦、姚建宗译，清华大学出版社2002年版。
28. ［德］汉斯·约阿希姆·施奈德：《犯罪学》，吴鑫涛、马君玉译，中国人民公安大学出版社1990年版。
29. ［日］大塚仁：《刑法概说：总论》，冯军译，中国人民大学出版社2002年版。
30. ［日］西田典之：《日本刑法总论》，刘明祥、王昭武译，中国人民大学出版社2007年版。
31. ［日］西田典之：《日本刑法各论》，王昭武、刘明祥译，法律出版社2020年版。
32. ［日］野村稔：《刑法总论》，全理其、何力译，法律出版社2001年版。
33. ［荷］简·梵·迪克：《网络社会——新媒体的社会层面》，蔡静译，清华大学出版社2014年版。
34. ［日］前田雅英：《刑法总论讲义》，曾文科译，北京大学出版社2024年版。
35. ［日］大谷实：《刑法讲义各论》，黎宏译，中国人民大学出版社2008年版。

三、论文类

1. 高铭暄、孙道萃：《预防性刑法观及其教义学思考》，载《中国法学》2018年第1期。
2. 储槐植、杨书文：《复合罪过形式探析——刑法理论对现行刑法内含的新法律现象之解读》，载《法学研究》1999年第1期。
3. 储槐植、薛美琴：《对网络时代刑事立法的思考》，载《人民检察》2018年第9期。
4. 储槐植、闫雨：《利用影响力受贿罪适用中的几个疑难问题》，载《江苏警官学院学报》2012年第1期。
5. 樊崇义、李思远：《论电子证据时代的到来》，载《苏州大学学报（哲学社会科学版）》2016年第2期。
6. 陈兴良：《形式解释论的再宣示》，载《中国法学》2010年第4期。
7. 陈兴良：《刑法教义学方法论》，载《法学研究》2005年第2期。
8. 陈兴良：《社会危害性理论——一个反思性检讨》，载《法学研究》2000年第1期。
9. 陈兴良：《共犯行为的正犯化：以帮助信息网络犯罪活动罪为视角》，载《比较法研究》2022年第2期。
10. 陈兴良：《关于黑社会性质犯罪的理性思考》，载《法学》2002年第8期。
11. 张明楷：《简评近年来的刑事司法解释》，载《清华法学》2014年第1期。
12. 张明楷：《实质解释论的再提倡》，载《中国法学》2010年第4期。

13. 张明楷：《犯罪故意中的"明知"》，载《上海政法学院学报（法治论丛）》2023 年第 1 期。
14. 张明楷：《网络时代的刑法理念——以刑法的谦抑性为中心》，载《人民检察》2014 年第 9 期。
15. 张明楷：《司法上的犯罪化与非犯罪化》，载《法学家》2008 年第 4 期。
16. 张明楷：《〈刑法修正案（十一）〉对口袋罪的限缩及其意义》，载《当代法学》2022 年第 4 期。
17. 张明楷：《论教唆犯的性质》，载陈兴良主编：《刑事法评论》（第 21 卷），北京大学出版社 2007 年版。
18. 张明楷：《电信诈骗取款人的刑事责任》，载《政治与法律》2019 年第 3 期。
19. 张明楷：《论帮助信息网络犯罪活动罪》，载《政治与法律》2016 年第 2 期。
20. 张明楷：《网络时代的刑事立法》，载《法律科学（西北政法大学学报）》2017 年第 3 期。
21. 张明楷：《论刑法中的结果》，载《现代法学》2023 年第 1 期。
22. 张明楷：《犯罪定义与犯罪化》，载《法学研究》2008 年第 3 期。
23. 赵秉志、詹奇玮：《论拒不履行信息网络安全管理义务罪的罪过形式》，载《贵州社会科学》2019 年第 12 期。
24. 赵秉志、张伟珂：《中国惩治有组织犯罪的立法演进及其前瞻——兼及与〈联合国打击跨国有组织犯罪公约〉的协调》，载《学海》2012 年第 1 期。
25. 刘艳红：《网络时代刑法客观解释新塑造："主观的客观解释论"》，载《法律科学（西北政法大学学报）》2017 年第 3 期。
26. 刘艳红：《Web3.0 时代网络犯罪的代际特征及刑法应对》，载《环球法律评论》2020 年第 5 期。
27. 刘艳红：《网络犯罪帮助行为正犯化之批判》，载《法商研究》2016 年第 3 期。
28. 刘艳红：《网络时代社会治理的消极刑法观之提倡》，载《清华法学》2022 年第 2 期。
29. 姜瀛：《"口袋思维"入侵网络犯罪的不当倾向及其应对进路》，载《苏州大学学报（法学版）》2017 年第 2 期。
30. 姜瀛：《"网络黑社会"的样态重述与刑法治理的进路整合》，载《法治社会》2017 年第 4 期。
31. 姜涛：《当前我国黑社会性质组织犯罪若干问题研究》，载《中国人民公安大学学报（社会科学版）》2010 年第 4 期。
32. 皮勇：《关于中国网络犯罪刑事立法的研究报告》，载赵秉志主编：《刑法论丛》（第 3 卷），法律出版社 2011 年版。
33. 皮勇：《论新型网络犯罪立法及其适用》，载《中国社会科学》2018 年第 10 期。
34. 皮勇：《论网络恐怖活动犯罪及对策》，载杜邈编著：《恐怖主义犯罪专题整理》，中国人民公安大学 2008 年版。
35. 皮勇：《我国网络犯罪刑法立法研究——兼论我国刑法修正案（七）中的网络犯罪立法》，载《河北法学》2009 年第 6 期。
36. 孙万怀、卢恒飞：《刑法应当理性应对网络谣言——对网络造谣司法解释的实证评估》，载《法学》2013 年第 11 期。
37. 孙万怀：《以危险方法危害公共安全罪何以成为口袋罪》，载《现代法学》2010 年第 5 期。
38. 周啸天：《正犯与主犯关系辨正》，载《法学》2016 年第 6 期。
39. 胡云腾：《谈〈刑法修正案（九）〉的理论与实践创新》，载《中国审判》2015 年第 20 期。
40. 邢志人、莫治斌：《大数据时代数据网络犯罪的应对：以多重思维为视角》，载《辽宁大学学报（哲学社会科学版）》2019 年第 5 期。
41. 孙国祥：《行政犯违法性判断的从属性和独立性研究》，载《法学家》2017 年第 1 期。
42. 于冲：《网络黑社会倒逼刑事司法策略》，载《法制日报》2012 年 10 月 13 日，第 7 版。
43. 于冲：《网络犯罪罪名体系的立法完善与发展思路——从 97 年刑法到〈刑法修正案（九）草案〉》，载《中国政法大学学报》2015 年第 4 期。
44. 于冲：《网络"聚量性"侮辱诽谤行为的刑法评价》，载《中国法律评论》2023 年第 3 期。
45. 于冲：《有组织犯罪的网络"分割化"及其刑法评价思路转换》，载《政治与法律》2020 年第 12 期。
46. 蔡军：《我国有组织犯罪企业化的现状、特点及原因初探》，载《河南大学学报（社会科学版）》2015 年第 6 期。
47. 蔡军：《〈反有组织犯罪法〉中有组织犯罪概念的理解与适用》，载《中国应用法学》2022 年第 4 期。
48. 彭新林：《论"套路贷"犯罪的刑事规制及其完善》，载《法学杂志》2020 年第 1 期。
49. 彭景晖：《识破"套路贷"的套路》，载《光明日报》2019 年 2 月 27 日，第 10 版。
50. 涂龙科：《网络服务提供者的刑事责任模式及其关系辨析》，载《政治与法律》2016 年第 4 期。
51. 涂龙科：《"套路贷"犯罪的刑法规制研究》，载《政治与法律》2019 年第 12 期。
52. 刘静坤：《加强网络空间治理 惩治黑恶势力犯罪》，载《人民法院报》2019 年 10 月 25 日，第 2 版。
53. 刘军：《为什么是法益侵害说一元论？——以法益的生成与理论机能为视角》，载《甘肃政法学院学报》2011 年第 3 期。
54. 刘高：《网络诽谤的刑法应对——从网络水军切入》，载《法治论坛》2013 年第 2 期。
55. 刘宪权：《论信息网络技术滥用行为的刑事责任——〈刑法修正案（九）〉相关条款

的理解与适用〉，载《政法论坛》2015 年第 6 期。

56. 刘守芬、丁鹏：《网络共同犯罪之我见》，载《法律科学（西北政法大学学报）》2005 年第 5 期。

57. 童碧山等：《〈关于办理实施"软暴力"的刑事案件若干问题的意见〉的阐释》，载《人民检察》2019 年第 11 期。

58. 刘东赟：《网络黑恶犯罪侦查难点与打击对策》，载《网络空间安全》2022 年第 2 期。

59. 刘明祥：《主犯正犯化质疑》，载《法学研究》2013 年第 5 期。

60. 闫雨：《网络黑恶势力犯罪刑法规制》，载《暨南学报（哲学社会科学版）》2022 年第 2 期。

61. 闫雨：《我国网络恐怖主义犯罪的立法规制与治理》，载《河南师范大学学报（哲学社会科学版）》2019 年第 3 期。

62. 闫雨：《网络黑恶势力犯罪技术帮助行为的刑法规制》，载《社会科学家》2021 年第 6 期。

63. 闫雨：《我国反贿赂刑法与〈联合国反腐败公约〉之协调》，载《社会科学家》2020 年第 5 期。

64. 谢望原：《论拒不履行信息网络安全管理义务罪》，载《中国法学》2017 年第 2 期。

65. 曲新久：《一个较为科学合理的刑法解释》，载《法制日报》2013 年 9 月 12 日，第 3 版。

66. 路紫等：《中国现实地理空间与虚拟网络空间的比较》，载《地理科学》2008 年第 5 期。

67. 庄绪龙：《"法益可恢复性犯罪"概念之提倡》，载《中外法学》2017 年第 4 期。

68. 董邦俊：《刑法解释基本立场之检视》，载《现代法学》2015 年第 1 期。

69. 陈毅坚、孟莉莉：《"共犯正犯化"立法模式正当性评析》，载《中山大学法律评论》2010 年第 2 期。

70. 陈伟、熊波：《网络犯罪的特质性与立法技术——基于"双层社会"形态的考察》，载《大连理工大学学报（社会科学版）》2020 年第 2 期。

71. 陈京春：《信息时代对刑法解释论的究问——ATM 机盗窃案和"艳照门"事件引起的法律思考》，载《法律科学（西北政法大学学报）》2008 年第 6 期。

72. 陈春龙：《中国司法解释的地位与功能》，载《中国法学》2003 年第 1 期。

73. 肖瑞：《有组织犯罪的"网络化"及防治措施——以〈反有组织犯罪法〉为切入点》，载《黑龙江工业学院学报（综版）》2022 年第 6 期。

74. 朱文、李刚：《"电信诈骗"现状真相大调查 骗局的"台前幕后"》，载《中国信息安全》2014 年第 5 期。

75. 劳东燕：《公共政策与风险社会的刑法》，载《中国社会科学》2007 年第 3 期。

76. 劳东燕：《风险社会与变动中的刑法理论》，载《中外法学》2014 年第 1 期。

77. 劳东燕：《风险社会与功能主义的刑法立法观》，载《法学评论》2017 年第 6 期。

78. 赵长青：《论黑社会性质组织犯罪的认定》，载《云南大学学报（法学版）》2002 年第 1 期。
79. 张素敏、焦占营：《黑恶势力"软暴力"入罪的检视与构建——以 H 省 Z 市法院近五年来黑恶势力犯罪为研究样本》，载赵秉志等主编：《改革开放新时代刑事法治热点聚焦》（下卷），中国人民公安大学出版社 2018 年版。
80. 詹奇玮：《"网络黑社会"的类型划分与规范评价》，载赵秉志等主编：《改革开放新时代刑事法治热点聚焦》（下卷），中国人民公安大学出版社 2018 年版。
81. 周光权：《风险升高理论与存疑有利于被告原则——兼论"赵达文交通肇事案"的定性》，载《法学》2018 年第 8 期。
82. 周光权：《黑社会性质组织非法控制特征的认定——兼及黑社会性质组织与恶势力团伙的区分》，载《中国刑事法杂志》2018 年第 3 期。
83. 王胜华、周洲：《网络型寻衅滋事罪司法认定的现实考察与问题省思》，载《湖南工业大学学报（社会科学版）》2024 年第 3 期。
84. 王五一：《赌场洗钱问题探讨》，载《金融研究》2008 年第 2 期。
85. 奚玮、王泽山：《审判视域下"套路贷"案件的甄别及罪数认定——基于涉"套路贷"裁判文书的实证研究》，载《法律适用》2019 年第 24 期。
86. 王平、徐永伟：《涉众型网络谣言刑事治理的规范逻辑与责任边界》，载《宁夏社会科学》2022 年第 3 期。
87. 王兵兵：《论正犯与主犯的功能分离：比较的维度与中国的立场》，载《甘肃政法学院学报》2020 年第 2 期。
88. 王华伟：《网络服务提供者刑事责任的认定路径——兼评快播案的相关争议》，载《国家检察官学院学报》2017 年第 5 期。
89. 王华伟：《网络空间正犯与共犯的界分——基于特殊技术形态的考察》，载《清华法学》2022 年第 3 期。
90. 王肃之：《论网络犯罪参与行为的正犯性——基于帮助信息网络犯罪活动罪的反思》，载《比较法研究》2020 年第 1 期。
91. 王肃之：《从回应式到前瞻式：网络犯罪刑法立法思路的应然转向——兼评〈刑法修正案（九）〉相关立法规定》，载《河北法学》2016 年第 8 期。
92. 王东升、刘莉：《黑恶势力"软暴力"犯罪情况探析——以甘肃省兰州市检察机关办案实践为样本》，载《检察调研与指导》2019 年第 1 期。
93. 王鹏祥、孙继科：《黑社会性质组织的阶层认定——基于犯罪论体系方法论上的思考》，载《河南师范大学学报（哲学社会科学版）》2018 年第 6 期。
94. 王鹏祥、陶旭蕾：《黑社会性质组织犯罪组织性的法教义学分析》，载《河北法学》2019 年第 8 期。
95. 王强军：《知恶方能除恶："恶势力"合理界定问题研究》，载《法商研究》2019 年第

2 期。

96. 王燕玲：《中国网络犯罪立法检讨与发展前瞻》，载《华南师范大学学报（社会科学版）》2018 年第 4 期。

97. 王志祥：《论黑社会性质组织非法控制特征中"区域"和"行业"的范围》，载《法治研究》2019 年第 5 期。

98. 王永茜：《论黑社会性质组织犯罪的"组织特征"》，载《北京理工大学学报（社会科学版）》2019 年第 5 期。

99. 赖早兴、王家伦：《刑法对高利贷的规范路径：演进与展望》，载《烟台大学学报（哲学社会科学版）》2022 年第 4 期。

100. 王良顺：《惩治有组织犯罪的基本原则与立法实现路径——以反有组织犯罪法立法为背景》，载《中国刑事法杂志》2021 年第 6 期。

101. 郝宇青等：《"互联网+"的政治风险及防范》，载《华东师范大学学报（哲学社会科学版）》2017 年第 3 期。

102. 黄迎新、窦佳乐：《网络公关异化的产生、危害与监管》，载《湖北社会科学》2017 年第 10 期。

103. 黄京平：《扫黑除恶历史转型的实体法标志——〈反有组织犯罪法〉中刑法规范的定位》，载《江西社会科学》2022 年第 2 期。

104. 黄京平：《恶势力及其"软暴力"犯罪探微》，载《中国刑事法杂志》2018 年第 3 期。

105. 黄京平：《"软暴力"的刑事法律意涵和刑事政策调控——以滋扰性"软暴力"为基点的分析》，载《新疆师范大学学报（哲学社会科学版）》2019 年第 6 期。

106. 魏东：《"涉黑犯罪"重要争议问题研讨》，载《政法论坛》2019 年第 3 期。

107. 金鸿浩、杨迎泽：《网络诽谤犯罪"情节严重"的综合判断》，载《国家检察官学院学报》2022 年第 3 期。

108. 梁根林：《传统犯罪网络化：归责障碍、刑法应对与教义限缩》，载《法学》2017 年第 2 期。

109. 梁涛：《中国内地与香港反有组织犯罪立法的比较研究》，载《青少年犯罪问题》2022 年第 5 期。

110. 南连伟：《风险刑法理论的批判与反思》，载《法学研究》2012 年第 4 期。

111. 李岳：《"套路贷"刑法规制的回应与展望》，载《延安职业技术学院学报》2018 年第 3 期。

112. 李思辉：《删帖先交保护费？治一治这类"网络黑社会"》，载《中国青年报》2018 年 2 月 8 日，第 2 版。

113. 李世阳：《拒不履行网络安全管理义务罪的适用困境与解释出路》，载《当代法学》2018 年第 5 期。

114. 李衡：《网络赌博犯罪实务问题研究》，载《上海公安学院学报》2022 年第 1 期。

115. 李林:《黑社会性质组织司法认定研究》,载《河南财经政法大学学报》2013年第4期。

116. 朱和庆等:《〈关于办理恶势力刑事案件若干问题的意见〉的理解与适用》,载《人民法院报》2019年6月13日,第5版。

117. 李旭东、汪力:《地方恶势力犯罪的若干问题探析》,载《现代法学》1998年第1期。

118. 李晓明:《刑法:"虚拟世界"与"现实社会"的博弈与抉择——从两高"网络诽谤"司法解释说开去》,载《法律科学(西北政法大学学报)》2015年第2期。

119. 李永升、张飞飞:《最高人民法院刑事司法解释法律渊源地位之证伪》,载《当代法学》2013年第4期。

120. 李本灿:《拒不履行信息网络安全管理义务罪的两面性解读》,载《法学论坛》2017年第3期。

121. 李学良:《黑社会性质组织认定中阶层逻辑的适用——兼论"恶势力"与"软暴力"》,载《中国刑警学院学报》2021年第2期。

122. 广州市中级人民法院课题组:《网络开设赌场犯罪审理难点及建议》,载《法治论坛》2018年第2期。

123. 姚珂、田申:《论利用网络开设赌场犯罪的法律适用》,载《中国检察官》2012年第9期。

124. 卢建平:《"软暴力"犯罪的现象、特征与惩治对策》,载《中国刑事法杂志》2018年第3期。

125. 卢勤忠、钟菁:《网络公共场所的教义学分析》,载《法学》2018年第12期。

126. 邵海凤:《〈刑法〉第303条的司法适用及立法完善——以"两高一部"关于网络赌博犯罪司法解释为视角》,载《上海政法学院学报(法治论丛)》2011年第1期。

127. 陈斌:《"网络套路贷"案件定性评析——以温岭"4.26特大网络套路贷"案为视角》,载《中国检察官》2019年第16期。

128. 陈小炜:《"口袋罪"的应然态度和限制进路》,载《苏州大学学报(哲学社会科学版)》2015年第3期。

129. 陈洪兵:《论拒不履行信息网络安全管理义务罪的适用空间》,载《政治与法律》2017年第12期。

130. 陈洪兵:《双层社会背景下的刑法解释》,载《法学论坛》2019年第2期。

131. 陈家林、汪雪城:《网络诈骗犯罪刑事责任的评价困境与刑法调适——以100个随机案例为切入》,载《政治与法律》2017年第3期。

132. 沈威等:《网络时代跨境电信诈骗犯罪的新变化与防治对策研究——以两岸司法互助协议之实践为切入点》,载《中国应用法学》2017年第2期。

133. 熊波:《网络服务提供者刑事责任"行政程序前置化"的消极性及其克服》,载《政治与法律》2019年第5期。

134. 桑涛、夏立强:《利用虚拟币非法支付结算的刑法处置》,载《人民检察》2022年第

8 期。

135. 麦智杰、谭剑音：《"套路贷"案件中民事侵权与犯罪的竞合研究》，载《社科纵横》2019 年第 7 期。
136. 杜宇：《刑法规范的形成机理——以"类型"建构为视角》，载《法商研究》2010 年第 1 期。
137. 徐斌、杜开林：《涉黑犯罪组织四特征的理解与运用》，载《人民司法》2009 年第 5 期。
138. 田然：《论主从犯特殊区分制的共犯体系》，载陈兴良主编：《刑事法评论：刑法规范的二重性论》（第 39 卷），北京大学出版社 2017 年版。
139. 俞小海：《破坏计算机信息系统罪之司法实践分析与规范含义重构》，载《交大法学》2015 年第 3 期。
140. 《74%受访者感觉"网络水军"公关现象普遍存在　过半受访者认为他们不负责的言论会扭曲网民的价值观念》，载《中国青年报》2018 年 4 月 12 日，第 7 版。
141. 孙道萃：《网络刑法知识转型与立法回应》，载《现代法学》2017 年第 1 期。
142. 孙世超：《网络恶势力犯罪的司法厘定及裁判路径》，载《法律适用》2021 年第 7 期。
143. 朱海华：《网络公关异化：形成机理、内容表征与治理体系》，载《湖北行政学院学报》2015 年第 6 期。
144. 江海洋：《侵犯公民个人信息罪超个人法益之提倡》，载《交大法学》2018 年第 3 期。
145. 梅腾：《网络服务商刑事立法的教义学回应与限缩路径探究》，载《湖北社会科学》2018 年第 3 期。
146. 邱陵：《拒不履行信息网络安全管理义务罪探析》，载《法学杂志》2020 年第 4 期。
147. 叶良芳：《风险社会视阈下拒不履行信息网络安全管理义务罪之法教义学分析》，载《贵州省党校学报》2019 年第 6 期。
148. 马永强：《网络服务提供者的熔断义务与归责——以帮助信息网络犯罪活动罪为重心的展开》，载《中国刑警学院学报》2020 年第 1 期。
149. 曹虎威：《论我国刑法中的"明知"与"共犯"——基于刑事立法与司法解释》，载《西部学刊》2020 年第 1 期。
150. 石峰：《论网络空间帮助行为——以规范论为视角》，载《江西警察学院学报》2019 年第 6 期。
151. 郭玮：《累积犯视域下网络账号恶意注册行为的规制》，载《法学杂志》2020 年第 1 期。
152. 莫洪宪：《日本惩治有组织犯罪的最新法律对策》，载《国外社会科学》2001 年第 3 期。
153. 莫洪宪：《网络有组织犯罪结构的嬗变与刑法转向——基于网络黑恶势力犯罪的视角》，载《中国刑事法杂志》2020 年第 4 期。
154. 莫洪宪、王肃之：《网络空间智慧"扫黑除恶"机制的理论探索》，载《河南社会科学》2020 年第 10 期。

155. 欧阳本祺、王倩：《〈刑法修正案（九）〉新增网络犯罪的法律适用》，载《江苏行政学院学报》2016 年第 4 期。
156. 欧阳本祺：《论网络时代刑法解释的限度》，载《中国法学》2017 年第 3 期。
157. 张志钢：《论累积犯的法理——以污染环境罪为中心》，载《环球法律评论》2017 年第 2 期。
158. 邵禹、张验军：《网络犯罪案件引发的思考——以大连地区审查逮捕的网络犯罪案件为例》，载《中国检察官》2013 年第 10 期。
159. 张力：《网络"软暴力"行为的司法认定》，载《中国人民公安大学学报（社会科学版）》2021 年第 2 期。
160. 靳高风等：《2021—2022 年中国犯罪形势分析与预测》，载《中国人民公安大学学报（社会科学版）》2022 年第 2 期。
161. 周明：《"热"与"冷"：帮助信息网络犯罪活动罪的司法适用图景——基于 72 份刑事裁判文书的实证分析》，载《法律适用》2019 年第 15 期。
162. 陆旭：《网络服务提供者的刑事责任及展开——兼评〈刑法修正案（九）〉的相关规定》，载《法治研究》2015 年第 6 期。
163. 何荣功：《避免黑恶犯罪的过度拔高认定：问题、路径与方法》，载《法学》2019 年第 6 期。
164. 杨康健、魏娟：《恶势力犯罪案件的审查认定》，载《中国检察官》2019 年第 8 期。
165. 吴雅莉、苏琳伟：《"软暴力"涉黑涉恶案件办理检视》，载《中国检察官》2018 年第 24 期。
166. 叶小琴：《禁止重复评价原则与黑社会性质组织存续时间起点的认定》，载《国家检察官学院学报》2018 年第 6 期。
167. 程雷：《在法治轨道上精准打击"软暴力"犯罪》，载《人民法院报》2019 年 4 月 13 日，第 2 版。
168. 马微：《理念转向与规范调整：网络有组织犯罪之数据犯罪的刑法规制路径》，载《学术探索》2016 年第 11 期。
169. 胡敏、万富海：《有组织犯罪、带黑社会性质的团伙犯罪和流氓恶势力犯罪的特征及其认定》，载《华东政法学院学报》2001 年第 5 期。
170. 徐翕明：《网络时代刑事立法：理念转型与规范调整》，载《新疆大学学报（哲学·人文社会科学版）》2020 年第 1 期。
171. 米健：《一个西方学者眼中的中国法律文化——读何意志近著〈中国法律文化概要〉》，载《法学家》2001 年第 5 期。
172. 向大为、麦永浩：《论犯罪现场及电子物证勘验》，载《信息网络安全》2010 年第 11 期。
173. 周云龙：《审查起诉环节对网络犯罪案件中电子证据的审查判断》，载《中国检察官》2012 年第 2 期。

174. 周新:《刑事案件电子证据的审查采信》,载《广东社会科学》2019 年第 6 期。
175. 彭曼:《浅谈网络犯罪的电子证据调查和保护》,载《重庆科技学院学报(社会科学版)》2012 年第 7 期。
176. 冯亚东:《犯罪构成本体论》,载《中国法学》2007 年第 4 期。
177. 徐剑锋:《互联网时代刑法参与观的基本思考》,载《法律科学(西北政法大学学报)》2017 年第 3 期。
178. 邓毅丞:《共犯正犯化背景下的从属性困境及理论应对》,载《中外法学》2019 年第 3 期。
179. 冯俊伟:《数字时代跨境刑事取证制度的转型》,载《地方立法研究》2022 年第 4 期。
180. 余文意:《网络黑恶势力犯罪研究》,载《犯罪与改造研究》2022 年第 7 期。
181. 樊江涛:《网络黑恶势力组织刑法评价之偏差与匡正》,载《西部法学评论》2021 年第 1 期。
182. 郭一霖、靳高风:《犯罪学视角下网络恶势力团伙犯罪行为模式刍议》,载《湖北社会科学》2021 年第 11 期。
183. 林雨佳:《刑法司法解释应对新型科技犯罪的逻辑、立场与路径》,载《东方法学》2022 年第 3 期。
184. 郭旨龙:《"双层社会"背景下的"场域"变迁与刑法应对》,载《中国人民公安大学学报(社会科学版)》2016 年第 4 期。
185. 杨智宇:《论黑社会性质组织犯罪中"软暴力"行为的限缩认定》,载《太原理工大学学报(社会科学版)》2019 年第 6 期。
186. 印波:《网络传销犯罪的司法认定逻辑及其修正》,载《比较法研究》2022 年第 1 期。
187. 冀洋:《帮助信息网络犯罪活动罪的证明简化及其限制》,载《法学评论》2022 年第 4 期。
188. 夏伟:《网络时代刑法理念转型:从积极预防走向消极预防》,载《比较法研究》2022 年第 2 期。
189. [意] 劳伦佐·彼高狄:《信息刑法语境下的法益与犯罪构成要件的建构》,吴沈括译,载赵秉志主编:《刑法论丛》(第 23 卷),法律出版社 2010 年版。
190. [意] 弗朗西斯科·维加诺:《意大利反恐斗争与预备行为犯罪化——一个批判性反思》,吴沈括译,载《法学评论》2015 年第 5 期。
191. [美] 马库斯·德克·达博:《积极的一般预防与法益理论——一个美国人眼里的德国刑法学的两个重要成就》,杨萌译,载陈兴良主编:《刑事法评论》(第 21 卷),北京大学出版社 2007 年版。

四、网络文献类

1. 《习近平出席中央政法工作会议并发表重要讲话》,载 http://www.xinhuanet.com/politics/leaders/2019-01/16/c_1123999899.htm,最后访问日期:2019 年 1 月 16 日。

2. 《三人开设网络赌场 成本3元的"小买卖"赚了36万元》，载https://news.jstv.com/a/20180824/1535/02571998.shtml，最后访问日期：2019年7月20日。

3. 《互联网3.0时代来临，家庭互联网风口下的六大热点趋势》，载https://www.sohu.com/a/254363501_683129，最后访问日期：2019年1月11日。

4. 《快播案》，载https://baike.so.com/doc/23636066-24189621.html，最后访问日期：2023年11月10日。

5. 《公安部重拳打击网络游戏涉赌 联众"德州扑克"涉案赌资高达3.35亿元》，载https://www.sohu.com/a/230970401_222256，最后访问日期：2019年1月20日。

6. 《90后小夫妻成"网络黑社会"办41家网站靠勒索"年入百万"》，载www.yunfalv.com/Contents-71188.htm，最后访问日期：2024年8月9日。

7. 《人工智能时代 网络欺诈已成黑色产业链：全球年损失超500亿美元》，载http://finance.china.com.cn/roll/20170921/4400072.shtml，最后访问日期：2022年1月5日。

8. 《揭秘网络赌博背后的技术链条：开网络赌场成本不到2万3到5个月快速换马甲》，载https://www.sohu.com/a/409319815_233813，最后访问日期：2020年7月26日。

9. 《央视：网络黑社会操控舆论五万元左右法院判决》，载http://www.163.com/tech/article/5QU6ODUG000915BF.html，最后访问日期：2019年10月3日。

10. 《网络赌博利益链调查 形如传销一年投注40亿（图）》，载http://news.enorth.com.cn/system/2010/07/06/004824014.shtml，最后访问日期：2020年3月15日。

11. 《莫里斯蠕虫是指什么？》，载http://snxw.com/ztbd/wlanxcz/wlanzs/201809/t20180913_369331.html，最后访问日期：2018年10月8日。

12. 《江西赣州50人套路贷团伙案一审开庭：被控诈骗43403人》，载https://www.thepaper.cn/newsDetail_forward_5227619，最后访问日期：2020年1月3日。

13. 张明楷：《不能以"套路贷"概念取代犯罪构成》，载https://www.chinacourt.org/article/2019/10/id/4502724.shtml，最后访问日期：2024年7月12日。

14. 《警方破获"三打哈"网站案 起底网络水军黑色产业链》，载http://media.people.com.cn/n1/2018/0207/c40606-29809606.html，最后访问日期：2018年11月29日。

15. 田一凡：《网上赌场是印钞机：网络赌博猛叩合法化大门》，载http://www.dzwww.com/xinwen/it/200305050535.htm，最后访问日期：2025年3月11日。

16. 阮齐林：《刑法该如何规制黑恶势力的滋扰活动——在第五届"刑辩十人论坛"暨第四届蓟门刑辩沙龙上的发言》，载https://news.sqxb.cn/2019/0425/3097.shtml，最后访问日期：2024年8月12日。

17. 《77套房产！涉案近5亿！广州"套路贷"团伙被抓获》，载http://www.sohu.com/a/381438622_582024，最后访问日期：2020年3月19日。

18. 《披着"传销"的外衣——山西临汾传销黑恶势力案调查》，载https://k.sina.cn/article_213815211_0cbe8fab020008501.html，最后访问日期：2019年9月29日。

19. 《"4·26特大网络套路贷"首犯获刑：判15年罚80万》，载 https://www.sohu.com/a/349228855_683575，最后访问日期：2024年12月1日。

20. 《仪征宣判特大"淘宝代运营诈骗案"：1500多人被诈骗1300多万》，载 https://www.sohu.com/a/255311236_717301，最后访问日期：2018年9月30日。

21. 《"飓风10号"扫荡网络犯罪》，载 https://www.sohu.com/a/86979222_117916，最后访问日期：2019年11月11日。

22. 《键盘下的黑恶势力》，载 http://finance.sina.com.cn/2019-04-16/doc-ihvhiewr6328052.shtml，最后访问日期：2019年5月10日。

23. 江德斌：《依法严打网络"黑公关"，保障电商健康发展》，载 http://www.ce.cn/culture/gd/202005/28/t20200528_34995513.shtml，最后访问日期：2021年5月4日。

24. 杨可卿：《广州市打击涉黑恶新型犯罪"成绩单"公布》，载 http://gd.mzyfz.com/detail.asp?dfid=2&id=328id=402458，最后访问日期：2020年1月20日。

25. 《中国网络生态安全报告（2015）发布》，载 http://www.cac.gov.cn/2016-01/07/c_1117698172.htm，最后访问日期：2020年5月1日。

26. 中国互联网络信息中心（CNNIC）：《第45次〈中国互联网发展状况统计报告〉（全文）》，载 https://tech.ifeng.com/c/7w1QNPyBDNo，最后访问日期：2024年1月3日。

27. 张军：《最高人民检察院工作报告——2022年3月8日在第十三届全国人民代表大会第五次会议上》，载 https://www.spp.gov.cn/gzbg/202203/t20220315_549267.shtml，最后访问日期：2022年8月3日。

28. 《江苏泰州虞某云"套路贷"犯罪案件》，载 https://www.thepaper.cn/newsDetail_forward_4335451，最后访问日期：2019年4月30日。

29. 《浙江绍兴"米房""套路贷"犯罪案件》，载 https://www.thepaper.cn/newsDetail_forward_4335467，最后访问日期：2019年11月11日。

30. 《"套路贷"属新型黑恶犯罪！公安部公布十大典型案例！》，载 https://www.sohu.com/a/338805876_100000387，最后访问日期：2024年11月11日。

31. 黄雨婷：《公安机关打击"套路贷"新型黑恶势力犯罪活动成效明显》，载 http://www.chinapeace.gov.cn/chinapeace/c100007/2020-07/10/content_12370751.shtml，最后访问日期：2024年12月2日。

32. 赵秉志：《"片面共犯"不能构成共同犯罪——解析应否承认片面共犯之争》，载 https://www.chinacourt.org/article/detail/2004/07/id/123491.shtml，最后访问日期：2024年12月2日。

33. 《网络赌球赌徒永远是输家》，载 http://news.sina.com.cn/c/2010-06-11/031417640950s.shtml，最后访问日期：2024年11月30日。

34. 《广东破获特大跨境网络赌博案，112人被抓，涉案赌资高达26.1亿》，载 https://www.sohu.com/a/367577561_641885，最后访问日期：2024年12月1日。

后 记

本书的写作源于本人一段特殊的工作经历。2017年，还在广东警官学院法律系工作的我通过广东省公安厅"双育计划"，赴广州市公安局法制支队挂职副支队长1年，这是我第一次近距离接触到司法实践。正因如此，使我能够系统了解到公安工作中面临的疑点、难点、痛点及盲点问题，这中间既有体制管理的问题，又有专业领域的问题，以及在两者融合交叉后形成的更为复杂的专业问题。1年零距离的接触和思考，为我现在从事学术研究积淀了不少的素材。可以说，自2018年开始，我的学术研究几乎都源于公安工作中的"实践型问题"，并始终以做一名求真务实的研究者来要求和约束自己。法学研究的属性，应该面向实践，刑法研究应当以实践为路径，发展面向司法的刑法学，在现有法律规定的框架下，寻求更为合理的解决方案，是我从事刑法学研究始终坚持的理念。

2018年1月，全国范围内为期三年的"扫黑除恶"专项斗争开始。当时我还在公安机关挂职，公安机关首先面临的问题就是城中村、农村等黑恶势力犯罪的有效惩治。随着扫黑除恶的不断推进，为了逃避打击，黑恶势力犯罪人也开始借助网络隐藏自己的犯罪行为，传统的黑恶势力犯罪与网络犯罪不断融合，形成的网络黑恶势力犯罪，成为困扰刑法理论和司法实践新的难题。在2018年7月结束公安机关挂职工作之后，我重新回到学校工作，终于有时间对先前的疑惑进行系统性的思考与研究。不过，在2019年1年的时间里，我并没有急于动笔，而是围绕网络黑恶势力犯罪前往检察机关和法院深入调研，以获取司法实践中的第一手资料，在调研的过程中，我深刻感受到司法机关在网络黑恶势力犯罪定性上争议极大。因为网络黑恶势力犯罪既有相较于传统犯罪"进化"的表现，同时也存在基于网络空间特殊性"异化"的状态，由此引发对网络黑恶势力犯罪"犯罪组织"定性的争议。网络黑恶势力犯罪中"犯罪"行为被分割的情况下，组织行为、教唆行为和帮助行为难以被评价为犯罪，成为惩治和预

后 记

防网络黑恶势力犯罪需要面对的另一难题。在 2019 年 10 月 21 日，最高人民法院、最高人民检察院、公安部、司法部联合发布了《网络黑恶势力犯罪意见》之后，在理论界产生了一系列学术成果。这些成果大多聚焦于立法的刑法学视角，力图通过修订刑法来应对网络黑恶势力犯罪所带来的挑战。然而，在立法无法迅速调整以适应当前需求的情况下，探究现行刑法中关于有组织犯罪的规定，是否能够有效规制网络黑恶势力犯罪，应该成为网络黑恶势力犯罪研究亟须关注的核心议题。鉴于此，本研究以现行立法及司法解释为依据，对网络黑恶势力犯罪现象进行深入探讨，旨在于法教义学与实践法学的研究范式之间寻求研究的均衡性。

2020 年上半年，随着新冠疫情的发生，期间经历了几个月的恐慌、封闭和居家隔离。在这一段时间里为了能够让自己不那么心慌，我从 2020 年 1 月份开始着手写作，期间除了备课和上网课之外，就是"被动"关在家里写作。经历了半年多的时间，在 2020 年 7 月完成了这部著作的初稿，也是对我 1 年公安实践工作的总结。后来该书稿历经数次修改，形成了这部著作。该书自选题确定之始，历经结构规划、撰写过程，直至最终出版，获得了众多师长及朋友的关怀与扶持。

最诚挚的谢意首先要送给我的硕士生导师黄华生教授。作为黄老师指导的硕士研究生中第一个北上到京读博的学生，黄老师在我的求学与研究上都给予了我无私的帮助和指导。在 2020 年，距离春节尚有数日之时，我打电话给黄老师，询问硕导关于网络黑恶势力犯罪研究可行性的意见，得到老师的肯定之后，我又基于该主题拟定了章节结构，在春节期间再次发给黄老师指导。黄老师并未因春节假期而迟于回复，而是及时反馈了修改意见，让我能够顺利地完成本书的写作。作为被导师戏称永远导不出去的学生，黄老师在传授学术理论和思想的同时，对我的工作和生活也提供了很多长辈的建议，甚至可以说如果没有黄老师一直以来的鼓励和提携，自己应该不会有机会去北京读博、选择学术。作为老师的学生，展望未来，唯有不懈努力，持续推出卓越的科研成果，方能不辜负老师殷切的期望。

在本著作的写作和出版过程中，有太多的人给予了我无私的帮助，无数的名字值得铭记。得知我即将出版第二本专著，我的博士生导师已经 91 岁高龄的储槐植先生为此书撰写了序言，并提出了宝贵的修改意见，大大开拓了我的研究视野。与先生相处的过程中,可以真切地感受到先生不唯上,不唯书,不崇洋,只唯实,立足中国本土实践,直面中国问题,独立思考,不断创新的大师风范。储槐植先生坚定的学术理念、深邃的学术思想、独特的学术范式、科学的学术态度,无疑给刑法学界诸多后生学子以深刻的学术启迪。感谢先生一直以来的鼓励、厚爱与提携,师恩难忘,唯有更加努力才能相报万一。

  除了两位恩师之外,这本专著也凝聚着其他人的力量。非常感谢,中国政法大学出版社的魏星老师为本专著的成功出版所付出的辛勤努力。非常感谢,广东警官学院戴鹏副教授、高达副教授、广东技术师范大学肖扬宇教授、程荣芳女士,这些同龄的朋友在我工作和生活上给予的鼓励和支持,陪我一路走到现在。感谢广州市公安局法制支队的同事们,与你们共事是我的荣幸,是你们让我收获了学术和人生的另外一份体会和感悟。感谢我的家人一直以来给予的全力支持,没有你们的支持我很难顺利地完成专著的写作。若感谢之情仅仅源于后记撰写的需要,而沦为一种形式上的敷衍,那么,我对此保持缄默亦无妨。但是正如米兰·昆德拉在《不能承受的生命之轻》中所说:"我不能对过去所发生的一切视而不见,从而忽视我生命中的美丽"一样,生活首先是活着,然后才是一种经验和意义的获得,我无法忘记,但是简单的感谢二字又太轻了,我把它推之于天。正如庾信所言:"是知青牛道士,更延将尽之命;白鹿真人,能生已枯之骨。虽复拔山超海,负德未胜;垂露悬针,书恩不尽。蓬莱谢恩之雀,白玉四环;汉水报德之蛇,明珠一寸。某之观此,宁无愧心。直以物受其生,于天不谢。"一种特殊的虔诚让我认为拥抱别人的恩惠就是上帝,这又怎么一个谢字了得!

  所有过往皆已成历史。无论处于何时何地,我都对那段逝去的时光心怀感激。那段时光已然一去不复返,而当下以及未来的我,在历经那段岁月的洗礼后,必将实现从弱小向强大的蜕变。在后记的结尾,本人援引毛主席的一首诗词,旨在与读者共勉。

  雪压冬云白絮飞,万花纷谢一时稀。高天滚滚寒流急,大地微微暖气吹。独有英雄驱虎豹,更无豪杰怕熊罴。梅花欢喜漫天雪,冻死苍蝇未足奇。(毛泽东——《七律·冬云》)

闫　雨

2024年10月于广州